建築家の年輪

はじめに

真壁智治

「建築家は五十歳から」という村野藤吾のことばがある。優れた建築を生み出すには、それなりの年期と場数を経なければならない。三十歳、四十歳は小僧っ子なのだ。底光りする作品をつくるならば、とにかく五十歳までは修業である。さまざまな技量を体得し、経験知を身体化したときはじめて、建築家としての本当の勝負がはじまる。建築の世界の修練の厳しさを戒めるこのことばは、ながらく建築家の歳の重ね方の指標となってきた。

他方で建築家には別の身体性も求められる。より強く、美しく、速く、大きく、新しくというモダニズムの理念が求める、肉体でいうならば壮年期そのものの理性化する身体だ。普遍性と永遠性を追求するモダニズムの理念は、それを担うべき建築家にもいわば不老不死の身体性を求めている。

そのような二重の身体性を求められる建築家には、どのような老いがあり得るだろうのか。高齢化社会を迎えた日本で建築家だけが加齢と無縁ということはない。そこには、老年期・晩年期ならではの感性の発露があり、社会とのかかわり方があるのではないだろうか。個として美学的境地を追求する芸術家と異なり建築家には、いわゆる高齢期を迎えても、おいそれと建築という社会性を伴う土俵を降り、楽隠居を決め込むことが許されはしないのだ。

「建築」と如何に生きるのか。このテーマを建築家は片時も忘れてはいない。建築家はその資質を活かし、社会とのかかわりの裡で自身の存在を加齢とともに変転させてゆくことも出来るはずだし、高齢化社会そのものへ自身の共感からコミットすることもあるだろう。いま始まった社会の縮減、定住型への移行のうちに、自らの再生として「建築」への立ち位置とふるまいを見つけ出すことは、興味深い建築家の生き方となるだろう。建築家の生き方は多様なのであるから。

このことはこれまでほとんど論じられてこなかった。

二〇一三年から一年半をかけて、一九四〇年以前生まれの建築にかかわる方々二十人にインタビューを重ねた。充実した経験を積み重ねた、いわば老境にあるともいうべき存在であり、なにより齢を重ねた建築家としてのアイデンティティを保ち続けている二十人である。彼らが避けがたい肉体的な加齢にどのように向き合い、建築家としての生き方を見つけているのか、率直に問いを投げかけた。いわゆる建築設計だけでなく、ランドスケープ・デザイン、都市計画、保存運動、まちづくりなど多岐にわたる彼らの軌跡は、まさしく壮年期を過ぎてゆく戦後日本建築そのものの経験でもあった。

ここにある建築家たちの証言と豊かなメッセージが、これからの建築と建築家への新たな可能性をひらいてゆくことを願っている。

建築家の年輪　目次

はじめに　2
高橋靗一　建築家に歳なんて関係ない　7
池田武邦　僕は船乗りだったから、基本的に海から陸を見るんです　23
内田祥哉　そもそも構法は、構造を決心するための学問です　41
池原義郎　大地とか環境、そして地域の問題から目を離すことができない　61
槇文彦　建築というのは結局人間との付き合い、人間を考えることです　77
前野嶤　世界遺産の前に、まずは自分たちの身の周り　113
保坂陽一郎　人が集まって共同で暮らすシステム、それがどこかで壊れてしまった　137
内藤恒方　ランドスケープは建築のかたちまで決める　157
竹山実　専門職でなく誰もが建築家だとなりつつある　177
近澤可也　社会がリスクを怖がって、やるべきことをやらなくなった　197

阿部勤　建築が自分の作品なんて、真っ赤な嘘です　223
林泰義　今、本当に必要なのは、成長ではなくて質の転換と循環なんです　245
林寛治　僕はね、仕事がないのが当たり前という気持ちで独立したんです　267
曽根幸一　その頃、僕は博覧会の「プロ」だったんですよ　293
原広司　世界は自分だけでなくみんなで切り拓くから面白い　313
山下和正　レンガなら文句はないとフロムファーストビルをつくりました　335
香山壽夫　意匠の問題は、建築を志したすべての人の根本にあるもの　363
吉田研介　ローコストというのは縛りでも制約でもなく精神なんです　389
富田玲子　人が恐怖感、不安感、孤独感を感じない建築　415
室伏次郎　建築と人とがコミュニケートしている　439
註　463
建築家の年輪に想うこと　真壁智治　500

高橋靗一

一九二四年生まれ

建築家に歳なんて関係ない

たかはし・ていいち＝中国・青島生まれ。建築家。第一工房主宰。大阪芸術大学名誉教授。日本建築学会員、日本建築家協会名誉会員。東京大学第二工学部建築学科卒業後、逓信省営繕部設計課に勤務。一九五四年から明治大学非常勤講師（〜一九九五年）を勤め、一九五六年に郵政省建築部設計課を退職。同年、武蔵工業大学（現東京都市大学）助教授に就任（〜一九六六年）。一九六〇年に第一工房を創設する。一九六七年から大阪芸術大学教授（〜一九九五年）に就任し、一九九五年からは同大学名誉教授。この他、東京大学、東京工業大学、東北大学、九州芸術工科大学、東海大学、東京電機大学の講師を歴任。代表作に「佐賀県立博物館」（一九七〇、共同設計内田祥哉）、「大阪芸術大学塚本英世記念館・芸術情報センター」（一九八一）、「東京都立大学南大沢キャンパス」（現首都大学東京、一九九一）、「パークドーム熊本」（一九九七）、「群馬県立館林美術館」（二〇〇一）、「あいち海上の森センター」（二〇〇六）、「白河市立図書館」（二〇一一）、「特別擁護老人ホームまちだ正吉苑」（二〇一二）、「中部大学不言実行館ACTIVE PLAZA」（二〇一五）など。二〇一六年二月二十五日逝去。享年九十一。

小坂秀雄さんと出会う

——高橋さんはこの（二〇一三年）四月二十七日で、八十九歳になられました。「建築家の年輪」というテーマで、基本的には、七十歳以上の、現役でご活躍されている建築家にインタビューをさせていただく連載です。その第一回目に、高橋さんにお話をうかがわなければ始まりません。

高橋　僕を一番目にするのがいいかどうかは知らないけれどね。八十九歳と言えば厄年じゃないの？違う？（笑）でも、僕は現場、現場が一番好きだな。今でも原寸を書いていますよ。

——今日はこれから、その元気の秘訣を探ろうというわけです。そこでまず、高橋さんが建築家としてスタートされた逓信省時代。そのあたりから振り返って、おうかがいします。

　東京大学の第二工学部で建築を学ばれて、逓信省に入省されたのが一九四九年。当時アトリエ系の建築設計事務所もありましたが、逓信省を選ばれた動機はどういったことだったんでしょうか？

高橋　動機も何もないよ。当時、二工の先生だった関野克▼さんが、卒業の三日くらい前に、「君、行く所が決まってないなら逓信省に行くといい」と勧めてくれたんですよ。僕の卒業設計が逓信省向きだと思ったみたい。それで、関野さんに言われたから逓信省に行ってみようかと思ったら、その年から公務員試験が始まったんだよ。

　もちろんそれまでも、高級官僚になるには高等文官試験というのがあったけれど、技術者にはなかった。だから急に試験を受けることになっちゃって。まあ、その第一回目の公務員試験合格者というわけです。

　そこからが、本当に運命だと思うけれど、逓信省の課長に小坂秀雄▼さんがいた。そこで僕の道は定まった。小坂秀雄という名建築家、生涯を通じて師と仰ぐ、神様のような人です。小坂さんがその時代、逓信省の建築部におられたことが、本当に幸せなことだった。僕は、彼の建築、図面の美しさもさることながら、彼の人間性に完全に惚れちゃったんだな。
　そしてとても可愛がってもらった。僕がいくらとんちんかんなことを言っても「お前、そんなことも知らないのか！」とあきれながら、それでもにこやかに教えてくれたからね。

――小坂秀雄さんから薫陶を受けられたことが、現在の高橋靗一という建築家を生んだ。

高橋　まったくそうだね。生まれ変わってもう一度人生を取り返すとしても、僕には、あの師匠と、あの仕事場の雰囲気が必要だ。そうでなければ、今の僕はない。
　それに僕は、小坂さんに拾われて逓信省に入ることができた。試験の時、僕らは自分の卒業設計を持っていって、当時の設計課の課長と係長からインタビューを受けることがあった。
　その時、僕の図面を見た逓信省の人はみんな「こんなの使い物にならない」と言った。けれど、小坂さんは「変わったのが一人くらい居た方がいい」と、僕を採ってくれた。しばらくたってから、「お前は俺が拾ってやったんだぞ」と、小坂さんによく言われたよ（笑）。
　僕の仕事は、だいたい小坂さんの下請けだったから、一緒に居ることが多くてね。遊びに連れていってもらうことなんかもあったよ。彼の公用車で新橋のダンスホールに連れて行ってもらってね。彼はダンスがうまいんだ。背も高いし、かっこ良かった。なにしろ小坂さんという人は「小松ストアー」（ギンザコマツ）の一族だからね。遊び心があるというか、とても洒脱な人だった。しかも、実家が日比谷公園の中の松本楼だからね。日比谷公園は自分ちの庭ってくらいのもんですよ。

――小坂さんから教えられたことで、何が強烈に残っていますか。

高橋　「何をやってもいい」ということ。遊ばせながら、厳しいことも教えてくれた。建築家としての才能だけでなく、指導者としてもたいしたものだったと思います。

堀口捨己先生は優しい人

――高橋さんと同時期に、内田祥哉さんも逓信省にいらっしゃったんですね。

11　高橋誠一

高橋　そう。ですが彼の方が入省は早い。年齢は僕より一つ下だけどね。僕はもともと、飛行機をやりたいと思って、横浜高等工業学校（現横浜国立大学工学部）の航空機科に行っていた。その後、大学に入り直して建築を始めたから、卒業は内田さんよりも遅いんです。

それに逓信省は、僕が入省した一九四九年の六月に郵政省と電気通信省（一九五二年からは日本電信電話公社＝電電公社）に二省分離されて、彼は電気通信省、僕は郵政省ということで所属も違った。だから当時、一緒に仕事をするようなことはなかった。

また電信の方には國方秀男▼さんという、優れた建築家がいましたからね。逓信時代、國方さんは小坂さんより年下で、係長だったんだけど、郵政と電信に分かれた時、郵政は小坂秀雄、電信は國方秀男と二枚看板のようになってね。あの時代の華のような存在だったんじゃないかな。

國方さんもとてもセンスが良くて、僕は好きだったな。清潔なイメージの建築デザインをしていた印象がある。ただ、小坂さんは何をやるにも「遊び」。贅沢で、粋なこと、面白いことを重視していたのに対して、國方さんはとにかく「まじめ」。篤実で堅い人だった。そういう、二人の性格の違いが、郵政イズム、電信イズムといった、雰囲気の違いをつくっていたと思う。

――高橋さんが郵政省を退職されたのが七年後の一九五六年。それ以前から、明治大学の講師をされて、退職後は武蔵工業大学（現東京都市大学）の助教授になられた。今でいうところの「プロフェッサー・アーキテクト」の道に進みます。

高橋　郵政省を辞めたのはちょっと早い方だったかもしれない。だけどその頃には小坂さんも偉くなって、いなくなっちゃったからね。大臣官房建築部長になられて。

明治大学に行ったのは、堀口捨己▼先生が建築学科の学科長の時。堀口先生が小坂さんに、非常勤講師が足りないから誰か手当てしてくれと相談して、小坂さんの命令で僕が行くことになった。堀口先生と小坂さんは仲が良かったからね。

その堀口先生も、僕にとっては大切な恩師ですよ。みんなは堀口先生は怖かったと言うんだけど、僕は優しい人だと思ったな。とても可愛がってくれた。だから僕も、堀口先生には何も包み隠さず、疑問を投げかけてね。

僕の他にも堀口先生を慕うヤングが、お正月には必ず先生のところに集まったりしてた。堀口先生のところで助手をやっていた早川正夫▼、あとは内田祥哉と堀川勉▼とか、七、八人いた。

――武蔵工大に行かれたのはどういう経緯で？　当時、広瀬鎌二▼さんは在籍されていたんでしょうか。

高橋　当時の建設工学科を建築工学科と土木工学科に分けるとか、そんなタイミングで誘われた。ヒロカマは確か、僕がひっぱって来たんじゃなかったかな。僕より少し年上で、もともとは電信にいた人ですよ。どうやって仲良くなったのかは、もう憶えていませんけどね。

建築に作家性は求めない

――そしていよいよ一九六〇年に「第一工房」を設立されます。堀口先生のところで親交をもたれた早川正夫さんは、「第一工房」の創立メンバーでもありますね。他にどなたと、何名で設立されたんですか。

高橋　四人。僕と、最初のパートナーである林昭男▼と、それから早川正夫に杉山英男▼。僕の恵比寿の家につくった「地獄」と称する小屋に集まって、語らって…。

なんで「地獄」かというと、夏なんかはものすごく暑かったんだよ。とても仕事なんてできない（笑）。

――私が最もおうかがいしたいのが、「第一工房」という名称に託した意味なんです。たとえば、「高橋靗一建築設計事務所」といった名称にはされていない。要するに、過剰な作家主義を避けておられると思うのですが。

高橋　作家性を求めるということは、僕の考えにはなかった。だいたいさ、たとえば華道草月流とか、なんとか流とか、そういうスタイルがあるけど、建築にはそういうものはないよ。だって、そこに住む人、使う人は全部違うんだから、何流も何スタイルもないだろう。あるのはモダニズムのみ。

それに僕は、「グループディスカッション」、「グループデザイン」あるいは「グループダイナミズム」ということを重視していた。逓信時代から、集団のなかで知恵を集めて一つのデザインをつくっていくという手法を、小坂さんなんかとずっとやってきたからね。当時は、いろんな業界で試みられていたけど、われわれはこれを、先駆的に取り入れていたということだね。

——当時は他にも、山口文象▼が率いるＲＩＡなど「グループダイナ

ミズム」を試みる設計集団がありましたね。
高橋　そういう「運動」のようなグループにも興味はなかったな。ちょっと変な匂いを感じて。僕はどうも、妙な「同士」とか、なにかベタベタしたような関係が昔から苦手なんだ。
――「工房」としたのも、当時、とても新しかったんじゃないでしょうか。何か手の実感を込めるというのか…。
高橋　そうだね。この「第一工房」という名前は、確か、早川正夫が言い出したんだよ。「高橋さん、『第一工房』っていうのはどう?」と言ってきた。僕は最初「何だそれは?」と言ったよ。だって第一も第二もないのにさ。

だけど、これはすごく僕の感覚にあってた。アノニマスという言葉があるけど、つまり、無名性ですよ。アノニマスな集団という意味では、「第一工房」というのは良かった。そう思って、僕はすっかり喜んじゃった。早川正夫はよくやったな(笑)。

――なるほど! 今日、高橋さんのお話しをうかがって、非常に得心がいったことがあります。グループダイナミクス、グループディスカッションが「第一工房」の基盤にあるということこそ、「第一工房」として、現在でも、まったく加齢を感じさせない、モダニズム建築を創造されている秘密なんですね。


つまり、たとえば一人のカリスマ建築家を軸とした設計事務所の場合、その先生の衰えによって、作品自体も、衰えを感じさせるものになるケースがある。私はそう感じているんです。ところが「第一工房」は不老不死。アノニマス性を非常に効果的に生かしている。新しい人材が出てきながら、みんなでディスカッションして「第一工房」としての作品を生み続けているというわけですね。

高橋　それは褒め過ぎでしょう。

――「第一工房」の作品歴を見ていくと、「第一工房」という人格をやっぱり感じますよ。

高橋　そりゃ、ずいぶん嫌な人格だろうね(笑)。

――とんでもない(笑)。だから、人が若干入れ替わろうが「第一工

房」という人格が、そこに厳然としてあると思う。

高橋　泣かせるねぇ。まったく、かなわんね。

建築家に歳は関係ない

――「第一工房」が提案するビジョンは非常に若々しい。いわば壮年型であり続けていると思います。だから、高橋さんがご自身の加齢とどのように向き合っておられるのか、とても興味があります。

高橋　年齢によって意識するようなことは、全然ないの。だいたい僕は、年を超えたことも判らない。十二月三十一日から一月一日に変わったって、僕にとっては何の意味もないし、興味もないよ。新年を迎えたからおめでたいなんてことは…なんか、そらぞらしい。

――妙な思い入れはない、と。

高橋　そうね。思い入れといったことには縁がない。リアリズムですからね、僕は。

――たとえば、村野藤吾▼は「建築家は五十歳から」と言っているんですけど、それについてはどう思われますか。

高橋　建築家に歳なんて関係ない。やっぱり僕は、グループディスカッションをやってきたから、そこには、年齢による優位性はない。普段ボーッとしているようなヤツが、ぽんぽんと二つ三つ言うと、「お、それは面白いな」というようなことにもなる。そのアイデアをみんなで揉んでいく。

　僕の事務所にだって、年功序列はないよ。最近はやっと「高橋さん」と「さん」ぐらいはつくようになったけどね(笑)。

――やっぱり、それが高橋さんの元気の秘訣なんですよ。建築家の生き方の一つの達人タイプです。吉本隆明なんかは「老いと衰えはわけて考えるべきだ」と言っているんですが、高橋さんには「老い」に基づく感性はあっても、「衰え」とは無縁であることがわかります。本人にとっては老いと衰えを分けては考えにくいでしょうけれどね。

高橋　「老い」はいいの？　「衰え」はダメか。ああそうか。そういえば、芭蕉の句に「衰えや歯に喰いあてし海苔の砂」っていうのがあるよ。初めて知った時、僕は面白くって、ひっくりかえって喜んじゃった。なんだか現実味があるだろう？　いやだねぇ（笑）。

――ちなみに、日常生活の中で何か運動をしたり、健康づくりのようなことはされているんですか。

高橋　え、そんなプライベートなことを聞くの？　参ったな（笑）。運動は、今はしていないけれど、子どもの頃はサッカーだね。僕は中国の青島育ちだから、野球よりサッカー。だから今もサッカーは好きで、よく観戦していますよ。

――建築家のサッカー愛好者たちが集まって毎年開催している「Aカップ」なんていうイベントもありますけど…。

高橋　僕は一回だけ参加したことがあるんだよ。八年ぐらい前。

――それはすごい！

高橋　サッカーは、瞬間的なチームワーク、スピードのなかで瞬時に判断して次に動くという、常に何がおきるかわからない所が面白いね。人生みたいなもんだよな。

　あとは、僕が最近気をつけているのは、お金を落とさないようにすることぐらい。僕は若い時からずっと、財布を持たないで、札も小銭もポケットだから。財布に入っているのは…、クルマの運転免許証ぐらいか。

――今でも運転されるんですか。

高橋　そうだよ。僕からクルマの運転をとったら死んじゃうよ（笑）。あれは、「読み」が重要なんだ。相手がこう来ると思ったら、こうかわして、とね。そういうのが面白いんだよ。サッカーと同じで、瞬時に反応して的確に対応するんだ。

　ああ、そういう意味では、コンペなんかも同じかな。僕はコンペが大好き。審査員が誰か、どうい

書棚より

うデザインに共感してくれそうか、予測して、挑戦する。ワクワクするよ。そりゃあ、負けるのは嫌だけど、チャレンジするのは面白い。

——今のお話しには、いろいろ驚かされました(笑)。高橋さんの人となりも、ちょっと、理解できた気がします。

高橋　ありのままの人間ですよ(笑)。

自由勝手に大阪芸術大学

——さて、事務所内には作品の写真が飾ってありますが、こちらは「群馬県立館林美術館」(二〇〇一)ですね。今から十二年前ですから、高橋さんが七十七歳。いやぁ、非常に若々しい！　ランドスケープも素晴らしいですね。

高橋　そうだろう！　これいいでしょう。僕は気に入ってるの。カスケードがね、さらさらっとしていて。あなたに褒められると、僕は天狗になっちゃうよ。

——最新作は「白河市立図書館」(二〇一二)ですか。それもこちらに写真が飾ってありますが、キリッとしていていいですねぇ。

高橋　どれだい？　おぉ、これね！　いいじゃん。ね、そう思うだろう(笑)　これは今年、東北建築賞をもらったよ。

　あと、「パークドーム熊本」(一九九七)なんかも、わりと好きなんだ。僕はどちらかというとエンジニアでね。おやじが電気工学をやっていた影響かもしれないけれど、パークドームは技術の枠を集めて、世界で初めてのハイブリッド二重空気膜構造を試みた。こういう建物が可能か不可能かということは、それまで誰も考えていなかった。だから、このプロジェクトをまとめた時には達成感があったよ。それに熊本の空港から飛び立つと、これが下に見える。それがいいんだ。僕にとってはかわいい建物だね。

——そして、やはり代表作は「大阪芸術大学」と、ここに一九八一年に竣工された「塚本英世記念館・芸術情報センター」でしょう。キャンパス全体としては一九六六年から一九八六年まで携わられて、一九六七年からは教授としてもお勤めになっていますね。この学長だった塚本英世▼さんとは深くお付き合いされたと思いますが、そもそも、どのような出会いだったんですか。

高橋　仕事をするようになったのは、コンペですよ。だけど、どういうわけか気に入ってもらって。…最近はなんでも、忘れっぽくなっていけないね。なんと言っても「衰えや…」だからね（笑）。

でも僕は彼に拾い上げられたおかげで、大阪芸大を自由勝手にやらせていただいたし、非常に勉強もさせてもらった。「塚本記念館」ではコンクリート建築の限界に挑戦するつもりで…、よくやったな。そして塚本英世、あれはすごい人だった。なにより、直感力がすばらしかった。

――二人三脚でキャンパスを設計していった。

高橋　いや、「一人二脚」。彼と二人三脚なんてできっこない。だけど、彼に文句を言われたことは一度もない。とにかく「任せる」と。大人物は違うんだよ。

ただね、周りの反応を注意深く見ていたね。僕を直接観察するよりも、他の学科の教授や学生が、高橋という人物をどう見ているか、僕のつくったものをどのように評価しているのかを観察していた。彼は本当に苦労をしてきた人だったからね。なかなか一筋縄ではいかない人物でしたよ。表面上は優しそうであってもね、深い部分で慎重に人を見きわめるような、凄まじさがあった。

――今、いくつか作品についてお話しをうかがったんですが、普段、過去の作品の写真や模型などを見ながら、お仕事を振り返ったりす

事務所にて

ることもありますか。

高橋　まあ、そういうこともあります。よくもこんなに無謀なことをやったな、と(笑)。

建築デザインは危ない橋を何本も、何本も、渡りながらやる。きわどい部分もあるけれど、そういうのを必死になってクリアしてつくる。だから、できあがったものについては「われながらよくなったなぁ」と思って見ている。たまには、もうちょっとあそこをこうすれば良かった…、と思うこともある。ただし、そういうことは人には絶対に言わないよ。「あそこに影ができるのを、もう少し工夫できなかったか」なんていうことは、自分では思っても、他人には関係のないことだからさ。

若い頃と今を比べない

――ところで、先ほども少しお話しましたけど、高橋さんご自身、若い頃と今、建築に関する考え方や作品自体、あるいは感性的なところで違いを感じていますか。

高橋　一切無いね。一切無い。僕は、若い頃と今を比べようとは思わない。それとこれを比べて感性がどうだとかいうのは、意味がないと思っている。

だってさ、若い時には歳をとったらもうちょっとマシなものができるかな、と思っていたけど、どうやらそれもあんまりないでしょ。それができないんだから、やっぱり、歳じゃないんだ。歳に罪を着せるわけにはいかない。実際さ、僕は走っている。

ある程度はスピードが遅くなったかもしれないけど、走っている。そういうことのなかでは、走っているという行為に違いはないし、目的も変わらないんだよ。

――その「スピードが遅くなった」ということについて一昨年に発刊されて話題になった、五木寛之の『下山の思想』(幻冬舎、二〇一一)という本があります。五木は、今の時代は登山にたとえれば下山の時にある。私たちは下山のなかにこそ自分の生き方を見つめなければならない。スピードが落ちた方が風景もよく見えるし、美しいものも目に留まると言っている。だから、登山というのも、上っているばかりが登山ではなくて、ゆっくりと下っている時も登山なんだよ、と、こう言っているわけです。

高橋　いいこと言うねぇ！　そりゃあ、スピードは落ちざるを得ないよ。

――だから、高橋さんも噛み締めて、設計にあたっておられるのかな、と。

高橋　うーん…。でも、噛み締めるのにはもう少し、時間が要るね。自分ではもっと、うんと進歩したい、もっと考え方を進めていきたいと思っているから。今の状態に留まっていることに対しては、あんまり賛成できない。やっぱりモノをつくるのには、何かないか、これ以外に何かいい方法、アイデアがないかという探究心がいる。留まっているヒマはないんだよ。

――よくわかりました。さすがに一貫されている。生粋のモダニストという思いを強く致しました。では、客観的な立場から、現在の建築や建築界に対して、何か気がかりに思ってらっしゃることはありますか？

高橋　それも、あまりない。最近は何でも許しちゃうようになったからな。これは歳のせいかね(笑)。

ただ、今はモノとカタチがずいぶん離れてしまったという印象がある。昔は、モノとカタチが一体だった。つまり、美しいものは使いやすい。逆に「美しくない」と言うのは、意匠だけじゃなく機能も含めて、問題があるということだった。そういう「美しさ」の意味が、分散してしまったような気はしている。

――高橋さんはずっと、美しいか、美しくないか、という判断をすごく大切にされていますね。

高橋　それは、もっとも大事。美しいことは大切ですよ。僕は、バチイことはしたくないね(笑)。この歳になったら…、とこでまた、歳を持ち出すと怒られちゃうけどね、それくらいの拒否権はあるだろう。

でもまあ、僕自身はこれまでモノをつくってきて、クライアントに不満を持ったことはないし、自分の作品に対しても「よくできているなぁ」と感心しちゃうことの方が多いんだよ。

――それは、たぶん性格の良さで

すね（笑）。

高橋　ああ、性格の良さだな（笑）。そう言ってくれるのが一番いい。

だけど、つくる時は今でも、「命がけ」というのはオーバーだけど、やれるところまでやってみたいという、えげつないしつこさはあるよ。なかなか思う様にはいかないけどさ。ただ、思う様にいったら楽しくないんだ。「なんで思う様にいかないんだ」と悩んでいる方が、ずっとカッコいいもんな！

池田武邦

一九二四年生まれ

僕は船乗りだったから、
基本的に海から陸を見るんです

いけだ・たけくに＝関東大震災から避難した静岡県で生まれ、二歳からは神奈川県藤沢市で育つ。一九四三年に海軍兵学校を卒業。軽巡洋艦矢矧の航海士となる。一九四五年四月六日、戦艦大和と共に沖縄海上特攻作戦に出撃、撃沈。奇跡的に救出され、海軍大尉として終戦を迎える。一九四六年に東京帝国大学第一工学部建築学科に入学。一九四九年に卒業後、山下寿郎設計事務所に入社。同事務所取締役を経て一九六七年に退職。当時手がけていた「霞が関ビル」（一九六八）の竣工まで携わりつつ、一九六七年、株式会社日本設計事務所（一九九〇年から日本設計に社名変更）を創立、取締役となる。一九七四年同事務所副社長、一九七六年同事務所社長。一九九三年からは日本設計会長を経て、同相談役名誉会長。主な作品に、「京王プラザホテル」（一九七一）、「新宿三井ビル」（一九七四）、「筑波学園都市工業技術院筑波研究センター」（一九八〇）、「長崎オランダ村」（一九八三）、「長崎オランダ村ハウステンボス」（一九九二）など。著書に『次世代への伝言　自然の本質と人間の生き方を語る』（地湧社、二〇一二）、『建築家の畏敬　池田武邦近代技術文明を問う』（建築ジャーナル、二〇一三）など。

海軍は鍛え方が違うよ

――以前から頑健な方だという印象はもっていましたが、本当に骨格ががっしりしていらっしゃいますね。とても八十九歳になられたとは思えない。骨が太く、筋肉質の体躯が素晴らしい。鍛えてできあがった身体ですね。

池田　それは、若い時の鍛え方が違うよ。海軍の、あの鍛え方はちょっと普通じゃない。

――確かにそうです。そんな池田さんの若い頃のお話は非常にドラマチックですが、今回はそのことを踏まえつつ、少しお歳を重ねてからのお話を聞かせていただきたいんです。

池田さんを前にすると、佐藤一斎という江戸期の儒学者の言葉を思い浮かべます。「少にして学べば壮にして為すも有り。壮にして学べば老いて衰えず。老いて学べば死して朽ちず」というものです。

池田　ハハハ（笑）。「死して朽ちず」か。

――ええ、そんな感じがしますよ（笑）。ではまずはちょっと古いところから。池田さんは海軍での戦争経験を経てから、大学に進み、建築家を志されますが、建築家としての恩師というと、どの方になりますか。

池田　僕が「建築」ということを思い浮かべた、そもそものきっかけは叔父で建築家の山本拙郎▼の存在です。藤沢の実家は彼の設計でしたからね。ただ、実際に交流をもったのは、僕の場合は吉武泰水▼さんでしょう。年齢が八歳しか違わないから「恩師」という感じでもないんだけど。

――では、東大では吉武さんに師事したわけですか。

池田　僕は海軍という、まったく分野の違うところにいたので、大学では建築のイロハから勉強しなければならなかった。社会には、建築設計事務所と建設業があるということさえ知らないほどだったので、吉武さんにはいろいろ相談しました。ただ、大学時代よりも卒業後の方が親しくさせてもらったかな。歳も近いし、友だちみたいな感じで一緒にゴルフをしたりしましたよ（笑）。

大学時代は、堀口捨己先生の講義が印象に残っています。堀口先生は、教室ではほとんど授業をしなかった。東大の建築学科の前にある大きなイチョウの木の下に学生を集めて、そこで話をしたんです。イチョウの大木を前に「建築は大地から建つところが大事ですね」なんて言って。そんなことが思い出に残っている。

——吉武さんや堀口さんとの交流は卒業後もずっと続いたんですか。

池田　そうですね。吉武さんには、大学を定年で辞めた後、日本設計に顧問として来てもらっていましたからね。

オイルショックと家賃

——さて、池田さんが大学卒業後に務めた山下寿郎設計事務所を退職して、日本設計事務所を設立されたのが一九六七年。この時代は高度経済成長期で日本はまさに建築ラッシュ。池田さんはそのなかで、山下時代を通じて「霞が関ビル」（一九六八）をはじめたくさんの超高層建築を手がけてこられた。

ただ、私がうかがいたいのはもう少し後。一九八五年前後、池田さんが六十歳になられた頃にバブル経済が崩壊します。この辺りに、日本設計の仕事、また池田さんご自身の建築に対する転機があったのではないかと思うのですが。

池田　いや、バブル崩壊よりもオイルショック（第一次、一九七三年）だな。もう、バサッと仕事がなくなった。予定していたプロジェクトが全部止まってしまったんだから。

しかし、仕事が止まっちゃったその時に、「新宿三井ビル」（一九七四）が竣工したから、僕ら日本設計はそこに引っ越したんだ。家賃が倍になるっていうのにさ。

でも、仕事が全然ないんだから、社員の給料は何割か減らさなきゃならない。当然組合はみんな反対した。中堅幹部からなにから「給料も払えないのに、なぜ家賃の高い所に引っ越さなきゃいけないのか」って。

——それは経済的なピンチですか

27　池田武邦

ら、普通の判断なら、家賃の安いところに行きすよ。

池田　そう（笑）。ただ、僕は前々から「自分たちの設計した、最高の作品に事務所を構える」っていうことを決めていたんです。

　僕は山下時代、アメリカに組織事務所の視察に行ったんです。そのなかで、アメリカ最大級の組織事務所であるSOM▼（スキッドモア・オーウィングズ・アンド・メリル）が非常に良かった。所員の一人ひとりが、かなり自由な裁量権をもって仕事をすることを、組織がきちんと支えている。その方針に感銘を受けた。

　しかもSOMは、シカゴでもニューヨークでもサンフランシスコでも、彼らが設計した最高傑作のビルの中に事務所を構えている。だから、SOMを訪ねるとその実力がすぐにわかるんですよ。何の説明を聞かなくても「この事務所なら信頼できる」ということがわかる。僕はそういうのを山下時代に見ていましたから、自分も、最高のビルができたらそこに入居するっていうことを、前から決めていたんです。

――なるほど。「新宿三井ビル」が日本設計の最高傑作だから、そち

らに移ろう、と。

池田　そうなんだけど、ちょうどオイルショックにぶつかっちゃって大変だった（笑）。

日本設計という名前

池田　それまでは六本木の興和不動産のビルにいたんです。興和不動産は、日本興業銀行の系列会社ですが、日本興業銀行の頭取だった中山素平さんが、僕が日本設計を設立する時にバックアップしてくれた人の一人なんです。そんな関係もあって、非常に安い家賃しか払わないで、ビルの六フロアくらいを占領していた。ずいぶん優遇されていました。ところがまったく仕事のない時に、給料を削ってまでそこを出て行こうっていうんだから、社員が大反対するのは当然。もう夜になると僕のウチに押し掛けて来てさ。

――それは、「団交」ですね。団体交渉。

池田　だけど僕は、社員が夜にウチに来るっていうから、昼間にグーグー寝て、十分、準備をしておいた。みんなが来たら、僕は、ちゃんと用意しておいた酒を呑ませて。さあ、じっくり話を聞こう、と。でも夜中の十二時、一時になると、酒も飲ませているから、みんなあくびしたり、寝たりしてね。「なんだ、こちらが一生懸命話を聞いているのに、寝るとは何事だ！」なんて言ってみるんだけど、つまり、罠にかけたようなもんだよな（笑）。でも、あの時が一番、楽しかった。

――池田さんは当時、取締役だったんですね。

池田　そう、平取です。初代社長は今井猛雄さん。今井さんは今井兼次▼さんの弟さんですよ。山下の副社長だったんですけど、僕が当時の社長と揉めて辞めることにした時、池田君についていくと言ってくれた。だから日本設計は、実際には僕がやっているんだけど、世の中は、社長、副社長がいるから信用してくれた。それはとてもありがたかったですね。

――しかし、そんなオイルショックの危機を、どうやって乗り切ったんですか。

池田　そこは、やはり自分たちが

手がけた最高の作品に入居することが、いかに今後の日本設計にメリットがあるかを社員に説いてさ。毎晩みんなで集まって話し合いをするなかで、数字をもってきて、給料をどうするか、経費はどこが削れるのかをとことん話し合った。特別チームもつくってやりましたよ。結果的には、みんなに合意してもらって、新宿三井ビルに移ったんです。

そうしたら、ちゃんと成果は出た。三井ビルに移って二年目ぐらいに、「リー・カイシー」という、香港ではナンバーツーの財団から電話がかかってきました。自分たちが手がけているビルのエレベーションをデザインしてもらいたいと言うんです。

彼らは世界中の設計事務所を調べていてね、最終的に、ロサンジェルスの「バンク・オブ・アメリカ」と東京の「新宿三井ビル」のプロポーションが気に入った、と。それで検討した結果、「新宿三井ビル」を設計した日本設計に、仕事を依頼したいと言ってきたんです。

だから、無理してでも新宿三井ビルに移っておいてよかったんだ。オイルショックの直後で、日本の仕事は全部ダメだったからね。それ以来、香港に支社をつくって、あちらでもずいぶん仕事をしましたよ。

――ある種の、グローバリゼーションですね。

池田　そうです。そもそも僕は「日本設計」という名前をつけた時から、国内だけではなく、世界を相手にしようと思っていた。当時、周りのみんなからは「ずいぶんでっかい名前つけたなー」と言われましたけどね。

――本当に、新宿三井ビルへの住み替えは日本設計にとって大変な事件だったわけですね。

池田　そもそも、設計事務所というのは頭脳集団です。売る商品が具体的にあるわけではないし、特別な財産をもっているわけでもない。でも、頭脳がいい、センスがいいということは、黙っていても目に見えません。それを何で示すのかといったら、作品しかない。だから、日本設計のことを全然知らない人だって、あのビルの五十階にいると言ったら、すぐにわかりますよ。実力がね。

バブルとバブル崩壊時代

――では改めておうかがいしますが、その後の、バブル経済とその崩壊の影響は、それほど大きなものではなかったということでしょうか。その頃は建築でもグローバリズムの流れが大きくなって、ファンドが主導する建築、建築の証券化といったことが動き出していましたが。

池田　そういうことは、僕はアメリカで見ていたから、とくに慌てることもなかった。それに社会の動向にあわせて、戦略的に何かを変えていくということも、あまりしなかったですね。

ただ、バブルの八〇年代というのは、ちょうど「筑波研究学園都市」（一九八〇）が終わって、「長崎オランダ村」（一九八三）に携わり始めた頃。だからちょうど「筑波研究学園都市」というナショナル・プロジェクトをやることができたから、つぶれないで済んだのかもしれない。

――僕は、池田さんのなかで、もう一つ大事なエポックが「ハウステンボス」（一九九二）ではないかと考えているんですが、それより前「長崎オランダ村」から携わっておられたんですね。

池田　そう。何しろ最初は、神近義邦▼さんとの偶然の出会いです。神近さんはオランダ村と、ハウステンボスの元社長ですが、出会った当時はまだ、西彼《せいひ》町（現西海市）の役場に勤めていた。一九七〇年代の初め頃です。

僕は、海軍で佐世保が母港だったでしょう。それで、日本設計をつくった直後、秘書として入社してきた女性が長崎出身だったことをきっかけに、大村湾のことを思い出した。なんだか急に懐かしくなってね、ある日、訪ねたんです。その時、地元の人に、この辺りについて詳しい人がいたら紹介してくれ、と言って会ったのが神近さんでした。そして彼の案内で二日ばかり大村湾周辺を見て回った。

ところが、僕はただ懐かしくて、あちこち見てまわるだけのつもりだったんだけど、神近さんは、僕が土地を買いに来たと思って案内してくれていたんです。だから最後に、「どこがいいですか？」と聞かれてね。「どこでも私が交渉しますよ」と言う。そう言われてみると、それも悪くないと思えてきて、結局、大村湾に面した、小さな岬の先端に土地を求めることにしたんですよ。それ以来、神近さんとのお付き合いができて、彼が「長崎オランダ村」をつくる時にいろいろ相談を受けたんです。

——それは大きな出会いでしたね。それにしても、一般的に日本設計は超高層ビルの設計、大型都市開発の一翼を担ってきたという印象があります。そこから「長崎オランダ村」「ハウステンボス」という、エコロジーとか、環境への意識、自然に向かうまなざしには、正反対のベクトルがあるように感じられますが。

池田　僕はね、超高層建築の意義は、都市に対して、自然の空間を確保できることにあると考えている。都市の真ん中に緑をどれくらい確保できるか。そのためにはビルを超高層にして低層部に庭園をつくる。超高層の部分はあくまで手段なんです。新宿三井ビルだってそうです。

ただ、環境のことに本格的に取り組んだのは「筑波研究学園都市」ですね。あれは通産省（現経済産業省）の仕事でしたが、通産省はあの場所を碁盤の目のように分割して、九つの研究所を均等に配置するという計画で考えていた。でも僕らが実際にそこへ行ってみると、筑波おろしの風が吹き抜ける土地だった。だからこそ、地元の農家の人々は、昔からこれをよけるための防風林を育てていたんですよ。明治の初め頃から育てた立派な松の防風林。でも通産省の計画ではそんなこと関係なく、敷地を碁盤目状に切って…ということになっていたからね、僕は、この防風林は残さなければダメだと主張した。それで通産省とは、ずいぶん喧嘩したんです（笑）。でも結局、植生調査を徹底的にやって、生態系を生かした全体計画に変更することができました。当時は、建築の設計の際に植生調査をすることなんてほとんどなかったはずです。

ハウステンボスの経緯

——池田さんの発言のなかに「二百年後の建築家と子どもたちへ」というのがあるのを拝読したんですが、そこでは「大地に立つ」ということを強くメッセージされている。池田さんの自然界を見つめるまなざしを象徴するのは、やはり「大地」ですか。

池田　自然界は全部そう。大地に立ってこそ、ですよ。僕の自宅の庭も、今ではツタが生い茂っているけどね、最初はほんの小さなポット苗を一つ、庭の端っこに植えただけ。それが五十年も経つと一帯を覆っちゃうほどに育つんだから。

でもね、僕は船乗りだったから、基本的に海から陸を見るんです。だからオランダ村の時も、海の方をメインにすることを提案しました。神近さんを始め地元の皆さんは、あまりに当たり前に、素晴らしい入江の風景を見ながら育ったから、その素晴らしさになかなか気がつかないんですね。

それでオランダ村も、陸の交通の便は悪い立地だったんだけど、海からのアプローチを中心にした

自邸にて

んです。ところが、この施設が結構な人気を集めて成功したもんだから、やっぱり、クルマで来る人が多くて、周辺は慢性的な渋滞、駐車場不足も課題になっていた。そんな時、長崎県から神近さんに駐車場用地に使ってくれないか、と言ってきた土地があった。それがその後、ハウステンボスの用地になるんです。

じつはあの土地は一九七〇年代に長崎県が大村湾の一画を埋め立てて、工場を誘致しようとしたところなんです。しかし、慢性的に水が不足する地域であったことに加え、オイルショックになって、全然、工場が来なかったんですよ。それで完全にゴミ捨て場のような、ひどい状況になっちゃった。だから当時の県知事だった高田勇さん…じつは彼は海軍時代の後輩なんだけど…が、神近さんにオランダ村としてここを使って欲しいと言ってきたんです。

――それが、一九八〇年代後半くらいですか。

池田　一九八〇年代半ば。それでね、僕が見に行ったら、大村湾の本当に一番いい場所がゴミ捨て場になっている。これは、このまま置いておいたら大村湾が壊れてしまうと思いました。

よしそれじゃあここを、徹底的に生態系を再生できるような自然護岸にして、大村湾の環境を回復させよう、ということになった。オランダ村の時には、神近さんとも環境のことでさんざん対立したけど、ハウステンボスの時は、彼の方から、環境を再生させることが地域の利益につながると言いましたよ。

生態系再生を目指す

――当時はまだ、社会的にもエコロジーへの関心はそれほど高くなかったはずです。

池田　エコなんてまだ誰も知らないし、バブル期だから銀行はいくらでも融資するというスタンスですよ。だから僕は「よしっ」と気合いを入れて、日本の国土の、これまでに壊してしまったところを回復させようと、生態学者を入れて徹底的に地域の植生を調べた。ゴミ捨て場になっていたから表層の土を全部入れ替えて自然護岸をつくろう、と。

――有害なものがいっぱい埋まっているような状況で、土壌汚染もあったんでしょうね。

池田　そうです。それで、地元の植生にかなった苗木を四十万本ほど植えて、およそ三十年も経てば森林になるという計画でやりました。

――しかし、それだけ長期的な視野でスタートされましたが、バブル経済は間もなく崩壊してしまいます。銀行からの融資も状況が変わったでしょう。

池田　もう、そうなったら銀行は引き締め引き締めでさ、えらく大変だった。事実、もう経営が成り立たなくて、神近さんは辞めて、あとは僕が引き受けることになっちゃったんだから。

――それが七十歳以降の仕事になるわけですからね。僕は、この話がすごく、池田さんの凄まじいところだと思うんですよ。

池田　だけど、僕にとっては、経営なんて成り立たなくたっていいんだよ。要するに、日本の国土がちゃんと自然環境を回復させればいいという考え方だからね。銀行が融資しようがしまいがさ。

大村湾は本当にいい海でね、スナメリというクジラの一種が一切外洋に出ないで、十万年以上前から生息しているんですよ。イワシの群れを追いかけて、それは見事なものです。そんな海を、高度経済成長期の時の開発のように、一挙にコンクリート護岸なんかでやっていたら、たちまち環境は壊れてしまう。でも僕らは水際を自然護岸にして、コンクリートは一切使わなかったからね。今では魚がいっぱいいる。大村湾に行くと、僕はにんまりしちゃうよ（笑）。もはや経営がどう変わろうと、あそこまで行けば、自然は断然強いんです。

日本の国土を守る

――自然もそうですが、それを断行して継続的に携わってきたことが、本当にすごい。ハウステンボスがオープンした時が六十八歳。そして経営に参画したのが二〇〇〇年ですから、池田さんはもう、七十六歳です。

池田　仕方ないよ、神近さんがなんとかやってくれっていうからさ。

もっとも、最初は神近さんから経営を引き継いだ日本興業銀行が、僕に社長をやってくれと言ってきたんです。でも僕はああいったエンターテイメントのことはわからないから、とても社長になるような器ではないと言って断った。ただし、あの環境を守ることにかけては人後に落ちない。だから会長とか、そういう立場でなら社長をサポートすることはできる。そう言って、興銀から社長を出してもらって、僕は会長という立場で、自然環境の分野を見ていた。

――ハウステンボスにかかわる時には、もう、日本設計の仕事というよりも池田さんご自身の仕事としてやられたわけですか。

池田　そうだね。日本設計は七十歳で退任したから。

――池田さん自身も、仕事としての採算が合うとか、そういうことは考えず、とにかく環境を再生しようとして取り組まれたということでしょうね。

池田　日本の国土を守る。それが一番。木が育って、自然護岸がちゃんと機能すれば、後は、自然に任せておけば大丈夫ですからね。

海岸線の臨海部分っていうのが、自然にとっては最も大切なところなんです。僕ら人間にたとえるなら、腕に注射針を刺してもいいけど、目に注射したら失明する。そういうデリケートな部分とそうでない部分が自然界にもあるんです。そして、目玉みたいにデリケートなところが、まさに水際と陸の境ね。そこをコンクリートで固めちゃったらたちまち自然はダメになる。だから、江戸時代の風景画が美しいのは、やっぱり全部自然の護岸があったからじゃないかね。江戸時代の日本は本当に美しかっただろうと思うよ。

――ハウステンボスは、経営に関してはその後も厳しい状況があって、現在はまた経営母体が変わっています。でも、あの時期に池田さんがいたから、環境へのスタンスがブレなかったんでしょうね。

池田　それに優秀なスタッフがいたからね。ハウステンボスのスタッフはたいしたものですよ。環境に対するスタンスは、そんじょそこらの植物学者よりも遥かにいいと思います。

伝統的な和小屋をつくる

――ところで、池田さんは一九九六年には長崎総合科学大学の教授にも就任されています。それが七十二歳の時。講座ももっておられたんですね。

池田　ええ。建築と環境の講座を。日本設計を退任してからは、基本的には、あちらに拠点を移して暮らしていましたからね。

――「邦久庵」ですか。

池田　「邦久庵」と名付けた和小屋をつくったのは、それより少し後でね。ずっと、アルミ製のプレファブ小屋を置いて使っていたんです。僕の後輩が設計した日軽アルミの「スペース・カプセル」というもので、宣伝のために使ってくれと頼まれたから、大村湾の岬の端っこに、それを置いて使っていた。ただアルミは、夏には暑いので、そこに檜皮葺きの屋根だけかけて。そこを別荘のようにして使っていました。

それを、日本設計の社長を辞めた六十五歳の時、もっとちゃんとした住まいにして暮らそうと思って、すごくモダンなリゾートハウスを建てる計画を立てていた。自分で設計図を書いて、模型までつくってあってさ。

ただね、僕がずっと大村湾と東京を行き来している間に知り合った志田功一さんという大工さんがいて、彼が、自分が若い頃には和小屋をつくってきたけど、ここ何十年も和小屋の注文なんてこないから、自分の弟子たちに教えられない。日本の伝統建築である和小屋が廃れてしまうと嘆いていた。

そんな話があったもんだから、僕は、確かにそうだと思って、急きょ、和小屋にすることにしたんです。徹底的に伝統的な和小屋を、地元の材で、地元の大工さんでつくることにした。それが「邦久庵」(二〇〇二)。茅葺きの、本当に昔ながらのやり方で、志田さんとその四人のお弟子さんとで建てたんです。

――池田さんの、「超高層」から

「和小屋」までっていう、その視野の広さはすごいですね。

池田　それはね、僕はオランダ村をつくる時に、オランダ政府に当地の建築家や都市計画家を紹介してもらって、現地でいろいろ勉強した。その時につよく感じたのは、彼らが自分たちの国の伝統を非常に重視していることだった。そのことに感心したんです。

ただ、そもそも僕は船乗りだから海が好きなんだけど、今、われわれは和舟というのを見ないでしょう。でも、和舟というのは、東京湾なら東京湾の、大村湾なら大村湾の、相模湾なら相模湾の、というように、本来、全部違うスタイルなんですよ。相模湾なら、広重の絵に見るようにすごい波が来るから、波を切るシャープな和舟。一方、東京湾は穏やかだから平べったい。大村湾なんか、たらい舟みたいな和舟なんです。そういう風に、船も、海の環境、湾の形状なんかによってみんな違う。それが戦後、プラスティックのヨットをつくり出したら、もう、みんな同じ船にしちゃった。

僕は、その辺が近代化の大問題だと思う。本来は、船だけではなく建築も、その土地の文化、歴史、環境によって、どういうものが一番いいか、ちゃんとわかっているはずなんです。船も家も、風土に根付いたものであるべきなのに、そういうのがみんななくなっちゃった。だから「邦久庵」は、徹底的に地元の材で、地元の大工につくってもらいました。

——完全に「地産地消」という形で建築されたんですね。最近も折々に行かれているんですか。

池田　邦久庵をつくってからは、基本的にあちらで生活していたんですが、最近、東京に戻ってきたんです。また行こうとは思っていますけどね。

二十一歳からは余生です

——あと一つうかがいたいのは、僕は建築家のアイデンティティ・クライシスという問題が大きくなっていると思うんです。とくに二〇一一年の東日本大震災以降、建築家とはいったい何なんだという感じで、存在の意義、存在感そのものが希薄化しているように感じたんですね。そういうことについて、池田さんはどう思われますか。

池田　それはやっぱり、和小屋の話ともつながってきますが、日本では建築というものはずっと、大工の棟梁がやってきた。日本の文化における建築は、彼らが支えてきたんです。それが明治になったら急にアーキテクトというようになって、海外のシステムを日本に取り入れたでしょう。だからアーキテクトには歴史がない。根なし草みたいなもんだな。事実、建築っていうのはその土地に、風土に根付いたものなんだから。いっときコルビュジエ▼なんかも、国際建築を提唱したけれども、あれは大間違いだったと思う。

――ユニバーサル建築ですね。

池田　そうユニバーサル。でも建築はその土地に根付いたものので す。今の近代建築で非常に危険だと思うのは、たとえば、気密性の高い家にエアコンがあれば、極端な話、南極でもサハラ砂漠でも生活できちゃうんですよ。すると、それはもう建築ではなくて、一つの「装置」でしょう。

――なるほど。それが一気に露呈したのが三・一一だったように思います。

池田　だからさ、建築というのはその土地に産した木材、土も草も、そういうものを全部含めた「文化」として、見直されなければならないでしょうね。

――よくわかります。それにしても、今のご指摘もそうですが、そういった視点には非常に豊かな感性がありますね。とくに池田さんが七十歳、八十歳を超えてからのお仕事や発言には、非常に豊潤な印象をもちます。

池田　そりゃあずっと修練を積んでいるからね。若い頃よりはだんだんと。同じものを見ても「見る目」が違うよね。いろいろ失敗も重ねているからさ（笑）。

　でも、だから建築家は歳をとっても設計できるんですよ。仕事のなかで一番寿命が長いんじゃない？　村野藤吾▼さんだって、丹下健三▼さんだって九十歳まで仕事をしたんだから。

――そうですね。それに建築の

「納まり」や「取り合い」をどうするかっていうことは、やはり感性がモノをいいますからね。

池田　そう。感性と経験、両方だよね。

――では最後になりますが、今の若い建築家、といっても五十代くらいの方々に何かアドバイスのようなことをいただけますか。

池田　いやいや、そんな大それたことはできませんよ。もう自分のことで精一杯。具体的に、これはどうしたらいいかって聞かれれば、答えることはできるでしょうけど、一般論としてなんか、とても言えないですよ。みんな違うんだから。

――それはそうです。建築家といっても一括りにはできません。だから僕は、建築家としての多様な歳の重ね方と個性の発揮の仕方があるはずだと思って、この「建築家の年輪」で、いろんな方にお話をうかがっているわけです。

池田　まあね、僕は確かに、やりたいことだけやっている。だけど生きている間はね、できるだけ社会貢献というか、そういうことはしたいとは思っています。だって僕は、沖縄で撃沈されて海に漂った二十一歳の時、一度死んだと思ったからさ。あとはずっと、余生なんだよ（笑）。

内田祥哉

一九二五年生まれ

そもそも構法は、
構造を決心するための学問です

うちだ・よしちか＝工学博士。東京大学名誉教授、日本建築学会名誉会員、日本建築家協会名誉会員、金沢美術工芸大学客員教授、工学院大学工学部（現建築学部）特任教授。一九四七年、東京帝国大学工学部建築学科卒業後、逓信省に入省。電気通信省を経て、日本電信電話公社建築部勤務。一九五六年より東京大学助教授、一九七〇年には同教授、一九八六年からは同名誉教授。他、明治大学教授、金沢美術工芸大学特任教授。一九九七年に内田祥哉建築研究室を設立、主宰。一九九六年には、「建築構法計画に関する一連の研究および設計活動による建築界への貢献」により、日本建築学会大賞を受賞。主な作品に「佐賀県立博物館」（一九七〇／日本建築学会賞作品賞）、「佐賀県立九州陶磁文化館」（一九七八／日本建築学会賞作品賞）、「実験集合住宅ＮＥＸＴ21」（一九九三）、「明治神宮神楽殿」（一九九四）など。主な著書に、『プレファブ』（講談社、一九六八）、『建築生産のオープンシステム』（彰国社、一九七七）、『建築の生産とシステム』（住まいの図書館出版局、一九八三）、『現代建築の造られ方』（市ヶ谷出版社、二〇〇二）、『日本の伝統建築の構法』（市ヶ谷出版社、二〇〇九）、『建築家の多様　内田祥哉研究とデザインと　建築家会館の本』（建築ジャーナル、二〇一四）、『内田祥哉　窓と建築ゼミナール』（鹿島出版会、二〇一七）など。

我が師も小坂秀雄さん

――「建築家の年輪」の連載第一回では、内田さんとも若い頃から親交のある、高橋靗一さんに話を聞きました。このお二人といえば、まさに、日本の建築界の二大長老です。

内田　なんだか、そういう年齢ですね（笑）。

――そしてお二人とも逓信省出身という共通点を持っていた。ただ、一九四九年の二省分離以降は、高橋さんが郵政、内田さんが電信と分かれた。そして、高橋さんがおっしゃるには、郵政には小坂秀雄▼、電信には國方秀男▼という建築家がいて、彼らが二枚看板になっていた、と。そして自分にとっては、小坂秀雄さんこそ、我が師であるとおっしゃる。すると内田さんにとっては、國方秀男さんが意味をもつ存在になるのでしょうか。

内田　いや、僕も小坂さん。逓信省時代、小坂さんが課長、國方さんが係長でその下に僕がいた。國方さんもデザイナーとして優れた方でしたが、その大元はやはり小坂さんで、國方さんも、小坂さんがつくったシステムに乗ってデザインをしている。ただ、國方さんのお父さんは絵描きさんで、彼自身も、書や彫刻が上手だった。いわばアーティストでしたね。

――國方さんは表現域の広い方だったようですね。そして、内田さんにとっても小坂さんの存在が大きかった。今「システム」とおっしゃいましたが、逓信省時代に小坂さんと共に働いた経験が、その後の、内田さんの研究の原点につながるのでしょうか。

内田　まだ、そこまでは。小坂さんがつくったシステムというのは、戦後、資材が乏しい中でいかにキレイな建築をつくるかといった、いわば「スタイル」。官庁の施設も、すべて木造で建築していた時代です。

　当時は、ガラスが配給でしか手に入らなかった。まずは、限られたガラスをいかに上手に使って窓割りをするかが最大の関心事でした。これに対して、小坂さんはとってもキレイなエレベーションを一つのスタイルとして確立したんです。それが、逓信省スタイルとなって全国に普及した。そればかりか、鉄道等他の官庁営繕も真似するようになり、一世を風靡しました。

歳をとって自由になる

――内田さんはずっと、建築生産のオープン化やシステム化、工業化について研究されてきました。もちろん、併せて設計もやってこられたわけですが、若い頃の研究に向かう姿勢と、六十歳、七十歳以降、歳を重ねてからの研究への立ち向かい方は違いますか？

内田　若い頃は、何を研究したらいいのかわからないので、いろんなことを手探りでやりました。九〇％は成果がないようなことばかり（笑）。ですが設計もやっていましたからね。構法（一般構造）の研究は設計に密着していますから、そういう意味では、研究のネタは時々刻々、見つけられる。

どちらかというと、若い頃の研究は、まずは設計がしたいですから、その根拠を探る意味での研究という側面がありました。一方、歳をとってからは研究の引き出しが増えましたので、設計がとても自由になりました。

ですから最初は、ビルディングエレメントの研究で、建物を床、壁、天井に分解してそれぞれの性能を明確にするということをやった。これによってコストが決まる。そしてそのうち鉄筋コンクリートの時代になると、今度はサッシが入る。サッシは当時、非常に高価なわけです。すると、サッシは果たして、価格分の効果を建築物にもたらすのか、とね。それから鉄骨についても、それをどうやって節約するのか。つまりコスト管理ですが、その根拠として、壁や屋根はどんな材料を使えばいいのか、いろんな材料の中から、何を選ぶかの選択基準になるわけです。

――それが、三十代の研究ですね。

内田　そうです。そして、プレファブが出てくると、ちょっと違う視点になります。

まず、プレファブにした方がいいのか、在来構法がいいのか、その理屈づけも必要になりますから、その辺りはビルディングエレ

45　内田祥哉

メントともかかわってきます。また一方で、デザイナーはカーテンウォールをやりたがる。ところがカーテンウォールは当時、すごいコストがかかるわけです。だから、カーテンウォールのどういうところが合理的で、どういうところがそうではないか、そういったことも研究テーマにしてきました。

風呂場をユニットにする

――建築生産のオープン化についての研究は、工業化というところから思いつくわけですか。

内田　ええ。ビルディングエレメントの議論ではありません。工業化の方からオープンシステムというものが今後必要になるだろうと。これは、プレファブから得た視点ですね。

プレファブは基本的に、クローズドシステムでした。ヨーロッパでは今でもそうでしょう。それをオープン化しようと思ったのは、プレファブをやっていると、いろんなところで行き詰まりがあるんです。日本の建築家で最初にヨーロッパのプレファブを見てまわったのは黒川紀章▼君です。私は、まずロシアを回って、いろいろ見ましたが、風景が非常に画一的でした。クルマで十分走っても景色が変わらない。

もちろん、画一的な方が合理的でコストを安くできる。日本のプレファブメーカーだって、最初はそちらを目指します。ところが日本の市場はそれを受け入れなかった。買い手がつかないわけです。だから「日本は世論が遅れている」と、最初はみんな、世論が悪いように言っていたんですが、だからといって、メーカーは売らなければならない。そこで個別生産を考えつくわけです。それが現在、積水ハウスでもダイワハウスでもやっている「自由設計」ですね。メーカーがある程度プランを提案したものを、個別の住宅ごとに可能な限り自由に設計する。そういう日本独自のプレファブのスタイルに、今度は逆に、外国の人々が注目し始めた。

――つまり部品化された住宅をつくる企業がプレファブメーカーとして誕生する。そしてその世界に個別性を実現する自由設計のシステムをもち込むことに成功したことで、世界から注目を集めたわけですね。

内田　そうです。その中で、最初にオープンシステムが必要だと思ったのは、メンテナンスです。とくに、給湯設備。日本住宅公団、今のＵＲ（都市再生機構）が発足して最初の団地を建てたのが一九五六年。それから七、八年ほど経った頃に、ヒノキの浴槽がこぞって腐り始めました。その時から、風呂場をユニットにした。ユニットにすると、たとえば、大成建設型、清水建設型なんて言ってはいられません。どこがつくった浴槽でも、どの団地にもあてはめられるようにしなければならない。だから、全体システムにした方がいいんじゃないかという話になる。そこからです。

――オープンシステム化への道のりには、ずいぶん長い時間が費やされているのではないですか。

内田　それはそうですが、実際には今、本当にオープンシステム化されているでしょうか？　プレファブメーカーの自由設計は、いわばクローズドシステムの中のオープン化です。私が言ってきたオープンシステムは、もう少し、メーカーの枠を超えたものとして考えていた。

――あれは八〇年代でしたが、伊東豊雄▼さんたちと積水ハウスの工場を見学に行ったとき、そこには、非常に上質で低価格の壁材がありました。それをぜひ建築家にも分けて欲しいと、まさに、オープン化の要請をしたことがあるんです（笑）。

内田　う〜ん…。とはいえ、一枚買うくらいではコストがあいません（笑）。

今の関心はメンテナンス

――内田さんの研究の基盤には、まず設計がある。そして、そのための根拠を求めるところから、研究がスタートしているわけですね。

内田　構法というものは、皆さん、構造の一部のようであり、設計・計画の一部のようであり、と曖昧に位置づけておられる。また構造は鉄筋、鉄骨、木造とそれぞれ、専門分野のようにわかれていますけれど、そもそも構法は、一つの建物をつくるとき、鉄筋コンクリートにするのが良いのか、鉄骨にするのが良いのか、あるいは木造かという、構造を決心するための学問です。構法は構造にどっぷり入り込んでいる。さらに、構法の研究ソースは設計の中にある。構法を理解するためには、設計の経験があった方がいいんです。これらは別々のものではない。

最近のデザイナーでは、隈研吾▼君は構法のことがよくわかっていると思って、感心して見ています。

——今、構法が設計の筋道を立てるというお話しを聞いて、本当に目からウロコが落ちた気がします。一般には、「こんなカタチをつくりたいから」と、いきなり構造家を仕事に巻き込んでいます。構造は、建築家自身が構法を決定してからの話なんですね。

内田 そうです。デシジョンができてからね。

——では、こうした研究を経て、七十歳以降は、研究テーマがどのように変遷してこられたのでしょう。

内田 七十歳以降の関心は「メンテナンス」。ただ、これもずっとつながっています。先ほども言いましたが、公団の風呂場を改修する際にオープンシステムが必要だと考えたように、オープンシステムの必要性はやはり、メンテナンスの際にもっとも求められる。

プレファブメーカーによる「自由設計」のプランは、確かにフレキシビリティがある。しかし、新築の時だけです。いったんできあがった建物を、住人の都合でリフォームしようとしても、間仕切り一つ替えるのさえ容易ではない。建物を長く使っていこうとすれば、どうしたってメンテナンスは必要になる。ところが、現在のプレファブはそこが弱いんです。

——すると、スケルトン・インフィルという話も出てきますね。

内田 そこには、一つは一九六〇年代に、オランダの建築家のニコラス・ジョン・ハブラーケン▼が提唱したオープン・ビルディングという話がある。それから、巽和夫▼さんが提唱した二段階供給方式などというソースもある。つまり、住宅は、将来の家族構成や職業の変遷にあわせた、フレキシビリティを考えなければいけないということは、ずっと前から言われてきた。しかし、なかなかそうはならない。それはやはり、プレファブメーカーがそこに追いついていないと、僕は思います。では実際に、家族構成の変化などに対応する改修作業を誰が担っているかというと、町の工務店や大工さん。それぞれが知恵を絞って、その場限りのことをやっている。

——とはいえプレファブメーカーも新規需要が痩せてくれば、改修やリフォームを担わざるを得ないでしょう。

内田　そう思います。しかし現在のところは、中国やインド、アジア

など、新築の市場が多い方へ行っていますね。そっちの方が彼らの体質に向いていますから。

——なるほど、そうかもしれません。では現在のご関心のある研究は、まずメンテナンス。そして、それを中心に、設備の更新や改修という視点から建築の有り様を考えておられる。

内田　あとはやはり、ハブラーケンが指摘した「畳モデュール」です。彼は日本の庶民生活は畳をモデュールにしたスケール感で成り立っているという話をした。そもそも日本の建築は伝統的にオープンシステムだったわけです。この畳モデュールが江戸時代にできたことは、とても素晴らしいと思っている。ところが今の住宅には畳がない家も増えていますし、畳そのものを知らないという子どもたちも増えているようです。これをどうしたらいいのか、とても心配です。

骨と筋肉と「循環器」

——少しポイントが変わりますが、内田さんは創刊時から『季刊ディテール』の監修をされています。しかも、ここで紹介される新しい建築の現場に、実際に赴いておられる。僕らは、その探究心や好奇心に敬服しているわけです。

内田　やっぱり現場で見ないとね。探究心というよりも、見たいから行くだけですよ（笑）。

——この創刊は一九六四年。モダニズムが隆盛を誇っている時期ですね。もともとどういったかかわりだったんですか。

内田　どういうことだったか…。創刊号は「今日のディテール」というタイトルでした。監修というわけでもないんですけど、最初からお手伝いしています。でもね、他にも鹿島出版会の『都市住宅』にも創刊からかかわってきましたし、『建築文化』も、できたての頃からかかわってきました。そうしたかかわりをもってきた雑誌は、商業誌に限らず、けっこうあります。

——やはり内田さんの研究の視点や見識が、建築メディアにも必要だったんでしょう。その中でも、半世紀に及んで携わってこられた『ディテール』誌の中で、「これは！」と思われた建築はありますか。

内田　一つは、鹿島の「技術研究所本館研究棟」（二〇一一）。あれには僕は感心しました。

　スケルトンとインフィルを分けた建物は、最近はたくさん出てきた。ですがその中で、設備を完璧に別にしながら、それをうまくやっている建物は少ない。

　なぜかといえば、天井の照明、ダクトがあって、床に配線・配管が通ったりするために、スケルトンの中にシャフトを設けず、完璧にインフィルと分けることは難しいんです。

　僕がやった「NEXT21」（一九九三）は、スケルトンの中にインフラが入るスペースをつくった。しかし、鹿島の研究所にはそのスペースがない。それにもかかわらず、建物として成立している。六〇センチ角程の柱がプレキャスト・コンクリートで、床が三〇センチメートルスラブ。それしかない。要するにフラットスラブのようになっている。配線・配管は廊下に通して、あとは家具を使っているんですね。

　同じように、家具を使ってうまく配管・配線している建物として、上野の「国際子ども図書館」（一九〇六、改修二〇〇二）があります。安藤忠雄▼さんがデザインして、日建設計が設備をやった。僕はこれも素晴らしいと思った。

　古い建築をリノベーションして使おうとすると、どうしても冷暖房の問題がある。冷暖房設備に必要なダクトを入れると、どうしても建物が傷むんです。「子ども図書館」ではそれを解決するために、床下にだけダクトを入れて、あとは本棚や家具で配管している。ただ、こちらは古建築ですから、必要に迫られてそういう方法を使った。それに対して鹿島の研究棟は、これを新築としてやった。

――スタンドアローンですね。配管などの設備を、スケルトンともインフィルとも完全に分離した。

内田　そういう意味では、スケルトンとインフィルと、これまでは二つに分けて考えてきましたが、僕はもう一つ加えて、三つに分けて考えた方がいいと思います。人

間の身体に例えれば、ラーメン構造やトラス構造は骨と筋肉。まあ、トラスは骨だけですね。ラーメンも骨だけど、関節のように少し動くので、いくらか筋肉の働きもある。これに対して、建物には、血管のような循環器系統も必要なんです。つまり、配管や設備ですね。だから、スケルトンとインフィルの他に、循環器をどのように配置するか、それも最初から計算に入れておくと良いんじゃないか。ただ、このことはもうちょっと、これから考えてみたいと思っています。

RC造の建築改修

——その他に、気になっておられ

る「ディテール」はありますか。

内田 保存と改修ということで、最近、画期的だと思ったのは煉瓦に鉄筋を通す技術。この頃はBELCA賞の選考委員長などもやっているので、いろいろ見る機会もありますが、保存の技術はどんどん進歩していますね。そしてこの、煉瓦に穴をあけて鉄筋を通してやる、いわば鉄筋煉瓦構造を取り入れた建物で、僕が実際に見たのは「清泉女子大学本館」（一九一五、改修二〇一〇）。ジョサイア・コンドル▼さんの建物です。それから、京都の「西本願寺伝道院」（一九一二、改修二〇一一）。こちらは伊東忠太▼さんの建物。両方とも改修施工を行ったのは竹中工務店です。ただ、この二つとも空調をしない建物なので、その辺りは、建物を傷める心配が少ない。

――少し脱線しますけれど、先般、槇文彦さんが設計された「名古屋大学豊田講堂」（一九六〇）がおよそ半世紀ぶりに大改修されましたね。RC造の建物の外壁を三センチメートル削って、そこに型枠を建てて、新しくコンクリートを五センチメートル盛ったと。その手法には驚きました。

内田 あれはとてもキレイにできていましたね。ちっとも太くなっていないで。

――RC造の建築改修についてはどのような方法がいいとお考えですか。

内田 基本的には、無理だと思います。最終的に、屋根をかぶせるか、着物を着せればいいでしょうけど、そのうちに鉄筋がさびてしまうでしょう。

僕がそれを最初に感じたのは、パリのオーギュスト・ペレ▼による「ル・ランシーの教会」（一九二三）です。一九八〇年頃に見たんですが、表面のコンクリートが剥落して、鉄筋が露出している。今は、その後修理が行われて少しは良くなったようですが、あの時はあと何年もつだろうと心配になりました。しかも、ちょうど同年に建ったストックホルム市庁舎が健在なのを見た直後だったので、鉄筋コンクリートの耐久性について、とても考えさせられました。

――すると設計者はそれを覚悟しなければいけないんでしょうね。

五十年、百年という長いスパンで考えたら。

社会に迷惑をかけない建築

——次にうかがいたいのは、教育について。建築教育の現在の有り様を内田さんはどのように見ていますか。

内田　建築教育というのは、非常に時間のかかるものだと思います。ですが、その時間を教育制度に反映するのはなかなか難しい。そもそも、ある一定の期間で卒業できるものなのかどうか。ですから僕は、建築士の資格制度をもう少し厳密なものにして、そこで責任をもたせた方がいいと思います。

つまり学校教育というのは、一つのステップ。そう考えれば、今の年限でもいいかもしれないけれど、それだけでは学べないこともいっぱいあるし、逆に、長く学校で学べばいいというものでもないでしょう。ですから、それよりは建築工事に支障が出ないような能力と技術を学ぶことができれば、それでいいんじゃないでしょうか。社会に迷惑をかけない建築をつくることができる。そのことを建築教育の目標とする。良い建築をつくるかどうかというのは、また別の話ですから。

そのためには、やはり建築基準法が責任をもつのではなく、士法が責任をもつ社会になる方がいい。

——すると、「建築家」と「建築士」の違いがテーマになるかと思います。内田さんは最近、『建築家と建築士　法と住宅をめぐる百年』(速水清孝、二〇一一)を、大変興味をもって読まれているとうかがいました。著者の速水さんは四十代の建築史の研究者で、まだ若い。ですが、ここに著された内容は、内田さんがたどってきた歴史に重なるものですね。

内田　よく調べてあって、すばらしい内容でした。僕が見てきたことと、違いがあまりない。日本の建築界の紆余曲折、その歴史を改めて、客観的に振り返ってみることができた。

例えば、さっきのプレファブの話にも絡むんですが、そもそも戦前、建築家はみんなプレファブに憧れていた。それを戦後、前川國男▼さんが率先して導入して、皆さん、それについていったようなところがある。

　ところが、プレファブメーカーがこれに参入すると、建築家は一転して、プレファブ反対になる。メーカーと一緒に研究をするなんて建築家の敵だと、見なされるようになった。また一方で建築士法についても、ある人は賛成したり、ある人は反対したり。ある一人の考え方、発言だけでも二転、三転したりいろいろ悩んで…と、そういったことが、この本には非常によく書かれていました。この間、三井所清典▼くんが日本建築士会連合会の会長になったから、ちょうどいいと思って勧めた。そしたら、「面白くてやめられない」と言っていたよ（笑）。

発注者の視点から

――建築界の課題としては、建築士の資格制度や建築士法の見直しが必要とのご指摘でした。そして同時に、教育のあり方も、ここに絡んでくるわけですね。

内田　つまり、建築家の仕事の「目標」はどこにあるのか。「良い建築」といっても、デザインだけではなく、耐久力や使い勝手など、いろんなものがあるでしょうから。しかしそこに課題があるとして、僕はそもそも、戦後の建築家

書棚より

の仕事の中に「発注者の視点」が抜けていることも問題だと思う。

——それは、官も民も含めて。

内田　そうです。発注者は何を考えているかといえば、コストと工期とパフォーマンスがどうなるかということ。ところが建築家は、ゼネコンと対立して主導権を争っている。その逆に、ゼネコンは建築家を下請けにしてまとめようとする。

　僕は、それはどっちでもいいと思う。とにかく、発注者にとって、「コスト」と「工期」と「パフォーマンス」が約束されれば、誰が元請けだっていい。ちなみに江戸時代の日本の建築は棟梁がすべてまとめていたと思うかもしれないけれど、実際は鳶が仕事をとってきたり、左官が仕事をとってきたりしていて、そういう時には仕事をとってきた人が責任者になって、他職を下請けにしていた。どっちが上になるかなど、発注者にとってはどうでもいいことなんです。

　ただし、設計と施工と、さらにその間の設計管理や設備などをそれぞれ分離発注してしまうと、いったい、誰が責任を取るのかがわからなくなる。そんなことを発注者が望むはずはない。そういう視点が抜けていることが、大きな問題だと思っています。

——非常にラジカルなご指摘です。この発想には、そもそも内田さんが逓信省のご出身ということとも関係がありそうですね。逓信省は発注者でもあったわけですから。

内田　そうですね、発注者が設計部をもっているわけですから、ゼネコンは下請けです。ですからたとえ失敗しても、ゼネコンが間違えたためにこんな建物になったという言い訳はできません（笑）。

　僕なんかも、電信時代、金沢の中継地でスパンを間違えたことがある。建物が完成してみたら、機械が入らない。ですがそういう時には、発注者自身の営繕部が予算をもっていますから、予備費を回して、ちゃんとつくり直した。つまり、予算まで抑えているところが重要なんです。

　そういうのが、僕の考えです。ですから建築士にしても、一級・二級建築士に木造建築士というそれぞれ職能の違う人がいて、さらに、管理建築士らがいますけれど、みんな発注者と契約できる対象にすべきだと思います。

——また同時に、建築基準法がいろんなことを縛るのではなく、建築士法の責任を強化した方がよい、と。

内田　ただ、それも少しずつ解決しているとは思います。というのは、建築基準法の世界では、もう、建築はがんじがらめになっている。ところが、文化財に関しては基準法の適用範囲を外れていますから、みんな勝手なことができる。しかし、その代わりに責任は生じます。誰が、どう責任をもつか、文化財の建物に関してはかなりはっきりしてきました。

だから僕は、この辺りから変わってくると思う。そもそも、既存不適格の建物が社会にはたくさんある。これをどうするのか、現実に即して考えれば新しい解決法が見つかるはずです。

木造はいじめられてきた

——先ほど、鉄筋コンクリート造の限界に関するご指摘がありました。一方で、木造建築というのは、現在、どのような局面にあるとお考えですか。

内田　木造は、戦後ずいぶんいじめられてきましたね。そのために、日本古来の優れた建築の技術や伝統が継承されづらくなっている。そのような心配があります。

とにかく戦後は、空襲による都市災害を経て、全国的に都市の不燃化を進めようという世論が激しく高まります。しかし一方では、戦災によって失われた都市や住宅を復興させるにも、鉄やコンクリートなどという資材はまったくなくて、国内で調達できる唯一の材料は木材だけ。ですから、庶民の家屋だけではなく、私が勤めた頃の逓信省でも、他の省庁でも、新築の建物はすべて木造にせざるを得なかった。

しかしそれも朝鮮戦争（一九五〇—五三）の頃には鉄もコンクリートも使えるようになってきました。すると一気に、木造は止めて、鉄筋コンクリートにしようとなる。そのピークが一九五九年、日本建築学会による「木造禁止決議」です。これは、同年の伊勢湾台風で木造家屋が甚大な被害を受けたことを契機とする近畿大会での決議で、本来、一つの地域に限った話だった。ですが、出席者五百人の満場一致で議決されたというところに、その過激さがある。世論は、木造はこりごりだ、木造はもうつくるまいという方向で一致していたんです。

——そういうことが、永らく尾を引いていく。

内田　そうです。しかも、木造建築を建てるから、日本の森林資源が枯渇したという論調が広がった。実際、戦災によって日本の森林も相当な被害を受けていましたから、森林資源が減少していたことは確かです。でも、木造建築のせいで森林が破壊されるなんて、そんなはずはない。僕はむしろ、日本の森林資源が枯渇した原因は、鉄筋コンクリートの型枠として使ったことにあると思っています。型枠がないと鉄筋コンクリート造の建物はできないんですから。

——型枠ですか。それはなかなか鋭い指摘ですね。

内田　一九六〇年代後半までは、型枠はすべて、国産の木材で賄っていました。それが不足してきたんです。それで、外国の合板でも型枠ができるかという研究が始まります。結果、安い輸入合板で型枠がつくれるようになり、日本の合板業界はこれに押されて大不況になりました。さらに、木造のプレファブ住宅まで輸入促進されるようになった。そういう時代になって、国産材による木造建築はどんどんなくなったのです。その後、木材資源は復元、復活してきたのですが、日本の木造建築の文化も同じように復元されるかというと、そうはいかない。

和小屋のフレキシビリティ

内田　ただ、日本の森林資源は一〇〇〇万ヘクタールあるそうですから、これは重要な国産の資源として使った方がいい。自然界でリサイクルできるという優れたメリットもある。だから、これで木造建築をつくっていくのでもいいんですが、僕はこれを、燃料として活用すればいいんじゃないかと考えている。うまく使えば、太陽電池よりも発電量があるという話も聞いていいます。

――なるほど。森林資源の活用という辺りまで視野を広げながら、木造建築を考えておられるわけですね。そして、木造建築の伝統が失われつつあるといった、危機感も抱かれている。

内田　一つには、そもそも日本の江戸時代の民家というのは、非常に大きなフレキシビリティをもっていた。そのことを、鉄筋コンクリート造や鉄骨造の現代建築の中で実現できるか、ということに関心があります。

それからもう一つは、日本の近代木造建築というのが、戦前と戦後では違うんですね。ですから、戦後の木造で、伝統的な日本の建築を建てられるかどうか。つまり、今の木造建築はヨーロッパ風なんです。たとえば集成材を使って柱をつくり、梁をつくる。そういうのは日本の木造にはなかった。基本的に違うのは、ヨーロッパの現代木造は、木材と木材をつなぐのに金物に頼っているのに対し、日本では木材と木材を接触させ、お互いにめり込ませて結合させている。だから書院造りや数寄屋造りのような、ピチッとした隙間のない収まりの建物ができる。

――フレキシビリティがあるというのは、具体的にはどのようなことですか？

内田　日本の木造のフレキシビリティは、間仕切りはもちろん外壁まで移動できるということです。そういうことができる建築は、今、海外を探してもありません。それが「和小屋」と称される小屋組の特徴なんです。あえて「和」といっているのは、これに対する構法が海外から輸入されたからで、それは、「トラス」だと考えられます。

僕は以前、桂離宮の解体修理を見学する機会があったので、構法という視点から桂離宮を見直すことができました。この解体調査によって、桂離宮が、いかに自由自在に増改築されてきたかがわかった。そんなシステムは日本の木造建築以外にはありません。柱も壁も、その室内にあった囲炉裏まで も移動して、間取りを増改築している。合掌造りやトラスでは、そのような増改築は不可能です。

　ただ、トラスができたのは、十七世紀から十八世紀くらい。だからもしかすると、「和小屋」と同じようなものが、それ以前のヨーロッパにもあったかもしれない。中国や韓国にも、あったかどうか。今はまだ見つかっていませんけど、それは大きな問題です。そういうことを、これからもう少し考えてみたいと思っているんです。

――このことは、今まさに、リノベーションへの要請が高まっている中で非常に重要な研究になりそうですね。

内田　プレファブのほとんどは小屋組にトラスを用いています。ですが、増改築の要望があると変更が難しいため、最近ではプレファブでも「和小屋」風の小屋組を使っているところがありますよ。新築ならトラスでもいいけど、これをメンテナンスしようとした時に「和小屋」ならフレキシビリティを発揮する。「和小屋」は大発明ですよ。そのことを、これからもっと見直して欲しいですね。

池原義郎

一九二八年生まれ

大地とか環境、
そして地域の問題から
目を離すことができない

いけはら・よしろう＝東京生まれ。早稲田大学名誉教授、重慶建築大学建築学名誉教授、日本芸術学院会員。一九五一年早稲田大学理工学部建築学科卒業後、一九五三年に同大学院工学研究科建設工学専攻建築計画専修修了、山下寿郎設計事務所に勤務する。一九五六年、早稲田大学理工学部建築学科今井兼次研究室の助手に。一九六六年同大学助教授を経て、一九七一年からは同大学理工学部教授。一九八八年、株式会社池原義郎・建築設計事務所を設立、主宰。大学で教鞭をとりながら、「岩窟ホール」（一九七〇）、「所沢聖地霊園」（一九七三、日本建築学会賞）などの他、「大磯ロングビーチ」（一九七四）、「西武ライオンズ球場」（一九七九）、「西武園遊園地」（一九八一―八五）など西武鉄道グループの施設も数多く手がけた。代表作に、「早稲田大学所沢キャンパス」（一九八七、日本芸術院賞）「浅蔵五十吉美術館」（一九九三）、「熊谷文化創造館」（一九九七）、「富山県総合福祉会館」（一九九九）、「アルテリオ」（二〇〇三）、「合葬墓の墓参所（鎌倉霊園）」（二〇〇四）、「ゑしんの里記念館／恵信尼公御廟所」（二〇〇五）、「いしかわ総合スポーツセンター」（二〇〇八）など。自然・社会との融合を意識した作風が、その特徴として知られる。著書に『池原義郎のディテール』（上松祐二との共著、彰国社、一九九〇）、『光跡』（新建築社、一九九五）など。二〇一七年五月二十日逝去。享年八十九。

六十歳の今井兼次先生と

——今日、インタビューさせていただくテーマは、建築家の歳の重ね方です。池原さんは早稲田大学大学院修了後、いったんは山下寿郎▼設計事務所に入られますが、その後は、今井兼次▼さんの助手として、長く一緒に仕事をしてこられた。しかし今井さんと池原さんは三十三歳も年齢が離れていますね。当時、二十代後半であった池原さんが、すでに六十歳になっていた今井さんとどのように仕事をされてきたのか、まずはその辺りから教えてください。

池原　どのように説明していいかわかりませんが、確かに今井先生のことは、ずいぶんご老人だとは思っていました（笑）。痩せていて、背中が丸くて、ゆっくりしゃべる方でしたから、とくにそう思えたのでしょう。

　ただ、僕が今井研究室に席を置くようになったのはまったくの偶然なんです。そもそも学生時代は、設計ではなく構造をやりたいと思っていたんですから。

——ですが、山下さんのところに行かれていますね。

池原　山下事務所に入ったのは今井先生に命令されて、シブシブ（笑）。僕はまったく行く気はなかったんですが、今井先生がもう話はついているようなことを言うので、とりあえず会長さん、社長さんにお会いして。

　ところが行ってみると、「入社にあたってテストをする」と言われた。それはおかしいと思いましたが、とりあえず口頭試問を一時間程やって、「じゃあ、明日から来てください」と。だけど僕は、どうも腑に落ちない。それで今井先生に「明日から来いと言われたけど、ちょっと話が違うんじゃないか」と訴えたんです。ですが今井先生は、「とにかく、最低二年は我慢してみなさい」と言う。だから、仕方なく入った。じつは、山下には今井先生の弟さんが技師長として勤めていらしたんです。

　ただ僕はそんな経緯で入った事務所ですから、まったく肌に合わない。途中で何度も辞めようと、今井先生に訴えるたびに「もうちょっと我慢しなさい」となだめられて、なんとか二年勤めました。

――今井兄弟の間で前々から、誰か優秀な学生を送れという申し送りがあったんでしょうね。

池原　いやあ、生意気だっただけですよ。それで、二年経った頃に今井先生が、「池原君、もう五年もがんばったね」、「じゃあ、辞めていいよ」と。もちろん二年しか経っていないんですが、そんなことを言う。

「でも、辞めてぶらぶらしているわけにもいかないだろう。明日から私のところに来なさい。私は永年の夢であったガウディ研究を進めたいし、一緒に図面をひこう」と言う。なんだか、今井先生にうまく手玉に取られた。そして、その後十年捕まってしまったんです。

――それが、一九五六年。早稲田大学で今井研究室の助手になった。今井さんのところでは、最初はどんなことをやられたんですか。

池原　最初は、コンクリート打ち放しの、小さな西欧教会風の建物でした。先生は、その平面図を引いたから「君、明日までにこの透し図を描いて来なさい」と。だから僕はすぐに家に持って帰って、4Bの鉛筆でエイッとばかりに書いて、翌日、先生に見せました。すると先生は「うん、出来たな」と言って、さっそく表装してクライアントに持って行ったんです。あんまりあっさりしているんで、狐につままれた気分でしたね。

ところがクライアントは、コンクリートの打ち放しではダメ、煉瓦を貼りたいと言う。それで、「君に三日ばかりやるから、また書いてくれ」。だから僕はまた、一日でデーッと書き直しましたよ。それが、安曇野の「碌山美術館」（一九五七）だったんです。今井先生のところに来て初めて、実際に建った建物です。

――それは、すばらしい仕事に携わられましたね。

池原　当時は若くて生意気ですから、煉瓦の仕事をやっているなんて、人に言えなかった。しかも、武基雄先生が人の部屋にフラッと入って来るのが好きで、「お前何やってるの？　煉瓦？　お前は腐ったなぁ」なんて、からかわれて。武先生の姿が見えると、図面を

65　池原義郎

スッと隠してね（笑）。コンクリートの打ち放しの時は、もっとモダンなデザインだったんですよ。ですが、荻原碌山はロダン、ブールデルに影響を受けた彫刻家でしたから、彼の作品にとっては、生半可に自由なデザインよりも、こちらの方がよかった。

――確かに碌山の作品にみる力感から考えれば、美術館も、石ないしはレンガが適当だったでしょうね。

詩をつくるような建築

池原　「碌山美術館」のすぐ後にやったのは小さな銀行でしたが、間もなく「大多喜町役場」（一九五九）が始まります。これは、大多喜町が今井先生に「自由にお願いします」と依頼したものですから、先生は非常に喜んで取り組んだ。まず町長さんを引き連れて町の歴史を聞きながら、地域を全部ぐるっと見てまわって、先生はそこからイメージをつくってスケッチを描いた。「町民の方々に捧げるんだ」と意気込んで。

　そのスケッチを見て、またここで僕の生意気さが出た。先生が他の仕事で不在の時に黙って、スケッチ上にトレーシングペーパーを貼って、図面におこしたんです。また怒られるかな、と思いながら。ですが先生は翌日それを見て「うん、これでいいよ」と。もう、それで決まりです。

――池原さんが今井さんの意図をきちんと解釈していた。それと同時に今井さんも、そのことをちゃんと見たんですね。

池原　今井先生の建築は、詩をつくるような、ポエティカルなもの。だから周りの人は、そこからが大変です。大多喜では、町の人と一緒にたくさんのタイルを貼るというアイデアを実現しましたが、このタイルがまた、大変（笑）。町は先生に好きにやってくれというけれど、予算は決まっている。タイルを貼るような費用はなかったのです。でも先生は「君、屑タイルを集めてくれればいいんだから、お金はかからないんだよ」と言うんですよ。しかし屑の方がずっと手間がかかりますからね、本当は高くつく。みんな個性を持ったピースですから、それをカンカン割って、今井先生のスケッチを見ながら、まず板の上にズラーっと並べて…。ですが、今井先生にとっては、こうしたプロセスも含めて、周辺環境との「交歓」なんですね。

それと、タイルを貼った時にはところどころ、見えないようなところに「Ave Maria」と彫り込みました。マリアは、今井先生の亡くなった奥様の洗礼名。先生は、絶対に内緒にしてくれよ、と言って…今、しゃべっちゃいましたけど(笑)。そういうこともありました。この大多喜が、今井先生が六十四歳の時。代表作の一つです。

――すると池原さんは三十一歳。歳が離れていただけにその生意気さ、やんちゃさも含めて今井さんは可愛がってくれたんでしょうね。

命がけの滅私奉公

――そしていよいよ次が長崎。今井さんは大多喜、長崎と続けて、建築学会賞を受賞された。

池原　「日本二十六聖人殉教記念館」(一九六二)ですね。これは大多喜が終わる頃から話がきていたのですが、先生はクリスチャンですから、もう、興奮は大変です。「私の命をかけてやるんだ」、「だから君も逃げられないよ」と(笑)。

――まさに今井先生が日本に紹介したガウディを思わせる複雑な造形です。コンクリートを打つのには、非常に苦労されたでしょうね。

池原　それはもう。始めは天井に届くくらいのモデルをつくって、その上にずっと先生がスケッチをしていったんです。石膏の上に油土を貼って形をつくり、その上に、今井先生がパステルでスケッチをする。それだけしかないところからスタートです。ですから、これを図面化するのがまた、大変。まず1／10の模型まで拡大する。尖塔は一本ずつ違いますから、必要な本数を全部つくります。そして石膏で型をとるんですが、この時、二本分の型を抜く。というのは、図面をおこすために一本は全部輪切りにしてしまうので、施工見本用にもう一本必要なんです。輪切りにしたものは、今度、原寸に伸ばして、それを重ねながら原寸図をひいていく。

それだけならまだしも、やっている間に先生がいろいろ細かい注文をしてくるんですよ。この線はきちっと出せよ、こちらは柔らかくしてくれよ、と。もうその連続ですから、みんな涙をこぼしながらやっていました。

――すさまじい執念。若い人からしたら、不条理の連続ですね(笑)。

池原　今井先生は必ず夜になって部屋に戻ると、またスケッチをして、ちょこちょこと注文を描いたりするので、朝になると変わっているんですよ。僕たちが朝ご飯を食べているところに、そのスケッチをガサっと持ってきて、熱狂的に、つばを飛ばしながら説明する。せっかくこっちは食べていたのに、つばが飛んでくるし……。

――もはや狂気に近い。ですがその老建築家に若い人たちが師事できたというのは、すばらしかったんじゃないですか。

池原　そうなんですが、今はこうして簡単に話してしまいますけれど、手伝いに来ていた大学院生や若いスタッフは「もう俺たち嫌だよ」と毎晩のように涙をこぼして……。だから、そんな時に「じゃあ、今晩は飲みに行こう」というのも、私の役目でした。

ですがまあ、この時は本当に大変でしたが、振り返ってみれば面白かった。

そして、長崎がほぼ完成するという時に、「桃華楽堂」(一九六六)の話があって、今井先生は「私の

事務所にて

生涯、最後の仕事だ」、「君、覚悟はいいね」とおっしゃることになる。

――皇居の中にある音楽堂ですね。これが今井先生にとって、実質的に最後の仕事になる。

池原　そうですね。この時のバルサ模型は私がつくって、現在は「桃華楽堂」のなかにあります。この模型をつくっている時も「いいよ、直すのは簡単でいいよ」と先生は言うんだけれど、見に来る度にちょっとずつ直していくので、なかなか終わらない。模型でも大変だったんですから、実物はいうまでもありません。足場にしがみついて、原寸をひいて。

また先生は予算のことはほとんど考えずに手を入れられる。この時も、タイルを貼る予算はないと言っていたんですが、始まったらとんでもない。結局、全体的に貼ってしまった。

――今井兼次さんというのは、寡作でしたが本当に命がけでつくってらっしゃいますね。その分、周りが大変だったということは、今の話で非常に良くわかりました（笑）。

池原　こちらも命を削って。滅私奉公ですよ。でも覚悟をすれば、できます（笑）。

本当は構造がやりたかった

――今井さんの元を離れたのはこの「桃華楽堂」の後。早稲田大学の教授を務めながら、ご自身の建築作品を手がけられていく。しかし、その作品歴を見ると今井さんよりもずっとモダンです。

池原　先ほども言いましたが、僕自身は設計をやるとはまったく思っていなかった。デザインなんていうことは僕には向かない。大学院を卒業するまで、構造をやるつもりでいたんです。それで、松井源吾▼先生のところに行って、構造をやりたいと伝えた。そうしたら松井先生は「そんなの、今井先生に怒られるだろう」と言うので、いや、今井先生には私からちゃんと説明します、と。そうしたら松井先生が教室会議にその話を出しちゃって。すぐに今井先生から呼び出されましたよ。デザインを辞めるなんて本当か、と。だから僕は一生懸命説明したんですけど聞いてもらえず「お前は、デザインをやるの。ダメだよ今から」と言われて。しょうがない、泣く泣く諦めたんです。

――じゃあ、何か鬱々としたものがあって、それがいよいよ爆発したんですね。ですが、今井さんのところで建築的な素養、構成感覚や表現力を学んだことも大きかったでしょうね。

池原　それはそうですね。僕自身を振り返るなら、子どもの頃、大人になったら何になりたかったかといえば、虫取りのおじさんになりたいと思っていました。当時、ラジオでファーブル昆虫記の朗読をシリーズでやっていて、それを聞くのが楽しくてしかたがなかった。だから僕もファーブルのように、将来は虫を飼う人になりたいと思って、いつも、カゴと網を持って散歩して歩いていたんです。とにかく、勉強はまったくしませんでした。

それで一度、夏休みの宿題として自由研究をしなければならない時に、いろいろ考えて、昆虫の外骨格と、トカゲの骨格を取り出して、それらを集めて接着することで、恐竜のような、架空生物の骨格標本をつくろうと思いついた。そのためには、昆虫の内臓、トカゲの肉が邪魔になります。ですがそれも、うまくすれば、アリが全部食べて、運んでくれるんじゃないかと考えた。それで、かわいそうですが、まず捕まえた虫を絶食させる。トカゲもかまぼこの板に虫ピンで貼付けて、日干しにする。それらの肉を、アリが運んでくれれば骨ができる…と思ったんですけれどね。結局、うまく行きませんでした。トカゲを晒している間に、アリが骨ごともって行ってしまいましたし、虫も崩れてきた。でも、今でもたまに思い出しては、どうやったら成功していたかな、と考えたりしますよ。成功すれば面白かったなあ。

――それはなかなか突拍子もないアイデアですが、構造をやりたかったというお話に通じるようです。僕はいま、「いしかわ総合スポーツセンター」（二〇〇八）のディテールを思い浮かべましたよ。あれはジョイントですからね。

池原　あとは男の子ですから、飛行機。実際に飛ぶ飛行機も好きでしたが、模型飛行機も大好きで。小学生の時にはプロペラの作図をして、つくってみようとしたんです。ただあれは、回転ごとにピッチが変わってきますから難しくて、小学生には無理だった。今だったら簡単ですけどね。

――なるほど。子ども時代の関心からも、なんとなく池原さんの作品歴が理解できそうです。昆虫という世界は、どこか、今井さんのもつ有機的なイメージとつながります。一方で、昆虫の体の仕組みと、工作への興味などは、ご自身の作品としてモダンな、シャープな印象のものになっていくという、その原点が感じられますね。

人間と自然のバランス

――それにしても、池原さんは歳を重ねるごとに作品のデザインが若々しくなっている印象があります。今日はとくに、その秘密を探りに来たんです。

池原　子どもの頃はもっと若かった（笑）。

――それが一番美しかった（笑）。ですが、作品のスケールも大きくなっています。

池原　それは、時代でしょうね。ただ、堤義明▼さんとの出会いがあります。堤さんのところで最初にやった仕事は、浅間山の麓、鬼押出しの「岩窟ホール」（一九七〇）という観光施設。この時に僕は初めて、モノの物理的な量ということについて考えました。

観光施設ですから、当然、たくさんの観光客を集めることが目的です。しかし、その観光の基盤は何かといえば、周辺の環境と景観です。人の流動や物流が多過ぎれば、その基盤は壊れてしまいます。また、景観を邪魔するような建築でもいけません。いかにそのバランスをつくれるか、それを最大のテーマにしたんです。それで事前に二、三年かけてあらゆる調査をしました。

――自然の事物を観光資源としてどう最適化させるか、と。

池原　僕は、数学が好きなんです。とくに幾何学的なことが大好きでしたから、この時もまず、人の流動、つまり物理的な原動を、いろいろ前提を立てながら数式で考えた。それから次は、人の行動。人はそこに来てどんな行動をするのか、さまざまな調査データを集めました。そして何より、自然を壊さないようにしなければならない。たくさん人を集めなければ観光商売にならないけれど、自然を失っては元も子もない。その矛盾する方向性を集約させて、形にもっていくんです。

だから堤さんが、もっと人を集められないかと言うのに対し、それだけではダメです、と。自然への負荷は最小限に抑えて、最高の効果を出さなければいけない。その出発点をまず確認し合いましょうと。そのためには、年間を通じた調査が必要だと彼を口説いて、研究費を出してもらった。それで大学院の学生を集めて、冬の寒い中から夏のカンカン照りまで四季を通じて、流動調査、環境調査などを、多面的に行いました。

——こういった、観光資源開発を巡る多面的な量的把握の調査は、日本では、まだ誰もやっていなかったでしょう。

池原　アメリカはこういうことが得意で、いろんな研究発表も多く出ていましたが、日本では初めてです。行動特性のような調査をして、それを建築にもち込むということは、それまではありませんでした。

——高度経済成長期の最中という時代に、そういう、事前評価に基づく科学的な計画手法の視点をもったのは、素晴らしかったですね。

池原　人間の行動と自然のバランスをとる。その難しいことをやりました。一緒に調査した学生がのめり込んでやって、確か四、五人は、これをもとに学位論文をとった。堤さんのところに就職した者もいましたね。

この後は、いろんな場面にこの手法をもちこんで、建築を考えるようになった。だから、今井先生の時には「感性」、つまり心の世界。それに対して、逆の世界から見ようということで、徹底的な調査を元に、建築をつくるようになったんです。

自然の要素を取り込んで

――今井さんと池原さんには、根本的に建築哲学の違いがある。しかし、今井さんのところで培った感性は、池原さんのなかでうまく昇華されている。僕は「浅蔵五十吉美術館」（一九九三）を見た時、そのことを強く感じました。池原さんが六十五歳の時の作品です。

池原　あの美術館は、陶芸家の浅蔵五十吉先生の、かなり晩年になってから建てたものですね。石川県の寺井町（現能美市）のご出身で、その町が記念館をつくるから設計してくれという話で引き受けた。小さいものですけどね。五十吉先生はこれを設計している最中に文化功労者にもなれられて、その後は文化勲章も受章された。

――小振りな施設ですが、非常にディテールがあります。外壁に質感があるのも、この頃の池原作品の特徴ではないですか。

池原　やっぱり、ツルーンとしたコンクリートはいやなんです。肌の表情が欲しい。ここは小さな建物ですが、道路から見える位置なので、エントランスに入るまでの移動のなかでどう見えるか。そのシークエンスのデザインを意識しました。それと水。池もつくってありますが、雨が降った時の木造の屋根、外壁の表情なども考えました。周辺の自然の要素を全部、建築にしちゃっているんです。

――静謐な佇まいに、壮大な宇宙観があります。ある程度お年を召さなければこの境地にはなれなかったんじゃないでしょうか。

池原　それは自分ではよくわかりませんが、美術館を手がけたのは、これが最初です。今井先生の時にはずいぶんやりましたけど。この後はずっと会館が続きます。

――大きくなって、構造的な要素が強くなって行きますね。青森県の「青い森アリーナ」（二〇〇二）や「いしかわ総合スポーツセンター」。スポーツセンターは八十歳の仕事です。

池原　意図して大きなものをやったわけでもないんですが。一九九七年にやった「熊谷文化会館」以降は、みんなコンペですから。ただその一連のなかで、私なりにやったな、と思っているのは「富山県総合福祉会館」（一九九九）。それと、京都の「ガレリアかめおか」（一九九八）も、わりと気にいっています。

希望に向かう船出として

池原　この「富山県総合福祉会館」、これは空中に浮いているんです。一階には吹き抜けの大ホールがあって、その上に、障害者の皆さんが利用する施設が浮かび上がっている。福祉会館というと、少々暗いイメージがある。また障害者の方も社会的には一種のコンプレックスをもっているわけですね。それを明るく、空中に浮かせてしまいたい。そういうイメージで設計をしました。

ただ、この場所は非常に地盤が悪かった。これは県の施設ですが、予算があまりないなかで、地盤の整備にだいぶお金がかかってしまう。コンペに参加している時から、これは大変だな、と思ってはいたんです。ですが私は、どうしてもこれをとりたかった。

この辺りは富山県の中心ですから、周囲には役所や警察署、高い建物もある。そのなかに埋没するのではなく、浮上している。そしてその下は、周囲の道路と一体的につながった大地。あるいは海です。というのは、空中に浮かんでいる部分は帆掛け船をイメージしているんです。船というのは、希望です。ヨーロッパの造形にも、船は希望として出てきます。そういった、明るい空間をつくりましょう。それが、私の提案でした。

——池原さんが心に描く建築の理念が、一番表現されている作品なんですね。しかもこれは七十一歳の時です。

池原　ガラス張りの建物ですから、一階の大ホールは、周辺の地域と視覚的にもユニバーサルにつながっています。またホールの座席は畳むこともできる。すると、この広い空間は道路とつながって町との一体感が出ます。そしてこのホールを、たとえば盆踊りの会場として、地域のみんなで使う。あるいは、子どもたちの絵画の展示会場として利用する。そんな風にオープンに使うことができます。

また、この船の部分に上がっていけば、日本アルプスの素晴らしい景観が広がっているのを見ることができます。夜になれば正面に月も出て、宇宙と一体になったようにさえ、感じられるでしょう。

——やはり歳を重ねてからの方が、構造的で、どんどん軽く、透明感が増していくようです。

池原　私はね、どの設計でもそうですが、大地とか環境、そして地域の問題から目を離すことができない。必ずそれを前提として考え始めます。晩年はある程度、そういうことがより自由に発想できるようになったとは感じています。

夢のなかで建築を続ける

——池原さんは、「理性と感性の詩的な統合」という言辞で語られることがあります。そして歳をとられてからは、それが、清廉さ、大胆さと共に表現されている。より自由になったようです。やはりそれは、子どもの頃に近づいていくんですかね。

池原　でも最近はお茶とお酒しか飲んでない（笑）。数年前に事務所をたたんでしまいましたからね。

　自分で、まだ建築に未練があるのかな、と思うのは、たまに夢を見るんですね。夢のなかで建築らしきことをやっている。予定よりも早く、足を洗っちゃったな、と。しかしそれは、好むと好まざると、そうならざるを得なかったんです。

　いま僕は、入江正之▼先生の事務所に部屋を置いて、日々の雑事をこなしていますが、入江先生とはこれまでにも、いろいろなコンペに参加してきました。しかし、入らない。どうやら、形ばかりのコンペが増えている。コンペが世間からクローズされたものになってしまったという印象があります。それでもう、しょうがない。辞めた、と。

——仕事に出会う手続きや道筋、プロセスが変わってしまったんですね。

池原　これも、時代かもしれません。僕は失業したら植木職人にでもなろうかと思っていたんですけど、いまからは難しいですね（笑）。松ケ丘の家では、庭の手入れが僕の仕事で、刈り込みをするのにメタセコイヤにも登りましたよ。

　ああ、その棚に虫の巣が置いてあるでしょう。これは僕が松ケ丘の庭でとったんですが、スズメバチの巣だと思います。とる時は命がけですよ。でも、こういうものが欲しくてたまらない。子どもの頃からずっと変わりませんね（笑）。触るとポロンと崩れてしまうんだけど、蜂は自分たちのつばで土をこねて、これをつくってしまうんだから、まったくすごいですよね。

——昆虫の話をしている池原さんの目の輝きは、半端じゃありませんね（笑）。

槇 文彦

一九二八年生まれ

建築というのは結局人間との付き合い、
人間を考えることです

まき・ふみひこ＝東京生まれ。東京大学工学部建築学科卒業後、米国に留学。一九五四年にハーバード大学デザイン学部修士課程を修了。その後、ワシントン大学及びハーバード大学准教授を歴任。一九七九から一九八九年まで東京大学工学部建築学科教授。一九六五年に槇総合計画事務所を設立、主宰。日本とドイツで建築士の資格を所持している他、米国芸術・科学アカデミー、米国建築家協会（ＡＩＡ）、王立英国建築家協会（ＲＩＢＡ）、フランス建築アカデミー、ドイツ連邦建築家協会など、各国の協会に名誉会員として所属する。ワシントン大学の「スタインバーグ・ホール」（一九六〇）を皮切りに、世界各国で多くの作品を手がけ、高い評価を受ける。主な賞歴に、プリツカー賞、国際建築家連盟（ＵＩＡ）ゴールドメダル、ウルフ賞、プリンス・オブ・ウェールズ都市デザイン賞、高松宮殿下記念世界文化賞、ＡＩＡゴールドメダル、日本芸術院賞・恩賜賞など。著書に『見えがくれする都市』（鹿島出版会、一九八〇）、『記憶の形象』（筑摩書房、一九九二）、『漂うモダニズム』（左右社、二〇一三）、『新国立競技場、何が問題か』（平凡社、二〇一四）、『建築から都市を、都市から建築を考える』（岩波書店、二〇一五）、『残像のモダニズム』（岩波書店、二〇一七）など。

半世紀後に再びかかわる

――まずはこの度の、二〇一二年度（第六十九回）日本芸術院賞・恩賜賞、おめでとうございます。こちらの受賞は、日本における槇さんの処女作「名古屋大学豊田講堂」（一九六〇）が対象ですね。竣工時には、日本建築学会賞作品賞を受賞していますし、二〇〇三年には「DOCOMOMO JAPAN一〇〇選」にも選出されました。

槇　もう五十年以上前の作品です。これを二〇〇七年に改修したのですが、この後もBELCA賞や公共建築特別賞などをいただきまして、今回は、そういうことを全部含めての受賞ということのようです。

――「豊田講堂」は、まさに本書のテーマを象徴しています。建築家の歳の重ね方、また、そのなかで変容する感性についてうかがおうというわけですから。

まずは「豊田講堂」に関してうかがいます。槇さんはこの約半世紀、この処女作とはどのようなかかわりをもってこられたんでしょうか。

槇　メンテナンスには少しかかわってきましたが、その他はほとんど何も。この間、講堂の後方には、国際会議施設「シンポジオン」（一九九二）ができました。これは竹中工務店がつくったもので、ウチではかかわっていません。ですから、今回の大改修の際に、改めて向き合ったかたちです。

おっしゃっていただいたように、あの建物は私にとっては処女作です。ただアメリカでも、ほとんど同じ時期に設計した建物があります。当時、私はワシントン大学の教員でしたが、こちらでも機会があって、「スタインバーグ・ホール」（一九六〇）を設計し、「豊田講堂」とほぼ同じ時期に着工、そして、同じ時期に竣工しました。

しかも偶然ですが、ワシントン大学の方でもほぼ半世紀後、施設の拡張計画に携わりました。「スタインバーグ・ホール」を含む「サム・フォックス視覚芸術学部」の拡張ということで、既存施設の改修に加え、「ケンパー美術館」と「ウォーカー・ホール」、二棟の設計を行い、二〇〇六年に完成しました。つまり、日本とアメリカ、それぞれで初めて手がけた建物の両方に、約半世紀後に再びかかわることになったわけです。やはり、それなりに感慨があります。

「存命建築家」の第一号

――それにしても「豊田講堂」のコンクリート打ち放しの改修はかなり難しかったのではないですか。

槇　確かにコンクリートの建物というのは、何十年も経つと表層が劣化します。多くの場合は塗装というかたちでなんとかしてしまうことが多い。しかしそうすると、元の打ち放しの力がなくなってしまうんです。そこで「豊田講堂」の場合は、表層のコンクリートを三〇ミリ削ってステンレスのメッシュを入れ、かなり流動性の高いコンクリートを五五ミリ打ちました。結果、二五ミリ打ち増ししたことになります。

――BELCA賞の審査員長をされている内田祥哉さんも、この改修手法には感心されていました。これまで、こういう事例はあるんですか。

槇　聞いたことはないですね。経費もかかりますし、なかなか面倒なものですから。経費のことでいえば、今回はトヨタ自動車グループの好意によって改修が実現したんです。計画が立ち上がったのは竣工より三年ほど前ですから、まだリーマンショックによる世界同時不況にはなっていなかった。リーマン・ショック後だったら、とても無理だったでしょう。

――一九五〇年代、六〇年代に竣工した近代建築が、次々失われていくのを残念に見送ることが、最近はとくに増えています。たとえ残ったとしても、コンクリート打ち放しの場合、表面が塗装されたり、モルタルを塗られたり。そのなかで「豊田講堂」では素晴らしい改修をされた。

槇　非常にうまく、きれいにいきました。

そういう経緯があって、二〇一一年七月には「豊田講堂」が登録文化財に指定されました。登録文化財というのは、築五十年以上の

建物が対象になるのですが、普通、五十年経った建物の設計者が生きていることはとても少ない。私はその「存命建築家」の第一号だそうです。ですから、今日のお話にも通じるかもしれませんが、長生きしていると、そういうこともある（笑）。

――改修にあたっては、内装や仕上げで、当時ではあり得なかったスペックなども使ったんでしょうか。

槇　内部はオーディトリアム中心の改修でしたが、やはり、日本人の体格も少しずつ大きくなっていますので、昔のスタンダードの座席では小さい。そこで、大学側の要請もあって、客席数は少し減らして、座席を少し大きく、前後のディメンションを豊かなものに変えました。

　また大きな変更としては、先ほどお話しした、講堂の後方に建てられていた国際会議場との間に室内回廊をつくって、一体的につなげました。音響にも少し手を入れたので、大学側では卒業式などの学内行事の他に、ホールとして一般に貸し出すようになって、現在の稼働率は非常によくなっていると聞いています。

　材料に関しては、やはりこの計画がスタートしたのは一九五〇年代の終わり頃ですから、日本はまだそんなに豊かじゃなかった。石を使う、金属を使うということは簡単にはできません。サッシも当時はスチールサッシで、アルミなんて使えない時代でしたからね。

　一方で、コンクリートの打ち放し技術は、日本は非常に優れていました。ですから、あのくらいの大きさ（延床面積六二七〇・一二平方メートル）の建物になれば、丹下健▼三先生にしても皆さん、打ち放しを選択していたわけです。そう思えば、今の建築というのは、選択の幅が本当に増えていますね。

歳をとって自然体になる

――かつて、村野藤吾▼が「建築家は五十歳からだ」と言い、今井謙▼次は「六十歳からだ」と言ったことを一つの指針として、建築家の「老いの流儀」といったことを考えていきます。槇さんの作品歴を振り返ると、六十歳前後の頃、「スパイラル」(一九八五)あり「テピア」(一九八九)あり、そして「東京体育館」(一九九〇)という代表作が相次ぐ。あの辺りに転換期があったと感じているのですが、いかがですか?

槇　そうですね、一九八五年が一つの節目だと考えています。一九八〇年代前半には「藤沢市秋葉台文化体育館」(一九八四)があり、そのすぐ後に「スパイラル」。この二つは、自分のモダニズムのなかでも、転換期というよりは、一つの座標になっています。

「東京体育館」は一九九〇年ですから、六十歳過ぎですね。ですから、五十代から六十代ということでいえば、これらの作品が代表作ということになる。そして一九九七年には「風の丘葬祭場」があります。これは七十歳に近い時の作品ですが、これも、自分にとっては記憶に残る建築になっています。

ただその間、一九六九年から始まった「ヒルサイドテラス」が、ずっと横たわって、これが一つの物差しのようになっています。四十歳から始めて七十歳に近いところまで約三十年、こつこつやってきた。ですから、自分自身でも、作品と年齢ということは常に絡み合ってきたとは感じています。

――さらに、二〇〇七年の「三原市芸術文化センター」は、八十歳に近い作品ですね。僕はこの作品に、とても叙情性を感じました。ポエティックというのでしょうか。ただし、決してウェットなものではなく、ライトなポエジーです。年齢を重ねるにつれ、そういうものが付加されてきたように思います。

槇　それはあると思います。おっしゃる通り、歳のせいかもしれませんね。

ちょうど「三原市芸術文化センター」と同じ頃、アメリカで「ペンシルベニア大学アネンバーグ・パブリックポリシーセンター」(二〇〇九)や、「MIT メディアラボ新館」(二〇一〇)をつくりましたが、いずれの作品でも、自分が日頃からもっていた考えや感性、そういうものが出せたと思います。自然体で取り組むことができました。

加藤学園とＭＩＴ

――それは、「幕張メッセ」（一九八九）のような大きなスケールの建築を手がけた後に見えてきた新しい世界でしょうか。

槇　スケールについては、「来た仕事はやる」というだけですから。コンペでも、あたれば、それはやる。自分自身、面白いなと思っているのは、わりと評判になった建築があっても、同じようなタイプの仕事は二度と頼まれないということなんです。

見学者が多いということでいえば、一九七二年に「加藤学園初等学校」（現加藤学園暁秀初等学校）という、日本で最初のオープンスクールをつくりましたが、これはそれなりに評判になって、たくさんの人が見学に来ました。ところがその後、「オープンスクールを」という依頼は来ていません。もっとも、こちらとしても同じタイプの仕事を探そうとは思ってはいませんので、それはそれでいい。ただ、そういうことは多いんです。

「風の丘葬祭場」の時も、いろんな人が見学に来ました。それこそ、国境を越えて見に来る。これは大分県中津市の施設ですが、年間の観光客が約四千人という町であるにもかかわらず、ある年には、葬祭場だけで、約二千人もの見学者が来たという話です。しかし、その後二度と、葬祭場の設計は頼まれていない（笑）。

――二番煎じは嫌だということなんでしょうか（笑）。

槇　いえ、そうじゃありません。これは、冗談半分で言っているので、そのつもりで聞いていただきたいのですが、何か新しい建物が評判になっていると、次に同様の施設を考えている人が、違う建築家を連れて見に来る。それで「よく勉強しろ」、と。「これを参考にしてもっと安いやつをつくれ」と言うんでしょう。

二〇一〇年に竣工した「ＭＩＴメディアラボ新館」も、おかげさまで現在ツーリストのルートになっていて、バスで大勢の方が見学に来ています。ですから、そこである時、「加藤学園」の話をしま

事務所にて

してね。このＭＩＴも、きっと同じじゃないですか、と（笑）。

——いろんな意味で、槇さんの作品がモダニズムのテキストというのか、参照すべき事例になっているということでしょうね。

槇　これは今、自分のこととしてお話ししていますけど、他の建築家の皆さんも、同じような経験をされているんじゃないでしょうか。新しい建築ができたら、みんな見に行くわけですからね。

　ただ一方で、こういうこともありました。ＭＩＴには世界各国の若い研究者が集まっていて、もちろん、日本人もいます。その日本人が「槇先生、僕は子どもの頃、加藤学園にいました」と言うんです。そして「ここで勉強していると、空間の印象が似ている」と。

　私自身はそんなこと、まったく意識していませんでした。ですが確かに、空間というのはそこに佇む人にある印象を与えるものです。建築の形などよりも、はっきりと。ですからおそらく、加藤学園とＭＩＴでは、どこか、自分のＤＮＡが続いているのでしょう。

　空間の思い出というのは、非常に強いものですよね。私自身、子どもの頃、親に帝国ホテルに連れて行ってもらった時に感じた空間に対する驚きは、今も鮮明に残っています。外観の記憶より、強く印象に残っているんです。

——帝国ホテルといえば、同じくフランク・ロイド・ライト▼の設計した自由学園を卒業した人たちから、同じような話を聞いたことがあります。暗さや、壁の力のようなものに共通した印象がある、と。

槇　建築は外観で評価されることが多いものです。建築の特性はイコノグラフィだと。しかし本質は、内部空間の善し悪しによって判断される部分が遥かに大きい。遺跡や宗教建築などを考えれば、形で感動するということも、もちろんあってもおかしくはないんですが、普段私たちが接するのは、外観よりも内部空間。ですから建築は、五感の経験を通じて初めて、記憶に刻まれるのでしょう。

私は晩成型かもしれない

――槇さんは今年三月、『漂うモダニズム』(二〇一三)を上梓されました。こちらは『記憶の形象』(一九九二)以降、約二十年間で書きためたエッセイを中心に、書き下ろしも加えてまとめられています。これを読んで、槇文彦という人は、歳を重ねるにつれて非常に「ラディカル」になっていると感じました。

槇　そうですかね。

――本質的なことを肩の力を抜いて書き出した、という印象です。

槇　フフフ(笑)。やっぱり、たとえば建築でも文学でも、比較的早熟な人とそうでない人がいて。私はどちらかというと後者。

　晩成…と言っても、良くなっているかはわかりませんけどね。早熟な人というのは、若い時にラディカルな発言があって、それで一気に世に出てしまう。ただ、若い頃のラディカルさが、後々の行動や言説に対し、重荷になっているという人は、時々見かけますね。建築家だけではなく、作家にしても音楽家にしても。

　やはり人間というのは簡単に制御できる動物ではない。自分にしてもそうです。ですから、どちらかといえば私は、晩成なのかもしれない。それはそれで、自分ではいいと思っています。

　というのは、そういう晩成型の人間は、歳をとった方が、周りがよりよく見えてくるということがありますね。今まで見えなかったものが見えてくる。ところが、早熟な人は直感的に、先に見ちゃった。ではその後、何を見るんだと、そういうことになる。科学の世界でも、革新的な発想というのは、わりと、最初に出てしまう。音楽家の場合でも十代で評価されてしまうことがありますが、そんな人たちは、その後維持していくのは大変でしょうね。私はいつもそう思って、心配してしまうんです。

ですがもちろん、早熟な人がその後もさらに発展していくこともありますから、一概には、結論は出せませんが。

――『漂うモダニズム』では、ヒルサイドテラスで見かけた初老男性の観察から、パブリックスペースについて考察されていたり、また、英語のグロービッシュ化と対比させながらモダニズムについて考察したり…。

僕は、槇さんは四十代、五十代の頃の論述に比べると、最近は市井の方に視線を下げながら、建築の本質を語っているという印象を強くもちます。

槇　ヒルサイドテラスの初老男性の話、あれには後日談があるんですよ。

あの話は、ヒルサイドテラスの「フォーラム」というギャラリーの一隅にある、広場に面したカフェでのことです。私がたまに昼食をとりに行くと、いつも同じ席に、初老の男性が一人で来ていた。その方はクォーターボトルのワインとサンドイッチを注文されて、ゆったりとワインを飲みながら、前方の旧山手通りの人々の往来を眺めているんです。そしてクォーターボトルが半分くらいになったところで、やおら、サンドイッチに手を出す。その佇まいが、非常によかった。孤独のひとときを、ゆったりと楽しんでおられるようだった。

それで数年前、ある雑誌から「独りのためのパブリック・スペース」というテーマで原稿を依頼されたので、あの風景の写真を、原稿と一緒に載せたいと思ったんです。それで、カフェの人に、いつも来ている初老男性はどなたか聞いて…。近くの教会の牧師さんだったんですが、直接お願いして、写真を撮らせてもらいました。まあ「やらせ写真」なんです。ですが、彼も非常に喜んでくれてね。その後、掲載された記事と一緒に写真も差し上げました。

ただ、最近そのカフェに行ったら、いらっしゃらないんです。亡くなっておられた。ですからその前に、少しはいいことができたかな、と思っています。

――その牧師さんにとっても、とてもよい時間だったんでしょうね。

槇 そうですね。あのカフェはあまり欲がないのか、いつ行っても混雑していなくて、ガラッとしている（笑）。だから自分の好きな場所を確保することができて、ちょうどいい場所だったんですね。

失われる都市の「余韻」

――「公共」のなかで、一人で心地よく過ごせる空間。これも、槇さんにとって重要なテーマですね。

槇 「独りのためのパブリック・スペース」では、ニーチェの「孤独は私の故郷である」という言葉を一つの指針としてまとめました。みんな、昔はどこから来たかはわからないけれど、自分が暮らしているところで、故郷探しをしているのだと思うんです。それはいわば、建築や場所の一部を身体化していく、ということでもある。ですから、このヒルサイドテラスのエピソードは非常に印象に残っています。

――「シネマコンプレックス」について書かれているのも印象的でした。同様の視点ですね。

槇 そうですね。映画館へ行くという体験が、「シネマコンプレックス」の登場によってずいぶん変わってしまったと感じています。私は、映画館へ行くということは、一人の人間が、ひととき、日常とはまったく異なる体験に向かい合い、そしてその体験と感動の「余韻」を、見知らぬ人と無言で分ちあうものだと捉えています。建築としては、そのためのホワイエであり、エントランスであって、さらに、映画館を出た後の都市という空間の体験がある。ところが「シネマコンプレックス」は、とても合理的に映画を見るための施設です。便利さということを優先したために、何か、まったく「余韻」のない場所になってしまった。

しかし、たとえばブロードウェ

イで、大きな資本が全部劇場を集めて一つのコンプレックスにしてしまうという構想を誰かが出したとしたら、誰もが反対するのではないでしょうか。ブロードウェイという都市空間を含めての劇場、そして観劇を、みんな空間体験として楽しんでいるわけですからね。それが映画館の場合はなおざりにされてしまったように思います。

——槇さんの七十歳を過ぎてからの論考には、そういった、とても的確であると同時に、痛烈な批判性が増してきている。しかも、いわゆる建築界でしか通じない批評ではなく、一般の人々の、ライフスタイルまで視野にいれた批評性が増していて、僕は、そこがとて

も興味深いんです。

槇　そうですか。そこまで読み込んでいただいて。

ですからやはり、本のなかでも建築の善し悪しを判断するのは「時」だということを書いていますが、今は、建築批評というと竣工した時にはみんな大騒ぎしてワッと取りあげる。しかしそうなると、消費の対象となって、その後はサーッと汐が引くように忘れられていく。そういうことが非常に多くなっているような気はしています。何が建築の価値なのかということを、改めて考え直す必要があるのではないでしょうか。

――「建築家の手を離れた建物は、新しい親元に預けられた子どものような存在」だとも書かれています。つまり、建築の「社会化」。この価値を見きわめるためには、一定の時間の経過が必要だ、と。

槇　最初に「豊田講堂」のお話をしましたが、時間が経てば建物は劣化します。だから価値が薄れたと見るのかどうか。そして、これをなんとかしようという時には、まずは、公共建築ならこれを所有する行政が、民間の施設なら運営者が責任をもつ。しかし、社会が愛するもの、本当の意味で社会化された建築であれば、たとえ劣化しても、周囲に誰か、声を上げる人が現れて、お金を集めて保存するなり、改修するなり…という話になると、思います。

人や事務所も作品の一部

――竣工から時間が経った美術館などでは、時折、建築家による空間プラン、つまり目に見えない文節というのか、そういうコードが失われているのに出会うことがあります。そのことが、建築の力、空間の魅力を損なわせている。

槇　なるほど、そういうこともあるでしょう。やはり、運営側の教養ということも大切なのでしょうね。周囲の人々に支援される建物になれるかどうかには。

じつは、私がオランダのフローニンゲンで手がけた「浮かぶ劇場」(一九九六)も、市民からの要請により復活しました。このエピソードは本にも書きましたが、「浮かぶ劇場」は、長さ二〇メートル、幅六メートルの船のような施設で、運河に浮かびながら、演劇や音楽などの会場として利用されてきた。ただ数年後、その屋根にあたるテフロン製の天幕が破れてボロボロになったため使われなくなり、廃棄されることになったんです。

　すると、ある日私のもとに、フローニンゲンの、見ず知らずの市民から手紙が届きました。「オランダでは、公共物は設計した建築家が反対すれば廃棄されない。私たちはぜひこの施設を復活させたいので、あなたから反対してくれ」と。私はもちろん、フローニンゲン市に対し、廃棄に反対する旨の手紙を書きました。すると後日、市の担当者から改修・保存する予算がついたという連絡が来たんです。

——それは素晴らしいですね。

槇　ですから、建築家の手を離れた建物とはいえ、やはりつくりっぱなしというのも、いけないでしょうね。じゃあ、あなたはちゃんとやっているのか、と聞かれれば、そんな時間はなかなかないので、自分の反省も含めて言うのですけど（笑）。

　ただ、ウチの事務所も二〇一五年で設立五十周年になります。ですから現在、これにあわせて事務所史をつくろうと、今、みんなで考えて作業をしているところです（『槇事務所五十周年記念作品集』）。これまでウチでも百件余りの建物を、計画中も含めて手がけてきましたが、それぞれの建物にどういうヒストリーがあるのか、いつ、誰が、どういう形で参加したのかをきちんとまとめて、記録しておく必要があると思ったんです。やはり、一つの作品に対し、協力してくれた人や事務所というのも、作品の一部ですから。

——それは意義深いお仕事ですね。これも建築の「時」を考える一つのあり方でしょう。

　それでも最近はこの「時」について、BELCA賞もそうですが、日本建築家協会でも「二十五年賞▼」を設立して、一定の年月を経た建築の評価を行っていますね。

槇　そうですね。ウチでも一昨年「スパイラル」と黒部市の「前沢ガーデンハウス」（一九八三）で二十五年賞をいただきました。その前にもいくつか、いただいているはずです。

――さらに「豊田講堂」が五十年ですからね。そのうち「センチュリー賞」というのも出てくるかもしれません。

今日のモダニズムの実態

――もう一つ、どうしても槇さんにうかがいたいのは、モダニズムデザインと建築家の加齢、その関係についてです。

　僕の持論では、モダニズムというのは、壮年型の感性や理性を前提としている。そしてモダニズムは、建築家にも理念化した、壮年型の身体性を要求するのではないか。僕はそのように仮定しているんですが。

槇　モダニズムというのは、十九世紀後半から二十世紀にかけて、ある特別な時代に対する新しい理念として誕生しました。ですから確かに今おっしゃった通り、客観的な立場から俯瞰してみると、壮年期のイメージがあります。

　建築は、様式で捉えてしまうと、必ずそれは疲弊し、衰弱します。たとえばかつて、普遍性を獲得したゴシックやルネサンスという様式建築を考えてみても、いろいろな建築家によって、何度も繰り返し使われていくうちに、劣化し、疲弊しました。またこれが衰退したことによって、新しい様式建築の台頭を促すという側面もあった。

　そして今、モダニズムも普遍性を獲得したといえるでしょう。ところがモダニズムは、劣化や疲弊の前に拡散してしまった、と思います。その背景にあるのは、グローバリゼーションの発達です。急速にＩＴ技術が発達し、資本や情報の、急激な広がりを促した。このことは、モダニズムにも大きな影響を与えました。これが、私が『漂うモダニズム』のなかで言っている、「船」ではなく、「海原」になった、ということです。

　つまり、モダニズムの巨匠とされるル・コルビュジエ▼やミース・ファン・デル・ローエ▼、アルヴァ・

アアルト▼やフランク・ロイド・ライトといった建築家たちは、本来、まったく異なる考え方やスタイルをもっていた。生活感に重点を置くモダニズム、自由と平等を目指すモダニズム、合理主義を主軸とするモダニズムといった具合です。しかし、それでも彼らはモダニズムという「船」に、一緒に乗り合わせていた。それが、昔のように緩慢な時間の流れのなかにあれば、あるいは様式になったかもしれないし、ある段階で、別々の方向に進んだのかもしれない。

ところがその後、急激な勢いでグローバリゼーション化が進み、経済や社会、ライフスタイルや欲望が押し寄せてきました。するとそれらはすべて攪拌され、何か、大きな得体の知れないものに飲み込まれたんです。スープでいえば、中身の具材がわかるブイヤベースやけんちん汁ではなく、正体の知れないポタージュスープのようなものになってしまった。そこには、アイデンティティもありません。

そういった状況が、今日のモダニズムの実態だと、私は思っているんです。ですから、もはやそこには、壮年も老年も何もありません。

——つまりグローバリゼーションによって、建築家の根っこにある身体性としての加齢も、一切関係なくなってしまった。そのなかで、建築家はどうすればいいのか。そうした考察が、『漂うモダニズム』を著した動機だったのでしょうか。

槇　そうですね。そこに何があるのかを考えてみたかった。まあ私自身、かれこれ六十年近くモダニズムと付き合っていますと、今まで見えなかったものが少しずつ見えてきました。そのことは、やはり、伝えておきたいんですね。

じつはこの本は、日本の読者に対してだけ書いたのではないんです。すでに英訳が終わったので、いろんな人たちに送って、現在、感想を聞いているところです。いずれ、どんな感想があったのかを「漂うモダニズムのその後」というかたちででも、皆さんに報告したいと思っています。

——それは楽しみです。ぜひ後日、私の感想も報告させて下さい。

これからの建築の可能性

槇　ただ、本のなかでは、今後自分がどうなるかといったことはあまり言ってはいません。しかし、海原のなかには何か、うねりがある。それは、もしかしたら言語でいうところの「母語」、あるいはその土地ごとの気候や風土に根ざしたローカル建築のような、地域社会がもともと長くもっていたものなのかもしれない。

　日本は十九世紀まで、外から来たものを絶えず受容して、しかし自分らしいものを生みだしてきたという伝統をもっています。そういう日本の独自性…、自然との付き合い方も西洋とはまったく違いますし、言語のうえでも構造が異なるといったことなどが、私たちの建築にも影響を与えている。どちらかというと、西洋の建築は「理性」の世界にあるのに対し、日本では「理性」と「感性」の絶え間ないキャッチボールのなかから生まれてくる傾向がある。そういった違いのなかに、これからの建築の可能性があるのかな、と。ただし一概にそれがいいというわけでもなく、失う物も多いので、あまり、楽観的にはなれません。

　ですが「共感のヒューマニズム」のようなものに対しては、かなり世界的なネットワークが誕生していて、そのことは見逃せないとも思っています。ただこれも、現象としてある、というだけでそれがどうなのかということは、本でも書いてはいません。自分でもわからないんです、それ以上は。

――「共感のヒューマニズム」という視点で考えるなら、ポタージュを乗り越えてゆくものとして、もう少し透明な、コンソメと言うのか、目には見えない、ある種のメンタリティのようなものも必要になると感じます。ブイヨンでもいいんですけど（笑）。

槇　いいね、コンソメ（笑）。

　だからそれはやっぱり、建築というのは結局、人間との付き合い、人間を考えることなんですね。ちょっと変わった人や珍しい人などとも出会って、刺激を受けることもあるけれど、そのなかにはそれでも、普遍的な人間性みたいなものがある。ですから、普遍的な人間性に対して、われわれは何をしたらいいのか、というのは、常に何かをつくっていくときの手がかりになります。やっぱり、最後は人間なんです。

——その普遍性の理解のなかには、歳を重ねることで視野が広がるということがありますね。

槇　それもあります。しかし同時にね、こういうことがあります。人間を見ていますと子どもというのは、国や場所に関係なく、みんな同じですね。それが、ある文化圏のなかで成長するにつれて、違いが出てくる。ところが面白いことに、老人を見ていると、また収斂していくんです。

——イスラムもヒンドゥーも。

槇　そう、仏教も。ですから、始めは同じで、終わりもまた同じ。違うのは途中だけです。

空間は体験しないとね

——先ほどの牧師さんの話もそうですが、人間観察をする槇さんの視点と、そこからの思索が作品としてまとめられていく経緯が、今日は少し、わかりました。

ところで、牧師さんとの出会いのように、シティ・ウォッチングをされる時間は、普段から結構あるんですか。

槇　散歩はね、よくしています。七十歳くらいまではテニスをやって体を動かしていたんですが、それもだんだんできなくなりましたから、歩くということは、努めてやっています。

時間がある時には、事務所から自宅まで歩いて帰ることもありますし、この辺りから恵比寿くらいまでなら、買い物でもなんでも歩いていきます。さらにそこから電車に乗って、バスにも乗って。クルマで行けば簡単ですけど、そうやって移動している間に知らない人と接触できるというのが面白いんですよね。とくに小さな子どもっていうのはかわいいですね。クルマに乗っていたら見ることもできない。

——そういう感覚は、若い頃からもっておられましたか。

槇　いや、やっぱり歳をとってからですね。若い時は子どもなんて

見ていられなかった。ウチには二人の娘がいますけど、かわいかったな、という思い出よりも、最近、外で見かけた子どもたちに対してのほうが、かわいいなと素直に思うんです。どういうわけでしょう（笑）。

――お嬢さんが聞いたら、怒られそうですね（笑）。あとは、映画をみたり、本屋をのぞいたり。著書のなかでもけっこう、新しい建築ができると見に行かれていますね。

槇　やっぱり、実際に行って、生で見なければ空間がわかりませんから。ついこの間は沖縄で講演があったので、「名護市庁舎」（一九八一、設計象設計集団＋アトリエ・モビル）を訪ねました。じつは、あれを建てる時、コンペの審査員だったんです。ですが図面なんかで見るより、やっぱり、空間を体験しないとね。

――建ってからずいぶん経ちますけど、あれは名作です。

槇　「名護市庁舎」も二〇一〇年に「二十五年賞」を受賞したそうですが、時間が経過した姿にも感激しました。

今、ちょっとインドで仕事をしているのですが、緯度が二五度くらいで沖縄に近い。だから、どうやって西日を遮るのか、風通しをどうするかなど、同じような工夫をしなければならないんですね。その辺りについても、関心をもって見てきました。

――インドのお仕事は楽しみですね。コルビュジエもルイス・カーン▼も、みんな歳をとってからインドでの仕事をやっていますから。

槇　確かにそうです。

――最後に、凡庸な質問ですが、これから意欲的に取り組みたいということが、何かございますか。

槇　そうですね、おそらく、デザインは続けていくでしょう。ただし、どういうことをやろうというのは、相手次第のことなので、特別に考えていることはありません。一方で、書くことは、自分の考え次第で、これを書こうとか、書きたいとか、そういうことが自主的にできる。ですから、デザインをし、生活をしながら、そこから少し、得た視野や考えを発表できる機会を、今後もつくっていきたいと思っています。

軍隊と民兵の戦う時代

——二〇一三年に上梓なさった『漂うモダニズム』のあと、私が音頭をとらせていただいて『応答　漂うモダニズム』が刊行されました。この本の執筆者には、先生がご存知でなかった若手も入っていました。

槇　そういう若い方もいましたし、年寄りもおりました。僕が選んだわけではなかったけれど（笑）。

これはとても面白い企画だったと思います。モダニズムに対する僕の問題意識に、十七名の方が応答してくださった。みなさんなりのモダニズム観、そしてそれが時間を経てどうなっていったか、それぞれに書いてくださって、こちらも刺激されました。

巻末にあとがきとして、僕も、さらなる応答を書きました。いまモダニズムの大海原を漂わなければならないことを考えれば、かつて軍隊とゲリラと言われた戦いは、軍隊と民兵の戦う時代になるだろうということです。

——はい。

槇　これに対して、イヤそうではないとか、さらなる反応があれば面白かっただろうと思いますが、それは本という形式から言っても不可能でした。ですが、あれだけみなさんが真剣に書いてくださって、とてもいい経験になりました。

とりわけ感慨深いのは、非常に真摯に応答してくださった小嶋一浩▼さんが亡くなってしまったことです。彼が書いてくれた指摘には、僕の意識とも共通するところがあり、得るものがありました。

——新著『残像のモダニズム』（二〇一七）では、この民兵的な小さな戦いという指摘を膨らませていますす。

槇　組織事務所対アトリエ事務所という対比で本では書きました。

——組織事務所に限らず、アトリエ事務所もグローバル化し、巨大化するという動きがあります。

槇　そうなんですよ。かつて我々の時代、さらにそのまえの時代にはみなアトリエ事務所でした。ところがいま、百人、二百人、三百人という規模の事務所が登場するようになりました。建築家として有名になり、仕事が増えてくるとかつて我々が楽しんでいたような建築をつくるだけではいられず、次第にパワーに依存してゆく傾向がでてくる。

　なぜかというと、所帯が大きくなればなるほど、事務所の所員を養ってゆくためのパワーが必要になるからです。そういうことは僕たちが建築をはじめた時代には、あまり見ないものでした。

　情報化社会になると、情報を持っていることがパワーに直結します。どこでなにをやっているかという情報を持っていることで、じゃあここでこうしてやろうと戦略を立てることができますから。『残像のモダニズム』（二〇一七）にも書きましたが、ザハ・ハディド▼の事務所には、彼女が亡くなった時点で四百五十人の所員がいました。そしていまでもザハの仕事は引き続き作られています。同じようにノーマン・フォスター▼のところには千五百人いる。

——巨大な事務所です。

槇　建築家が新しいセオリーやマニュフェストを掲げて登場しても、見ているうちにだんだんと生態が似てくる。数百人を抱える巨大事務所になってゆく。

　もちろん、彼らもいい建築を作ることが大事だと思っています。そのことは作品にも表れている。しかし同時に、事務所としてパワーを維持し続けることも必要なようです。我々のあり方とはだいぶ違う生態が出てきているのを感じます。

——それが「軍隊化」ですね。

槇　ええ。

黒川紀章さんの生き方

槇　もしかしたら「軍隊」という言葉を僕が言い始めたと思っていらっしゃる方がいるかもしれませんが、最初に「軍隊」という言葉を使われたのは前川國男▼さんでした。一九七〇年代のいつだったか、ある対談で「君、軍隊なんだよ、こういう人たちは」と僕におっしゃった。そのことが非常に印象に残っているのです。

　そのあと、オーナーシェフとチェーンストアの店長のようなものではないかという大野秀俊▼さんの表現もありました。これも当たっている見方ですね。

――組織を大きくすることには興味がない、と言っている建築家もいますね。

槇　ええ、でも百人を越したら、それは軍隊だと思います。オーナーシェフのようにやろうと思っても、やれないですよ。

本には書きませんでしたが、日本の建築家でいちばん軍隊を目指したのは黒川紀章▼さんだと思います。彼が亡くなられたとき、たしか百人近くの所員がいたように記憶しています。彼はパワーアーキテクトとしての生き方を明快に主張していました。ヘンに自分はそうではありません、なんて言わなかった。

その点は潔かったですね。そして言葉どおり、実行していました。名前が売れるのであれば、都知事選にだって出る（笑）。それは正直なことだと思いますよ。

――パワーを持つとは、結局権力を持つことです。

槇　そうです。彼は権力を求めた。

ヒューマニズムが大切になる

――二〇世紀からの建築の歴史の流れを考えてみるとき、槇さんの言葉が有効です。八〇年代にポストモダンの世代を指した「平和な時代の野武士たち」も、今日の状況を「モダニズムの大海原」と指摘した言葉も。近年では「共感としてのヒューマニズム」と繰り返し指摘していますね。

槇　二〇世紀のある時代からポストモダンがでてきて、もう一度ヒューマニズムの側面がとても大事になってきています。僕には残された時間もそんなにないと思いますので、「共感のヒューマニズム」が大海原のうねりの一つだと言い続けてゆこうと思っています。

――今、若い人たちと話していると八〇年代、九〇年代についてあまりに知らないと感じることがあります。

槇　そうですか。

歴史を俯瞰したとき一つ言えるのは、資本主義もそうですが、一八〇〇年代から常に新しい思想の出現があったということでしょう。そしてなかでも大事だったのは「生活革命」だったと思います。コルビュジエが『輝ける都市』で言おうとしたことです。

『応答漂うモダニズム』にも書きましたが、制度とは関係なく、自分の自由をエンジョイする場所として建築がある。「サヴォイ邸」や「シュレーダー邸」をはじめ、その頃出てきたいろいろなかたちは、そういう場所としてのものだった。

その視点から振り返れば、いま、若い「民兵」たちがやっていることはどこかで当時の動きとつながっているんじゃないか。エスタブリッシュされた生活様式に対して、いや、もっと違う生活のかたちがありうると示している。その点に興味が惹かれます。

たとえば僕の知っている建築に、四人家族が住む住宅として、二階に暮らし、一階はご飯を食べてもなにかものづくりをしてもいいようなオープンな空間になっているものがあります。ささやかですがこういうことをやってもいいんだ、という新しい生活の提案がある。

第二の生活革命

——「第二の生活革命」ですね。

槇　そうなんです。自分では意識していませんでしたが、東京電機大学の「東京千住キャンパス」（二〇一七）には門も塀もありません。敷地のあるところまでは市民が自由に出入りできる。

これが実現した理由には、足立区の考え方もありました。単に大学を誘致しただけではなく、そこに通う若い人たちが作り出すエネルギーや消費行動が街と一体になることを目指していました。

新聞を見ていたら、一番エネルギーのある街として、足立区の北千住や赤羽が挙げられるとありました。こんなところでも、開かれた新しいあり方を目指す現象が起きています。

——赤羽には東洋大学ありますし、東京電機大学や東京理科大学も足立区にある。いま建築を学ぶ学生たちは足立区にいる（笑）。

槇　それに面白いのは、都心にある早稲田や慶應、東大、法政などの六大学と比べ、少し都心から外側に展開している大学が元気です。

デザインするときには、街と大学の際《きわ》を意識しました。できるだけ大学構内と街とがヒューマンな場所をつくり、誰がそこにいてもいいものにすることを目指しました。際に対するそういう意識を持つことで、建築に別のかたちの人間の振る舞いも反映してゆくことができるようになる。そういう具合に広がってゆくのはとてもいいことなのではないかと思います。

——槇さんのお仕事では、慶應大学のSFCと電機大では対極的です。

槇 そうです。どちらも頼まれて引き受けた仕事ですが、電機大のケースでよかったのは、日本たばこの施設を再開発するにあたって、区民に、それこそ二十四時間ひらかれた場所にしてほしいという行政からの強い要望があったことです。

ほかのあらゆる施設に言えることですが、東京はまだ安全なんですよ。事実、電機大でも、いままでへんな摩擦や事件が起きることもありません。それは日本文化の持っている穏やかさのあらわれといってもいいかもしれません。ヨーロッパで頻発しているテロのような事件が起きなければ、これからも今の状態を維持してゆくこともできるでしょう。

——電機大のキャンパスの素晴らしさは、ずっと追求されてきた群造形と、ひらかれたヒューマンなオープンスペースとが一体になって展開している点です。

新しいお仕事では富山県黒部の「パッシブタウン」(二〇一六)についても伺いましょう。槇事務所の新しい展開を感じさせます。

槇 僕たちはあまり、こういうことをやりたいということから仕事が始まる建築事務所ではありません。

YKKの大きな工場が黒部に建てられることになったのですが、僕たちはたまたまあそこでゲストハウスをつくったことがあった。それを知っていたYKKの吉田忠裕会長が「パッシブタウン」「パッシブアーキテクチャー」と呼べるようなハウジングの社宅をつくりたい、と三つの建築事務所に声をかけた。そのうちの一つだったのです。

冬は当然ながら暖房が、そして夏は冷房を必要とする場所なのですが、できるだけ風通しと日当たりが良く、消費エネルギーの少ない建築をつくって欲しいという依頼に答えた結果が、この仕事です。

——槇さんがますます新しい境地をひらいています。

槇　それはそうかもしれません。でも繰り返しになりますが、ひらかれたキャンパスを、という足立区の強い要望、「パッシブタウン」というYKKの吉田さんの強い要請があってのものです。それにある程度、僕が答えられたのは運が良かったのでしょう。

インドのロマンチシズム

——海外では、トロントの「アガ・カーン・ミュージアム」(二〇一四)、インドの「ビハール州立博物館」(二〇一七)があります。

槇　「アガ・カーン・ミュージアム」はもう完成し、それなりに使われ始めています。一方「ビハール州立博物館」はもう最後の仕上げの段階なのですがいつまでたってもできない(笑)。

——「ビハール州立博物館」は造形的にはどうなっているのでしょうか。

槇　このときのコンペは、かなり著名な建築家が参加した国際コンペでした。結果的には僕たちの案が選ばれたのですが、とても意外だったことがあります。僕たち以外の参加者たちは各国から参加した、先に述べた「パワー・アーキテクト」たちだったのですが、彼らはプログラムがどれも同じだっ

事務所にて

たのです。マッシブでアイコニックな建築をゴロンと置いた。ところがここの敷地は五〇〇メートル四方あります。彼らのプログラムはせいぜい二万五千平米だった。敷地全体を覆うようなものではなく、あたりを空地にしておいて、真ん中にドンと置くというものでした。

僕たちの案だけが、分散させたキャンパス型でした。それが結果的に評価されたのです。

——鉄板がすごいですね。

槇　ああ、コールテン鋼ですね。インドは鉄が生産された歴史的な土地ですので。それに建物のメンテナンスが良くないということもあります。コールテン鋼ならば大丈夫です。それに石。

——なるほど。

槇　でも打ち放しはダメなんです。シャンディガールのコルビュジエの一連の建物でも打ち放しがありますが、相当にヒドい状態です。そういうことも考えて鉄にしました。

——カーンは煉瓦を使っています。

槇　そうなんです。コルビュジエと少し違う。煉瓦の方が持ちが良いのではないかと思いますね。

ところで「ビハール州立博物館」では面白いことに、一番多い日には一日三千人の来場者があったと聞きました。子どものミュージアムですから教育的な意味でも使われているのでしょう。ふつうのミュージアムというのはポピュラーなところでも来場者は一日数百人です。それが三千人というのは、インドの人口がいかに多いかということでもあるのでしょうが、あらためてインドというものについて考えるきっかけになりました。

——高齢になってインドへ向かう。どうしてもカーンやコルビュジエと重ねて考えてしまいます。

槇　ところがね、例のプロジェクトは中止になったんです。いろいろな事情があるのですが、結局、政治の問題ですね。

新しい州政府のニュータウンということで、コルビュジエのシャンディガールのようなものができるかなと思っていたんですが。せっかく選ばれたのに中止になってしまいました。

――やっぱりインドで建築を構想するというのは、なにか懐かしいような、それにパワーが出て来るような気がします。

槇　そうですね。同時にある種のロマンチシズムがあって、ここで何かやりたいという気持ちを起こさせる。インドはそういう場所ですね。

二通りのシナリオ

――二〇一三年に「新国立競技場案を神宮外苑の歴史的文脈の中で考える」という論考を発表され、いわゆる新国立競技場に異議申し立てをしました。二〇一六年までこの問題で戦ってこられた。今振り返っていかがですか。

槇　これについては『残像のモダニズム』に一章を割いています。本の前にも論考を一つ書いているのですが、『残像のモダニズム』には「世界」で行った大野秀敏さんと中村勉▼さんとの対談を収録してあります。

――「座談会「宴」のあと」。

槇　建築というのは案を見ただけではわかりません。完成したものを見て始めて、何だこれは、とか、素晴らしいとか言うことができる。建築家ではないふつうのみなさんでも評価することができます。

ところができていないものをあれこれ言うのは建築家にしかできません。そのような役割を持った建築家のなかでも、僕には偶然、隣の敷地に「東京体育館」を手がけた経験がありました。みんなより少しはここの周りのことについて知っていた。であれば、ここに新しい競技場が建ってしまう前に何か言っておくべきなのではないか。それが最初に論考を発表した動機でした。

――まだ招致運動の最中でした。

槇　そうです。実はあの論考を書いたときには、東京に二〇二〇年オリンピックが来るかどうかわかりませんでした。変なことを書くと招致運動の足を引っ張るのではないか、表立って批判するとはいかがなものか、という雰囲気を感じながらの発表でした。そしてまもなく、ブエノスアイレスの

IOC総会で東京開催が決定しました。

　論考が取り上げられ、いろんなところで騒ぎ出したのはそれからでした。

——そうでした。

槇　当初は当時の編集長の古市徹雄▼さんが、非常に面白いから出しましょう、とおっしゃった。そんなものかなと思っていたのですが、インターネット、特にSNSで建築家以外の人たちに記事が広がってゆきました。新しいメディアの存在感を感じましたし、新聞や本とは違う、共感で広がってゆく波及力を感じましたね。

　書いたときには、オリンピックはまだ決まっていませんでしたから招致されたときとされなかったとき、原稿は二通りのシナリオを書いてありました。そして招致されたとき場合には、プログラムがよくないからつくり直してはどうか、しかし再びコンペをする時間はない。ザハ・ハディドにもう一度設計してもらってはどうかと書いておいたのです。

　そして東京開催が決まった。ところがその後、あのプログラムを変えようという人は誰も現れませんでした。あのおかげでオリンピックが東京に来ることになったんだという神話を吹聴する人さえも出てきた。そんなことはなかったでしょう。ともかく、ザハも変えようと思っていませんでしたし、日本政府もこのままでいいと考えていました。

——ええ。

槇　高揚した気分のなかで、僕が書いた、オリンピックが決定した場合にはプログラムを変更すべきだという意見を省みる人は誰もいませんでした。ところが三千億円という概算の見積もりが出て、森元首相が、そんなバカな建築はやめろ、と発言したと伝わりました。

——はい。

書棚より

槇　あの発言はある意味で当たっているんですよ。結局、プログラムが過多だからコンパクトにして、千六百億円くらいでつくろうという試算をして、という具合に進んでゆくことになりました。でもいざスタートすると相当にたいへんだとわかってきます。

参謀本部のメンタリティ

槇　僕たちが懸念していたのは、屋根を設け、一年の半分はエンターテインメントに使えるようにすること、とプログラムには一言も書かれていなかったことです。

――可動屋根ですね。

槇　日本では、豊田や大分に可動屋根の例がありますが、みんなうまくいっていません。失敗と言っても良いでしょう。途中で計画をやめてしまったり、大改装を行っています。

それにあの新施設がスポーツのための競技場であると考えれば、芝生がきちんと育たなければなりません。その点はラグビーであれ、陸上競技であれ同じです。有蓋にすることで開口面積は減りますから、充分な日照・通風・湿度という点で欠けてしまうところがある。それらの条件が満たされるように運用してゆくのは、相当に技術を要します。

大分の例では、今回のデザインよりももっと広い開口部を取っていましたが、それでもうまくゆきませんでした。

――ええ。

槇　これは技術的にもうまくゆかないのではないかと思ったのです。

この問題を指摘したとき、僕が一番問題だと感じたのは、ザハをサポートしたはずの日本の設計事務所が何をやっていたのかということです。発注する側も、大手二社に切り分けて予算も施工技術も任せ、投げ出してしまったように見えました。その挙句、見積もりが高すぎるのではないかという議論が起き、結局、白紙撤回に至ってしまいます。

これは極端に言えば、勝算なく戦艦武蔵を沖縄に向けて送り出した参謀本部のメンタリティにも近いんじゃないでしょうか。当時、下村文科大臣に呼ばれる機会があり、こう申し上げました。まず、屋根を取るべき。そして二〇一九年のラグビーのワールドカップに間にあわせることは諦めるべきだ、と。そう決断すれば、まだつくり直す余地はあります、と申し上げました。それを大臣が官邸に伝え、その結果、最初からやり直そうということになった。

――そうだったんですね。

槇　ええ。でも最初から申し上げているのですが、やり直すのであれば、プログラムを変えるべきです。具体的には『残像のモダニズム』に収めたテキストにも書いたのですが、部分的に仮設にし、現在ある競技場と比べて、さほど大きなものにしない。その案はオリンピック担当大臣の丸川珠代さんにも申し上げました。

しかしそうはならなかった。十万人の規模は必要なんだ、と。屋根だけはなくても良いことになった。そういう経緯があって、いま隈さんのものが進行しているというわけです。

――はい。

槇　僕が一番懸念しているのは、東京のど真ん中にあんなに巨大な、そして一年の半分も使用されない建築が居座っていてもいいのか、ということです。景観と安全の問題は、デザインが変わっても残っているのですから。

こんな話があります。敷地の下を、石原慎太郎さんが命名した地下鉄の大江戸線が走っていることはご存じでしょう。でも駅のプラットフォームが小さいので、大勢の来場が見込まれる日は駅を閉めるというのです。

――（笑）

槇　津田塾大学の千駄ヶ谷キャンパスを手がけたりしましたので周辺のことは知っていますが、キャパシティの点など、いろいろな問題が残ってしまうことになるのではないかと思っています。

――百年の計がないのですね。

槇　そう。そして誰も責任を取らない。そういえば敗戦を分析した『1941　決意なき開戦』（人文書院、二〇一六）という本に面白い指摘がありました。堀田江理という女性の研究者が書き、英語で出版されたのち、評判となって日本でも出たものですが、どうして日本が太平洋戦争に敗れたか細かく分析した本です。著者の指摘は、誰もが責任を取らないままにずるずると戦争を起こしてしまった、ディシジョン・メーカーが不在だった。そのことが敗因だと言うのです。

この負の体質は、今回の新国立競技場の問題にも当てはまるでしょう。彼女も本の中でそうはっきり指摘しています。

――設計案が発表された段階で、誰かがキチンと批判しなければならなかった。

槇　これで良かったではないかと言う人もいますが、そうではないでしょう。森元総理のように、建築家を辞めさせろ、という言い方でも良かった。あるいはザハをサポートした日本の連合チームが責任を持って、展望を示すことでも良かったでしょう。ところが誰一人、そういうことをしませんでした。わかってなかったのではありません。わかっていたのに、責任を取らなかった。

白々しいウソがまかり通る

――日本の負の体質を感じさせることは他にもありますね。

槇　ええ、白々しいウソをつくことがまかり通ってしまっています。

これは日本のお上社会体質の表れの一つでしょうね。本にも書いたのですが、サムライという存在がいなくなり、官僚の社会になってしまったことの結果でもあるのでしょう。

かつては「公僕」という言葉がありましたが、いまや彼らはとても「わたしたちのサーヴァント」であるとは思えないことを言ったりやったりしています（笑）。

もう一つ、建築家のあり方について国がいろいろなことを言いすぎているのではないか、僕は懸念しています。

――それはどういう意味でしょうか。

槇　たとえば、一級建築士の試験がとても難しくなっていることが挙げられます。予備校に通わなければ合格しない。そのためには年間で百万円にも達する高額の授業料を支払わねばなりません。そしてその予備校たるや、国土交通省の末端にどこかで繋がっているような人たちが経営していると言えるような側面もある。

つまり、国が、我々建築家の生き方にいろんな手段で介入し、その本来の生態を破壊するようなことをしているのです。

情景をつくり出す建築

――最後に『槇事務所五十周年記念作品集』について質問させてください。最後の章に「情景」というテキストが置かれています。

槇　はい。これはヒューマニズムに関係があるのです。『漂うモダニズム』を書いたとき、僕は人間の振る舞いに深く関係あるのは、かたちではなく、空間構成だと指摘しました。その次に建築家が、空間を一つのまとまったかたちにしていること。

そのようにしてできた空間が社会に出現したとき、どう使われるかが問題になります。「情景」とは、つくられた空間がどう使われているか、ということです。いろいろな意味での情景がそこにはつくり出されます。それをキチンと報告し、学んでゆく。そのことが建築の今後のための教訓になるだろうと書きました。

最初に触れた電機大のキャンパスでは、市民が参加して一つの情景ができました。

――ええ。

槇　三原のパフォーミング・アーツセンター、「三原市芸術文化センター」（二〇〇七）ではまた違った情景ができました。三原市はたった十万人の都市なのですが、あの施設に与えられたプログラムは千二百人収容のホールをつくれというものでした。

当然ながら、毎日のように千二百人もの人がホールを訪れることは考えられません。ですから、公園のなかにあるホワイエのような空間で、市民が常時、さまざまなスタイルで演奏会を開いたり、お話会を開催する、そういうものでいいのではないかと考えました。

つくってみたら、案の定、そのようになったのです。さらに僕たちが想定していなかったのは、結婚披露宴に使われたことでした。

そのときの写真も作品集に収めました。僕たちにとって、それはその建築の情景の一つなのです。

――社会化してゆくということでしょうか。

槇　ええ。ですから僕たちは、いろんなかたちで使われやすいもの。使い手がこういうこともできるんじゃないかと発想するような空間づくり。それが、僕がずっと述べているヒューマニズムの建築になってゆくのではないかと思うのです。

――一つのビヘイビオロジーですね。

槇　そうです。そして東工大の塚本由晴▼さんがおっしゃっているコモナリティということにもつながってゆくのです。

――作品集のなかの、オープンスペースの集合体、という言葉を強いメッセージとして受け止めました。

槇　僕はやっぱりもう一度、オープンスペースというものを見直すべきではないかと思っています。それは、普通の方々、つまり市民が都市づくりに参加したり貢献したりすることはできないのかということです。

　都市と違って建築は、ある特定の人や公共機関がお金を出してつくられ、関係の深くない人が口を出すのは難しい。ところがオープンスペースであれば、誰しもが、こうしてはどうか、ああいう空間がいいと、発言しやすいのではないでしょうか。それがまず一点。

　それからオープンスペースでは、いろんな領域の人が知恵を出し合うことも可能になるでしょう。その一例が、『漂うモダニズム』に収めた「夏の定住社会」で書いた、軽井沢の情景です。そこでは二人の大学の先生が、門と塀がなく、真ん中に広場＝オープンスペースがあるという場所をつくりました。大人も子どももいろんなことができる場所として、とても成功しているのです。

――はい。

槇　いま、コミュニティがとてもつくりにくくなっています。都市社会とはそもそも、かつてあったシステムの崩壊を背景に成立し、誰もが同じところに住み続けない、そういう空間だと思います。そんな流動的な都市社会に、東京や大阪といった大都会ではいうまでもなく、みんなが巻き込まれている。だからこそ、オープンスペースのパワーをもっと認識して良いのではないかと思います。

建築を語る人が少なくなった

槇　それにしてもやっぱり、いま百五十年くらいのスパンで建築を考えて、発言する人が少なくなってしまいましたね。海外でもいないんです。歴史が語られない。ヴェンチューリ▼とかジェンクス▼とか、彼らがいなくなることを考えると、いま壮大なスケールで建築を語ろうとする人が減っていますね。語りにくくなったということもあると思うんですがねえ。

——僕らは六〇年代の半ばに建築教育を受けました。東京オリンピックの前と後をつなぐ使命がある、槇さんの言説を後世に伝えなければと思うのです（笑）。

槇　伝えるものがあれば、ですね（笑）。

後半のインタビューは二〇一七年七月収録した。

前野蕘

一九三二年生まれ

世界遺産の前に、
まずは自分たちの身の周り

まえの・まさる＝中国長春市生まれ。建築学者。東京藝術大学名誉教授。満鉄病院の医師を勤める父の元、中国で生まれる。終戦後は中国人からの迫害、ロシア兵の略奪を経験するも、中国人の友人らの友情にも支えられ一九四八年に帰国。一九五四年に東京藝術大学美術学部建築学科に入学。一九五九年に卒業後、東京大学大学院数物系研究科修士課程建築学専攻に入学、博士課程中退。一九六二年より東京藝術大学美術学部非常勤講師などを経て、一九八七年に同大学美術学部教授。二〇〇〇年より同大学名誉教授。一九七一年よりトルコのカッパドキアの調査を始め、ドイツのザンクトゲオルク聖堂、ローマのシスティーナ礼拝堂の調査にかかわり、その間一九七三年から約一年にわたり、東京藝術大学在外研究員としてトルコ、イギリス、ドイツ、オーストリア、イタリア、アメリカに滞在、調査・研究を行う。一九七八年には東京藝術大学の赤レンガ倉庫の保存運動をはじめ、その後も旧東京音楽学校奏楽堂、東京駅の保存活動などで中心的な活動を担う。また全国各地の文化財や町並みの保存活動を広く展開する。日本イコモス（ＩＣＯＭＯＳ）国内委員会委員長、全国町並み保存連盟理事長、ＮＰＯ法人たいとう歴史都市研究会理事長などを務める。著書に『私たちの世界遺産2　地域価値の普遍性とは』（公人の友社、二〇〇八）など。

東京藝大の古い建築群

――前野さんは、ちょうど僕が東京藝術大学の大学院に進学した頃、今や藝大のシンボルとなっている「赤レンガ館」の取り壊しに反対して、保存活動に尽力されていらっしゃった。建築家として信念のある前野さんのお仕事は一見地味です。ですが僕は、その成果がもっと伝わってもいいと思っていたんです。

そこで本日は、前野さんが文化財の保存、伝統的な町並みの保存といった活動を展開されるようになった経緯から、現在のご関心まで を、一気にうかがいたいと思っています。まず、「保存」への関心をもつきっかけは、どんなことだったんでしょうか？

前野　藝大を卒業して、東大の大学院に進んだことでしょうね。

ただ僕は、藝大に入るにしても、最初は建築じゃなくてね、道の反対側に入学するつもりだったんだよ。

――えっ！　と、いうと音楽学部に？

前野　そう。子どもの頃は学校で、学芸会のような催しがあるでしょう。その時に指揮者をやった。まったく見よう見まねですけどね。それから、歌をうたったりすると「あんた、なかなかうまいから、藝大に入って音楽の勉強をしたらいい」と勧めてくれる人がいたんです。僕はおだてに弱いんです。それで、コールユーブンゲンやコンコーネのレッスンなんかにも通ってその気になっちゃった。

だけどある日、同じように藝大を目指しているという女性がレッスンに参加した。そうしたらさ、本当にうまいんだよ。これはまったく敵わない、こんな人を相手に音楽科を受験したって受かるわけがないと思って、じゃあ、道の反対側にしよう、と（笑）。

もちろん、建築にもまったく興味がないわけじゃなかった。子どもの頃から大工さんが好きで、職人が来れば毎日のように見に行った。真似してあちこちに釘を打つもんだから、親にはずいぶん怒られましたよ。それで結局藝大には、二浪して、三年目にやっと入ったんです。

ところが学生時代は遊んでばっかりで、全然勉強をしなかった。だから、卒業したって何をしたらいいかわからない。それで困って、当時の建築史担当教官だった伊藤要太郎▼先生に今後のことについて相談した。そうしたらね、大学院に行け、と言う。東大の大学院で近代建築史を専攻している関野克▼先生の研究室に行くといいと勧めてくれたんです。

だからお勧めに従って東大の大学院を受けました。でも最初の年、東大は受かったんだけど藝大を卒業できなかった（笑）。ちょっと病気をしたもんだから落第しちゃってね。仕方がないので翌年また受けて、無事、東大の大学院に行きました。

――関野克先生は建築史家として文化財の保存に尽力された方ですね。ではそこで薫陶を受けたわけですか。

前野　東大の関野研究室に入ってからは、関野先生について文化財の調査をしながら全国をまわりました。この時、研究室の助手だったのが村松貞次郎▼先生です。

それで僕は東大で、自分の研究テーマを何にするかを考えて、そうだ、母校である藝大には古い建築がたくさんあったから、その生い立ちを調べてみようと思い立った。

調べてわかったのは、そもそも藝大が上野につくられた背景には、上野というエリアが、江戸時代から明治を通じて、文化ゾーンとして整備されてきたという歴史があった。藝大も、その文脈に則って、ここに創立されたわけです。

藝大の前身である東京美術学校の創立は明治二〇（一八八七）年。明治九年に建てられた上野教育博物館を転用する形で開校しました。上野教育博物館の建物自体は、僕が調査を始めた頃にはすでになくなっていましたが、藝大の敷地内には明治一三年、林忠恕《ただよし》▼が設計した旧上野教育博物館の書庫、つまり「赤レンガ一号館」が残されていた。また、明治一九年、東京図書館の書庫だった建物（「赤レンガ二号館」）が倉庫として使われていました。ですから「赤レンガ一号館」は、藝大が上野に存在するルーツ

を伝える、唯一残された建造物だったわけです。まあ、そういうことを、東大の大学院時代に調べました。当時、こんなことを知っているのは、藝大にさえ誰もいませんでしたよ。

赤レンガ倉庫保存活動

前野　そんな調査をした少し後、まだ東大にいた時に、たまたま何かのパーティで山本学治▼先生に会ったんです。そうしたら彼が「お前、藝大に来ないか」と言う。僕もその場で「はい」なんて答えたけれど、お酒が入って酔っぱらっているような席でのことですから、半信半疑でいたんです。それが本当に話が決まって、藝大の非常勤の助手になっちゃった。そして助手、次に講師、そして助教授となってね。自分でもへぇーってもんだよね（笑）。

　そんなわけで、藝大で教鞭をとるようになったんですが、助教授だった時代、一九七八年十月の教授会に出た時に大学から、赤レンガ倉庫を取り壊すという報告があった。一号館の方です。音楽科の校舎を拡張するために、その用地が必要だというのが理由でした。

　しかし、この建物は藝大がこの場所に存在する歴史的な意味、上野教育博物館の建物を使って開校したという歴史を伝える唯一の建物なのです。しかも、東京で最も古いレンガ造の建築物でもある。それを取り壊すということは、藝大のルーツを失うことでもあるわけです。

――その沿革を、当時の大学側は誰も知らなかったわけですね。

前野　そうなんです。しかも当時はやっかいなことに、外壁にモルタルが塗ってあった。関東大震災の後に補強をしてあったんです。だから多くの先生方は、それがレンガ造の建物であることすら知らなかった。そんなこともあって誰一人、取り壊しに反対する人はいません。それで、僕はどうしようかな、と思ったんですけど、手を挙げて、上野の歴史から何から全部説明して、反対する旨を表明し「慎重に審議せよ」と言ったんです。

　ところが後日、大学側からあっ

た回答は「慎重審議の結果、取り壊すことに決定しました」だ。

　そんな時に、タイミングがいいのか悪いのか、朝日新聞の記者が、上野の歴史的建造物に関する記事を書きたいといって、大学に取材が来ることになったんです。大学側は、それなら前野が詳しいだろうと、僕のところに記者を寄越した。だから僕はこれ幸いと、また、上野の歴史から藝大の成り立ちまでずっとしゃべってね、「しかも大学は、その重要な赤レンガ倉庫を取り壊すと、とんでもないことを言っている」と、悪口をバンバンしゃべっちゃった。だって、僕が新聞記者にリークしたら問題かもしれないけど、大学側が記者を寄越したんだから仕方がない（笑）。

　この時の新聞記者は清水弟《てい》さんという人で、赤レンガの話にとても興味をもってくれた。そして僕の話をもとに、「またも消える明治の姿」という見出しの記事を書いてくれた。ただ、それでも大学側は取り壊しを撤回しませんでした。

　それで僕は、どうせ取り壊すというのならモルタルを剥がして建築デザイン調査をさせろ、と要求した。これはなんとか通りましたけどね、僕は四面とも剥がすつもりだったのに大学は二面しか許可してくれない。仕方がないから、建物が一番きれいに見える、東と南のモルタル剥がしを始めました。その時に手伝いに来てくれたのが、当時、東大で助手をやっていた藤森照信▼さん。あとは初田亨▼さんもいましたね。

　一方で、学生も関心をもち始めました。「先生、僕らにもできることはありませんか」と言うから、取り壊しに反対する署名を集めてもらった。すると、たった二日で九百名程の署名を集めて来ましたよ。全学生数が二千人程ですから、半数近い学生が賛同してくれたわけです。

　そこにまた、朝日新聞の清水さんが来てね、モルタルを剥がし終わったレンガ倉庫を見て、今度は「みにくいあひるの子、見せた明治の姿」と、上手に記事を書いてくれたんです。

　そんなことがあって、一九八〇年十一月の教授会の前日、私の所

に清家清▼さんら四名の藝大の先生から電話がかかってきた。皆さん「前野、今までの不明を詫びる」「お前の言っている意味がわかった」「私は次の教授会では保存を支持する」といった内容です。それで、翌日の教授会の時に、赤レンガ倉庫取り壊しに対して、この四名の先生方は反対を表明した。また日本画家の吉田善彦先生も「美しいものは残しましょう」と言った。「美しいものは残す」なんて、藝大じゃないとなかなか言えない言葉ですよね（笑）。

そしてこの後ようやく、赤レンガ倉庫は無事、保存されることに決まったんです。

――すごいお話ですね。東大の大学院時代から調べていた赤レンガ倉庫を、教授会の決定をひっくり返して甦らせた。前野さんがたった一人で始められた保存活動がいろんな方々を巻き込み、彼らの意識を変えて、ようやく結実したわけですね。これは奇跡です。建築家像の一つのモデルになります。

明治村では意味がない

前野　赤レンガ保存の直後には、今度は奏楽堂の保存ということもやりました。

奏楽堂は、明治二三（一八九〇）年に建設された旧東京音楽学校の施設で、日本の近代音楽の教育と研究のルーツともいうべき場所。ただ当時は老朽化が激しくて、雨漏りはするし、屋根裏には鳩が住みついていた。演奏会をやっていてもクルックル鳴くしね。そのままでは当然、使い物にならない。だからこの建物を明治村に移設保存して、跡地に新しい奏楽堂を建設するという話になっていた。

ですが、建築や都市というものは、人と土地との営みの証です。建築は単に建っているのではなく、人がそこに暮らし、活動し、土地の歴史を築いている。それを、他所にやってしまったら、意味がないんですよ。だから私は、奏楽堂の現地保存を求めたんです。ただし、そんな鳩が住み着いた音楽堂を使い続けろというのではない。確かに新しい音楽ホールは必要です。それにはまったく異存はなかった。

どうしてこれに携わるようになったかというと、ちょうど赤レンガの保存活動をやっている時に、音楽学部の小泉文夫先生に呼ばれて「なぜ赤レンガの保存が必要なのか、ユネスコのアジア文化センターの会議で話してくれ」と引っ張りだされた。そこで、赤レンガの経緯をずっとお話した後、奏楽堂も明治村に移設する話が出ているけれど、それでは意味がない、「まず音楽の先生が動かないと意味が無い」と話したんですね。

この結果、そんな私の考えに共感してくれたのが、藝大の音楽学部のなかでは、小泉文夫、松村禎三、有賀誠門、野田暉行の四名の先生。さらに、外部からも、芥川也寸志、黛敏郎、森正、岩城宏之、江藤俊哉、中山悌一、林光という七名の音楽家が賛同してくれた。それでわれわれは「奏楽堂を救う会」を組織して、現地保存運動を展開したんです。

ただ、新しい奏楽堂をつくるとなると、藝大内にはその用地がない。われわれとしても、新しい奏楽堂には反対していないから、現地保存というのは、非常に難しいことはわかっていた。芥川さんは、藝大で保存できないなら自宅にもって行く、なんて言いましたが、それじゃあ明治村よりなお悪い(笑)。だから僕は、上野公園内ならいいんじゃないかと提案したんです。だけどこれには、東京都の公園緑地課が反対。なぜかって言うと、上野公園はいざという時の避難場所なんです。その避難場所のなかに可燃建造物を建てるわけにはいかない、というんだね。地元の住民も自分たちの避難場所にそういうものが建てられるのは反対だ、ということになった。そこでわれわれもちょっと困った。

そこに救いの手が入った。当時の台東区の内山栄一区長が「台東区の文化財は台東区から出さない！」と明言したんです。何かあったら自分が責任をもつ、と。それに、鈴木俊一東京都知事も保存を支持してくれてね、上野公園への移築を許可した。ただ、他にも制度上の手続きはいろいろとあって、一筋縄ではいきませんでしたよ。一つには、とりあえず仮設建造物として公園に移築することになったんですが、仮設は一年たったら撤去しなければならない。だから、その一年の間に文化財指定をやったんです。国の重要文化財になってしまえば撤去できませんからね（笑）。この移築・指定作戦はすべて、台東区の知的作戦ですよ。

――かなりアクロバティックな手法をとられたんですね！（笑）　それが何年のことですか。

前野　ここに自分でまとめた年表がありますよ。これによれば、「奏楽堂を救う会」を発足したのが一九八〇年二月。上野公園内に移築が認められたのが八三年。その後、移築復原工事が完成したのが八七年十月で、翌八八年一月に重要文化財指定を受けました。藝大敷地内に保存するよりも、台東区による上野公園内での保存活用の方が成功でしたね。

また、奏楽堂にあるパイプオルガンは空気作動の日本唯一のニュウマティックオルガンで、徳川慶喜侯が一九二八年に音楽学校に寄贈されたものです。一九八〇年当時、故障していて使用不可能でした。そこでパイプオルガンを秋元道雄先生と調べたら、一八五一年にロンドンのハイドパークで開催された第一回万国博覧会に展示されたパイプオルガンらしいとわかった。そこで保存修復しようと、資金募集の市民運動をおこします。台東区もその気になり、ドイツのオルゲルバウマイスターの資格をもつ松崎譲二氏と中里威氏の手で解体修理を行い、甦らせることができました。

市民と守った旧宣教師館

――赤レンガも奏楽堂も、国や地域が保存を決めるのではなくて、いわば、保存への情報共有など身近な活動の展開が、大学のなかで検討され、保存につながったわけですね。どこか市民運動的な匂いも感じられる。前野さんの活動は、そうした「運動」の先駆けだったんじゃないでしょうか。

前野　その前に帝国ホテルの保存なんかがあったよね。ただ、あれは結局明治村にもって行って鼻先だけ残されることになりました。ですがそれじゃあ、ダメなんですよね。建物の保存というと、デザインがどう、形がどうだということで保存の対象になったりする。けれど、そのものがもっている存在価値は何なのか、そういった文脈まで読み込んだ保存をしなければいけない。

――前野さんの保存活動は、なんといっても市民の力を結集して、草の根的に進めるという印象があります。地域住民らとの協働というスタイルを積極的に取り入れられたのは、これより後からですか。

前野　僕は積極的というよりもね、最初は、雑司が谷の旧宣教師館の保存運動（一九八三）の時、たまたま地域のご婦人方と活動することになったんです。

豊島区の雑司が谷で、宣教師館を壊して、そこにアパートを建てるという計画があった。それで、近隣住民がアパートの反対運動をやったんです。アパートが建設されたら、自分たちの住環境が悪化する、と。それを、建築学会に言ってきたんだな。そうしたら学会は、彼らに僕のことを紹介した。だから僕は地元の方々と会って、とにかく現場を見に行きました。確かにその場所は細い路地に囲まれて、古くから住民の方々がコミュニティをつくってきた場所だと思った。

しかし僕は彼らに「もし、新しいアパートが非常に良好な計画で建てられたとしたら、あなた方の住環境の方が悪くなりませんか？ どうしますか」と聞いたんです。

そうすると彼らが困っているわけですよ。「じゃあ、宣教師館はなくなってもいいですか」と聞くと、宣教師館はなくなったら困る、と言う。「それなら、アパート建設の反対運動ではなくて、宣教師館の保存運動じゃないですか」と言ってね。

――視点を変えることで、運動の位置づけや、活動の手法も変わってくるわけですね。

前野　そうなんですね。この時は結局、業者が宣教師館を取り壊すためにクレーン車やトラックを入れる必要があるわけですが、ご婦人方は、住宅地にそんな大型の車両が入るのは困る、と言って、目白警察署に訴えた。そうしたら警察署がこれを承認したんですね。必然的に、業者は敷地にさえ入れなくなっちゃった。仕方がないので業者は宣教師館の敷地を豊島区に買ってもらって、結果、宣教師館は残すことができたんです。今は、東京都の指定有形文化財になっていますね。

僕はこの時に、ご婦人方の力を知ったんです。男の人はね、どうしても平日の昼間は会社に行っちゃって地域内にいない。しかし保存運動に関して書類をつくったり、提出したりという時には、それなりの機動力が要る。そういうのを、当時は専業主婦の方が多かったし、それぞれ、ご自宅に集まったりして、女性ならではの組織力でどんどん活動を進めて行く。感心しました。

――こうした経緯が、東京駅の保存運動とその組織づくりにもつながっていくわけですか。

前野　雑司が谷の後、赤レンガの東京駅が老朽化しているので、その改修をどうするかってことがちょっと問題になった。それでこの時に丹下健三▼が、一九八七年に、四十階建てで高さが一〇〇メートルもある超高層の東京駅のプランを出したんです。

美しい心で腹黒くやる

前野　しかし、東京駅というのはまず、東京の中心である。東京の玄関であると同時に、日本の玄関です。さらに、日本のすべての鉄道の起点でもあるわけだよね。それから、外国から新しい大使・公使が任命されて来日すると、天皇陛下へ信任状提出に行く際の出発点になる。新任の大使は東京駅の正面玄関から貴賓室に入り、皇居に向かう乗り物、馬車かクルマかを選んで、正面玄関から行幸通りを通って皇居に向かうんです。

そんな外交的な位置づけのある駅というのは、世界中を探しても東京駅しかありません。東京駅は単なる駅舎ではないんです。それを、他の駅舎と同じように捉えて、空間の高度利用をしようという考え方は、東京駅がもつ文脈をまったく無視するようなものですよ。

――少し前に流行った言葉で言うと、国家の「品格」にかかわる問題ですね。

前野　そうだよね。東京駅は関東大震災ではびくともしなかったけれど、一九四五年の空襲では大きな被害を受けました。それで、三階を撤去して二階建てにして、応急処置とする形で復旧された。しかも、そのままの姿で半世紀もの間、日本の人々に愛されてきたわけです。戦災で大きな被害を受けたにもかかわらず、そのままの姿で残った理由の一つには、駅舎の建物に新しい価値が発見されたからです。当時の東京駅長の木下秀彰さんは戦禍によって剥き出しになったレンガ内壁を戦火のメモリーとして残すことを考え、ステーションギャラリーにそのまま使った。そこに歴史的な記憶を留める場所としての価値を見出したからでしょう。

したがって、修復するならば、もともとの三階建てにする。あわせて、使用できる材料はそのまま使って、不足する分は可能な限り同じ材質のものを用いる。そういう方法が最善だと僕は考えた。つまりね、保存すべきは形態だけではないんです。材料や技術も含まれなければならない。

ですから、丹下案のような高層ビルになってしまっては元も子もない。そう思って「東京駅丸の内駅舎保存市民運動　赤レンガの東京駅を愛する市民の会」をスタートしたんです。ただ最初の打ち合わせは、藤森照信さんとか藝大の赤レンガ保存を一緒にやった人たち、それとJＲのＯＢなんかを交え、男ばかりでやった。でもどうも活動が盛り上がらない。だからここに、宣教師館保存運動を一緒にやったご婦人方にも入ってもらったんです。

そうしたらね、活性化するんだよ、保存運動が。しかも、一九八七年というのは国連の婦人年国際会議の年だったんです。それでご婦人方を先頭にして、保存の要望書を提出した。こういうものは男が出すと一回で終わっちゃうんだけどね、ご婦人方だと、バレンタインデーだからとか口実をつけて毎年行けるわけ。要望書と一緒に花束やチョコレートを持って、東京駅長を訪ねるんです（笑）。

——それはいいですね（笑）。それも文脈があってのことですもんね。

前野　市民運動はね、美しい心で腹黒くやらないとうまくいかない（笑）。つまりね、要望書を提出する日時も、戦略的に決めたんです。それは十月十三日だったんだけれど、翌日の十四日は鉄道記念日です。だけどその日は、芸能人なんかが一日駅長とかいって、切符切りをやったり、安全運行のＰＲなんかをやるでしょう。それと同じ日に市民団体が要望書を出したって、新聞やテレビに取りあげてもらえない。だから一日前。ただし、それも夕刊に出たんじゃ面白くないから、夕刊に間に合わない時間の十四時に、東京駅の駅長に要望書を出す。そうすると十四日、鉄道記念日の朝刊に載る、と。な、腹黒いだろう（笑）。もちろんちゃんと、十四日の朝刊に載りましたよ。

そうしたら今度は、ご婦人が要望書を出したというので、全国地域婦人団体連絡協議会というのが立ち上がって、一緒に活動をすることになったんです。

東京を描く市民の会

――東京駅の保存運動ではスケッチ会というアプローチもされていますが、この時、すでに始めていたんですか？

前野　それはこの後。一九八八年に「赤レンガの東京駅を愛する市民の会」を立ち上げて、この流れで「丸の内を描く市民の会」を発足しました。

東京駅保存活動を始めた頃、パリの市長さんが日本を訪問して、朝日新聞の記者と一緒に東京を歩いたことがあった。その時に、ちょうど東京銀行倶楽部の保存に関する問題が起きていたんですが、これを知ったパリ市長が「フランスだったらこういった建物は保存する」と。そうしてね、フランスでは保存運動の時に写生をする、とかなんとか、そんな話をした。僕はそのことを朝日の新聞記者から聞いたんですが、それなら東京駅でもやろうぜ、と。藝大には絵を描くヤツが多いからちょうどいい。また、これを広く市民に呼びかけるために、全国画塾指導者連盟という組織を通じて九百名ほどの募集をかけたんです。するとね、蓋を開けてみたら二千名近く集まっちゃった。皆さんご夫婦やご家族で参加したから倍以上になっちゃったんだね。ゴールデンウィークの五月三日に開催したんですが、丸の内がピクニックの会場みたいになっちゃった（笑）。

それだけ人が集まったものだから、新聞などでも大きく報じられて話題になりました。そうしたら、八重洲口の大丸が当日の写生会を見て、写生会の作品展を行いたいと言ってきたんです。それで同年八月に、オープニングセレモニーではテープカットまでして、盛大に展覧会を開いた。テープカットには清家清さんや写生に参加した五才の坊やにも来てもらいましたよ。当然、これもまた話題になった。そうしたらね、都内で長年写生会を行ってきた品川や神田のグループから、なぜ自分たちにも声をかけてくれなかったのか、とクレームがきたんですよ。こちらにはなんの他意もありませんから、じゃあ一緒にやりましょう、ということで一九九二年五月に「東京を描く市民の会」を結成したんです。これは今でも続いていて、今年で二十一回目かな。毎年五月三日に集まって、東京駅や丸の内の写生会をしています。

――なるほど。声高に保存を訴えて闘うというより、市民一人ひとりの都市に対する愛着、この時は、東京駅に対する愛着や誇りを育むことで、保存活動に結び付けた。

前野さんはそんな人々の感性を、「次世代へつなぐ都市感性」という言葉で、保存の本質として表現されています。そういった日常的な活動が昨年、三階建て、ドーム屋根の建物として復原された東京駅に結び付いているわけですね。

前野　東京駅には今や、大変多くの方々が見学に行っています。カメラをもって、記念撮影をしたりね。これが丹下案による四十階建ての東京駅だったとしたら、これほどみんな盛り上がらないでしょう。しかも、現在の姿が最初の東京駅だという、その「言葉」から伝わる記念的な意味にも、皆さん反応して、見学に行かれるのだと思います。

――そうすると、東京駅の保存に

は、総じて何年携わられたんですか。

前野　昨年復原されたことを区切りと考えれば、一九八七年からだから、ちょうど二十五年。一緒にやっていたご婦人方もずいぶんお年を召しましたよ。まあ僕も八十一歳だけどね（笑）。

保存は文脈で残す

――「建築家の年輪」では、七十歳以上の、言葉は悪いですが「老年期」の建築家の生き方をテーマにしています。そして前野さんは六十代、七十代を通じ、保存運動の旗手として活動してこられた。若い頃から蓄積された経験を発揮しながら、精力的に取り組んでおられる。建築家としてのそのご活躍に、僕も含め、歳下の世代は非常に刺激を受けます。

前野　建築家っていうのは、都市の文化をいかに築いていくかということをやらなければいけないよね。ところが日本では、行政からなにから、都市の文化についてわかる人がほとんどいない。そもそも教育を行っていない。建築家には文化財保存の資格も何もくれないので、復元事業があったとしても手を出せない。これはおかしいよね。やはり、大学教育のなかに都市の文化の話がきちんとないといけない。

日本の都市計画は外国の引き写しみたいなものになってしまった。しかし日本には、江戸時代から城下町整備等の都市計画がきちんとあったわけです。それが非常にうまくできていたのに、そういった歴史は分断されてしまった。近代都市計画や建築とは具体的には結び付いていませんね。そういったことを、きちんと学ぶ必要があると思います。

――それが「都市の生活感性」というものを、啓発していく活動になりそうです。今後、前野さんに残された役割でしょうか。

前野　それは今やっていますよ。保存というのは、点で残すんじゃない。面で、あるいは文脈で残していかないと、そのものの存在価値がわからなくなってしまう。

――たとえば丸の内エリアでは、丸ビルを始めほとんどの建物が、

低層部分のファサードだけを残して上を超高層にしています。これでは文脈で保存したとは言えないでしょうね。

前野　僕自身は、丸の内のあのエリアに超高層をつくるなんてとんでもないと思っているからね。ただ、そうは言っても経済性の問題もあるし、現代都市での生き方もあるだろうし。

　ただし、新しいものを建てる時に、土地の歴史、土地の文脈というものを建物に取り入れなさい、とは僕がずっと強く言っていることなんですね。形状やデザインだけではなくてね。そうすると、それは単に新しいものではなくて、土地の歴史を背負い込んだものとして建つ。だから、新しい入居者が入っても、それを見て、感じて、その場所の歴史を知る。先住者がいかにそれを築いてきたかということを知ることは、土地の価値、建物の価値を知るためにすごく大事なことだと思う。

　そういうことをして初めて、次世代が育ってくる。文化的な環境をきちんと整備していけば、次の世代の人たちに「都市の生活感性」というものができてくるだろう、と。だからわれわれは、自分たちの世代のためだけにやるのではなくて、次世代のために、そういうことをやっていきなさい、と。そういうことだと思うんです。

人生をどう整理するか

——ところで今、前野さんが関心を抱いているのはどういうことですか。

前野　今関心のあること？　それは、自分の人生をどうやって整理しようかってことだよ。人生のまとめをしなくちゃならない。いつパッと逝くかわかんないもんな(笑)。

——お見受けしたところ、まだまだ問題なさそうですけど(笑)。ところで、前野さんが担ってきたような保存活動を引き継いでいる、若いジェネレーションは育っていますか？　それは上手に前野堯を保存することに通じますかね（笑）。

前野　まあ、藝大で前野研にいた連中はいろいろ活動していますね。学芸大の鉄矢悦朗▼なんかもそうだし、地域に入って活動しているのは石井健郎。石井君は、学生時代は僕に反発ばっかりしていたけれど、今は僕とおんなじようなことをやっている。長野県の塩尻市役所で町並み保存やまちづくり活動などを一生懸命やっていますよ。

――前野さんの人生の過半は「活動」、「運動」ということにあったと思います。そして、そういうものにシンパシーを感じる若い世代も、だんだん増えていると思います。

前野　やはり「都市文化の保存」ということを教育のなかに定着させなければ。

　しかし最近は、建築に限らず、日本の教育界というのは独自に人材を育ててはいませんね。外国で学んできて、それを日本語に置き換えて、あたかも研究者のような顔をしている人がいるしさ。明治以降、いや飛鳥以降かもしれないけれど、日本人は外国の物事を下敷きにして話すことが多すぎるよね。これは大きな問題だと思います。

　ただ僕自身、かつてヴァーモント大学のチェスター・リーブス▼教授と話していて気づかされたことがあるんだよ。

　一九九二年と翌九三年、藝大の僕の研究室と、チェスター・リーブスの研究室とが合同で、岡山県高梁市の町並み調査をやったんです。その時にリーブスは僕に、「君の町並み保存の理念は何だ」と聞いたんです。それで僕は、フランスのアンドレ・マルロー▼がやった町並み保存を参考にして…なんて言ったらね、リーブスは、「私はマルローのことは知っている。私が聞きたいのは君のアイデアだ」と

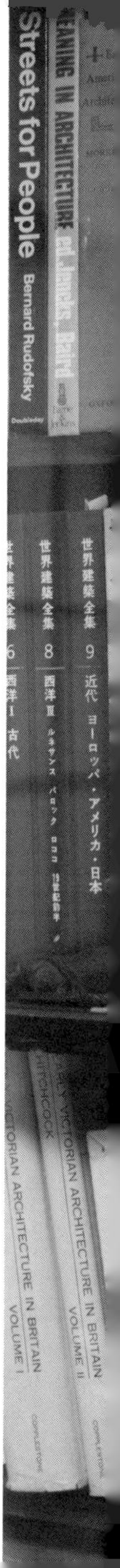

書棚より

言う。だから僕も乏しい英語力でああだこうだと言ったんだけど、彼を納得させられるような答えが出ない。僕自身も自分のアイデアを説明できないことに改めて気づかされて、愕然とした。それで、それから五カ月後に、僕とリーブスはマイアミで開催されるナショナルトラスト会議に出席することになっていたので、それまでの宿題として考えさせてくれ、と言ったんです。

保存の三つの問題点

前野　ところが、ずっと考えていたんだけど、なかなか保存の理念や原則を言葉として編み出すことができなかった。約束の日も近づいて、すでにマイアミに着いているのにまとまらない。僕はちょっと気分転換をしようと、会議を抜け出して、マイアミの町並みを見て歩いた。その時にフッと、町並み保存には三つの問題点があることに気がついたんです。

　どういうものかというと、まず一つ目は「都市・建築の性能を高め、使えなければならないということ(Livability)」。都市や建築の経済効率や性能が低下すると、人々はその都市や建築を放棄し始める。だから保存の場合も、住人の生活が不便になったり、維持が困難になるとその住まいを放棄したり、保存を忌避したりするようになって、生活と保存を分離するようになるんだね。だからいくら「保存」だといってもそのまま置いておけばいいのではなくて、その目的と歴史的価値を損なわないように建築性能を高める、あるいは財政的な方策をはかる必要があるんです。

　二つ目は「都市と住環境の保全をはかること(Cleanliness for Environment)」。空き家が増えたり、その窓が壊れたり、ゴミが放置されたりしているということは、地域というものに対し、人々の関心が薄れている、さらに地域の経済力が低下しているといったサインなんです。そうなると、建築や町並みの保存を考えることは難しくなる。だから、ゴミは片付ける、空き家が発生したら地域のために活用するといった方策をとっていくことが必要です。

　そして三つ目が「都市・建築の価値を表すこと（Visible Value）」。都市や建築の価値は、人の目に見える形で存在させなければ、人々はどうしても、それを尊重しなくなってしまう。だからモノの個性や価値が目に見えるようにしなければならない。モノを保存する場合には、そのモノに相応しい価値づけと、活用をはかるべきである、と。

　僕は、この三つを「保存の三原則」として整理した。三原則のうち、一つでも欠けると保存は難しくなるし、すべてが回復すれば、地域や建築は復活する。こうしたことを、リーブスに伝えてお互いに話し合った。すると彼も「賛成だ」と言ったよ。それなら一緒にやろうぜ、というので翌年も一緒に、合同調査をやったんです。

　この「保存の三原則」は、その後、タイのバンコクで開催されたイコモス▼（ICOMOS）の会議でも発表しました。そうしたら皆さん共感してくれて。その後五年間、イコモスのホームページに掲載されていましたよ。

ものが残る五要素

前野　あとはね「ものが残る五要素」というのもつくったんだよ。保存運動をしていると、なぜ保存すべきなのかを要望書としてまとめることになるんだけれど、それを分析してみるとおよそ五つの要素に分かれる。
　まず「芸術性」。姿形の美しさや人の技が見えるようなものは、残そうという動機になる。次に「記念性」。地域にとって大切な歴史、人々の記憶に残る出来事などを伝える建物や場所であることは、保存の第一条件ともいえる。また記念的な意味をもつものは、その土地を離れては意味をなしません。そして「希少性」。他に替えがたい珍しいものは残るでしょう。それと一般に、市民による保存活動の動機となりやすいのが「なじみ性」です。市民と土地とをつなぐ「絆」となり得るものは残りやすい。この四つが、常識的な観点からみた「ものが残る要素」ですが、あと一つ「機能性」というのも、じつは保存にとっては大事な要素。便利で扱いやすいモノっていうのは、普段、あまり意識されないんですね。ところが不便なものっていうのは目立つし「要らないもの」という意識が集まりやすい。だから不便なものはあっさり捨てられてしまうんです。つまり、保存する時には不便なままにしておかないで、機能性・利便性を高めるように務める必要があるんです。

　この五つのうち、二つ、三つでも突出している要素があれば、その建築の特性は存在価値となって、取り壊されずに残っていることが多いんです。

――なるほど、よくわかります。やはり形態のデザインだけでは保存に対する本質が得られないんでしょうね。多面的に捉えないと。

前野　保存は誰のため、何のためにするのか。そういうことがあまり考えられていませんね。役所でもこの建物は歴史的にどうだ、様式がどうだということで、単体でしか見てない。だけど文脈で考えなければ、そのものの存在価値は見えてこないんだ。そういうことがわかってくると、感性も育ってくるんだよな。

まず住民から学ぶ

――では、先ほどは関心のあることをうかがいましたが、気がかりなことというと、やはり「教育の場」についてですか。

前野　そうですね。とはいえ「学び」は、教育の場や大学だけにあるとも限らない。僕は藝大時代から「住まう人に学ぶ」ということを言ってきたけれど、最近つくづく、これは非常に重要なことだと思っている。たとえば「安全・安心のまちづくり」という言葉があるけれど、これは建築家じゃできないんだよ。そこに住んでいる人たちからしか学ぶことができない。

たとえばね、僕は谷中のまちづくりに永らく携わっていますが、谷中や月島というのは、非常に犯罪発生件数が低い。なぜかと考えてみると、そういう町では住民が不文律をもっているんです。その不文律というのは、まず「挨拶をする」「お掃除は隣の境界まで」「地域の子どもの面倒をみる」「留守居番をしている」、そして「おしゃべりは小声でしない」（笑）。人の気配が常にあった方が安全で、安心して過ごせる、というわけです。さらに、そういう地域というのはほとんどが閉鎖的です。閉鎖的な社会というのは決して悪いことではないんだね。そもそも日本だって鎖国時代、日本独自の文化、社会的な不文律をもって自治をしていたのに、国を開けたとたんにぐちゃぐちゃになっただろう（笑）。

だから僕はね、今は近所と仲良くしようということを、すごく大事にしているんだよ。

――ご近所と仲良く！　これは前野さんならではの言葉だなぁ。建築家としての見識も深く感じます。

前野　保存には「外の目」と「内の目」ということが大切ですね。一般に、モノの価値を判断するには「外の目」が重要ですが、地域の文化的な遺産は、ずっと昔から地域の人たちが先祖代々何百年と守り続けているもの。だから「内の目」で見て、住民が大切にしているモノ、コトを理解しなければいけない。そうすると、住民は喜んで保存に活動してくれますよ。持続可能な地域文化の保存のためには、この「内の目」が重要なんだね。だから僕らも、自分の日常、地域、ご近所をね、大事にしなくちゃ。

そもそも、建築家は何かを指導

する立場にあるのではない。まず、住民から学ぶ。そのうえで、専門家として現実に生かしていく、ということをしなければならないよね。

――前野さんは、年を重ねるにつれて、どんどん日常に食い込んでいるという、ラディカルな印象です。ですから保存と言っても、世界遺産のようなものに取り組もうというわけではないですものね。

前野　世界遺産の前に、まずは自分たちの身の周り。世界遺産でワーワー騒ぐ前に、国が文化財としてちゃんとやれ、と。身の回りのことをおろそかにして、世界遺産になれば観光客が来るだろうなんて甘いですよ。観光客なんて水物。それだけを頼りにした保存なんて心許ないですね。本当は白川郷だって、あの建物のなかでカイコを飼わなけりゃ、建物の意味がわからない。僕は、あそこでカイコを飼って、そこで高級な絹織物をつくれ、と言っているんです。それを一つのブランドとして売り出せば利益にもなるし、本当の意味での存在価値が認められるはずです。

保坂陽一郎

一九三四年生まれ

人が集まって共同で暮らすシステム、
それがどこかで壊れてしまった

ほさか・よういちろう＝山梨県生まれ。一九五八年東京大学工学部建築学科を卒業後、芦原義信建築設計研究所に入所。一九六七年に武蔵野美術大学建築学科専任講師となり、教授など歴任、同大学名誉教授となる。一九七〇年に保坂陽一郎建築設計事務所を設立、主宰。欧米諸国を始め、中近東、アジアなど世界各国を旅しながら「場所」と「建築」の関係を考察した。一九九〇年からは福島県須賀川市において、建築賞の選定に携わる。主な作品に「南柏の家」（一九六一）、「アマダ本社及び展示場」（一九七九）、「ガーデンハウス湘南」（一九八七）等。主な著書に『統合へとむかう町と建築』（彰国社、一九九三）、『建築の構成』（建築資料研究社、二〇〇三）、『応答　漂うモダニズム』（左右社、二〇一五）など。二〇一六年十二月二十八日逝去。享年八十二。

七十代になっての責任

――私たちはこれまで、コルビュジエやミースといったモダニズムの巨匠の作品に対して、建築家の不老不死性というイメージをもちすぎていたのではないか、しかし今の時代、歳相応のパフォーマンス、ふさわしいステージというのがあるのではないか。いわば、建築家の老いのモデルを探ろうと思うんです。幸いなことに、モダニズムが、あるいはモダニズム神話が、崩壊してきていますしね。

　プロフェッサー・アーキテクトとして活動してきた保坂さんが、武蔵野美術大学を退職されたのがちょうど七十歳の時ですね。まずはその時の心境の変化、その辺りからうかがいたいと思います。

保坂　そうですね。大学を辞めてから、ほぼ十年経ちました。七十代になってみると、やはり、いろいろと責任を感じています。この歳になるまでちゃんとしたことをやってきたか、言ってきたか、なんてね。そんなことを思っちゃうようになりました。これは六十代にはなかったことです。自分自身、社会にどういう責任をとってきたか、とらなかったか。そういう気持ちがだんだんと、私の内部で育ってきた気がします。まあ、気がするだけで、だから何かをしているのかというのはまた別の話なんだけど(笑)。それが一番大きな、心境の変化ですね。

――なるほど。保坂さんの場合は、教員を退任したことが、一つの節目になったんですね。そういった心境の変化は、今後の保坂さんのご活動に対して重要な意味をもつのではないですか。

保坂　大学を辞めますと、若い連中と接する機会が減ります。それは一つの変化ですよね。若い人に、言っておかなければいけないことがまだ何かあったのではないか、とかね。考えちゃうんです。

　それと、僕は六十代の終わりにちょっと病気をしたんです。その時にやっぱり、これまでやり残したことはなかったか、ちゃんと整理をしておかなければいけない、という気持ちが出てきた。そういうこともあると思います。

第二次世界大戦の影響

――ある意味「まとめ」を考えるようになったわけですね。では現時点で、何に一番関心をもっておいでですか？

保坂　それはやはり、建築と都市ですね。都市にとって建築とは何か、建築にとって都市とは何なのか。お互いのかかわりあいですね。

ただ七十代になったから突然何か出てきたというわけではなく、ずっと四十代、五十代から引っぱってきている。それをなかなかまとめきれていないと感じます。

一つには、僕はわりと機会を捉えてはよく旅に行きましたけど、行く度に、日本の都市についていい「日本の場合〈都市〉とは呼べないのではないか、なぜこうなってしまったんだ」と思うわけです。曲がりなりにも建築という形で自分自身がそれに携わっているのに、情けないというか、そんな気持ちになる。自分にももっと何かできるのではないか、と、ずっとそのことを引きずってきたんです。

――保坂さんは、建築家としての海外サーベイを各国で行ってきました。この時、日本の都市を反面教師的に見てきたようなところはありませんでしたか（笑）。

保坂　旅のなかでは、やはり比較しますよね。そして違う理由を考える。するとね、一つ思うのは第二次世界大戦による影響です。やはり、日本の都市がこうなってしまったことに対し、戦争は最も大きな影響を与えているんです。なにしろ、戦争で主要な都市の七割くらいが焼けてしまいましたからね。もちろん、建築が木造だったということもある。しかし、あれがなかったら、もっと違っていたはずです。

――戦争は間違いなく、その後、高度経済成長期に至ったことを含めて、日本の都市のあり方に重大な影響を与えているでしょうね。

保坂　そしてね、そういったことは、大学の教員をしている最中は若い連中と話す機会がずいぶんあった。まあ、今もまったくないわけではありませんが、自分はちゃんと伝えてこられたかな、というのが、七十歳を超えてから思うこ

とですよね。しかしそのためには、もっと考えなければならないこともあるんです。戦争は一つの理由だとしても、それ以外にもあるのではないか。そういうことを今もまだ、考えている最中なんです。そしてこのことは、日本の都市や建築を考えるうえで主要テーマだと思うので、もっと発表していかなければならないな、と。

——それはぜひ、まとめていただきたい、貴重でラジカルなテーマです。焼け野原からの日本の都市形成に、何か共通する曖昧さ、猥雑さ、場当たりさ、そうしたものの重なりが、おそらく「都市」を感じさせないことにつながったのでしょう。

保坂 私はね、戦争中は甲府にいたんです。小学六年生の頃です。それまでは東京にいたんですが、疎開していました。

戦前の甲府は、小京都と呼ばれていたそうです。どれほどのものだったのかはわかりませんが、確かに風情ある、けっこういい町だった。それが、甲府の空襲（一九四五年七月六～七日）によって完全に失われてしまった。市街地の八割近くが焦土と化したといわれています。そのなかを僕は生き残ったわけですが、その前と、後を体験している。あっという間に都市がなくなった。そのことを実感として記憶しているんです。

そんな僕が、海外に行き、都市を見る。日本とはなんでこんなに違うんだろう。そう考えた時、その戦争体験が、オーバーラップされる。ただ最近、そういうことも含めて、日本の都市について少しわかってきたような気がしています。ちょっと遅いかもしれないけれど、今も少しずつ勉強している。

——そのようにもう一度研究に取り組もうという姿勢は素晴らしいですね。これも、建築家の年輪が成せる態度の一つでしょうか。

モダニズムの多様性

——では改めて、本日の主題でもありますが、実際に保坂さんも現在七十九歳になられて、建築家としての歳の重ね方についてはどんな風に思われますか？　というのも、モダニズムの教条は絶対的な不老不死。肉体は衰えても、頭脳や感性は老いから影響を受けていないと思うのですが。このバランスに、モダニズムを完遂させる何かがあったのではないでしょうか。

保坂　モダニズムの概念に関しては、今年（二〇一三）、槇文彦さんが『漂うモダニズム』を著された。僕はそれを読んで感動して、「新建築」に手紙を書いたんですよ。それがきっかけで、その後僕自身にとってのモダニズムを話さなければならない状態になったんです。その時に話した内容は、モダニズムと一口に言っても、かなり違うということ。これは槇さんも言っていることですが、僕もそう思う。

　ただ僕自身にとってはどうだったかというと、僕が大学生から二十歳代後半にかけて感じたことのなかで一番影響を受けたのは、丹下健三▼さんと白井晟一▼さんなんです。まあ、丹下さんは僕の先生だったので当然ですが、白井さんは、偶然に彼が設計した町役場を見る機会があって、その時に、「あっ！」という驚きと共に感動を受けた。それで突然、白井さんのお宅にお邪魔しちゃったんですよ。それからずっと、十年ほど教えを受けた。

――それを丹下さんに話されたら、破門されそうですね（笑）。

保坂　そうですね（笑）。それでね、この二人は共にモダニズムなんですよ。しかし、その二つの像が僕のなかではまったく結びつかない。離れたまんまで。

――モダニズムの多様性を実感されたんですね。

保坂　あっちもモダニズム、こっちもモダニズムというね。それはどう考えてもそうなんです。だから、どっちかに行くって言っても、行けないんですよ。深い谷があってね。

――槇さんが影響を受けたモダニズムは、ある種、生来的なモダニズムでしたが、日本の場合はまた、ちょっと違いますね。ローカリティというか…。

保坂　変形していますからね。いろんな形でつながっていない。また、戦争とも前後して分断されていますから。

――ただそれでも、モダニズム、ないしはモダニストというのは自分の加齢、老いていくなかで得る感性を作品に込めるということを、やってこなかったのではないでしょうか。

保坂　やはり、そういうことを「良し」とする考え方と、それを否定していこうという考え方があったでしょうね。「枯れてきた」というのを悪い意味に取ることもあるわけですよ。とくに若い時にはね。僕らの先輩たちが枯れてきた、というか、時代に馴染んでくることを評価するのではなくて、どんどん新しいものを歓迎していく、というね。洗練というか、リファインというか、そういうことを評価しない。そういう感覚は間違いなくありましたよね。

——僕は、実感としてはもち得ないんですが、堀口捨己さんや大江宏さんは、加齢と共に作品はどうなっていったんですか。

保坂　う〜ん…。堀口さんというのは、やっぱり若い時には評価は難しかった。

堀口さんの、茶室であったり、茶室に込められた精神であったり、そういうことがありながら、一方で明治大学の設計というのはね。どうも、違うんじゃないかと。当時はそんな気がしていましたね。もちろん、お茶に対する幅広い造詣、教養はわかる。ところがなんでそれが、明治大学のような建物につながるのか(笑)。

——そういう意味では、堀口さんは年齢を重ねてからの方が自分の美学に忠実になれたんですかね。

保坂　あとは、吉田五十八さんなんかも、同じような感じでね。僕ら、若い時には「いそっぱち」なんて呼んじゃって、きちんと理解していませんでした。そういう風に、ちょっと評価がズレているところがあったんですよね。

だけど最近は、若さとか年齢に関係なく、吉田五十八さんなんかもちゃんと評価されている。そのように、素直に見てしまう感じは、かつてはなかったわけですよ、若い頃には。もちろん今はわかりますよ。非常によくわかる。でもそれは、日本の建築界にかつてとはちょっと違う芽が出てきたということですよね。常に前だけ、新しいものを探していく、今まであったものはダメだという考え方には無理があることがわかってきた。

——これはかなり大きな建築の変質です。

保坂　落ち着いてきたんでしょうかね。少しずつ進めばいいという、そういう感覚が出てきた。

都市はバナキュラー

——モダニズムと老いという視点から考えても、それぞれ、老いを許容していく建築家と、前に前にと進む建築家とが、それぞれいたんですね。しかもそれらが共にモダニズムだった。そのなかでは比較的、芦原義信▼さんなんかは、ゆったりとした、老いを許容する側の建築家だったんじゃないですか。

保坂　芦原さんも以前から、モダニズムにはコルビュジエ▼を代表と

事務所にて

する流れに対して、もう一つ別な流れがある、というようなことを、よく言っていましたよね。
　まあ、ゆっくりになったというか、昔は全体から見て、全体を統一する一つのものをつくっていくという考え方が主流だったのが、今は、細かいとこからモノをつくっていく。それがだんだんできあがって全体になるという考え方になったのかもしれない。個から全体、「個」という考え方がいろんな形で出てきていると思います。

――僕はそういったことを踏まえて、建築家のモノづくり、それも「建てる」だけではないモノづくりが、七十歳以降、いわば老年期に醸成される豊かな感性に支えられているのではないか、と考えているんです。

保坂　そうなのかもしれません。場所性とか、そういうのが建築家と密接な関係があることは前から気がついていますが、そういうことが強く言われるようになってきましたね。だんだんと主張の中心になってきている。

――建築単体をどうつくるか、というよりも建築を育む場所が重要だ、と。

保坂　それと、これも以前から僕が思っているのは、建築が一つあっても、それは都市ではない、ということ。たくさんのものが集まるのが都市ですね。すると建築の集合体というか、「群」。建築群というのが重要なわけ。

――強靭な一人の感性というよりも、いろんなものが集合してこそ、

書棚より

「都市」だ、と。

保坂　そう。多様なね。

都市というものを考えると、そのなかにはバナキュラーなものが多いじゃないですか。だけどバナキュラーという言葉には、とるに足らないもの、つまらないものという意味があって、都市においても、そういうものだと考えられてきた。でもそうじゃない。全体を埋め尽くしている、底辺を埋め尽くしている「ベース」なんですね。そういうものだと考えるとね、都市は基本的にバナキュラーなものでできている。そのなかに何か、突出したもの、中世なら教会などの宗教建築があった。今は宗教建築だけではなくて、何か、モニュメンタルなもの、ポッと光り輝くものというのか、そういうものが「建築」だと認識される。しかし、そういうものができてくるためには、バナキュラーなもの、ベーシックなもの、つまり埋め尽くす「群」が必要です。また、その埋め尽くしているものにも本当は法則性がある、と、僕は思う。

――確かにそうですね。先ほど触れた、焼け野原からの都市形成では、保坂さんが今指摘された、埋め尽くしてゆくものの本当の法則性を、ここで吟味する必要がある、と私も思います。ただ、建築基準法がそういう法則性を見えにくくしているんでしょうね。

保坂　法律になっちゃうとダメなんだよね(笑)。硬直化していく。

サハラ砂漠に行く

――改めて、旅のお話をうかがいます。保坂さんが旅行に行き始めたのは、四十代の頃ですか。

保坂　いえ、三十代の始めですね。海外に行きたいという思いは、もう、子どもの頃からあったんですが、なかなか機会が訪れなかった。それが三十一歳の時、カナダでの仕事があって初めて渡航したんです。その機会にアメリカを一回りしました。その後モントリオール万国博の日本館現場監理という仕事を得て、一年余りカナダに滞在して、その間にはアメリカとメキシコを旅行しました。

その頃から、できるだけ機会を

捉えて旅に行き出したんです。その後は、アメリカを見たならヨーロッパも見たいということで、友人と一カ月、西ヨーロッパをクルマでまわったりしましたよ。まあ、費用的にも時間的にも、なかなか難しかったですけどね。

――そしてサハラ砂漠に行ったのが、一九七〇年代。

保坂　一九七二年かな。

――ちょうど同じ頃に原広司さんも同じようなところに行っていましたね。

保坂　偶然ですけどね。でも彼らとは逆回りだったんじゃないかな。僕らはサハラ砂漠からチュニジアに向かったけど、彼らはモロッコの方に。どこかで会っていたかも知れないけれど、その時は全然知らなかったからね(笑)。

なぜサハラ砂漠に行ったかというと、日本とはまったく違う気候のところに行ってみたかったんです。日本の気候風土は湿潤ですから、真逆の、もっとも乾燥しているところに行こうと思った。そこで植物が根を張っているところを探す。そこから旅をしようと考えた。まあ、当時僕は日本の湿度が嫌いだったから、カラカラに乾いたところに憧れていたんです(笑)。

――その時、学生は同行していたんですか。

保坂　学生は行っていません。僕と、同級生が一人、あと若い連中四人という、六人の有志で、空冷のフォルクスワーゲンを二台借りて行ったんです。大人が六人いれば、一台のクルマを持ち上げることができますからね。これは砂嵐に埋まってしまった時の対策です。空冷じゃなきゃダメなんですよ、水冷だと、クルマがもっと重たくなっちゃうから、六人じゃ持ち上げられない。

窓や入り口を比べる

――保坂さんはそうした旅で得た知見から、一九八〇年代に続けざまに本を著されていますね。『まりのかたち』(一九八二)、『空間の演出　窓』(一九八三)、『境界のかたち』(一九八四)と。

保坂　それは異文化というか、違った文化の対比をしてみたいということを前から思っていたので。まとまって出たというのは、たまたま。暇だったんだろうね（笑）。

まあ、僕らが学生の頃から、だんだん興味が集まってきたのが中近東だったんです。それまではどんな歴史学会も中近東へはあまり目が向いていなかった。それがちょうど光が当たり出したんです。だから、新しいものだし、非常に興味をもったんですね。卒業しても中近東が気にかかっていた。

中近東はイスラムですから、当然、ヨーロッパやアジアとは違う。そこに感じる驚きや興味が、考えたり、本を書いたりする原動力になっていますよね。

――僕はとくに、「窓」に着目されたのが面白いと思った。「まもり」や「境界」が都市や建築に与える影響というのはわかりますが、「窓」というのがね。

保坂　ちょっと今、本のタイトルが思い出せませんが、イギリスの建築史家が書いた古い本でね、世界各国の建築のコンポーネントを比較したものを、たまたま読んだことがあったんです。窓なら窓、入り口なら入り口を比較して、ヨーロッパのスタイルはこうだ、中近東ならこうだ、と。それに刺激を受けたということがあります。

だから「窓」じゃなくてもいいんだけど、「オープニングス（開口部）」が、建築を知る重要なファクターであることは間違いない。「窓」や「入り口」を比較すると、建築の全体、都市との関係、歴史や文化が見えてくる。それで興味をもって、自分でも調べてみよう、と。やはり、違う文化圏を歩くとその違いが気になりますよね、なぜ違うんだろうと。

――文化人類学者や歴史家ではなく、建築家が世界を見て歩くという視点の意味が、後学の者にとってはとても有益ですね。

保坂　開口部にしても、境目・境界にしても、建築的にどうであるか。門は、入り口はどうなっているかということは、やはり建築関係者じゃないと語れませんからね。文化人類学者だったら、どうしても他に目がいっちゃう。建築に関係している人間が語らなければならないことはたくさんある。建築は、ディテールも含めて大事なんですよね。

――そういった「違い」について考えるからこそ、日本の都市や建築のあり方にも関心が向いてくるわけですね。最近でも、意欲的に旅へ行かれているんですか？

保坂　意欲はあっても、だんだん歳をとっちゃったからね。なかなか体がついていかない（笑）。

ただ少し機会があって、最近では中国・台湾へ行きました。中国は北京より少し西の山西省へ。戦争中、一番戦いが激しかったところですよ。台湾へは、たまたま知っている人がいて、戦争中と今の台湾の違いを見せてくれるという、そういう施設があって、そこへ、ちょっと行ってきたんです。近場ですからね。

――なるほど。でも若い頃の旅と今の旅とでは、モノの見方や読み取り方、感じ方が洗練されてくるでしょうか。

保坂　そうかもしれません。関心をどこにもつかで見えるものも違いますからね。

集合住宅の存在価値

――今のお話もそうですが、保坂さんの根底には、先ほどうかがった戦争体験があるということが、今日、わかりました。そんななかで、保坂さんは「建築に対する考え方」として「設計を通してだけでなく、他の活動も含めて、醜くなってしまった私たちの物的環境を、少しでも本来あるべき姿に戻すこともこれから心がけていきたい」という一文を著されている。それが、ずっと一貫した姿勢なんですね。

保坂　そうですね。それと、やはりシステムです。私たち身の回りの環境をつくり上げてきたシステムが壊れてしまった。それはもちろん、戦争も大きな要因ですが、それだけではなくてね。

たとえば今、都市といえば、超高層が立ち並ぶ景観が当たり前になっています。いわゆる「マンハッタン化」ですね。これは日本だけではなく、世界中の都市が、とくに中国がすごい勢いで進行中で、みんなマンハッタンのように超高層化していく。ですが、人が集まって暮らす、都市で生活するためのあり方は、それ以外にも考えられるはずですよね。

もともと日本では、京都の町家に代表されるような、木造住宅で都市を形成するシステムがあった。それが今、完全に崩れてしまっています。人が集まって共同で暮らすシステム、それは住宅の設計がどうとかそういうことの以前に、暮らしそのものを成り立たせるために生じたはずです。それがどこかで壊れてしまった。

つい先日も、最後の同潤会アパート（上野下アパート）が解体されましたけど、まさにそういうことでね。集合住宅そのものの存在価値がまったく認められていないということですよ。しかし集合住宅こそ、本当は「群」のベースになるものです。それをちゃんとしないと、どうしようもない。

――標準世帯という新しい需要と共に、戦後の持ち家制度が国策として推奨されていたことも、従来的な仕組みやシステムに離反していくモノづくりを助長したのかもしれませんね。

保坂　ほかにもありますけどね。ヨーロッパなんかは比較的、残っているところもありますが、中世以降、産業革命になってからはどんどん壊れていきましたよね。

――そこで生まれてきた暮らしそのものを成り立たせてきたしくみをも壊してしまうわけですかね。ますます歳を重ねた建築家の見識、七十歳以上の方々の知見が必要になってきそうです。

五十代が一つの転機

――保坂さんご自身は、先ほども七十歳からは意識が変わってきたとおっしゃいましたが、これまでの節目っていうと、どれくらいになりますか。

保坂　昔はね、自分自身、これからどうなるんだということを、分析したんですよね。若い時には。それをまあ、十年単位で考えていました。これで十年だから、次の十年は何をしようか、と。そんな風に考えたことはあります。

――実際に振り返ると、十年という節々も筋が通っているところがあるんでしょうね。

保坂　自分の年齢と時代の、両方ですがね。時代が変わる、なんとなく変わる。その時に自分の年齢の節目というのもあるんでしょう。

そういえば僕の場合、四十代のところと、五十歳になるところの間に、ちょっと線が引かれていま す。五十歳になってから、いろんな偶然が重なるんですが、いままでなんとなく手が出なかった集合住宅を考えるチャンスがフッと生まれた。もう一つは、地域との関わりですね。地域、土地、場所とか、そういうことはずっと気になっていたんですが、実際のフィールドとして、福島県の須賀川市とお付き合いができた。

今まで、なんとなくもやもやしていた集合住宅と地域というテーマを、実践のなかで整理していけるようなプロジェクトが、五十代で一緒にきました。それで、それまでとはなんとなく違う、ちょっとした転機になった。

――やはり皆さん歳を重ねていくなかで、そういった区切りや新たな転機が各々にあるんですね。

保坂　それも、自分でずっと引っ張ってきたテーマ、あるいは気になってきたテーマだからじゃないでしょうか。それがどこかで定着できる、そういうものを無意識のなかでも探している。だからこそ、それが見つかった時にパッと向く。みんなそうなんじゃないかと思います。

――その二つは、具体的にはどういったプロジェクトですか。

保坂　集合住宅の方は、日本住宅公団に勤めていた同級生がいたんで、その関係で仕事をすることになったんです。実はその少し前にその同級生とたまたま会って、集合住宅に関する僕の考えを話す機会があった。そうしたら「お前、いままでそっぽ向いていたくせに、なんだ今頃」なんて怒られて。実際それまでは、住宅公団にはいままでにつくりあげられてきたポリシーやスタイルがあるし、それに沿って仕事をしなきゃいけないのは嫌だ、なんて、少し距離をおいていたんです。でも、彼に「やる気があるなら、一つやってみるか」と言われて、やってみるか、と（笑）。

――五十歳になっていたという、ご自身の熟成があったからでしょうね。

保坂　まあ、偶然なんですが。そして地域の方は福島県の、郡山のちょっと南にあたる須賀川市ですね。そこに僕の教え子がいて、ちょっと協力してくれと呼ばれて、お付き合いができた。それが何かっていうと、須賀川市と商工会議所との協力で、毎年、市内でつくられた優れた建築を表彰するっていう、建築賞を始めた。その審査員になったんです。これは、いわば町おこしの一環で、そこから関連する事業を立ち上げようということだったので、その審査以外にも、街路整備だなんだと全部に引っ張り出されて。以来三十年近くなりますけど、ずっとつきあっているんです。最初の頃は年に七、八回は通っていましたね。

まずはコミュニティ

――福島というと、震災後の復興などにも携わってらっしゃるんですか。もう少し、須賀川から読めてくるものについてお話ください。

保坂　そうですね、地震の被害を受けましたから、その辺りも少しやっています。

それで、さっきの話とも絡むんですが日本の都市にもいろいろありますが、この須賀川とはいろいろお付き合いがあったために、在《ざい》の方というか、周辺部の農村地域もけっこう歩き回ったんです。すると面白い地域があるんです。村の成り立ちと建築的なかかわり合いを見ると、非常に勉強になるんですね。いわゆる、日本古来の、農業を中心とした集落なんですが、集落としての特性があって、そういうことを調査させてもらったりした。それが今、自分自身の教材になっている。人が集まって暮らすことの意味、集落、町、都市を考えるうえでの、自分のベースになっています。

つまり、日本の集落とはどういうものか。もちろん、時代のなかで変化はしているんですが、基本的には同じ流れのなかにある。生

活のあり方、住まいとの関係というのはあまり変わっていないんです。少しずつ、本当に目には見えないような変化を繰り返しながら動いているというのが、意外に、わかってくる。だから逆に言えば、そこをすべて真っ白くして、新しいものにするなんていうことはあり得ない。

――そういう視点は、三・一一以降の住まいのあり方を考える時の一つの視点になりそうです。うかつな暴論は言えないんだけれど、高所移転だからと言って、一気にポーンと、コミュニティのルーツを切ってしまわないようにするには、どうすればいいのか、といったことですね。

保坂　コミュニティの問題は、やはり大きな問題ですね。それをちゃんとまとめあげなければ、本来、建築はできません。コミュニティがあって、建築です。建築があってコミュニティができるわけではないのでね。逆に考えちゃいけない。それは非常に大変なことです。だから、何年かかるかわからないけれど、しっかり考えていかないと。僕らもちょっとかかわっていることはありますけど、簡単に結論は出ないですよ。難しいですよね。

――ただ先ほど保坂さんが問題視された、崩れた「システム」を取り戻す機会になるかもしれない。二十世紀型のあり方を疑問視する動きが出ていますからね。

保坂　さまざまな問題が、かなりもち上がってきましたからね。

――最近、青木淳▼さんが非常に的確なことを言ったな、と思ったんです。それは、土壌と種子というものを比喩的に語りながら、昔はモダニズムという土壌があったから、種子はどこに撒いても出て来た、と。ところが今は土壌が不確か、種子も不確かなんだけど、どちらかというと、種子が土壌を選ぶようになって来た、と言うんです。つまり、自分たちが勝手に土壌をつくっている。だけどどうも、これも具合が悪いんですね。ただ、いずれにしても絶対的な土壌がないんです。だから今のモノづくりは、建築家はクライアントと話し合いながら、徹底的な対話のなかで建築を生み出さざるを得ない。

共に土壌をつくりあって、共に種を生むという、こういう設計、建築の試みが二十代、三十代の建築家のなかで行われている、と。

保坂　そういうのが、小規模でも一つ、二つ、成功例がでればいいですよね。

――いきなり大きなことを考えるのではなくて、小さな体験史のなかで、仕組みやシステムを組み直していく。

保坂　そうですね。東北なんかでも、同様の試みはいろいろありますよ。それが実行に移せるかどうかが、今、課題ですよね。つくる手段、材料や技術をうまく組み合わせていけば、できるはずなんです。だから、言い方は難しいけれど、若い建築家には今、チャレンジするいい機会、素材があるんだと思うんだけど。

――そういった、自立心に満ちたものの見方が保坂さんなんですね。やはり、はるか二十代に丹下さんの元に居ながら、白井さんもこっそり師と仰いだ……。なんだか、隠れキリシタンみたいですけど（笑）、それが保坂さんのその後の道を象徴しているようです。

内藤恒方

一九三四年生まれ

ランドスケープは建築のかたちまで決める

ないとう・つねかた＝京都生まれ。建築家、ランドスケープ・アーキテクト。一九五八年に東京藝術大学美術学部建築学科卒業後、レーモンド設計事務所に入所、一九六三年まで勤務したのち渡米。一九六六年、カリフォルニア大学バークレー校大学院ランドスケープ・アーキテクチュア専門課程を終了し、ササキ・ドーソン・ディメイ・アンド・アソシエーツに勤務。退社後、一九六九年よりニューヨーク州立大学シラキュース校ランドスケープ・アーキテクチュア科助教授として教鞭をとり、一九七二年帰国。同年より一九八〇年まで、大阪芸術大学芸術学部環境計画学科助教授を務める。一九七六年、建築設計とランドスケープ設計、及びランドスケープコンサルトを事業とするA・L・P（アルプ）設計室を設立、主宰。一九九四年から二〇〇〇年まで、長岡造形大学造形学部環境デザイン学科教授を務める。主な作品に「びわの平ゴルフ倶楽部」（一九八〇）、「湘南国際村」（一九八三）、「八ヶ岳高原音楽堂」（一九八八）、「講談社新社屋造園基本設計」（二〇〇〇）など。著書に『アントニン・レーモンド チャーチ&チャペル』（バナナブックス、二〇一三）など。

アメリカで学び、日本へ

——内藤恒方さんは、ランドスケープ・アーキテクトという分野のパイオニアです。簡単にプロフィールを振り返りますと、東京藝術大学美術学部建築科を卒業後、レーモンド設計事務所▼に入られて、その後、渡米。カリフォルニア大学でランドスケープ・デザインを学ばれた後、ニューヨーク州立大学で教鞭もとられている。そして帰国されたのが一九七二年、三十八歳の時ですね。

まず、確認させて頂きたいのは、「ランドスケープ・アーキテクチュア」の定義です。現在では、日本でも広く使われる言葉ですが、日本ではもともと「造園」という分野が存在していたわけです。

内藤　「造園」というと、いわゆる庭をつくることで、建築とはあまり関係がない。ですが「ランドスケープ・アーキテクト」というと、建築も関係してくるんですね。だから造園と建築の両方のことを理解している人が望ましい。僕の場合は、カリフォルニア大学を卒業し、H・ササキ▼の事務所で働いている時に、アメリカのランドスケープ・アーキテクトのライセンスを取得しました。ただ、アメリカの場合は面白くって、ライセンスは州ごとに違うんですよ。場所によって非常にローカルな植物があるから、それぞれライセンスが違う。つまり、風土ってことを非常に大事にしているんです。

ところが、そもそも日本にはアメリカのようなデザインに携わる公的な造園のライセンスっていうのはありません。最近になってやっと検討しているようだけど、とにかく今も、まだないんです。

——では内藤さんの場合、やっぱりアメリカで勉強されたことが大きいんですね。ちなみに、内藤さんの時代で、それよりも前にアメリカに勉強に行っていた日本人はおられましたか。

内藤　カリフォルニア大学には、一人居ましたね。ただ、いつの間にか埋もれてしまったようです。アメリカで勉強して日本に帰国しても、日本の造園界というのは伝統が古く、結束が固いところでしたから（笑）。

――これは先制パンチですね（笑）。内藤さんも大変だったということですね。

内藤　日本の造園界は、どうしても、日本の大学卒の人が強いんです。それに、日本の社会は縦割り社会です。日本の大学は、この縦割り社会に併せて、人々を教育するようにつくられています。建築のことを司る官庁は建設省（現国土交通省）ですが、都市公園においては農学部で学んだ人々の管轄、また国立公園は林学で勉強した人々のところです。そして、これらはあまり交流がありません。

――いずれにしても、その縦割り社会のなかでは、建築の外構としてのランドスケープ・デザインは、直接対象となる分野じゃないんですね。

内藤　このような社会的環境のなかで、日本の大学で造園の教育を受けていない私が帰国しました。造園家という職域は、日本では古くから存在していたのですが、ランドスケープ・アーキテクトという職域は新しいものです。もちろん、アメリカでも十九世紀になってからできた職域で、ニューヨークのセントラル・パークを懸賞設計で獲ったフレデリック・ロー・オルムステッド▼が、初めて自分のために使った言葉です。日本の大学や社会に認識されるようになったのは、戦後になってからなんですね。

――これは、アメリカで勉強して、日本で仕事をするのは難しかったという、ご自身の実感でもあるでしょうね。

内藤　まあね。日本は秩序を大切にする国ですから、そこから外れてしまうと、なかなか大変なことになります（笑）。

――しかし、だからこそランドスケープ・アーキテクトのパイオニアとして、内藤さんの存在があるわけです。

ガレット・エクボに師事

――ところで、カリフォルニア大学では、どなたに師事されたんですか。
内藤　ガレット・エクボ▼です。彼は『景観論』（久保貞、中村一訳、一九

七二）の著者として、日本でも知られていますね。

――私たちもバイブル的に読みました。

内藤　僕はこの人に直接習ったんです。非常にすばらしい人でしたよ。そういえば今年、新国立美術館で「カリフォルニア・デザイン1930-1965　モダン・リヴィングの起源」（二〇一三年三月二十日～六月三日）という展覧会がありましたね。僕も見てきましたけど、ここに、彼が携わった開発の仕事がずいぶん出ていました。

　エクボは新しい考え方をもった先生でした。ダン・カイリー▼、ジェームズ・C・ローズ▼とも、ハーバード大学で一緒に学んだ人ですが、彼らはハーバード大学で学ぶエコール・デ・ボザール方式のランドスケープ・デザインが気に入らなくて、学校の授業をサボタージュしたんです。そんな古い様式ばっかりじゃなくて、もっとアメリカらしいデザインがあるだろう、と。

　じゃあ、彼らはどんなものが良いデザインだと考えていたかというと、カリフォルニアでトーマス・チャーチ▼がやっているような庭のデザイン。プールをフリーハンドで書いたような形にしていたり、真ん中にオブジェがつくってあったり。こういうのが、アメリカらしいスタイルのランドスケープ・デザインであると言い始めたんです。そこから、新しいランドスケープ・アーキテクチュアのあり方を確立したのが、エクボたちだったんですよ。個人住宅から公園、大学のキャンパスや道路計画等、彼が手がけたランドスケープ・デザインは今でもアメリカにたくさんあります。

――エクボやカイリーは、ヨーロッパのボザールに特徴的な、シンメトリカルなものに、はっきりとアンチを唱えたんですね。

内藤　そうなんです。それでね、このチャーチっていう人も、とても面白い人でね。僕の在学中もしょっちゅうカリフォルニア大学のキャンパスに来ていたんですよ。いつもお尻のポケットに剪定ばさみを入れて、キャンパスの木が伸びているとチョンチョン切って回っておられた。

彼はたくさんいい庭をつくっていてね。カリフォルニアのパロアルトという町にある「サンセット・ガーデン」も彼が設計した庭の一つです。これは雑誌社が、一九三〇年代のアメリカ人のライフスタイルを提案する、見本庭園としてつくったんです。今でも見学できるようになっていますが、この庭は、当時のアメリカの、アウトドア・リビングのスタイルを提案したものとして評価されています。

幾何学は、人間の文化

——当時から、ランドスケープ・デザイン、あるいはランドスケープ・アーキテクチュアというものには、オーガニックなものが組み込まれていたんですか。景観としてだけではなく、生命的なものが。

内藤　それはかなりありました。その土地で育ったものを使うという意識は高かった。本当にその地域の人たちが求めているランドスケープ・アーキテクチュアは、結果的には、そこにあったわけですから。

　そのなかにあって、カイリーの考え方は特徴的でした。彼は、「なんでもっと、幾何学を活用しないんだ」と。「幾何学は、人間がつくった文化的な遺産じゃないか」と、彼が木を植える時には必ず幾何学的に並べていくんです。

　僕がカリフォルニア大学にいた時、環境デザイン学部のまわりのランドスケープ・デザインをするという課題があった。その時、僕はわりと日本的に、木がランダムになるように植えた。するとカイリーが「お前のアイデアは非常にいいけれど、もう少し人間がつくったものをうまく利用した方が良いのでは…」とコメントをいただきました（笑）。

——幾何学をランドスケープ・デザインのベースに据えていたというのは、意外です。

内藤　そうなんです。彼はその頃ちょうど「オークランド美術館」（一九六六）の仕事をしていました。建築はケビン・ローチ▼でしたが、そのランドスケープ・デザインをカイリーが担当していました。同じ組み合わせでは、「フォード財団」(一九六七)もそうです。ここには十二階分の高さを吹き抜けにしたアトリウムがありますが、そのランドスケープ・デザインはカイリーの作品です。僕はこれが好きで、ニューヨークに行くと必ず訪ねます。ここにはアメリカ五十数州の木をみんなもって来て植えているんですよ。フォード財団ではいろんな出身地の人が働いているから、自分の生まれた州の木をみて、なんとなく心が休まるだろう、というわけです。

カイリーは他に、エーロ・サーリネン▼の大きな仕事なんかはほとんどやっています。その後、日本の「東京国際フォーラム」(一九九六)のランドスケープ・デザインの仕事もやる事になっていたんですが、ちょっと体を悪くして、ギブ・アップしたんです。それで私は彼に、木を植えることだけはやってくれ、と頼まれました。そんなことで、一緒に仕事をしたこともあります。

——今、お手持ちの本のなかから、いくつか写真を見せていただきましたが、カイリーの仕事は、極めてジオメトリカルですね。でもこの「固さ」は、ボザールとは違うように感じます。

内藤　そう、確かに初めの発想が違うので、やっぱり全然違うんです。

「環境」を含むデザイン

――そして、カリフォルニア大学を卒業された後、内藤さんは「ササキ・ドーソン・ディメイ・アンド・アソシエーツ」という、ランドスケープを手がける会社に勤められます。

内藤　H・ササキの事務所へは、エクボに勧められて入ったんです。この会社は、ボストンにいた日系の、ササキ・ヒデオが主宰していた会社です。僕の大学院修了が決まり、エクボに就職の相談に行った時、目の前ですぐに電話してくれて、先方からもすぐ来て欲しいということになった。以来、三年ほど働きました。

――おそらく、一九六〇年代後半から七〇年代にかけて、ランドスケープ・アーキテクチュアという仕事にも「環境」という概念がグッと出てきたと思うんです。この時代、H・ササキの事務所では「環境」に対して、どういうスタンスだったんですか。

内藤　「環境」という言葉が出て来たのは一九六〇年代の始めから、半ばぐらいだったと思います。でも、H・ササキという人は「環境」という言葉を使うのを嫌っていましたね。なんというか、範囲がズレてきちゃうんですよ。

――「Environ-mental Design」、つまり「環境デザイン」というのが、当時のアメリカでは、かなり重視されていたんですか？

内藤　それはいっぱいありますよ。カリフォルニア大学バークレー校でも、私の入学した一九六三年から「環境デザイン学部」という新しい学部が新設されました。これは、建築と造園と都市計画とインテリア、それらが集まって出来た新しい学部です。だけど、H・ササキの事務所では「環境」という言葉は使ったけれど、すべてデザインに向かったことしかやりませんでした。

ニューヨーク州立大学のバッファローのキャンパスを手がけた時の話です。このキャンパスは最初、SOM▼（スキッドモア・オーウィングズ・アンド・メリル）が計画を作成したのですが、やってみたら地盤が悪い場所に建物を配置したので、この改良にひどくお金がかかることになった。事前の環境調査が十分ではなかったんです。それで、ニューヨーク州立大学では、こういう時にはH・ササキの事務所に頼もう、ということになって、キャンパスのレイアウトから、全部つくり直すことになった。また、この時は、建物は七人の建築家が分かれて設計をすることになっていたので、このとりまとめが必要だった。そこでH・ササキの事務所では七人がちゃんと統一見解をもって設計にあたれるように、模型から何から全部つくって、図面をひいて、全体のコンセプトをランドスケープ・プランニングで縛ったんです。

最後には「デザイン・ボキャブラリー」という小冊子もつくりました。これもなかなかいい本なんですが、こういったように、すべてを俯瞰して計画の仕事ができるところが、H・ササキの事務所のすごいところだと思いました。そして、これこそがランドスケープ・プランニングであり、デザインなんだ、ということがよくわかりました。

——H・ササキの事務所での経験を通して、ランドスケープという概念が「環境」を含むデザインだと体感されたんですね。

内藤　そうですね。木を植えるばっかりじゃないんです。ランドスケープという言葉のなかには、建築の配置計画、窓の取り方とそこからの景色、良い景色を最大限に取り入れ、嫌なものを隠す配置計画と植栽計画、さらに照明計画も含まれれば、地盤、土壌、気象、水質、地下水まで、全部含まれる。だから、そういうことを一生懸命調査したうえでのデザインをやらなければ、と、今も思っています。

——ところで、エクボやカイリーと同時代には、ローレンス・ハルプリン▼も活躍していました。ハルプリンのランドスケープへの思想は、エクボとはちょっと違うように思いますが。

内藤　ハルプリンも、とてもすばらしい人ですね。僕自身は、直接教えを受けていませんが、彼の仕事は本当にすばらしい。「シーランチ」（一九六五）もその一つですね。これはサンフランシスコから北へ一六〇キロメートルも離れた郊外の海辺、辺鄙なところにつくったコンドミニアム。建築はチャールズ・ムーア▼とジョセフ・エシュリック▼が担当したのですが、ハルプリンはそれが建つ前の一年間、大勢のスタッフを使って土地の状況を徹底的に調査した。風の状況、断崖に打ち寄せる波の強さ、日照状況、ここでどんな生態系が育まれてきたか。

　実際、この場所はすごく風が強いんですよ。だから木が一定の高さまで育つと、全部、風の方向に曲がっちゃうんですね。だからハルプリンは、建物の屋根の傾斜をこの木の傾きに合わせることを求めた。また、風が吹き付ける方向の窓は全部FIXガラスにして開かないようにするように、と。太陽があたる方角と日照時間に合わせて、どこをリビングにしたらいいかといったことまで提案したんです。つまり、ランドスケープが建築のかたちまで決めちゃったわけです。そこまで徹底したプランは、なかなか実現できません。だから「シーランチ」はすごく面白い企画でしたね。このことを、日本に帰ってきた時に宮脇檀▼に話したらね、宮脇は「そんな馬鹿な」と言いましたよ（爆笑）。

既存の自然を活かす

――これまで、内藤さんのアメリカ時代の、濃厚な経験をうかがってきました。まさに、ランドスケープ・アーキテクチュア、ランドスケープ・デザインというのが、極めて意味をもち始めた時代だったんでしょうね。

内藤　確かに、とても活気のある時代でしたね。

――新しい統合の手法なんですよね。秩序を与えるためのセオリーであり、ビジョンだった。

内藤　大きな意味ではね。でも、それが日本ではなかなか難しい。それは決して思想的な意味だけではなくて、土地も狭いし、傾斜地にだって家を建てなきゃ仕方がないんだから。

　日本に帰って来てから、僕は

「湘南国際村」（一九九〇基盤整備着工、一九九四オープン）という、三井不動産の仕事をやったんです。その時、三井不動産の人に「内藤さんは誰に習っていたか」と聞かれたからエクボだと言って、じゃあ、みんなで会いに行こうということになったことがあった。それでエクボにも手伝って貰おうというわけです。だけど、エクボは開発の仕事はしたくないと言う。いくらやっても思い通りにならないから嫌だと言うんですよ。

——ランドスケープのビジョンが十全に達成できるかというと、難しいでしょうね。

内藤　結局、湘南国際村に関してはエクボもいろいろなアイデアを出してくれたんだけど、この時だって、地面を造成することは最小限にしなければならない。そういう点では、いろいろ苦労をしました。まず水の流れが変わってしまう。すると、変なところに貯水施設をつくらなければならなくなる。その分、コストが嵩んでしまうんです。まあ、だけど、日本はうんです。まあ、だけど、日本は土地が高価だから、それでもペイしちゃうんですけどね、だから良いということにはなりません。そこに住んでいた動物だとか、昔からあった木だとか、そういうものがみんな無くなっちゃうような開発は、やはり、問題がありますよ。

先日僕は軽井沢に行っていたんですが、軽井沢はその点、徹底していますね。軽井沢では敷地境界に塀をつくっちゃいけないんです。とくに有刺鉄線は絶対にダメ。それは、野生動物がその下をくぐったりした時に怪我をして、結果、殺してしまうことがあるからなんです。野生動物を傷つけないように、有刺鉄線は使わないということが不文律になっている。そういうことは非常に大事だと思います。

——ランドスケープ・アーキテクトというのは、景観から始まりながら、環境に拡張し、そのなかには、エコロジーとか、サスティナブルということも入ってくる。ですから、実業の世界というのか、開発のエゴと闘う部分が大きいですね。もちろん建築家もそうなんですが、それ以上でしょうか。

内藤　建築家だけでは解決できない問題が、ものすごくありますよ。

だからまあ、面白いというところもありますけど。

六十代は走っていた

――ではいよいよ本題である六十代、七十代からの仕事についてうかがいたいと思います。

内藤さんが藝大を卒業後に勤めたレーモンド事務所、そのアントニン・レーモンドさんも六十歳以降にずいぶん精力的に設計を手がけられましたが、内藤さんご自身は、六十代、活動内容への変化などを感じましたか。

内藤　いやあ、なんだかずっと忙しくて。六十代はまだ走っていましたね。学校にも教えに行かなきゃならないし。事務所の仕事なんて、いくらやってもごはんを食べられるようなものじゃないですから（笑）。

――A・L・Pの設立が一九七二年、三十八歳の時ですから、それから六十代まではずっと忙しかったわけですね。

内藤　そうなんですよ。なにしろ、最初の学校は大阪（大阪芸術大学）だったでしょう。そこに通うだけでもけっこう時間が取られましたしね。それでも七年も行っていたんだから、それなりに一生懸命教えたんですよ。あの当時の学生は、今考えてみれば、みんなまじめでした。今でも付き合いのある子がけっこういますよ。

その後、長岡造形大に行くようになったのが、ちょうど六十歳の時です。だから、六十代の時は、まだなんだか忙しくて、一生懸命働きましたね。

――事務所でのお仕事はもちろん、教育の現場でも、やはり、アメリカで勉強してきたものと馴染まないものを感じることはありましたか。

内藤　いっぱいありましたよ。いまだにいっぱいあります。ただ僕は、日本に帰って来てからも、韓国の仕事なんかが、けっこう多かったんですよ。

――それは、アメリカ時代の知己から得たお仕事ですか。

内藤　いやいや、それは芸大の時の同級生の関係で。金壽根《キムスグン》▼が同級生でね、その関係で韓国の仕事をいっぱいやったんです。

金壽根というのはすごい人ですね。韓国の近代建築の巨匠と称される人ですよ。建築の設計もやったけれど、計画をやった。韓国では初めての建築雑誌（『空間』）を創刊したし、自分の事務所の地下に劇場なんかもつくって、パフォーミング・アートの育成もしました。だけど、彼が何よりすごいのは、もう、女の子にモテるんだよ（爆笑）。どこに行っても、女の子が離さなくなっちゃうんだから。

まあ、金さんの武勇伝はいろいろあって面白いんだけど、そんな学生時代からの金さんとのお付き合いを通じて、韓国の仕事をけっこうやったんです。一九七二年にアメリカから帰国してからの年代はとくに多くて、年に何十回と韓国に行って仕事をしました。

――では、その関係は六十代まで続いたんですか。

内藤　それが金さんは、残念ながら亡くなってしまったんです。彼はソウルオリンピックの時にスタジアムをつくったんです。僕はこの時のランドスケープ・デザインもお手伝いして一緒にやったんですよ。

ただ、ソウルオリンピックは一九八八年ですが、スタジアムはその二年ほど前に竣工していて、そこでアジア大会が開催された。だからその時には彼も、自分のつくったスタジアムでアジア大会を見たんですけどね、それから間もなく、ガンで亡くなった。ソウルオリンピックの時にはもう亡くなっていたんです。

だけどその後も、金さんの門下生だった承孝相《スンヒョサン》▼さんとも少しお付き合いが続いていたので、韓国での仕事はいくつかありました。

台湾の人は、情が厚い

――そうでしたか。さらに現在は、台湾のお仕事も手がけておられますね。もう、七十歳を超えてからのお仕事ですが、かなり大きなプロジェクトのようですね。

内藤　台湾の仕事ね、これも面白い仕事ですよ。

――台湾のお仕事は、どういうお付き合いで始まったんですか。やはり古くからのつながりですか。

内藤　いえ、これは偶然ですね。

このクライアントとは、一九九五年くらいに初めて仕事をしたんです。そのクライアントというのはね、台湾の財閥なんですよ。だから銀行をやっているし、建設会社も、設計事務所も、インテリアの設計事務所ももっている。さらにシルバー産業もやっているし、繊維関係もあるし…と、あらゆる事業体を抱えているんです。ただ、ランドスケープ・デザインだけはもっていなかった。

その財閥とお付き合いができたのは、たまたま、彼らが「東京国際フォーラム」を見て、この庭園は誰がやったのか、ということで、僕の名前を知って訪ねてきた。この古い事務所にさ（笑）。でも、僕のところに来た時には、すでに日本のランドスケープ関係の事務所を何カ所かインタビューしていたようです。

最初にやったのはオフィス・タワーでした。彼らにしても初めての大きな仕事で、このオフィス・タワーの上階二層分を、李登輝が図書室と称した個人オフィスにするという。それで、その緑化計画をやりました。そこからのお付き合いなんですけど、台湾の人っていうのは情が厚いっていうのか（笑）、その後もちょこちょこと仕事が来ていたんですよ。

それで今回の仕事は、もともとは日本の、三菱地所が設計を請け負った仕事だったんです。台湾には「台北１０１」という一時、世界一高いと言われていたビルがあるでしょう。ドバイにできた「ブルジュ・ハリファ」に抜かれるまでは世界一だった建物。この隣の土地を、台湾のある保険会社がもっていたんです。そこに、超高層ビルを二棟建てることになっていて、三菱地所がこの設計を進めていた。ところがその土地を、その財閥が、三菱地所の仕事ごと全部買っちゃったんです。もちろん、三菱地所にはランドスケープ・アーキテクトの事務所があって、そこが仕事として入っていましたが、財閥が買いとったために、僕のところに、ランドスケープ全体の顧問として統括的な仕事をやってくれ、という話がきたんですよ。それが去年の暮れぐらい。だから急に忙しくなっちゃって。今、どういう方法でランドスケープ・デザインのコンセプトをつくるかってことを、三菱地所の方ですでにつくってあったプランと照らし合わせながら、いろいろやっているわけです。

——それは、三菱地所と一緒にやっているんですね。

内藤　そうです。台湾ではランドスケープ・デザインに関する法律なんかも、日本とは違うところがありますから、その辺も含めてアドバイスをするっていうか、一緒にやっているんです。

台湾では一般に、「緑建築」と呼ばれる、建築の環境評価ツールがあるんですよ。この規模の開発だと、台湾の気候風土に合わせて開発された「緑建築評価システム」の基準をクリアしなければならない。それで、台湾の役所の人と建築家とランドスケープ・アーキテクトが一緒になって、いろいろ現場を見て回ったりするんです。

——そこで指導を仰ぐ。

内藤　そうそう。ただ、どこの国でも役所の人間っていうのは杓子定規でコンコンチキだからね（笑）、なかなか大変なんだ。

植物はDay by Day, Fresh

内藤　それで、ここに今回のプランを書いたファイルがありますけど、ついこの間、これを台湾に持って行って、いろいろ説明してきたんです。

どんなことが書いてあるかっていうと、たとえば、まずこのプロジェクトには、1．Street Tree（街路樹）が必要だ、と。次に2．Plants on the Roof（屋根の上に木を植える、緑を植える）。そして3．Indoor Atrium（屋内の緑化）、という三つが必要です、と。ではStreet Treeはなぜ必要なのか、どういうものが必要なのか、その機能なんかも全部ここに書いた。さらに文化的な側面、中国では歴史的に街路樹がどんな役割を果たしてきたのかも調べて、もともとは在来の樹木でつくられていた街路樹が、いつ頃、なぜ、西洋風な街路樹になったのかというようなことを、一つずつ解説しているんです。

——このファイルは素晴らしいですね。しかも手書きです。これがランドスケープデザイナーのタイプフェイスなんですね！　内藤さんの年季の入った仕事ぶりを強く感じます。円熟のプレゼンテーションですね。

内藤　こんなことだけでもずいぶん時間がかかりますからね。なんだか忙しいんですよ(笑)。

それでね、じゃあ今度は台湾にはどんな植物があるのか、どういう植物が街路樹に適しているのかということもリストアップした。そして、これが一番大事なんだけど、街路樹をつくる時には、どうすればその樹木や植物が健康で、いい形で育つかということも、ここにちゃんと書いたわけです。

つまりヨーロッパの場合は、夏はドライシーズンになるから、乾いているんだけれど、台湾や日本、アジアの場合は、夏は雨期ですよね。非常に雨が降るから雑草がどんどん生えるし、木の枝も伸びるでしょう。だからそういう時に剪定が必要だ、と。

日本では剪定って当たり前にやっていますけど、ヨーロッパの場合はそれほど必要ない。したがって、街路樹を決めて、どうやって配置するかという時にも、その土地の気候風土にあわせて調整しなければいけないんです。そういうことをね、誰が見てもわかりやすいように写真をつけて、一冊のファイルにまとめているんです。

——こうしてみると、七十代の内藤さんのお仕事は、これまでにご自身がトライしてきたものがすべ

事務所にて

て丁寧に集約されていますね。全部が自分のコンテンツになって、それが有効に働いている。

内藤　まあね。やっているうちに自己流のようになっていきますけど、長年自分が勉強してきたものが、仕事のなかに、一つの区切りとして出てきます。

——七十歳を超えてから、たとえば植物に対する感覚、あるいは差し込む光だとか、何か、感性の変化みたいなものはありますか。

内藤　すごく、面白くなってきたんですよ。もうね、若いときよりも植物への興味が出てきました。植物は、大事にすればちゃんと応えてくれますから。建築は使えば使うほど、ボロになっていくけれど（笑）。植物は年季を入れれば入れるほど、いい植物になります。日にちが変わるごとに植物もどんどん変わるし。Day by Day, Freshなんですよ。そういうのを見ていると、人間もまた再創造し、成長していくということがあると思いますね。

——それにしても、これだけ緻密なお仕事を、八十歳の手前でやっておられるということに、やはり感服します。七十歳以降、「ランドスケープ」という発想が内藤さんの心身と自然に同化したステージが、新たな仕事を生み出すポイントになっているんでしょうね。

ところで、内藤さんは、コンペというセレクション様式でお仕事をとったことはあるんですか。

内藤　あんまりない。ランドスケープでコンペは取れないんですよ（笑）。でもコンペがまったくないわけではないので、何度か出してはいるんですけどね。

——ですが、コンペという仕事の機会よりも、コンペを通った大元が、ランドスケープ・デザインを要求して、内藤さんにお願いするんですね。それが、七十歳を超えてもなお忙しく、お仕事を続けておられる秘訣なんでしょう。

内藤　まあ、こんなところで、なんとかやっております（笑）。

建築と庭の両方を勉強

——それからもう一つ、注目したいものがあります。最近のお仕事では三重県のお寺の集会所も手がけられたんですね。

内藤　ええ、本山専修寺《せんじゅじ》というお寺で、三重県の津市にあるんです。一六〇〇年代に創建したという浄土真宗のお寺で、この本堂（御影堂）は、全国で五番目に大きい木造建築なんですよ。善光寺よりも大きい。それで、この本堂なんかはずっと前から重要文化財に指定されていたんですが、また新しく、山門や鐘楼、土塀なんかも重要文化財に指定されて、それを契機に建物の修復や境内の整備をしたんです。その時に、僕もちょっとお手伝いをしました。

　ここには、庭にきれいな蓮池があるんですが、それが建物で隠れていたんです。だから建物を少し切って入り口にして、池がちゃんと見えるようにしたんです。さらにここでは、この蓮池を活かすかたちで集会所の設計もしました。インテリアもやってね、蓮の花をモチーフにしたシャンデリアもデザインしたんですけど、なかなかきれいですよ。

――蓮の花をちゃんと見えるようにするというのが、フィロソフィーとして、とてもまっとうなことだと思いますね。やはりそれも七十歳を超えてからのお仕事という、年功のなせる技でしょうね。

内藤　そういうのは、大事ですよね。こういう仕事を続けるにはね。

――では最後になりますが、内藤さんの時代に比べて、ランドスケープ・アーキテクトという仕事は広く知られるようになっています。だからこそ今、若いランドスケープ・アーキテクトに伝えておきたい、ということがありますか。

内藤　それはぜひ、建築の勉強もしてください、ということですね。建築のことを勉強しないでランドスケープだけを勉強しても、やっぱりダメですよ。それに建築家もね、ランドスケープのことをぜひ勉強してください。僕は、文章を書くのが上手じゃないから、なかなかそういうことをうまく伝えられないんだけど、建築をする人、庭をつくる人が、この両方のことを考えていけば、いいものが出来る可能性が増えますね。これは大事だと思います。

――でもそれは、アメリカでは当たり前のことだったわけですもんね、昔から。

内藤　そうなんですよね。だけど、もともと日本は、庭をつくるのがうまかったわけですから。古いお寺の庭園とか、借景とか、きれいですよ。僕は京都の円通寺が好きなんです。ここは、比叡山を借景にしていて、それがずっと、自分のところに迫ってくるように見える。そうなるように借景を活かして、庭づくりをしているんです。

　一方で欧米の庭っていうのは、自分の近くに彫刻を置いたり、噴水をつくったりして、風景がずっと遠くに、地平線に消えて行くようなつくり方をしている。ベルサイユの庭などが典型的で、日本の庭園とは、まったく逆のアイデアですね。じつはこのことは、カリフォルニア大学にいた時、ジェラルディン・スコット▼という女性の先生が教えてくれたことです。いろんなことを教えてもらって、忘れがたい先生です。

　だから、ランドスケープ・デザインには景観、環境のほかに、文化的な側面も含まれる。そういうこともよく考えて、いい庭をつくらないといけないですよね。

竹山実

一九三四年生まれ

専門職でなく
誰もが建築家だとなりつつある

たけやま・みのる＝北海道生まれ。建築家。竹山実建築綜合研究所、所長。イリノイ大学名誉教授、武蔵野美術大学名誉教授。アメリカ建築家協会（AIA）名誉会員。一九五六年、早稲田大学第一理工学部建築学科卒業。一九五八年、早稲田大学工科系大学院卒業。一九五九年にフルブライト奨学金を受け、ハーバード大学院に留学。卒業後はホセ・ルイ・セルトのアトリエに勤務。その後、留学期間の特別延長が認められ、コロンビア大学に研究生として入学。在学中、イサム・ノグチの事務所に勤務。一九六二年デンマークに渡り、ヨーン・ウッツオンの事務所に勤務した他、アルネ・ヤコブセン、フィン・ユール、ヘニング・ラーセンの事務所にも勤めた。一九六三年から一年間は、デンマーク王立アカデミー建築科で教鞭をとる。一九六四年に帰国し、竹山実建築綜合研究所を開設、主宰。翌年より武蔵野美術大学助教授に就任、同年より同大学教授。二〇〇四年に同大学を退任、以後、同大学名誉教授。また同年には、武蔵野美術大学建築学科の卒業生の作品を対象とした「武蔵野美術大学建築学科竹山実賞」が設けられた。この他、カリフォルニア大学客員教授、ハーバード大学講師としても教鞭をとった。主な作品に「一番館／二番館」（一九七〇）、「ホテルビバリートム」（一九七四）、「晴海客船ターミナル」（一九九一）、「横浜北部斎場」（二〇〇二）、「ソウル駅」（デザイン監修／二〇〇三）、「清涼里駅」（デザイン監修／二〇一〇）、「新宿西口地下道Ⅱ」（二〇一一）など。著書に『クロニクル 年代記』（鹿島出版会、二〇一三）。

武蔵野美術大学で教える

――この「建築家の年輪」は、七十歳以上の建築家にお目にかかり、建築家自身の加齢が、建築にどのようにかかわってくるのか、私が切り込んでうかがう、という連載です（笑）。建築家の「老い」のモデルを探っていきたいと考えているんです。

竹山　「老い」のモデル化ですか（笑）。

――村野藤吾▼さんは、建築家は「五十歳からだ」とおっしゃったけれど、さらに六十歳、七十歳と現役で建築を続けるなかで、建築家にも、また違った局面が開けてくるのではないか、と思うんです。

竹山　僕は、以前『そうだ！　建築をやろう　修業の旅路で出会った人々』（二〇〇二）を書いて、その時のまえがきに、六十歳になった時に、ちょっと心境の変化があったことを書きました。武蔵野美術大学の卒業生や学生たちが集まって、わざわざ還暦祝いをしてくれた時に、僕自身が彼らと同じ年頃だった時のことがしきりに思い出されたんです。それが、この本を書いた動機にもなりました。

　というのは、六十歳という年齢になったら、どうも忘れっぽくなってきた。それは、僕の記憶の容量がいっぱいになったせいじゃないか、と。だから、古い記憶を一度取り出して、別にファイルしておけば、記憶の容量に、いくらか空きができるんじゃないか（笑）。

――なるほど（笑）。竹山さんの学生時代からの経歴を、ざっと振り返りますが、早稲田大学の大学院を卒業された後は、ハーバード大学に留学された。その後、そのままアメリカとデンマークでお仕事をされて、帰国されたのが一九六四年ですね。

竹山　そうです。ちょうど三十歳の時。

――その後はすぐに、武蔵野美術大学の造形学部建築学科の創設に携わられました。この時は、芦原義信▼さんに招聘されたんですか。

竹山　まあそうなんですが、そこはちょっと面白くて、同じ頃に、早稲田に戻らないかという話も来ていたんです。だから、帰国後しばらくは、両方に行っていた時期がある。ところが、それと前後して僕が結婚した。その仲人を、芦原さんと早稲田の武基雄さんの二人がやってくれたんです。二人ともやらせろ、やらせろ、と言ってくれてね（笑）。

そうしたら、その披露宴の挨拶の席だったたか、芦原さんがみんなの前で、「今度、竹山くんがウチ（武蔵野美術大学）に来ます」と言ったんです。

——満座の前で宣言しちゃったんですか（笑）。

竹山　そんな一件があってね、武蔵野美術大学に行くことになりました。武さんには非常に怒られて「一生十字架を背負わせてやる」と言われました（笑）。もちろん冗談ですよ。

ポスト・モダンの旗手

——芦原さんは武蔵野美術大学に新しい建築学科を創設するにあたって、非常にバランス良く人材を集めた。東大から磯崎新さん、早稲田からは竹山さんといったように。しかし、竹山さんについては早稲田というよりもハーバード、あるいは、海外で勉強した人物として招請したのでしょう。ですから早稲田からは、インテリア・デザインの分野で岩淵活輝さんを武蔵野美術大学に招いた。

竹山　そうかもしれない。芦原さんには、僕がアメリカに行く前、とても親切にしてもらったことを覚えています。ちょうど「中央公論社」（一九五九）が竣工した頃で、そのなかに事務所を構えていた。僕は、事前にアメリカのことをちょっと知っておいた方がいいと思ったので、ハーバードに行かれた先輩として、芦原さんを訪ねたんです。なにしろ、今のように円が強くなかった。一ドルが三百六十円という時代。しかも、自分のお金があったとしても渡航することはできません。留学生試験を通らないと、パスポートや旅券も出なかった。僕の場合はたまたまうまくいって、フルブライトで、行けることになったんですけどね。

——そんな経歴のなかで、竹山さんは日本に帰国されて以降、三十代の前半には、一躍「ポスト・

モダニズムの旗手」というラベルが、パッと貼られるわけです。一九六九年から一九七〇年にかけて「一番館」「二番館」が竣工し、また、チャールズ・ジェンクス▼の『ポスト・モダニズムの建築言語』（一九七七）も翻訳された。

竹山　『ポスト・モダニズムの建築言語』は、ジェンクスの奥さん、マギー・ケスウィックと知り合いだった関係で翻訳することになったんです。彼女はなかなか高貴な身分の方でね、日本の政財界にも知り合いがおられた。確か、中国庭園の研究者で、庭園史に関する本を書いたんです。その時に、僕がいろいろ資料を差し上げることになって、それで、お近づきになりました。そんななかで、ご主人が書いた本だといって『ポスト・モダニズムの建築言語』をもらったんです。

――ハーバード時代、ジェンクス本人とも知己があったんですか。

竹山　ジェンクスもハーバードを出ていますが、大学の関係ではなく、後になってからですね。一度、ご夫婦の住まいを訪ねたことがありますよ。ジェンクスは、黒川紀章▼さんとも親交があったようですね。

――ちなみに「一番館」「二番館」のクライアントとはどのように出会ったんですか。

竹山　あれはね、その前に同じクライアントに店舗のインテリア・デザインを頼まれたことがあったんです。その関係で。

僕は帰国早々に事務所を立ち上げたけど、日本で設計事務所に勤めたことはなかったから、そもそもどうやったら仕事がくるのかもよくわからなかったんです（笑）。そんななか、知人の他の建築家からの紹介で、飲食店や店舗のインテリア・デザインの仕事を始めるようになった。その関係で「一番館」「二番館」のクライアントとも出会って、設計の仕事を受けたんです。

――この二つの建物は、ソシアル・ビル、今でいう商業テナント・ビルですね。

竹山　そうです。当時はまだ、歌舞伎町の辺りはそんなに人が集まってくるようなところじゃなかった。ここに、どうやって人を誘導するか、ということが、一番のポイントだったと記憶しています。

モダニズムの再構築へ

――それにしても、竹山さんの、いわばアメリカ的なポスト・モダニズムと、他方、磯崎新さんを中心とするポスト・モダニズムは、ちょっと違うと思っているんですが、どうですか？

竹山　違いますね。どこがどう違うかっていうのを、言葉にするのは難しいんだけど。

――僕は、そのあたりがじつは重要なところじゃないかと思っているんです。つまり、竹山さんの年譜を僕なりに、ざっと通してみると、まず、三十、四十代の代表作は「一番館」「二番館」、それと、苫小牧の「ホテルビバリートム」（一九七四）。あるいは、渋谷の「１０９」（一九七八）ですね。「様式」の引用ではなく、スーパーグラフィックスなどに見られる建築のポップ化を主題にしたポスト・モダンの潮流といえます。これなら、建築と人間との感覚的な交歓は可能です。

そして、四十代の後半には「武蔵野美術大学十号館」（一九八一）があります。

竹山　これは、同じ武蔵野美術大学の教授だった寺田秀夫さんと共同でやったんです。

じつは、僕は最初、武蔵野美術大学の記章にもなっている「美」という文字を図案化したプランを考えたんです。内部空間の割り付けなどもして、図面をおこした。それをパートナーである寺田さんに見せたら、これは、芦原さんに見せた方がいいという。すると芦原さんは、もう、こちらがびっくりするくらい怒って、この案は拒絶されました（笑）。今思えばそれでよかったんですが。

――それはまた、斬新なデザインだったんですね（笑）。

竹山　いわゆる「アルファベット建築」のようなもの。ですが確かに、アイデア先行型のデザインでした。

――それが、五十代になると「キャナルタワー」（一九九一）や「晴海客船ターミナル」（一九九一）、「サッポロファクトリー」（一九九三）になるわけですね。さらに、六十、七十代になったら、海外、とくに韓国での仕事が増えた。そして七十七歳の時には「新宿西口地下道Ⅱ」（二〇一二）。

長くなりましたが、こうして見てくると、一つは確かに、三十、四十代にはポスト・モダン、ポスト・モダニストとしての仕事が目立ちます。ところが、五十代に入ると、むしろ、モダニズムというものを、再構築していこうという印象の仕事になる。また、六十、七十代になると、今度は「デザイン監修」という仕事が、誰よりも目に付くようになってきたんです。竹山さんの仕事は、加齢と共に、端的に変貌してきているように思えます。

竹山　後半に聞かれた、監修の仕事が増えたということについては、人を選ぶ側に立つようになってしまったからなんですよ。五十歳になった頃から。

それというのも、僕自身は、いわゆる役所、公共建築などの分野とは遠い位置で仕事をしていたつもりなんです。ところが、東京都が公共建築の設計を建築家に公平に振り分けることを目的とした「候補者選定委員会」というのを設立して、その時、どういうわけか、僕も選定委員のメンバーになったんです。それを、七、八年やりました。

――なるほど。一般的なデザイン監修というのは、たとえばゼネコンの設計部がやったプランがパッとしないから、そういうものを梃入れし、監修する、ということが多い。ところがそれ以上に、設計者を選ぶ側としての役割が大きいわけですね。ディシジョン・メイキングの方にあった、と。

竹山　そうです。するとね、そういう選ぶ側の人間に設計を頼むっていうことが、どうもできなくなるんですよね、人って。それで監修ばっかりになっちゃったんです。

丹下健三案に反対票

竹山　選定委員の仕事の、最後の大物は「東京都庁舎」でした。その審査員をやったんです。あれは有償コンペでしたが、候補者は予め、大手の組織事務所ばかりリストアップされていました。アトリエ事務所はまったく入っていません。若い人も全然いない。だから、僕はアトリエ事務所も候補者リストに入れるように要望しました。そうしなければ、同じような建築物を建てたことのある実績ばかりが重視されて、その種の仕事をしたことがない建築家には、今後決して、チャンスが回ってこないことになってしまいます。それでいくつか、若手のアトリエ派を推薦し、結果、磯崎新さんだけが候補者として残る、という形になったんです。

それにね、コンペに応募してきた提出物の膨大さも、非常に気になるところでした。大きな模型もあったし、この作業に費やしたマンパワーはいかばかりか、と。大組

織でなければ、これだけの作業はできません。それだけでも、若いアトリエ派の人たちが参加するのは非常に難しいことがわかった。

　そして最終的な審査でも、僕は磯崎さんを推したんです。彼はいくつかルール違反をしていたけれど、彼の案以外は、みんな類似しているように思えた。それらはみんな記念碑性を重視していて、一般の、私たちの生活と行政の乖離を助長しているように感じたからです。だから、丹下健三▼さんの案に反対したのは、僕と、もう一人。審査員が全部で何人だったかはちょっと、覚えていないんですが、結局、二人が反対票を投じたんです。

――そうだったんですか。非常に興味深いお話です。

竹山　でも結局、この「選ぶ側」の仕事っていうのは、僕の性分にはあわないな、と。

　そんなことを思い始めた時に、プロポーザルを出さないか、というお誘いを受けたのが、「晴海客船ターミナル」だったんです。その敷地は、ウチの子どもが小さかった頃、わりとよく遊びに行っていた場所でした。まだお台場の開発も進む前で、ちょっと裏寂れた静かな場所でしたが、広々としていたので、正月には凧揚げをしに行ったりしていたんですよ。そんな思い出のある場所だった。結果、幸い、僕らの事務所で受けることになったので、この時、やっぱり僕は「つくる側」の方がいいな、と、しみじみ感じましたよ。

　でもあそこも、今度の東京オリンピックの会場になると壊されちゃうような話を聞いたんですが。

――いえ、壊す計画はなくなったはずです。周辺の一部が選手村などに使われるようですけど。

竹山　そうですか。つい先日、たまたま晴海に行った時には、何かイベントをやっていて、普段はタダで入れるのに、お金をとっていましたよ。まあ、時代の流れによって使われ方も変わってくるし、事情も変わってきますね。

晴海旅客ターミナル

――竹山さんの経歴のなかでぜひ

おうかがいしたいのは、一九九〇年代以降、ポスト・モダニズムから、ある意味、自由闊達なモダンの方へと変遷してきた仕事についてです。この時、何か心境の変化があったんですか。

竹山　そうですね…。ポスト・モダン、あるいはモダニズムということ自体に、僕はいつも懐疑的でね。日本にモダニズムというのがあったかな、と。モダニズム自体が、日本には定着しなかったんじゃないでしょうか。だから、そのあげくいろんな形が出てきます。真壁さんがおっしゃるように、僕がポスト・モダンからモダニズムの方に自由に羽ばたいたのだとすれば、その「隙間」が問題だと思う。

日本の社会全体を成立させているシステムのなかには、未だに、合理主義というのが徹底していないところがあります。それが故に、出てくるものも不安定です。それが悪いことだとは思っていません。しかし、その辺りが残っている限りは、まだまだ、そういう「幅」、「隙間」が、たくさん出てくるんじゃないでしょうか。今後もね。

――竹山さんの仕事のなかでは、「キャナルタワー」や「晴海客船ターミナル」の辺りから、そういう作風が顕著になったと思います。やはり、今もお話のあった、晴海の仕事がエポックになりますか。

竹山　そうかもしれません。つまり、建築家にモノを依頼する側、発注者側の変化ということもあるんですね。

晴海の竣工は一九九一年ですが、指名プロポーザルに参加しないかと言われたのが、一九八八年でした。だから八〇年代まではまだ、いろんなプロジェクトがあった。それが、九〇年代に入るとパシッとなくなってしまった。とくに個人の建築家が大きなプロジェクトに参加できなくなりました。それは、先ほど言ったコンペやプロポーザルのあり方、僕自身が選ぶ側として実感したことでもあるけれど、仕事発注の仕方が変わったんですね。

――要するに、日本のモダニズムの不徹底さというところに、自分の表現域を見出そうとした。だけど一方で、仕事を発注する側のズレもあった。しかも、そこはかなり不条理というか、曖昧な世界なんですね。

竹山　そうですね。今はいくらか公表するようになったようですが、当時は、コンペの参加者に誰を呼んで、誰が審査したかということも知らされませんでしたからね。僕はその後、「横浜市北部斎場」（二〇〇二）もやって、あれもコンペだったんですが、誰が呼ばれて誰が審査したのかわからない。教えてくれないんです。最近は公表するようになったけれど、今度は逆に、公共の仕事がグッと少なくなってきちゃった。

——コンペに対しては、今でもまだ不明瞭だという意見は多くあります。それに、非常に数に限りがありますからね。

竹山　だから、若い建築家は気の毒ですよ。われわれが若い時には、ビックプロジェクトに参加する機会もあったんですが、今の若手は、結局小さな住宅などを手がけることが増えているでしょう。もちろん、それでも結構、手腕を発揮してやっているようですけどね。

建築の話題が一般雑誌化

——竹山さんは、合理主義に基づく体質がない日本の社会では、モダンも、ポスト・モダンも根付いていないとおっしゃった。

僕はそのなかでも、日本のポスト・モダンというのは、いわば、ある種の風疹のような一過性のものとして扱われている側面がある、と思うんです。ただ僕は、ポスト・モダンの台頭とほぼ時期を同じくして、失われたものもあると思っています。それは、モダニズムが、一九五〇〜六〇年代の半ばくらいまで突き詰めていた、人間と建築の、あるいは人間と都市の、さまざまな研究です。ケビン・リンチ▼やローレンス・ハルプリン▼、クリストファー・アレグザンダー▼もそうかもしれませんが、そういった、やや社会学的な研究が、根こそぎなくなってしまった。なぜなんでしょうね。

竹山　確かにそうです。最近あまり見ませんね。

　僕が一つ思うのは、たとえば、建築の話題を探すのに昔は専門誌があって、そこからある種の見識を得たりしていたけれど、今は、一般誌の方がむしろ面白くやっている。つまり、建築の話題が一般誌化して、幅広く扱われるようになった。それが悪いとはいいませんが、その結果、研究なんかに構っていられない、という風潮になった。専門的な知識を専門家が得るのではなく、研究の意味を社会的に広げようという動きがある。そういうことなんじゃないですか。

——ただ、マン・エイドな視点がガサッと落ちちゃったのが、残念だと思うんですよ。それが、ポスト・モダニズム以降の如実な傾向だな、と思うんです。

　そんな時代の変化のなかで、竹山さんは四十年間にわたり、プロフェッサー・アーキテクトとして大学で教鞭をとられたわけですが、その間には、建築教育のバックボーンというのが非常に変化したんじゃないですか。教える立場としては、その辺りをどのように捉えていたんでしょうか。

竹山　僕は、あんまり教えなかったからね（笑）。学校に行ってくつろいでいる、というのが僕の本音。若い学生と一緒にテーブルを囲んで話すというのが面白かった。

——そうですか（笑）。それでも、設計演習はやっておられた。どんな課題を出されていましたか。

竹山　印象に残る課題っていうのはあまりないんだけれど…、それより、自分で課題を見つけてこいっていうのが、多かったんじゃないかな。武蔵野美術大学は郊外だから、時々都心に出て、いろん

事務所にて

な課題を見つけて。それをまたみんなで語り合うという、そんなことに興味がありました。
　あとは、ちょうど都庁舎の移転の話があった時には、あの跡地利用をどうするかっていうことをみんなで考えたりしましたね。これは、武蔵野美術大学でもやったはずですが、ハーバードにちょっと教えに行っていた時も、アメリカの学生の課題として出しました。しかも、丹下さんがやった旧都庁舎を残したまま、用途を替えてどうやって活用するか、と。

——確かに、旧都庁舎は非常にすぐれた建築でしたからね。あれを取り壊すのは非常に残念でした。

竹山　教職についていた四十年間は、非常に楽しかったですね。ハーバードの他にも、ちょっと呼ばれて、アジアやヨーロッパの大学に教えにいったことがありますが、学生たちとつきあうのはいつも新鮮で。そういう若い人たちと交流の機会をもったことは、とても貴重な経験でした。

戦争体験があるかないか

——それでは、いよいよ核心ですけれど、七十歳になって以降、建築の捉まえ方や見方について、何か、気が楽になったり、豊かになったりする感性というのは、実感としてありますか。

竹山　そうですね…。当事者は六十代になったから、七十代になったから、と、あまり考えないですね。だんだん歳をとってしまう。時々自分でも、よくここまで歳をとったな、と思うことはあるけれど(笑)。

――先ほど、コンペの話で出ましたけれど、社会情勢の変化に加え、建築家にも、歳を重ねるなかで、今までとはもう少し違う、自分たちが生きる土壌があるんじゃないか。もう少し小規模な作業だとか、あるいは、アンビルドな建築、情報発信や表現などの分野で。

竹山　それはそうかもしれませんね。ただ、日本の場合はなかなか、建たない建築の価値は認められにくいですね。

――ずいぶん前ですが、私は竹山さんがおっしゃった「建てるだけが建築家じゃない」という言葉が、非常に印象に残っているんです。それは今でも、心に響いている発言なんです。

竹山　そうでしたか。つまり、建てること以外にも建築家には役割がある、とは常に思っていることです。だからその辺りが、少し面白くなってくるといいんだけど。まあ、われわれが少しがんばらなくちゃいけないのでしょうね。

そもそも、最近の東京都心なんかを見ていると、建築はこんなに建っちゃっていいのかな、という気もします。だんだん密度が増しちゃうんですよね。

――今、再開発をしている渋谷駅では容積率が一二〇〇～一三〇〇%くらいまで上げられるという話ですが、あの過密状態に、人々はついていけないのではないかと思います。心理的なストレスがある。

竹山　そうですよね。僕はかつて、東京を抜け出そうと真剣に考えた。朝起きて、外の景色を見ても物足りないんですよ。

――北海道にお帰りになることを考えられたんですか?

竹山　それが北海道は寒すぎて(笑)。それに、僕の実家は札幌のど真ん中だから、あまり違わないんだよね。

——僕は、学生時代に札幌のご実家を拝見したことがありますよ。黒い下見張りの、海産物の卸問屋ですね。

竹山　それを、今のようなアルミの化粧パネルで覆ったのが、札幌オリンピック（一九七二）の時。なにしろ、僕の実家は空港に直結する国道沿いだったから、父が、オリンピックが開催されるのにあわせて、外壁だけでも修復したい、と。それで急きょ、外装だけを施したんです。当時ですでに築八十年の建物でしたから、ほんの二、三年、もてばいいと思ってやったことなのに、今もまだ、あのまま建っています。この次、台風が来たらどうなるか。毎回、心配していますよ。

——それは大きなことですね。あ（笑）。

——それもまさに、ポスト・モダンの仕事だったわけですね（笑）。

竹山　札幌のことを話していて、今フッと思ったんだけど、このインタビューのテーマは「建築家の年輪」ですね。その「年輪」に関していうと、僕らの世代と、今の四十代、五十代の建築家、いやもっと、真壁さんの世代との間にさえ、大きな溝がある。それは、戦争体験ということ。僕の場合は、終戦が十歳くらい。つまり、はっきりと記憶に残っていますよね。ですから、それを体験した人たちの実感というのは、同じ「年輪」でも、そこだけ密度が高くなっていますよ。

——それは大きなことですね。ある世代を境に、原風景が異なる。僕は昭和十八年、戦中に生まれているので、まったく記憶はないんです。

竹山　なおかつ、地域的にも溝がある。なにしろ、僕が育った北海道で雪が降り積もっている時に、南じゃ桜が咲いているんだから。その違いもかなり大きい。僕は、東京の大学に進学して、その後アメリカに行ったけれど、東京からアメリカという距離よりも、札幌から東京の方が、遥かに遠いような気がしました。

——なるほど、当時はそうだったでしょうね。ところで戦時中、札幌にも空襲はあったんですか。

竹山　一度ありました。ただ、被害はあまりなかった。B29が襲来しても、あれはなんだ、というくらい。ジェラルミンがピカピカ光って、すごいな、と。

それ以上に僕の印象に残っているのは、区画整理なんです。札幌はもともと道の広い町ですが、さらに、北と南を分断するために道路を拡幅した。その解体工事が、とても暴力的で、建設工事以上にすさまじかった。全体主義っていうのは、本当にすごいことですね。だから、そんなイメージから僕は出発している。もちろん、その頃はまだ、建築をやろうなんていう気はなかったのだけど。

建築家の役割が変わった

――では最後に、現在、気がかり

なことや関心のあることはございますか。やはり今、歳を重ねてからの建築家の新しいステージを、まだまだみんな、探していかなければならない。そのなかで、竹山さんご自身はどんなことに関心をおもちですか。

竹山　そうですね。僕は、建築家の役割そのものが、少し変わってきていると思う。だから、このまずっと続いていけるのかな、というのが少し、心配です。さっきも、建築専門誌が一般誌化してきた話をしましたが、建築そのものの役割が変わってきていて、そのなかでは当然、建築家という仕事の職能も変わってくるんだろう、と。

どういう風に変わっていくのかは、ちょっとわからないけれど、もっと社会に拡散していく。専門職ではなく、誰もが建築家だというように。建築家の専門的な知識というのも、拡散してしまって、このままいくと、どういうことになっちゃうんだろう。

——建築家的なモラルも、矮小化されてきた面があるんでしょうか。

竹山　そうですね…。まあその辺りが、関心が深いところです。

——でもこれは、かなり大きな主題ですね。建築そのもの、そして建築家の意味が大きく変容しつつある、と。今までにも、それに匹敵するような局面はありましたか。

竹山　あまりなかったと思います。ずっと連続的に、継続的に来ましたからね。でもそんな風に思うのも、年輪のせいなのかな（笑）。

最近は、とくに住宅の場合、クライアントがやたらとモノを知っているんですよ。それでいろいろ言うので、現場が終わらない。それなら、自分でやった方がいいんじゃないか、なんて、思っちゃいかねないことも増えている。つまり、建築的な知識がかなり社会化しているということなんでしょう。

——すると建築が変わってきた、というのは、クライアントとの関係のなかからということもあるんでしょうね。住宅の仕事だと、若いお施主さんも多いでしょうし。

竹山　そうなんですね。そんな時はやっぱり、自分の歳を考えます。これまでずっと、僕にモノを頼むのは自分よりも年上の人だと思ってきたのに、それがいつの頃からか逆転しちゃいましたから。僕にモノを頼む人が、僕より若い人になっちゃった。

――建築家が加齢意識を感じるのはそういうところなんでしょうか。でもおそらく、若い施主は何かを期待しているんでしょうからね。

竹山　何かを期待してくれていれば、まだいいんですが、だんだんとそういうことも減ってきた。何かの縁で頼む、ということが多いんです。

――動機が濃くないんですね。それは不幸ですよ。もっと上手に竹山実さんを使えば、もっと面白いものになるのに。

竹山　するとやっぱり、信頼関係が欠落してしまうんですね。それでいて、クライアント自身がいろんなことを調べてきて、われわれが提案するのと同じくらい、提案してくる（笑）。まあ、それも一概に悪いとは言えませんが、しばしば、やりにくいことになります。

――そこできちんと議論できればいいけれど。ですが議論というのは、ちょっと集めてきた「情報」だけでは成立しませんからね。人と人とのコミュニケーションのあり様も、変わってきているのかもしれません。

竹山　あとは、相対的にグローバルになったことによって、日本の場合、社会における建築の意味が、非常にもろくなったということもあるんじゃないか、とも思います。

そんな風に思ったのは、僕はここ数年、たまたま機会があって、東欧圏に長く滞在していたんです。すると、どこに行っても、日本よりもハツラツとしているんです。とりわけ、チェコではそう感じました。じつはチェコでは、その前の年に建った建築を見て歩いて、優れたものに投票して、その年のアワードを決める、という、その審員をやったんです。なかなか、いろんな建築がありましたよ。ただし、日本のように、そんなに最先端なものはない。だけどかなりの水準を守っている。何より、ちゃんと新しいものが受け入れられているんです。社会と建築にちゃんとした結びつきがあり、バランスがとれている。そんな風に感じました。

ところが、翻って日本をみると、果たして、そんなムードが、あるいは風土があるだろうか…。はなはだ疑問に思うんです。

——ではそのなかで、日本の建築家としてはどういった資質が必要になっていくのでしょうか。

竹山 それはまあ、技術でしょうけれど、もっと大事なのはイマジネーション。想像力、発想力が一番大事じゃないかと思います。それは、個人的な資質というよりも、最近の建築教育というものが、わりあいと技術本意になっているでしょう。そこがちょっと心配なんですね。

これは僕の持論なんですが、建築というのは、技術と想像力、発想力が、うまくミックスしないと出てこない。日本の建築教育には、その辺りに問題があるんじゃないでしょうか。じゃあ、教員としての僕はどうだったかというと、あまり技術に興味はなかった、というよりも、教えられなかった。発想の弾力性を重視していました。今考えるとね。

近澤可也

一九三四年生まれ

社会がリスクを怖がって、
やるべきことをやらなくなった

ちかざわ・かや＝石川県生まれ。建築家。パンデコン建築設計研究所代表取締役。一般社団法人ふるさと未来研究所代表理事。一九五三年金沢大学付属高等学校卒業。石川県庁に入庁した後、一九五六年東京大学理科Ｉ類に入学。一九五九年、同大学工学部建築学科へ進学、一九六一年に丹下健三研究室に入り、都市建築設計研究所に勤務する。また在学中には、藤田組（現フジタ）の第一期学生重役に就任し、第三期まで務める。一九六三年に綜合デザイン・パンデコン設立。一九六四年、東京大学数物系大学院修士課程卒業。一九六五年には、株式会社に改組したパンデコンの代表取締役に就任。翌年に一級建築士事務所としてパンデコン建築設計研究所を開設する。商店建築やインテリア、学校・幼稚園、住宅などの建築設計を手がけるほか、企画構想も多く手がける。都市開発、まちづくりへの参加も多く、一九八七年からは農山村田園都市計画として、群馬県倉渕村（現高崎市）で「花と緑の手づくり村構想１９８８」に携わり、各種施設の設計を手がけ、滞在しながら「食と農」をテーマに実践的な活動を展開している。また俳優として舞台や映画、コマーシャルにも出演。主な建築作品に「千駄ヶ谷家禽センタービル」（一九七〇）、「アトリエ飛行船」（一九七二）、「目黒学園幼稚園・プール」（一九七二）、「ヤングイン輪島」（一九七四）、「金城短期大学」（一九七五）、「ポートピア'81日本ＩＢＭ遣唐使館」（一九八一）、「花と緑の手づくり村・ふれあい館」（一九八五）、「倉渕村ふれあい館・倉渕村幼稚園」（一九九二、一九九三）、「金城学園白山美術館」（二〇〇五）など。

自分は一般人という感じ

――近澤さんのことは以前からずっと気になっていて、お会いしたかったんです。それというのも、今から四十年も前、雑誌『商店建築』の「現代建築手法百科」(一九七二年十一月臨時増刊号)という特集で、近澤可也というお名前を初めて拝見しました。この時近澤さんは「交歓・界隈化の手法」という記事を寄稿されていましたが、その内容にシンパシーを感じていたからです。

じつは私も当時、大竹誠、中村大助、村田憲亮という四人で遺留品研究所▼というグループをつくっていて、この特集に「記号化の手法」と「物化・神話化の手法」という項目を書いているんです。

近澤 ああ、そうでしたか。思い出しました、界隈化、確かに書きました。思い出しました、若く輝いていた時代でした(笑)。

今回の真壁さんの取材にちょっと関係すると思ったのは、湯島の岩崎庭園のところに「国立近現代建築資料館」(二〇一三)がオープンしたでしょう。そのオープン記念展示「建築資料にみる東京オリンピック　一九六四年国立代々木競技場から二〇二〇年新国立競技場へ」(二〇一三年五月八日〜六月十四日)を見て来たんですよ。じつは、この研究員をしている新進気鋭の建築評論家、金子祐介さんから連絡をいただいたんです。金子さんは以前「日本インテリア史」を書くために僕のところに取材に来られて、それ以来、お付き合いが始まった間柄です。

この建築資料館の展示は、東京オリンピックがテーマですから、当然、丹下健三▼先生が関係している。しかも僕は、ちょうど一九六一〜六四年まで丹下研にいて、代々木の、小さい方の体育館(東京オリンピック代々木小体育館)の図面を起こすのを、ちょっと手伝った。それで懐かしくて、恭子さん(※奥さま)と一緒に見に行った。そうしたら、僕もかかわった立面図が、ちゃんと展示されていました。

――そうですか。それは素晴らしい。今まさに、近代・現代の建築についてもう一回考えなければいけなくなっていますからね。本日はそんな、近澤さんの丹下研での活動をスタートに、「建築家の年輪」というテーマで、建築家の歳の重ね方、そのうえで、いかに社会とかかわるのかという、建築家としての生き方に触れるお話を、うかがわせていただきたいんです。

まず、経歴を拝見して、僕はちょっとオヤっと思ったんですが、近澤さんは、金沢大学付属高校を卒業されたあと、石川県庁に勤めていらっしゃいますね。

近澤 その辺がね、振り返ってみれば僕らしいのかもしれない。つまり、僕の肩書きは「建築家」となっていて、響きもいいし、カッコいいし（笑）、もちろん、それなりの意識とプライドはあります。

ただそれよりも前に、興味も、考え方も、建築に特化しているのでなく、自分は一般人だという感じがあります。

――近澤さんが設立したパンデコンにしても、建築だけじゃありませんものね。ただ、クリエイティブな仕事をするっていうことでは突出していることは間違いない。だから県庁では、営繕課か建築課、あるいは都市計画課か何かに入られて、それが、建築に進むきっかけになったのかな、と勝手に想像したのですけど。

近澤 僕は金沢大学付属高校にいました。付属の生徒は、普通は金沢大学に行くんですね。もっと優秀なのは東京大学を受けるし、お金持ちの、素封家の息子なんかは私立に行く。だから高卒で働く人間はあまりいない学校だったのは確かです。僕も、中学と高校の一貫校で、非常に面白おかしく過ごしていたんだけど、なんとなくそのまま金沢大学を受験する気にはならなかった。それなら、受験をやめて就職だ、と。

これは自慢話ってわけじゃないんだけど、高校卒業の時に、地方公務員試験というのを受けてみたら、多くの受験者のなかで、トップテンに入ったんですよ。だから、県庁の人事課の課長が面接の時、「近澤くんは金大付属だから、県庁なんかに来ないだろうね」って言うので、「いやいや、そんなことはありません」と。それなら、ということで、石川県庁の総務部総務

課に勤めることになりました。

だけどね、その課長が「近澤くん、役人をやるなら東大に行かなきゃダメだ。君は仕事をしなくてもいいから、勉強しなさい」という。まあ僕としても、進学するなら東大だな、と思っていたので、総務課にいながらにして、進学適性検査、今で言う共通一次を受験したんです。そうしたらね、その成績が石川県で一番だったんですよ。そんなことがあって、周りも自分も、急きょ、東大受験だというムードが高まった。

だけど、県庁でも宗教法人係という仕事を与えられていました。しかも、若くて血気盛んだったから、県庁にいる以上はなんでもやります、という意気込みで、冬の雪かきから、県知事のクルマの運転手の手配、ガリ版での書類づくりなんか、いろんなことをやっていたんです。だから、東大を受験するといっても、どこか気合いが足りなかったんでしょう。二回、東大の文Iを受けたけれども落ちた。それで三回目を受験するっていう正月、新聞を見ていたら石川県の財政状況は全国ワースト1で最悪だから、県の職員に対して勧奨退職を求めるという記事が出ていた。希望退職者には退職金が三倍出るっていう。これだ！と思って、早速辞表を書いて、県庁に持っていきました。総務課の課長さんは、理解して喜んでくれたけど、他の先輩や同僚は、よほど金にでも窮して退職するのかと心配して、「近澤くん、早まるな」なんて言われましたよ（笑）。

だからこの三回目にして、僕はいよいよ、背水の陣で東大受験に望んだんです。ただ、今度は理Iに転向して受験した。それで運よく、うまくいきました。

東大映画研で活動

――じゃあ、最初から建築を志していたわけではなかった。

近澤　そうです。だいたい、なんで東大が良かったのかっていうのはね、まず一つは、国立だから授業料が安い。それに、何と言っても駒場寮があった。地方から東京に出ると、下宿とかお金がかかる。だけど東大には寮があるから、それが良かった。僕は駒場寮に入ろうと思って、東大を狙ったんです（笑）。

他にもね、東大に行くと奨学金がもらえた。確か二千円くらいもらえたんです。さらに大きいのは家庭教師の報酬。他の大学の学生だと、一週間に二回で二千五百円のところ、東大生だと三千五百円。それが大きかった（爆笑）。

――何かモノをつくることは、もともと好きだったんでしょうか。

近澤　そうですね。僕は中学の頃に「電気通信班」というのを仲間と一緒につくって、工場の廃材を分解してはいろんなものをつくっていました。「スーパーヘテロダイン」という受信機や、「水滴顕微鏡」というのもつくったな。水滴をレンズにした顕微鏡ですよ。それに、実家は石材を扱う商家だったんで、子どもの頃からその手伝いはいろいろしていた。昔はコンクリートがないから、流しやかまど、建築の基礎にも石を使っていたわけです。だから家業からして、やや建築と関係はあったのかもしれない。

でも、東大に入ってからも一直線に建築の方には行かなくて、仲間と映画研究会をつくって、朝から晩まで討論をしていた。だから、教養学部の頃はほとんど学校に行かずに、駒場寮でばっかり活動していたんです。当時流行っていた太陽族、アロハに短パンっていう格好で構内をウロウロしていましたよ。

――そもそも映画に対しては、そこから素地があったんですね。じつは、これは後ほどうかがおうと思っていたんですが、六十歳で俳優に、七十歳になってからはシナリオの勉強をされていらっしゃる。そこにどういう遍歴があるんだろうと、かねがね思っていたんです。

近澤　映画研の仲間とは、まさに寝食を共にした。映画監督を呼んできて話を聞いたり、ピアノの演奏会を企画したりで、本当に楽しかった。だから、将来、職業を選ぶとしたら何になりたいかということを考えた時に、一つは映画監督。そしてもう一つが建築家だった。ただ、理Ⅰは工学系なので、そこから進学するコースとしては、建築学科が一番創造性があって面白そうだと思ったんです。だけど教養学部の時にはもっぱら、遊んでばかりいましたから、建築学科に入るのに一年留年しました。それからは、建築の面白さに目覚めて、わりと一生懸命にやりましたよ。とくに設計製図が好きで、徹夜で制作するのも苦にならなかったな。

――東大の建築学科に入られたのには、そんな経緯があったんですね。ここまでうかがうだけで、なかなか一筋縄にはいかない。波瀾万丈ですね（笑）。

そして数物系大学院で丹下研に進むわけですが、そこは、スムーズに入られたんですか？

近澤　もちろん試験を受けたんですが、まあ、うまく入れた。ただ考えてみると、試験の面接で、建築学科のそうそうたる教授が並んでいろいろ聞かれた時、僕は「建築は政治に負けているからけしからん！」とか、生意気なことを言った。そんなことが逆に、評価されたのかもしれません。もちろん、建築学科の時はずいぶんまじめにやっていたし、構造なんかも、わりといい成績だったんです。

――するとその当時から、建築の社会における役割、システムのあり方や政治、政策とのかかわり等への視点をもっておられたんですね。

近澤　むしろ、そういうところが、ちょっと強かった。

学生であり重役である

――冒頭から、近澤さんのキャラクターを知る、かなりボリュームのある話になりましたが、最初にうかがっておかなければならなかったのは、「パンデコン」という名前について。じつは僕は、長い間勘違いしていたんです。「パン」は「汎」ですが、「デコン」というのは、「デコンストラクション」の略だと思っていました。ところが、「デザイン」と「コンサルティング」の合成語だったんですね。

近澤　最初は、経営コンサルタントもいましたからね。他に、工業デザイナー、映画助監督、作曲家、インテリアデザイナー、雑誌の編集者なんかと七名が集まって、一九六三年に「綜合デザイン・パンデコン」をつくった。彼らは主に、藤田組（現フジタ）の学生重役会▼時代に知り合ったメンバーです。恭子さんはインテリアデザイナーで、まあ、学生時代からのお付き合いなので、パンデコン設立時から参加してもらった。一九六四年には結婚しちゃったんですけど、ずっと一緒にやっています。

――それは素敵ですね（笑）。

そして、学生重役会の話もぜひうかがいたかったんです。また学生重役会が、パンデコンの設立にも深く関係していたわけですね。

近澤　学生重役は、僕はその一期から三期までを務めたんです。丹下研の学生だった時、僕が製図室にいたら、藤田組の人事課長だという人が入ってきたんですよ。何の用かと訪ねたら、藤田組では学生重役制度というのを考えているという話。学生であり、重役である、と。平たくいえば、藤田組は東大の学生を求人したい、ということだったんですが、僕はそのアイデアは面白いと思った。ただ、そのために便宜的につくったのでは、学生の反発を食らう。中途半端なことではダメだ、一課長の言うことでは信用できないから社長に会わせろと、僕は言った。それで、藤田組の副社長だった藤田一暁さんに会いました。当時ＹＰＯ（ヤング・プレジデント・オーガニゼーション）で活躍されていた一暁さんも本気でやるというから、一緒に制度づくりから携わったんです。

――藤田組の学生重役制度というのは、若者の着想を求める制度として、時代のエポックになりましたね。

近澤　結局七期まであって、最後の七期には土井脩司▼さんという、後に「花と緑の農芸財団」というのをつくった人がいた。残念ながらお亡くなりになりましたが、僕は彼とはずっとつながりがあって、いろいろなプロジェクトを一緒にやりました。

それで、藤田組の学生重役っていうのは学生じゃなくなったら辞めるんだけど、そのまま藤田組に就職してもつまらないと思って、大学院を卒業する少し前から、仲間と集まってパンデコンを始めて、東京八重洲口近くにあった藤田組の木造の旧社屋を借り、事務所を構えたんです。映像プロダクションと、情報デザイン研究所、建築設計研究所という三部門があって、それぞれの得意分野を活かしながら、プロジェクトごとに組織をつくって。やれることは何でもやろう、という組織。設立時は、アイデア開発でものづくりをするのが新しいといって、朝日新聞で紹介されました。そして、それが少し進んでから、税務署にも登録しなきゃないっていうんで、一九六五年に法人化して株式会社となり、パンデコンがスタートしました。

自邸にて

企画の四条件「人時場金」

――パンデコンという組織のあり方は、一口でなかなか説明し難いんですが、とにかく調査・研究から生まれるアイデア開発で仕事をつくっていくというのが特徴的ですね。また、どこかオーガニックで、コズミックな雰囲気もある組織です。そこに僕なんかは非常に共感できるんですが、一九六五年前後というと、バックミンスター・フラー▼が『宇宙船地球号操作マニュアル』（一九六三）を発表したり、スチュアート・ブランドによる『全地球カタログ（Whole Earth Catalog）』（一九六八）が創刊される、あるいは、フリチョフ・カプラの『タオ自然学』（一九七五）は、もう少し後かもしれないけれど、そういう思想が、近澤さんたちの活動と非常にリンクしているように思うんです。

近澤　僕はあんまりモノ知らずというか、そういうことを何も知らずに、ただやっている。後になってみると、なんだか同じようなことをやっていたな、ということなんですけど。

　ただやっぱり、パンデコンをつくった時には、場の理論というか、いろんなものをやる時に、「場」というものが必要だという気持ちがあった。「人《ジン》・時《ジ》・場《バ》・金《キン》」というのは、自分でつくった言葉ですけど、人と時間と場所とお金、この四つがバランスよく立たないとモノは創造できないんですね。建築はわりとそれが様式化しているけれど、ことに企画の場合、この四つをきちんと考えないと物事が進行しません。

　ところがね、実際に動いていると、この四つをすぐに忘れる（笑）。面白い話があるとすぐに乗っちゃって。でも「人」は誰と誰でやるのか、「時」は、時代は何を求めているのか、「場」はどこでどうやるか、そして最後は「金」、どこからお金をもってくるかをね、ちゃんと考えないと。いろいろ、いいことや面白いことを言っている時には、だいたいお金のことは抜けているからね。

　だけど、逆に最近はお金のことばかりになっちゃいましたね。お金があればモノができると思っているような雰囲気です。もちろん、お金は重要だけれど、この四つが一つなんですよ。

――グローバリズムのなかで効率化・収益化を求めていくと、どうもお金に集約してしまう。マネー、拝金主義に。それはクリエイティブにとっては手強い事態ですね。

近澤　つくる側の僕らは、お金の素人というか、てんで弱いから、いつもそれで痛めつけられて…最後は銀行にハシゴを外されちゃう（笑）。しかし、アベノミクスはその最たるものじゃないですか？　お金を集めて、さて安倍さん、何をつくるんですか、と。日本をどういう風につくるんですか、と。そういうところが抜けています。

東京家禽センター

――それにしても、近澤さんはコンセプトワークに長けていますよね。「人時場金」もそうですが、「天地人」というのもあります。コンセプトワークが強い建築家という資質をおもちです。

近澤　「天地人」は卒業制作の時に考えた。企画・構想・計画・設計をする時には、「天の機《とき》・地の利・人の和」を活かすことが大切だ、ということ。卒業制作っていうのは、普通は図面とか、設計をちゃんとやるんだけど、まあ、僕も部分的には揃えたんですが、僕はまず、この言葉を知り合いの書道家に筆で書いてもらって、巻物にして、プレゼンしたんですね。学校ではびっくりしてたよね（笑）。

あとは「デザイン般若心経：五《ご》縕《うん》の法」といって、目に見えないものから目に見える形をつくる、というのもあります。般若心経の「色不異空《しきふいくう》　空不異色《くうふいしき》／色即是空《しきそくぜくう》空即是色《くうそくぜしき》／受想行識《じゅそうぎょうしき》　亦復如是《やくぶにょぜ》」という経文に習って、「色《しき》・受《じゅ》・想《そう》・行《ぎょう》・職《しき》」でモノづくりに必要な心得を考えた。つまり、「色」は形、「受」は情報、「想」はイメージ、「行」はポリシー、「職」はコンセプトというわけです。

――そんな発想からも如実に伝わってきますが、僕は、パンデコンという組織は、非常にオルタナティブな思想をもっていたんじゃないかと思うんです。そして、僕らが学生の時に何よりショッキングだったのは、千駄ヶ谷に竣工した真っ赤な建物「東京家禽センター」（一九七〇）。仲間内ではこれを「赤色事件」と言っていました（笑）。

近澤　あの時は、美観論争が起きたんです。朝日新聞の「声」の欄に賛否両論、意見が寄せられて。東京都からも色を塗り替えられないかと言われたんだけど、施主は「私は赤が好きなんです」と言うし。結局、美観論争に終止符が打たれたのは、当時のアメリカセンター館長だったワーレン・J・オブラックさんが、「灰色の東京に勇気ある創造的な建築ができた」というような趣旨の論文を書いてくれたので、パッと収まったんです。

――しかも、「鶏」という文字が大きく描かれていた。この家禽センターと前後して、竹山実さんの一番館、二番館ができましたが、あれにも、建物に一番館、二番館と書いてあった。僕らは、当時のそういう建築から、記号としての建築や建築のモノ離れの実感を受けたんです。

近澤　僕の大学院の時の修士論文は「情報都市論」というタイトルで、都市のなかでは、人も建物も存在が失われて分子化され、単に情報化され、記号化される…という、そんな趣旨の論文を書いたんです。でも、当時はまだ「情報化」という概念があまり一般的ではなくて、丹下研のみんなも、「情報」というと、「おまえ、スパイ活動でもするのか」って言いましたよ。そんな時代。だから、家禽センターは、その当時に考えていた情報都市論、建物は記号化するということの、一つの例としてやりました。

――ここから、どんどんポスト・モダンが花開いていくことになります。

渋谷再開発計画

――また年譜を拝見すると、三十代の前半、渋谷再開発計画にも携わっておられたんですね。

近澤　「渋谷再開発計画'66」ですね。これは、正式には坂倉準三▼さんの事務所に話がきていたんです。その坂倉事務所に、僕と同期生の林泰義くんが出入りしていた。林くんは高山英華▼さんの弟子で、東大の都市工学科の一期生です。それというのも、坂倉事務所でも、都市計画のことは詳しくないから、林くんに相談していたんだと思う。そうしたら彼が、こういうのをやるならチカさんだ、と言って、僕のところに話が来た。

――現在進行している渋谷の再開発の根っこにも、この計画があるんですね。

近澤　そうですね。この時は渋谷再開発推進協議会が発注先で、民間の都市計画です。坂倉さんのところへは、東急の五島さんとのつながりで話が行ったようですね。

　最初のきっかけは、大向小学校の跡地に東急百貨店をつくるのは是か否かという話。しかも東急は、西武百貨店が渋谷に出店することに対して脅威を抱いていたんです。だから、反西武、なんとか阻止する、なんていう考え方もなかにはあった。だけどね、僕は西武が来るのは良いことだと思った。渋谷を東急の牙城のようにするよりも、いろんな要素が混在化していた方が、町は面白くなる。混在系都市計画とでも言うのかな。あまりきれいに整理しないで、混在している所に面白みが出てくる。結局は西武も出てきましたしね。

　当時、渋谷駅の乗降客数は百万人以上だったんです。ところが、平均滞在時間はたったの四分。乗り換えでしか使わないんです。また、改札を出ても、駅ビルの東急東横店で用を足して、町に出てこない。だから、駅を中心に徒歩十分くらいの所にいろんなものを配置して、もう少し渋谷の町のなか

を歩かせよう、というプランをつくりました。
——確かに渋谷は、そういう形で町が広がってきました。「東急ハンズ」や「東急本店」、「東急文化村」等はその戦略的典型となるものでしたね。現在、東急を中心に進行している再開発でも、駅という拠点を「アーバン・コア」と位置づけて、そこから派生する歩行者ネットワークを重視している。これは、最初の再開発計画を踏襲したといっています。まさに近澤さんたちの提起した渋谷活性化計画がベースにあるわけです。

若者に受けた「ヤングイン」

恭子　渋谷の時も、かなり時間をかけて渋谷の町やそこに集まる人のリサーチをしたんですが、だいたい私たちの仕事は、いつもそこから始まるんです。「ヤングイン・シリーズ」の時もそうでした。

近澤　「ヤングイン」っていうのは、ヤングの宿屋。最初のきっかけは、石川県輪島で老舗旅館をやっている経営者が僕のところに相談に来た。彼は東大で、駒場寮時代に僕のことを知っていたらしいんです。それで、自分は輪島で旅館をやっているけれど、経営が厳しい。だけどその一方で、当時「カニ族」と呼ばれた若者が、輪島にはたくさん来ているという。

——懐かしいですね「カニ族」！　当時の若者は、横長の大きなキスリング型リュックサックを背負って旅行していた。列車の通路を横になって歩くから「カニ族」と言ったんです。

近澤　へぇ、そうなんですか。それは知らなかった！(笑)。今で言うバックパッカーの若者ですよね。だけど、そんな彼らが泊めてくれって来るんだけど、旅館はみんな断っていたんですよ。彼らは旅館のニーズに合わなかった。旅館が待ち望んでいたのは団体客。大勢で来て宴会をやる。それで潤うわけです。ところがその需要が細るなかで、若者を拒む。だから、僕のところに来た旅館の経営者も、自分自身、それはおかしいと思って、何か新機軸を出したいと、相談に来たんです。

近澤　それで私たちは、では若者はどんな宿を求めているのか、そして、どうやったら旅館側も彼らを客として迎えて、ちゃんと利益を得られるのか、徹底的に調査をしました。結果、宿泊スペースは多少狭くても、ちゃんとプライバシーが守れる鍵付きの個室にする、冷暖房も完備する。ただ飲食は旅館のように料理を部屋出しはせず、共通のラウンジのような場所をつくって、ここで食事をする。またそのラウンジも、二人くらいで切り盛りできるようにしたうえで、シーズンオフには町のスナックとして経営できるような設えにしました。だから宿泊料はすごく安く抑えているんだけど、若い人たちは、このスナックのような空間でくつろいで、長時間、飲んだり、食べたりしているから、結局は従来の旅館のお客さんと同じくらいの単価を落としてくれたんです。

そんなことをやったら、これがバカ当たりした。このシリーズはその後、各地に七軒くらいできました。

——この「ヤングイン」っていうのは、シリーズ名で、事業主は各々違うわけですか。

近澤　そうです。パンデコンでは、一九七四年に竣工した輪島、和倉、翌七五年に竣工した倉敷の三軒は設計監理までやりましたが、その後は基本計画だけに携わるかたちで、「ヤングイン・システム」という会社が同様のコンセプトを引き継いだんです。

——僕らの時代にはユースホステルというのがありましたけど、みんなで集まってミーティングしたり、歌を唄ったりするっていうのが、なんとも嫌でね（笑）。今は「オールドイン」が求められる時代かもしれませんけど（爆笑）。

近澤　アメリカでは、最近ヤングインと同じようなコンセプトのホテルができ、地方都市ではけっこう伸びているらしいですよ。

——いずれにしても、近澤さんたちは徹底的に調査から入る。そのうえで、新しい仮説を描き出し、コンセプトを練り上げていく。さらには、オペレーション計画まで踏み込む。こうしたプランニング・アプローチは、それまでの建

書棚より

築家の仕事の進め方とは大いに異なりますね。まさに、リサーチ・コンサル型計画推進となるものでした。三十、四十代は、そうした方法化を追求する時期でもあったのですね。

倉渕村で「食と農」の実践

——近澤さんは五十歳を過ぎてから「食と農」というテーマでの活動がとくに目立ちますが、やはりその辺りに建築家人生のエポックがあると考えておられたんですか。

近澤　「食と農」ということについては、よく考えてみれば、もうずっと、人生のテーマと言っていいくらい前からあったんですよね。戦後、食糧難で腹が減って、それが骨身に沁みたということがあるから。ただ、それが具体的になったのが群馬県の倉渕村ですよ。

——ええ。一九八八年。五十四歳の時ですね。

近澤　先ほど、藤田組の学生重役の話をしましたが、その七期目を務めた土井脩司さんとのお付き合いが、そもそものきっかけです。土井さんは一九六〇年代からベトナム戦争の難民孤児救済活動をしていたんですが、その仲間を母体にして、農業、主に花卉栽培を中心に、いろんな活動を展開していた。成田闘争の時には、空港を花で埋めるというのもやったんです。その彼が、一九八〇年代になってから「花と緑の農芸財団」というのをつくって、そこが、倉渕村が推進しようとしていた「花と緑の手づくり村」の委託事業者になったんですね。それが一九八七年です。その時に僕にも話があって、一九八八年に『花と緑の手づくり村構想1988』を発表した。クラインガルテンという市民農園や、都市と農村の交流をどうするか。都会の人をいかに惹き付けるか、魅力付けするか、というのをやって。それを、今でも継続してやっているんです。

恭子　じつは、この話を受けるより前から、近澤は「今に食糧難がくるから、水があって畑があって、自給自足できるような土地を調べておきたい」って言っていたんです。もし大災害があったら、東京にいたんじゃ、食べるものもつくれないと言って。それで、その頃、私たちは海に潜るのが好きだったから、最初は、海に近い場所をいろいろ探して、神奈川県の真鶴町に、高台から海への眺望が開けたいい土地を見つけたので、そこを買うことにしたんです。ただ、その高台の土地では、すでに二軒のお宅が井戸水を使って生活をしていたんですが、その井戸の水が少ないから、家が増えると困るということを言われてしまって（笑）。

そんな時に、土井さんからのお話がきて、近澤が倉渕村を見に行った。そうしたら、川が近くて水も豊かだし、とても良いところだということがわかった。じゃあ、こっちに土地を求めましょう、ということになったんです。

近澤　いざとなったら最低限、自分たちで食べ物をつくれなければいけないという気持ちがあったんです。だから現在、倉渕村には僕らのログハウスがあって、畑もつくって、森のなかではシイタケなんかもつくっているんですよ。

——では「食と農」というテーマは、建築家というよりも、生活者としての、生きる実践、ライフスタイルの問題として取り組んでいたわけですね。

近澤　そうです。日本の食料自給率はものすごく低い。食料の輸入がストップしたらたちどころに大問題ですからね。ところが、そのことについてはみんな案外のほほんとしている。しかし、今の日本の置かれている立場を考えると、かなり深刻なはずなんですけどね。

若い人とシェアする活動

――やはり一九八〇年代、倉渕村との具体的なかかわりが、パンデコンの活動としても大きな転換になったといいえますか。

近澤　そうですね…。転換、というのかどうかはわかりませんが、ちょうどバブルの崩壊とか、時代とのかかわりもあったんだと思います。手づくり村構想という、土井さんの考えがあったわけですが、自分たちの手でつくれることをやろう、と。ある意味では、大資本や銀行、不動産を入れない。自分たちだけでやれることをやろうというわけですからね。ただ、都市開発の方では、すでに従来のようなやり方が成立しなくなってきたという側面もあります。僕らが企画段階から一生懸命考えてきたことも、最終的には、銀行が系列関係の設計事務所を連れてきてもっていかれちゃう。そんなことが多くなっていましたから。

――ですが、「食と農」あるいは「手づくり」というテーマは、一九八〇年代以降、「スローライフ」と称されるような生き方として、関心の高いテーマになってきましたからね。まちづくり、町おこしの現場でも同様のテーマが見られます。

近澤　僕らは、つくる側の立場として具体的にやってきましたが、不思議と、後からみるとそれが正解だったかな、ということは多い。その当時は、まったく主流じゃなくて、また変なことをやり出したという目で見られているんだけど。

――パンデコンでは、もちろん建築単体も手がけてきましたが、そのなかでもずっと、ライフスタイルの仕組みをつくってきたということなんでしょう。企画、計画、設計、施工、監理、運営というものを一つのシステムとして、ものづくりのあり方を、生き方として提案してきた。つまり、運動体なんですね。

近澤　そうですね。運動体ですね。パンデコンをやり出した頃は、企

業体、研究体、運動体が三本の柱だった。だから、バブルっていう、経済活動が旺盛な時は企業体の活動が主体になっていたんだけれど、今は、企業体の方が全然ダメになって、運動体に。

企業体で動いていると、それなりにお金が流れてきたんですけど、今はもう、完全にその流れから外されている感じで。根本は研究体で、今の時代性や新しいものがどうなっているかを読んで、理論を打ち立てるべきだな、とは思っているんです。それに、いろんな構想をもっている方々とのお付き合いは今も盛んにあって、面白い話がたくさんあるので、なんとかならないかと思っているんだけど。だから、お金が全然ないところにもってきて、忙しいは忙しい、という感じです（笑）。

――確かに、バブルは建築の活動を大いに歪め、偏らせてきました。そのツケがバブル崩壊後に建築家に重く乗りかかり続けた。しかし近澤さんたちは、オーガニックな組織として活動のコンセプトを保ち、これだけ継続している。それは本当に希少だと思います。

近澤　それでまあ、倉渕村には現在、二千〜三千坪の土地があるんです。これを一つの「場」として、もっと活かしていきたい。最近は周りに村の、といっても現在は高崎市なので市営ですが、温泉施設ができたり、公共の設備がすごく整ってきています。だから、僕はここを「手づくり村」という構想に共感する若い人たちなんかとシェアするような形で、何か、クリエイティブな活動を支援できないかと思っているんだけど。

――若い人たちとの「シェア」という発想にみられるように、近澤さんの作法というのは本当に最先端ですね。先取りというのとは違うと思うけれど、目線を低くして、実践として取り組んでいくというのは、すごいなぁ。

近澤　今、Facebookをやっているんだけれど、これが、本当にどれくらい効果があるかはわかりませんが、これを使っていろんなアイデアをもち寄っていければ、何か、可能性が生まれるんじゃないかと思っているんです。実際に、Facebookで知り合ったＩＴ関係の仕事をしていた人が、私のログハウスの地下に工作室をつくり、無線基地として利用したいというので、屋根にアンテナを立てました。私たちの土地とログハウスをシェアして、面白くて意義のある活動をしたい人は、近澤可也までご連絡ください（笑）。

——運動体としての近澤さんの領域が、ますます濃厚に広がっていくようですね。

リスクを恐れすぎている

——それで、五十代で倉渕村での活動がスタートして、その後、今や八十代に突入しようというわけですが、六十、七十代からはどんなことを自覚的になさってきたんですか。

近澤　自分では、年齢と共に何かを変化させてきたというつもりはないんだけれど、先ほども言ったように、とにかく仕事がまとまらない。具体的に建物の建設まではいかない、企画や計画の話がものすごく多い。それでも昔は、ゼネコンでも広告代理店でも計画費という名目の予算が、結果的に設計、施工までたどり着かなくても、ある程度は計上されていたんです。ところが今は、前段階に予算がつく仕組みがなくなってしまった。合理化で、企画料や計画費など、ムダな金を使うなということなんでしょう。

あと一つ、決定的なのはリスクを排除するという考え方です。何か新しいことにチャレンジしようという時には、何割かリスクが出るのは当然なんですが、リスクがゼロだと納得できなければ動かない。それは、建築の仕事だけではなくて、教育でもなんでも、今の社会はリスクを怖がって、やるべきことをやらなくなったと感じています。

——はなから予算化されなくなったんですね。

近澤　いろんなアイデアがあって、たとえばそれが、三割しか実現しなくても、野球でいえば三割バッターでなかなかの成績ですよ。ところが今は、万が一できない時にはどうするんだという話になって、結局、終わり。東北の復興計画なんかでもそうです。良い話だからぜひやりましょう、ということになっても、その段階では計画費なんて出ないからみんな手弁当。僕なんかでも、もしも自前の資金をもっていれば、すごく伸びるだろうという話がいくつかあるんですけれどね。

——その辺りの打開策を、Facebookに模索する、あるいは、若い世代とのシェアというしくみを倉渕村で少しでも実践しようとしておられるんですね。やはり、これまで建築の分野でのプランニングやストラテジーにおいて、第一人者であり続けてきた近澤さんならではの発想力です。ある種、建築や都市というものに対して、予言してきたわけですから。大仰な言い方をすれば、「建築界の異端者」であったからこそ、時代に対して読めるものが鮮明にあったんでしょう。

近澤　異端者というとオーバーだし、自分ではそうは思わないけれど、やっぱり、世のなかの主流でやっている人たちとはちょっと外れているんでしょうね。だけど、今でもできることはやりたいな、と思っているんです。

——今は若い建築家も一人じゃなく、ヨコのつながり的な集団で、設計をしようという人たちが増えています。ですからそのなかで、パンデコンの動きというものを、モデルとして知っておく必要があると思います。

一人の「個」としての身体性

——いよいよ最後になりましたが、これだけ広範に視野を広げている近澤さんにとって、影響を与えた恩師というと、どんな方になるんでしょうか。

近澤　恩師っていうと、やはり僕は丹下研にいたから、建築家としては丹下先生がいます。大学院の学生だった当時より、今になって改めて、なるほど偉大だったな、と思うことは非常に多いですね。

それから、建築家以外でも、僕にとっての先生は五、六人いる。一つは、演劇では演出家の永島直樹さん。僕は一九九四年、ちょうど六十歳の時に「アートマン氏の今がそれ」という一人芝居をやったのが演劇活動の最初なんですが、この時の演出家が永島直樹さんでした。それ以降、彼の作品には五、六本出ています。そして空手では、少林寺流拳行館空手道の久高正之範士。久高先生のお供で、世界硬式空手道連盟の普及のため、オーストラリア、ソ連邦はモスクワ、ペテルスブルグ、アルジェリアなどを歴訪しました。武道家の精神論等、勉強になることが多々ありました。また、書道家の花井喜白さんも僕の先生です。それから詩吟。吟詠・舞踊アーティスト井口《いのくち》弘子さん、城勝流城勝吟道会の若くきれいな二代目宗家です。

――あとは、農業の分野でも師匠がいらっしゃいますね。

近澤　農業では、やっぱり土井脩司さん。彼は農業ではなく農芸といっていました。早く亡くなりましたが、偉大なる先駆者でした。どういうわけか、僕のことを、お師匠さん、お師匠さんと言ってくれました。

それに、最近では昨年やったミュージカル、「朝の光のその中で八十歳のいけふくろう」の演出をした知久晴美さん。このミュージカルは、豊島区制施行八十周年記念事業だったんですが、僕は八十歳のいけふくろう役を主演したんですよ。

――いやあ、こういった方々との親交が、近澤さんの晩年の人生の豊かさなんですね。「身体性への回帰」ということを感じます。空手なんかは当然ですが、書も詩吟も、身体性ですからね。

近澤　そうかもしれない。他の建築家と違うとすれば、一人の個になった時には、自分の身体、声や動き、そういうものを無意識にも取り入れているということがあるかもしれない。確かに身体性というのはありますね。

責任者の役が回ってくる

――それから、七十歳の時にシナリオセンターへ入所されていますが、それはどんな動機だったんでしょう。

近澤　ああ、シナリオの先生を落としていた。坂井昌三さん。三年くらい彼のもとで勉強していたか

ら、師匠ですね。シナリオセンターには恭子さんも一緒に入って、夫婦で勉強していたんですよ。
その動機はね、たまたま。僕は一九九八年からピノキオプロモーションというモデルクラブにも所属していて、たまにコマーシャルの撮影にかり出されていた。その時、スタッフの女性がシナリオセンターで勉強するというような話をしているのを聞いて、興味をもったんです。
——やはり、シナリオの勉強というのも、表現の一貫なんでしょうね。空間の表現とはまた違いますが。
近澤　映画や芝居も、大元はシナリオから発する。建築でいえば、設計図みたいなものですよね。
——僕にとって、近澤さんは十歳近く先輩なんですが、自分も同じような仕事をするなかで非常に参考にさせていただいてきました。組織づくりや、それに、天地人、人時場金といったコンセプトを言葉にすること。それが非常にうまいんです。一つの組織をシェーマに表すというのは、非常に大事なことですよ。
近澤　なんだか、たまたまそういう役が回ってくるんですよ。大学の時も、三年ほど回り道をしているから他の人より年上だったし。なんだか、喧嘩の仲裁とか…。
恭子　喧嘩、好きなのよね。若い時に二人で町を歩いていても、喧嘩している人を見るとすぐに入っていくんですよ(笑)。
近澤　駒場寮なんかでも、暴れ者みたいなのがいて困っている人が僕のところへ相談に来て、話を聞いてまとめる、なんてことをよくやってた(笑)。結局、人が集まってきた時に責任者になるっていうのが、子どもの頃からの習いになっているんですよ。だけど、代表っていうのは最後に責任をとる人間だからね。パンデコンにしても、緩やかな組織ではあるけれど、続けていける間は、責任をもってやっていきたいと思っています。

——まだまだ闘いは続くというわけですね。たとえ、一人パンデコンになっても(笑)。

それにしても、建築家の歳の重ね方で大きく問題になるのは、建築家の避け難い具体的な加齢化のステージと、建築をとりまく社会的状況との相関、そのなかで、いかに建築家が主体的に、柔軟に、折々そこから建築的な課題や使命を見いだし、生きることができるか、にあるように思いました。

その点で近澤さんたちは、建築家として企業体の活動からスタートし、加齢と共に研究体を背景とする運動体の活動へ、ごく自然な移行をはかってきた。「建築家の年輪」としての、一つのモデルといえます。さらに「身体性への回帰」も、注目すべきテーマだと感じました。

今日は本当に、長い時間にわたってたくさんのお話をうかがいました。ありがとうございました。

阿部勤

一九三六年生まれ

建築が自分の作品なんて、
真っ赤な嘘です

あべ・つとむ＝東京生まれ。建築家。一九六〇年に早稲田大学理工学部建築学科を卒業、坂倉準三建築研究所（現坂倉建築研究所）に勤務。一九六六年よりタイ国の文部省による、農業高等学校、工業高等学校及びカレッジなど二十五校の設計管理に携わり、約五年間のほとんどを同国で過ごす。一九六九年に坂倉準三が逝去したことを受け、継続していたプロジェクト完了後、同建築研究所を退社。一九七一年、戸尾任宏、室伏次郎と共に建築研究所アーキヴィジョンを設立。一九七五年には室伏次郎とアルテック建築研究所を共同設立。一九八四年にはアルテックを設立し、主宰する。一九八一年に早稲田大学理工学部非常勤講師（〜一九八四）、一九八七年より日本大学芸術学部非常勤講師（〜二〇一二）、一九八九年に東京藝術大学芸術学部非常勤講師、一九九五年に女子美術短期大学非常勤講師を歴任する。一九八五年「蓼科レーネサイドスタンレー」（一九八三）で、第四回日本建築家協会新人賞を受賞。二〇〇四年、自邸「私の家」（一九七四）で日本建築家協会二十五年賞受賞。自邸を含む六つの作品で同賞を受賞している。数多くの住宅設計を手がけ、近年の作品に民家を再生した「平和台の家」（二〇〇九）、「与野本町の家」（二〇一三）などがある。その他の作品に「賀川豊彦記念松沢資料館」（一九八二）、「スタンレー電気技術研究棟」（一九八五）、「岡山県営中庄団地　第二期」（一九九六）、「横浜雙葉学園」（二〇〇三）、「上井草グルップボエンデ」（二〇〇三）、「ATRIUM T ANNEX」（二〇〇六）など。

著書に『現代建築　空間と方法2』（同朋舎、一九八六）、『暮らしを楽しむキッチンのつくり方』（彰国社、二〇一四）、『中心のある家』（復刊ドットコム、二〇一六）など。

坂倉事務所に勤める

――本日は、アルテックの事務所が入っている「五本木ハウス」（一九八六）でお話をうかがっていますが、数年前にはご自宅にうかがって、その空間を堪能させていただきました。僕がプロデュースをしている「くうねるところにすむところ」のシリーズ、『中心のある家』（インデックス・コミュニケーションズ、二〇〇五）として、自邸に関する絵本制作の関係でうかがったんです。事務所は、自邸とはまた異なる雰囲気ですが、こちらの事務所もいいですね。空間の分節の仕方と、ブロックの使い方が素晴らしい。

阿部　普通のブロックですよ。重量ブロック。それを研磨しているんです。

――研磨ですか。とても素敵な質感です。ブロックは他の作品でもよく使っておられますね。また、阿部さんにはなんとも独特なモジュール感覚、スケール感覚があります。玄関のくり抜いた寸法、窓のサイズ、そこからの視線の抜けなど、非常に独特だと思うんです。

　今日は、そうした阿部さんの建築家としてのルーツを、まずざっとうかがって、それから、このインタビューの本題である「年輪」について、歳を重ねてからの建築家の生き方、といったお話をうかがいたい。僕は、阿部さんのお仕事の推移を推察するに、加齢ということを、じつに自然に、うまく活かしているな、と思っているんです。

阿部　加齢というより、華麗な感じで、まだやっていますよ（笑）。バリバリの現役です。

――もちろん、華麗な加齢でなければ意味がない（笑）。

　ではまず、早稲田大学を卒業されて、坂倉準三▼さんのアトリエ（坂倉準三建築研究所）に入った動機から、教えて下さい。

阿部　直接は、武基雄▼さんに紹介してもらって。坂倉さんと武さんは結構仲が良かった。一緒にブラジルになんか行ったりして。早稲田から坂倉に入るのは、だいたい武さんのルートなんですよ。

――それじゃあ、学生時代には主に武さんから薫陶を受けたんですか。

阿部　卒業論文の時は、武さんに見てもらいました。だけど僕は、どちらかというと一匹狼みたいな感じだったな。しがらみを嫌って。

――それにしても、当時は早稲田建築学科の黄金期ですね。

阿部　そうですね。そうそうたるメンバーでね。意匠系ですと、まず今井兼次▼先生がいるでしょう。それに、武さんに、吉阪隆正▼さん。安東勝男▼さん。穂積信夫▼さんや池原義郎さんはまだ若くて、助教授だったかな。それに、菊竹清訓▼さんもしょっちゅう、大学に来ていたし。

――そんな学生時代、坂倉さんの事務所に勤めたいということは、以前から志望していたんですか。

阿部　う〜ん、そういうわけでもなかった。僕は、建築の設計なんてやろうと思っていなかったんですよ。どちらかというと体育会系の人間で、現場に出るのが好きだったから。だけど、なぜか設計の成績はよかった。でも、他の成績はほとんど「可」。とてもじゃないけれど、大手建設会社か組織事務所になんて入れませんから、アトリエに行くしかないな、と（笑）。

　それで、いくつかアトリエ事務所を候補にして考えたんですが、たまたま早稲田の先輩だった太田隆信▼さんが坂倉事務所に行っていたので話を聞いてみたら、「飯がうまいよ」と。じゃあ、まあいいか、と思って。

――それは、どういう意味ですか？

阿部　家庭的な雰囲気だよ、と。アトリエらしい雰囲気があるということです。ただ、それだけではなくて、同じ頃に『建築文化』で、坂倉準三建築研究所の特集をやっていたのを読んだんです。そこに載っていた坂倉さんが、とてもカッコ良かったんですよ。写真もそうだけれど、文章を読んでも、いかにもカッコいい。それで武さんに紹介してもらって、坂倉に入ったんです。

――建築家っていうのは、カッコ良く映るということが極めて大切なことなんですね（笑）。

坂倉準三は美学のひと

——そして実際に、坂倉準三建築研究所にお入りになってからは、どんな作品に携わられたんですか。坂倉での最後はタイでの仕事だと聞いていますが、それまでに。

阿部　僕が非常にラッキーだったのは、当時、坂倉事務所では、住宅といえば、岡本太郎を始め、外務大臣だった藤山愛一郎、松本幸四郎、松下幸之助という、そうそうたるクライアントを抱えていました。そんなところに四十坪くらいの、他の作品に比べれば小さい規模の、住宅設計の仕事が来たんです。それで、言い方はおかしいけれど、サイズも手頃だから、阿部にやらせてみよう、という話になったのでしょう。それが入社二年目のことです。ですから、小規模とはいえ直接担当することができた。非常に、ラッキーでした。

——どういったお施主さんだったんですか。

阿部　それが、スタンレー電気の二代目社長。創業社長の息子さんで、お話をいただいた時は、まだ常務取締役だったかもしれません。

——そうでしたか！　スタンレー電気のお仕事はその後アルテックになってからも手がけておられますが、初めての仕事から、関係が継続してらっしゃったんですね。それも運命的なものがあります。

阿部　そうなんです。それがまあ、僕の人生に大きくかかわりをもったんです。何も知らない若造の時に担当して、だけど一生懸命やって…気に入られた。

——やっぱり当時から阿部さんらしく、RCで壁構造の住宅だったんですか。

阿部　いえ、木造。

——それにも驚きました！　竣工は何年ですか。

阿部　一九六三年。ですから二十七歳ですね。ここに当時の資料と写真がありますけど、屋根はバタフライですよ。コルビュジエ▼で有名な。ただこの時は坂倉さんと一大論争をやってね。僕は、屋根とは普通の、傘の形であるべきだと言ったんだけれど、坂倉さんはやはり、こうだ、と。

——では、屋根がバタフライに

なったのは坂倉さんの意向なんですね。

阿部　坂倉さんという人は、文系なんですね。美学の人。だから彼は、感性で判断する。所員に指示を出す時も「もっとスッとなりませんか」「もっとカチッとなりませんか」と言う感じです。あとは、生活者の視点に立った細かいところに目がいった。「こんなところは鼠の死骸が溜まるところですよ」とか、「このガラスは誰が掃除をするんですか」と。使い勝手で判断したんです。それは勉強になりました。

――まさに、モダニズム建築の地をいくトレーニングですね。

阿部　つまり、前川國男▼さんにしても、村野藤吾▼さんにしても、とにかく自分で設計するでしょう。所員は、先生の書いたものを一生懸命形にする。だけど、坂倉事務所では全部所員がやって、最終的な判断と責任は、坂倉さんが担う。つまり、スタッフにもクリエイティブな発想を生かす場がきちんとある。非常にやりがいが出るわけです。だから、坂倉事務所を出て、独立して頑張っている人は結構多いんですよ。

神奈川県庁新庁舎

――後年の阿部さんの設計のなかにある、空間のプロポーションや質感が生む気持ち良さと心地よさ、そして使い勝手の良さなどの作風は、坂倉で身につけたものだったんですね。

阿部　まったくそうですね。坂倉さんは、奇をてらうようなことは徹底的に嫌った。ただ当時はね、僕も若いから、なんて言うか、ジャーナリストからの受け狙いの案を、外国の雑誌なんかに刺激を受けて設計するわけですよ。そうすると「どこかにこんな建築がありますか？　こんなことは出来ないから、ないんですよ」と指摘されました（笑）。

――当時、坂倉さんはおいくつぐらいだったんですか？　二十代の阿部さんにとっては、歳をとった人だなあという印象がありましたか。

阿部　それはそうです。僕が入所した当時で六十歳近かったと思いますよ。ですから雲の上の人という感じで。それが、この最初の作品の時には小さいながらも僕が担当だったので、ダイレクトに坂倉さんとやり取りができた。それはとてもいい経験でした。

――その他には？　庁舎等の公共建築も手がけられましたね。

阿部　最近、リノベーションの仕事を坂倉建築研究所で取りましたけど、「神奈川県庁新庁舎」（一九六六）もやったんですよ。この県庁舎、高さが六三・四メートルなんです。だからスカイツリーの1／10で、同じく「ムサシ（六三四）」。じつはね、僕の出身が私立武蔵高校なので、ムサシにしたんです（笑）。公共建築物を私有化している。最近はもう時効だろうと思って、公

表しているんです。

あとは、札幌の「ホテル三愛（現札幌パークホテル）」（一九六四）なんかも担当しました。

——そうこうしているうちに、タイが始まったんですね。

阿部　ちょうど神奈川県庁をやっている時に話が来ました。タイの仕事はずいぶん僕に、大きな影響を与えましたね。

タイ人のための建築

——タイの仕事がスタートしたのが、一九六六年ということですから、阿部さんは、ちょうど三十歳ですか。

阿部　その寸前ですね。まだ二十九歳です。タイで三十歳の誕生日を祝いましたから。

このタイの仕事というのは、タイの文部省が自国の職業教育を改善することを目的に世界銀行から借款を受けてスタートしたプロジェクトです。それでタイが世界中の建築家にアプローチした。日本では坂倉の事務所にアプローチがあって、選ばれて。何しろ、農業高校と工業高校等、二十五校を一度に建てるという話ですからね、それなりに大きなプロジェクトです。

ですから最初は、これを効率よく建築するなら、プレファブがいいんじゃないかと考えていた。当時はアメリカでもヨーロッパでも、学校建築をプレファブにするのが流行っていました。日本でも、それを真似してスタートしようとしていたところだったから、アップトゥデートだったんです。ですが、実際に現地調査に入って、どういうものを建てるかを考えている時に、プレファブではダメだと気がついた。要するに、日本からズカズカ行って、その土地と何の所縁もないプレファブ、いわゆる工業製品で、しかも教育の空間を建ててはいけない、と。

——もっと、パーマネントな建築資産となるようなものをつくるべきだと。

阿部　そうそう。なおかつ、タイの材料、人材を使って、タイに定着し得る、タイ人のためのタイの建築、と。そういうコンセプトに変えたんです。タイ変に苦労しましたが（笑）。じつは、今から二年ほど前に現地に行ってきたんですが、キャンパスになじみ、ちゃんと機能していましたよ。

だから、ここで学んだのは日本とはまったく別の環境、文化をもつ土地、そこで外国人がつくる建築は、タイの人たちの精神にフィットするようなものであるべきだということ。ですから、何もかも一から始めたんです。建築を、まったく原点から考えるという作業でした。それはずいぶん為になりましたね。

しかも、基本的には一人で現場をまわるわけです。相談をする相手もいないし、参考書もない。だからその場で、自分の責任においていろんなことを決断しなければならない。そういうことの連続だった。ものすごくハードでしたよ。ですがそれも、自分にとっては非常に良いことでしたね。

——では、施工もタイの事業者だったんですか。

阿部　そうです。日本の業者もたくさん来ていましたけれど、値段の点で仕事が取れない。だから全部タイの業者。英語がしゃべれない現場担当者もいるので、タイ語でやらなきゃいけない場合もありました。なおかつ、これは坂倉準三が「偉い」というのか「酷い」というのか、通訳、コーディネーターを使ってはいけない、と。全部自分の口で伝え、自分の耳で聞いて仕事をしろと言って、辞書を二つ、ボーンと渡されてさ（苦笑）。

——それはずいぶん荒療治ですね。だけど、役に立ったでしょう。

阿部　それはずいぶん、役に立った。だって、先日もアメリカで、ネルソン・マンデラ氏の追悼集会の時に、手話通訳の人がいい加減だった話があったじゃない（笑）。通訳を介してばかりしゃべっていると、本当は、何を伝えられたか、わからないわけでしょう。

責任について学ぶ

阿部　それから、本当に勉強になったのは「責任」ということです。日本では、契約に対して甘いところがあるからね。信頼関係で仕事をしちゃう。でも他の国ではそうはいかない。この時も、最後には瑕疵、つまりdefective itemで、検査官にバリバリやられましたけど、その時も英語で、弁護士もつけないでなんとか回答して、責任問題を回避することができた。それはもう、勉強になりましたよね。建築設計には、非常に大きな責任がついてくる。当然なんですけどね、日本にいると建築家は甘やかされていますから、責任は業者がほとんどとってくれるんですよ。まあ、最近はそれも怪しくなって建築家に責任がまわってくることがあるようだけど。

——そういった責任の所在については、いろいろ課題がありますから、また別の機会にでも掘り下げたいところです。

それで結局、タイには何年くらいいたんですか。

阿部 行ったり来たりしていましたが、プロジェクト全体では五年かかりました。

——なかなかロングレンジでしたね。その時は、タイのプロジェクトだけを担当されていたんですか。

阿部 そうです。もう、べったりタイ。だからタイ語、ペラペラですよ（笑）。

タイっていうのは、地方に行くとすごくいい。どこか日本と似ているんです。司馬遼太郎が書いていましたけれど、北タイというのは、日本の文化のルーツらしい。中国の南の雲南省とタイの北っていうのは民族が似ている。照葉文化圏という言葉がありますが、日本にも、その辺りの文化が流れてきたんですね。建築も、高床式で、木造で。また、自然との関係が素晴らしい。玄関を入ったのに、また外に出るというような、外と内が厳密に分かれてはいない。そんなニュアンスがとても気持ちいいんだね。

——これは建築評論家も、阿部さん自身も明確にはおっしゃっていないけれど、僕の観測では、それまで日本の建築界では、コルビュジエも含めて欧米、とくにヨーロッパの建築思想にばかり注目してきた。けれど阿部さんは、そこでアジア、とくに東南アジアの建築のプリンシプルを体現してこられた。それはとても価値のあることだったと思うんです。しかし当時は、日本ではあまり声高には言えない状況でしたよね。日本の建築界では、東南アジアなんてまったく眼中になかったから。

阿部　僕がタイにいた一九六〇年代後半から一九七〇年代、日本の建築界ではその価値観がゴロゴロ変わっていましたよ。その時に僕は、タイの田舎の、ヤシの木陰で昼寝なんかして…。日本に帰ってきたら浦島太郎。いったい何がおきているんだ、と。

――一九七〇年から始まるメタボリズム、それに続くポスト・モダンへという過渡期の、さまざまな過激な論争が展開している最中に、阿部さんは南の風に吹かれていた。この時の、カルチャーのズレ。それが良かった。それが阿部さんの後年の活動に生かされているのではないでしょうか。

阿部　僕なんて、付和雷同というか、人にくっついて行っちゃう質だからね。あの時に日本にいたら、めちゃくちゃになっていたかもしれない（爆笑）。

アルテック建築研究所

――阿部さんは、タイのお仕事を終え、帰国されると間もなく独立されます。坂倉の事務所をおやめになる契機はどんなことだったんですか。

阿部　坂倉準三が他界したからですよ。まだタイの最中で、一九六九年の晩夏でした。

　ボスが亡くなったんじゃ、事務所がなくなるんじゃないかって、慌てましてね。それで、当時タイに来ていた連中、戸尾任宏▼と室伏次郎と僕の三人で、アーキヴィジョンをつくったんです。もちろん、坂倉さんが亡くなった後も、一年ほどはタイの仕事を続けて、すべて整理をしてから独立しました。一九七一年です。

　ところが、坂倉建築研究所は西澤文隆▼さんと阪田誠造▼さんが引き継ぎ、良い作品をどんどんつくるんですね。独立を早まったかな、なんて、一時は思いました。

　さらに、アーキヴィジョンは三人の建築家が、同格で集まって始めた事務所なんですが、どうも、戸尾さんばかりが仕事を受注してくるから、なんだか居づらくなっちゃって（笑）、一九七五年に、今度は室伏次郎と二人で出て、アルテック建築研究所をつくりました。

——そして、冒頭でもお話した自邸の竣工が一九七四年ですから、独立されてから設計されたんですか。

阿部　設計はほとんどタイでやったんです。それで、帰ってきてから建てた。

——そうでしたか。あの、自邸に見られる開口のあり方、ユニットの空間、入れ子構造、そして自然との関係。さらには、敷地に対する建物の収め方。その原型がタイにあるわけですね。風土性に根ざしたデザインで、しかも、RCと木造の混構造。

　ところが建てた当初は、それほど話題になりませんでしたね。あまり情報化されていなかった。しかし僕は、「建築」となる「住宅」として評価していました。

阿部　だって、『新建築』が取材に来ることは来たけれど、結局ボツ。なんでも、坂倉準三関係の作品が三つ重なっちゃったからという理由で。

——でも、あの家は少し時間が経ってからの方がいいですよ。周りの木が生長して、周辺との環境的なつながりが出てきた今の方がずっといい。二十五年賞▼も受賞された。

阿部　そうですね。圧倒的に育っていますよ。住まいとしてもね。

——コンクリートによる壁構造。壁式住宅というのかな。ここに現れる気持ちの良さっていうのが、本当に、阿部さん独自のものだと思うんです。壁が呼吸をしているように感じられます。

曖昧でルーズなつくり方

阿部　住空間のつくり方としては、大きく二つの方法があるんです。「覆う」と「囲う」です。昔は日本や東南アジアでは「覆う」という形、軸組構造で家をつくった。柱梁の構造を屋根で覆う形の構造ですね。雨を防げれば、そんなに厳密に囲う必要のない、風通しの良い家。それはつまり、社会として、個人の家を囲む必要がなかったということですよ。村という地域社会、その囲みがあったから。

そのため間仕切りだって、襖や障子程度。ところが、社会状況が変わって村という囲みがなくなったために、個人で囲って住まなければならなくなった。

――ご自邸の「中心のある家」は、そんな両義性をうまく生かしたプランですね。住居プランの一つのタイポロジーになっていると思われるものです。

阿部　囲って、覆うというね、考え方も混構造。AかBかではなく、A&B。明るくて暗い、開いて閉じた家、という感じ。

――その家が、竣工から今年で四十年。しかも最近になってものすごいポテンシャルが顕在化してきた。だから若い建築学科の学生なんかがたくさん訪ねているでしょう。もちろん、阿部さんの人柄もあって。

阿部　青木淳▼さんも行ったと言っています。学生の時に来たんでしょうね。五十嵐淳▼さんも、先日北海道から訪ねてきてくれました。

――いわゆる、空気の流れ方。明るくて暗い、広くて狭い、そんな二律背反、アンビバレンツなものを取り込んでいるのが、阿部さんの建築です。小さくてもそこに奥行きと変化が潜んでいる。しかしそれらは、モダニズムの思想そのものではないですね。僕らはそれを整理しなさいと教わってきた。むしろ、暗いもの排除しなさい、と。

阿部　曖昧さ、ルーズさ、カチッと決めないというのが、僕の住まいのつくり方かな。大きな筋書きだけ書いて、これは何の部屋とは決めない。時間の流れに伴って、変化しながら住みこなしていけるような、人になじみ、環境になじむ、そんな空間。

――でも、阿部さんはこれまで、そんな魅力的な住宅、空間をいくつもつくって来られたけれど、建築論、住居論、デザイン論というようなことはほとんどおっしゃってきませんでした。

阿部　僕は学者じゃないから。だ

いたい口ベタですし、ものつくりというか、空間職人ですから。

築百年の家を再生

——先に、初めての作品がスタンレー電気の社長宅だったとうかがいましたが、スタンレー電気とはその後も厚生施設の「蓼科レーネサイドスタンレー」（一九八三）、「スタンレー電気技術研究所本棟」（一九八五）等も手がけられ、長いお付き合いをしてきたんですね。また他の作品としては、「賀川豊彦記念松沢資料館」（一九八二）や集合住宅等も設計されていますが、阿部さんはとにかく、本当にたくさんの住宅を手がけていらっしゃいますね。今まで、何棟くらい建てられましたか。

阿部　数えたことはないけれど、一〇〇～一二〇は建てているんじゃないかな。真壁さんがプロデュースした積水ハウスの「ＩＳプレタポルテ」（一九八八―九二）プロジェクト、ＩＳのシステムを使い建築家とつくる家といった企画にも参加したしね。

——そして最近は、民家再生。このプロジェクトは阿部さんの後年期の、大きなターニングポイントだと僕は思います。「平和台の家」（二〇〇九）を見ましたけれど、本当に素晴らしかった。しかも阿部さんが、築百年という剛胆な木造を再生するという仕事に取り組まれたことに、とても驚いたし、感銘しました。

阿部　来る者は拒まず、去る者は追わず…（笑）。

——やはり今までの仕事とは系譜がまったく違う。しかし、そこにたじろがないで取り組むというのが素晴らしいですね。胆力があるというのか…。話が来たとき、逡巡するものはなかったんですか。

阿部　いや、むしろ感動しました。僕はもともと、素材が好きだったんです。人類が長いこと慣れ親しんできた、裏切ることのない素材。要するに、削っても中まで本

書棚より

物の木。あるいは石や土。磨けば光り、時間と共に油が染み込むようなもの。時間と共に人の心との関係がどんどん良くなっていくようなものって、あるじゃないですか。そういうものに携わることができる、という喜びですよね。

「思い入れ」について

あとは、それをつくる人、職人の技が好きなんです。

——今回のキーマンは、大工の棟梁ですね。

阿部　そうです。棟梁の苔原順二さん。苔原さんのことは以前からよく知っていたんですが、一緒に仕事をするのは平和台の家が初めて。彼の、技はもちろんですが、職人の思い入れ、仕事への愛情、自分が携わるモノに対する思い入れが、非常にいいんですよ。

この「思い入れ」ということについては、今井兼次▼先生の書いた『建築とヒューマニティ』（早稲田大学出版部、一九八五）のなかに印象的な一説があった。今井先生が早稲田大学の図書館をつくっていた時、ある日曜日に現場のチェックに行ってみたら職人が仕事をしていた。しかも隅に、自分の奥さんと子どもたちを座らせて、自分は黙々と仕事をしている。それで、その職人は最後の仕上げが済むと、奥さんと子どもと、お茶だかお酒だかを飲んで、成し遂げた仕事の前でひと時を過ごし、一緒に帰っていった、というんです。そんなそういうことを家族と一緒に体感する。今井先生はそのことにいたく感動したそうですが、僕も、その一説がとても心に残っている。だから、平和台にしても、その後の与野本町にしても、現場に行くとそんな「ハート」というか、「気」が感じられるんですよ。

——じゃあ、民家再生の際には現場に行く回数も増えたでしょうね。最初の、解体の現場にも立ち会っているんですか？

阿部　もちろん。ただ、平和台の時には、解体は苔原さんじゃなかった。別の大工の棟梁に頼んでいたんだけれど、ちょっと事情があって、悩んで、苔原さんに相談した。だから途中からやってもらったんです。

——そうだったんですか。平和台の話が来た時、施主はもともとどういうイメージをもっていらしたんですか？　最初から「再生」というイメージだったんですか？

阿部　「再生」です。できるだけ同じものを使って、組み直す。

——では方向性は同じだったんですね。

僕も実際に拝見して、非常に関心したのは、そこに、建築家としてのモダンな解き方がきちんと表現されていたことです。民家であること、和の間取りに拘泥せず、モダンに改良されている。ちょっとしたアルコーブがあったり、溜まりの空間があったり……。

事務所にて

阿部　「百年もたせたいなら、百年もった家に学べ。二百年もたせたいなら、二百年もった家に学べ」。これは内田祥哉さんの言葉ですが、僕も、築百年の家から学びながら、新しく、これから百年住み続けられる家をつくる、と。そういうことを考えたんです。「保存」ではなく、新しい住まいとして。

——そうなんです。そこを力説したいんです。構造や設備を充実させるだけではなく、住まい手のライフスタイルも含めて、これからの百年を考えたプランニングなんですね。

阿部　百年もった家から良いところを学んで、それを継承しつつ、今の時代の物事を込めて、次の時代に伝えていく。それが、今を生きる人の役割じゃないかな。それは建築に限らず、あらゆる場面でね。過去から掘り起こし、収穫したものを、未来へ受け渡す。

――内田祥哉さんには、この「建築家の年輪」でもインタビューをさせていただきましたが、これからの建築の行方は「和小屋」にある、とおっしゃっていました。これは極めて本質的なことなんでしょうね。

正しく古いものは新しい

――そして阿部さんは、二〇一三年の春にはもう一棟「与野本町の家」を手がけられた。ところで、それぞれ、どういう経緯でお話が来たんですか？

阿部　平和台の家は、同級生だったんですよ。武蔵中学・高校時代の。そして与野本町の方は、平和台が『住宅特集』(新建築社、二〇一〇年八月号)で紹介されたのを施主が見て、連絡をいただいたんです。ですから、いろんな人との出会いには恵まれているんですよね。

――しかも平和台の家が竣工したのが二〇〇九年ですから、阿部さんが七十二、七十三歳でしょう。したがって、この話が来たのは六十代の終わりですか、七十歳になっていましたか？

阿部　細かいことは資料を見ないといけないけれど…あ、設計をスタートしたのが二〇〇六年ですから、ちょうど七十歳。しかも僕は七月七日の七夕生まれなんだけれど、設計を始めたのがその七月ですね。

――じゃあちょうど、この「建築家の年輪」にとってぴったりのストーリーです！　七十歳になって自己変革という、ね(笑)。

七十歳くらいになると、なんだかシュンとしちゃう人が多いなか、阿部さんは未知の仕事に取り組まれた。やっぱり、自分のなかに燃えるものがありましたか？

阿部　そうね。まだこれからだ！とね。

あとはやっぱり日本人だから、

和の伝統に対する何か…日本の文化を勉強できる喜びもありましたよね。

――七十歳という年齢を迎えて、とても大きな命題をもったプロジェクトに出会った。これは、極めてラッキーだったんじゃないですか。僕はそう思います。

阿部　それは本当にラッキーですよね。「正しく古いものは永遠に新しい」。これは、スウェーデンの画家、カール・ラーションの言葉です。ある講演会で池原義郎さんが引用していたのが、心に残った。僕の民家再生に対しても、この言葉は一つの指針です。

――それに、やっぱりこういう仕事は、若い時よりも年季を重ねてからの方がいいでしょうね。ある程度、老成してからの方が。

阿部　老成まで行ったつもりはないけれど。僕は「これからだ」と思っているんだからさ（笑）。

――いやいや、若い時だと妙に青臭く、棟梁と喧嘩しちゃったり、そんなこともあるじゃないですか。

阿部　まあ、確かに。まさに人との関係ですよ。若いと、なかなかいい関係がつくれなかったかもしれません。その辺りは、歳をとるとルーズになって、いろいろな物事を受け入れる寛容さが身に付く。人や物事と良い関係をつくりやすくなるでしょうね。そして、その関係を大事にしながら、目的を果たす。

でもね、今回の仕事では本当に、職人たちがやる気を出してくれてね。しかもうれしいことに、棟梁だけじゃなくて、その息子さんたちも一緒になって、気合いの入った仕事をしてくれた。じつは与野本町の家は、施主の息子さん家族の住まいとして改良したんです。そこで棟梁の息子さんたちが仕事を受け継いでくれましたから、今後、施主と大工の息子世代同士で、家のメンテナンスを手がけていくこともできる。つまり、長く住み続けるためのシステムも、いくらか再生することができた。それが非常によかったと思っています。

――それは本当に大切なことですね。メンテナンスについてもまた、和小屋に可能性を見る内田さんが、とても重視している点でした。

建築が自分と対峙する

——民家再生というお仕事は、従来とはやはり、違う感触をもつお仕事だったと思いますが、そのなかで一番、実感として得られたものは何ですか？

阿部　建築家っていうのは、自分の設計で建てた建築を、自分の作品だと思っているじゃないですか。だけど僕にとっては、そんなのは真っ赤な嘘。建築をつくっているのは、クライアントであり、施工業者であり…もちろん、建築家だってそのなかの一つとしてかかわっているんですが、自分だけでつくっているものではない。

それというのも、建築を設計する時に、スケッチの段階では自分が設計している、こうやってつくっている、という実感があるんです。彫刻や絵画と同じように、自分の作品だという感じがしている。ですがその後、クライアントとの打ち合わせや、さまざまな段階を経るうちに、当然、変わってきます。それは、良い・悪いという話ではなくてね。だから、作業が進んでいくうちに、自分から離れて、建築が独立した人格をもってくるんですよ。自分と対峙する関係になってくる。

そもそも建築を構成している木や石という素材は、建築家がつくったものでもなんでもない。素敵なマチエールやテクスチャー、質感は、もともと存在するものです。なおかつ、そこに職人が技を加えてくると、まったく、自立したものとなる。そういう、みんなの手、思いが入って、一つの建築になっていくんですね。そんな実感を、とくに、この民家再生の仕事からは感じました。もちろん、鉄骨やアルミ、ガラスを組み合わせた建築だって、そういうことはあるんだけど、なかなかストレートには感じられない。ところが、何十年も経って、すっかり朽ちたような桧材でも、スッと鉋をかけるとヌメッと生々しい肌が出てくる。またフワッと桧の香りが漂う。そういうのを見ていると、もともと世の中に存在している環境のなかから、建築も立ち上がってくるんだ、という実感をもちますよね。

——そんな新しい発見、そのなかから得る学び。そういったことが増えてくるというのは、とても幸せですよね。

阿部　幸せです。あと、今回の現場で非常に感じたことは「気」です。木から発散される「気」。棟梁の苔原さんは「生《しょう》がある」という言葉を使っていましたが、素材からだけではなく、現場にも職人のやる気が満ちているし、そんな感覚を得たことも幸せでしたね。

——しかも、非常にアバンギャルドな仕事です。今まで民家は「保存」「修復」ということばかり言われてきたのに、これは「改良」「改造」なんだ、と。そんな仕事に七十歳で出会い、力強く向き合っているということに敬服します。

阿部　学ぶということも、本から得る知識ではなくて、感覚でものを知る、というのかな。

ほら、真壁さんだって、フロッタージュをやっているでしょう。その時に実際に触った感覚、周囲の物音から「学ぶ」ということがありますよね。

——確かにそうです。そこでの身体的な感受性がとても重要なものになります。

では最後に、非常に僭越な質問をさせていただきますが、七十歳を超えられて、今までの仕事に関する総括、まとめ、といったことを考えたことがありますか。

阿部　そういうことは、なかなか難しい。ただ、次の世代に何かを伝える、ということは必要ですよね。

——じつは僕も昨年の暮れに、七十歳になったところなんです。やはり、七十歳くらいから、次世代へのつなぎ方、自身の畳み方を、みんな考えざるを得ない。また、建築という土俵は一つではないと思うんです。土俵は複数あっていいんじゃないか。それを実感するのが七十歳くらいなんじゃないでしょうか。

阿部　そうですね。いろんな土俵があってもいい。しかも、それを次の世代に伝える時には、まとめないで、バラバラのまま伝えていければいいと思います。まとめてしまうと、次の世代がさまざまな流れを知ることができない。いろんな選択肢があるからこそ、文化というものは成熟していくのではないでしょうか。だから、どんな小さな流れでも、拾い上げることができる。そうでなければ断絶されてしまいますからね。だから次の世代がちゃんと選べるように、伝えていかなければいけないでしょうね。

だからさ、それが真壁さんたちの役割なんじゃない（笑）。

――そうなんですよね。いかに建築文化を受け継いでいけるか。このインタビューもその一環として続けていきたいと思っています。

阿部　それから最後に、「年輪」ということについて。僕はこれまで、多くの人とかかわり、いろんな仕事に恵まれましたが、それらの人、そして仕事へのかかわりの濃さが、人の年輪を刻むのだと思います。大切なのは、「濃くかかわること」ではないでしょうか。

――僕も多いに共感します。

いや、最後に襟を正すようなお話をうかがいました。今日はいろいろと示唆に富んだお話を聞くことができて良かったと思います。

林泰義

一九三六年生まれ

今、本当に必要なのは、
成長ではなくて質の転換と循環なんです

はやし・やすよし＝東京都生まれ。都市計画家、まちづくり活動家。一九六一年東京大学工学部建築学科を卒業、一九六三年同大学大学院修士課程修了、一九六六年同大学大学院博士課程修了。一九六九年に株式会社計画技術研究所を設立、都市コンサルタントとして愛知県名古屋市、東京都世田谷区など自治体総合計画や都市マスタープランの策定に携わる。一九九一年、民間非営利組織玉川まちづくりハウスの設立に中心的に参画、運営委員。一九九〇年代にはＮＰＯ法人の実現に向けて、欧米を中心に調査、研究を行い、一九九八年の特定非営利活動推進法（ＮＰＯ法）設立にも貢献した。一九九七年には「ＮＰＯとまちづくりの一連の研究及び活動」により、日本都市計画学会賞（石川賞）を受賞。この他、市民参画によるまちづくり、都市デザイン、ワークショップなどの企画・運営を数多く担う。夫人で建築家の富田玲子との共作の「起爆空間」（一九六六）、「用賀プロムナードいらかみち」（一九八六）などの設計も手がけている。主な著書・訳書に『都市再生』（ロベルタ・Ｂ・グラッツ著、監訳、晶文社、一九九三）、『ＮＰＯ教書』（共著、風土社、一九九七）、『安全と再生の都市づくり』（学芸出版社、一九九九）、『新時代の都市計画２　市民社会とまちづくり』（共著、ぎょうせい、二〇〇〇）、『コミュニティ再生のための地域自治のしくみと実践』（学芸出版社、二〇一一）など。

アトリエ系都市計画家

――本日は、林さんの自邸にうかがってお話をうかがいます。ただ、僕は長らく「起爆空間」（一九六六）が自邸なのかと思っていました。あれは、どこに建てたものだったんですか。

林　あれは叔父の家なんですよ。世田谷区の岡本にありましたが、もう二十年以上前に取り壊してしまったんです。

――それは残念です。

それにしても、こちらの自邸も素晴らしいですね。立地もそうですが、林さんと富田玲子さんのご自邸がプレファブだというのにも、僕は非常に感銘を受けた。住宅建築のあり方、歴史などについても非常に考えさせられます。今度、改めて研究させて下さい（笑）。

林　僕の母がね、建築家が何人もいる家で、自分の家の設計なんかしたら喧嘩になるから、プレファブにしろと言ったんですよ（笑）。

――賢明なご判断です（笑）。

また、一階はカフェ「えんがわｉｎｎ」。隣接して、妹さんが経営されている「パテ屋」もある。それをつなぐこのお庭が、地域に開放されているんですね。

林　この「えんがわｉｎｎ」は、コミュニティ・カフェという位置づけで、僕たちの「玉川まちづくりハウス」の拠点の一つになっているんです。

たとえば、近くのお料理研究家の企画で月に一度、この庭で「つかの間のマルシェ」が開かれています。千葉とか、長野の生産者の方が新鮮な野菜を持ち寄って小さな市を開き、この、玉川地区の人たちが買いにきて、交流を楽しんでいます。

それに、毎年五月にまちづくりハウスでバザーをやるんですが、その時にこの庭で、雅楽演奏家の東儀秀樹さんが演奏会を開いたこともあるんですよ。彼も近くに住んでいるので、ハウスでお願いして、都合が付けば協力してもらうんです（笑）。

――それはいいですね。ご近所のよしみで著名人も参加してくれるという。しかし、僕が初めて林さんにお目にかかった一九七〇年代初頭は、気鋭の都市計画家という印象だった。それが、今はすっかり地域の主（笑）。今の「まちづくり」という性質に対し、林さんのキャラクターが、まさに開花している気がします。

林　そうですかね。確かに、七〇年代の僕と今の僕では、都市にかかわる方法も違うし…生き方が違う（笑）。

――本日は、そういった林さんの生き方の変遷、歳の重ね方、都市とのかかわり方などをうかがいたいと思います。まずさかのぼって、林さんは大学院のマスターは高山英華▼さんの高山研究室、ドクターで日笠端▼さんの日笠研究室。ずっと、都市計画を研究の基盤にされてきたわけです。当時、都市計画を勉強してからの就職先というと、お役所がほとんどだったんじゃないですか。

林　そうですね。まあ、今のような就職の危機感というのはなかったし、僕自身は、役人になろうという気はまったくなくて。イメージの一つは、アトリエ建築家というか、デザイナーというか、そんな感じで考えていたんです。

――いわば、アトリエ系の都市計画家。新しいですね。

林　都市計画家というより、都市デザイナーですね。デザインの世界とプランニングの世界はそんなに外れていなくて、つながっていると思っていた。逆に、行政都市計画の人たちは、都市計画は法律だと思ってやっている。だから、もちろん法律のことはまったく考えないわけではないけれど、そのことには違和感があって、それを一生懸命やるという気は、最初からなかったんです。

都市の根幹をつくる！

――そんなポリシーを実現させて、一九六九年には、計画技術研究所を設立されます。博士課程修了から研究所設立までの三年間は、何をされていたんですか。

林　まあ、オーバードクターで大学をうろうろしていたんだけど（笑）。大学が、任意団体として「都市計画研究所」をつくったので、一応、そこに所属していました。

――その間に、いろんな自治体、

国からの都市計画策定の仕事も来ていたんですか?

林　ちょうどこの頃、都市計画という仕事が、急速に変化してきたんです。プランニングとしての都市計画が必要とされるようになった。これはそれまでに、高山さんやその周辺の人たちが、都市計画に新たな概念を取り入れてきたことが花開いてきたということなんですね。僕らの先輩で、高山研を出てお役人になった人が、下河辺淳▾さんをはじめ何人もいて、彼らが、お役所のなかでの都市計画の概念も変えていった。だから、ちょうど僕らの時代になって、そういうことが本格化してきたんです。以来、自治体が総合計画という名前で都市のマスタープランのようなものをつくるようになり、そこに対して、コンサルティングあるいは委託作業として僕らが参加するようになっていった。ですから、その頃に計画として頼まれてやった仕事は、都市計画法にちゃんと位置づけられているというものではないんです。

——高山さんの都市に対する発想が、具体的に生かされ始めた時代だったんですね。

林　高山さんはなかなかの政治家で、行政都市計画もきちんと勘定に入れて、あちこちに人材を配置していましたからね。官僚のなかにも、高山さんから薫陶を受けた人たちがいて、その辺からも変わっていったんです。ですから当時は、高山さんや下河辺さんに相談すると、日本の未来が見えてくるという感じでした。

——林さんが計画技術研究所を設立して以降、七〇年代、八〇年代はまさに自治体の総合計画に多く携わり、都市の根幹をつくっていったわけですね。

林　まあ、根幹をつくるというのは、僕らの思い込みだったかもしれないけど(笑)、要するに、今までのような、行政の法律に基づいた様式以外にも、都市をプランニングしていける世界がある、と。そういうことをみんなで考えて、具現化していこうとしていました。

——高山さんの功績というと、都市防災ということもありますね。じつは僕は、林さんと同じ研究室の村上處直▾さんのお手伝いをさせていただいて、江東区の防災計画に携わったことがあるんです。

林　そうですか。防災といえば、研究室のなかでは村上處直ですからね。それは彼に任せて、僕らはもう少しアーバンデザインの方をやっていました。

――ドクター時代に師事された日笠端さんは、住居系がご専門でしたね。

林　日笠さんは、住宅地計画との関連からコミュニティ研究を重視して、社会学の先生たちとも協働して取り組んでいました。とくに一九六〇年代はニュータウンの計画。生活環境の研究という名前の研究を丁寧にやっておられた。僕らも、そこからはいっぱい学ぶことがあって、都市工学科が出来てからは、僕は日笠研の助手のような役割をしていたんです。正式な助手ではないけれど、大学院のなかでは日笠研の年長組だったから。

町田市ののまちづくり

――今のお話で、一口に「都市計画」と言っても、もともとは国が主導してきたものから、一九六〇〜七〇年代にかけてじわじわと変革が起きていた、と。そしていよいよ、一九八〇〜九〇年代になってくると、都市計画からまちづくりへと、ドラスティックなうねりが顕在化してくる。林さんはその渦中にいて、どの辺りでそのことを実感されましたか。

林　一番、具体的に感じたのは町田市のまちづくり。森戸哲▼さんって、ご存じないですか？　彼は、同じ大学院にいたけどアメリカに留学して帰ってきて、その後、本城和彦▼先生の研究室に入った。本城先生は、住宅公団に居たんですが、高山さんが、住宅計画をやってくれっていって、大学に引っこ抜いてきたの。

それで、その本城先生が町田市の助言者になられ、森戸さんが研究室から送りこまれて、町田市役所で嘱託スタッフみたいなかたちになった。そこでいろいろ、面白いことを考えたんです。また、町田市役所のなかにも面白い人がいた。若くて創造的センスに溢れた渋谷謙三さんという企画課長で、彼が、市民と付き合うのが得意でね。この、森戸さんと渋谷さんが中心になって、町田市で、市民参加型のプロジェクトをいろいろ考えては、実践していったんですよ。

——それが何年ですか？　一九八〇年代になっていましたか？

林　昭和四十年代の後半だから、一九七〇年前半ですね。ですから、まちづくりの先駆けなんです。

それでね、渋谷さんは役人だけど、地元のおっちゃんやおばちゃん、若い人だとかを巻き込むのがうまくてね。また、町のなかにも中島男爵という愛称の、素晴らしく面白い人がいたんですよ。中島宋松《くにまつ》さんというのが本名だったかな？　彼は、何が本業なのかよくわからないんだけど、マンガを描いたり、詩を書いたり。紅海のジプチでブルーオリンピックというう海中潜水競技の世界選手権大会の日本代表になった、とかいうような人で、キャラクターがすごくいいんですよ。商店街のおじさんたちとも仲が良くて。ですから、その市民参加の理論的な部分を森戸さんが示して、実際に動き回って、町の人たちのマンパワーを引き出すのが渋谷さんと中島男爵。とてもいいバランスで動いていましたよね。

——市民参加の手法をうまく示されたんですね。行政や、あるいは商工会議所が主導するのではなく。

林　そう。当時、町田市の人口が二十三万人になったというので、この三人の発案で「二十三万人の個展」という名前の市民祭をやった。これは、町の人がみんな、自分の得意技で作品をつくって中心市街地の沿道一キロメートルに展示する、というもの。展示物はおまんじゅうでも、絵でもなんでもいい。だから、僕の叔父が町田市のつくし野に住んでいたから、それも引っ張り出して出展した。叔父は物理学者だったので「林博士の珈琲」とかいって珈琲の屋台をやったんだよ。

——ではこの時には、林さんはオフィシャルではない形で町田に参加しながら、興味をもってご覧になっていた。

林　そうそう。そんなのがものすごく面白くってさ。また、町田とちょうど平行するかたちで、高山研で一緒だった大村虔一▼・璋子夫妻が世田谷区で冒険遊び場（プレーパーク）を始めるんです。冒険遊び場というのは、廃材なんかを使ってつくった、子どもたちの遊び場。発祥はデンマークですが、それがイギリス人のアレン・オブ・ハートウッド卿夫人の目に留まって、彼女が『都市の遊び場』（鹿島研究所出版会、一九七三、二〇〇九新装版）という本を書いたんです。その本をイギリスで見つけた大村虔一さんと、奥さんの璋子さんが翻訳して、日本に紹介したんですね。でもそれだけじゃつまらないから、実際にどこかでやろうということになった。そこで大村夫婦は、子どもをもつ親御さんたちと一緒になって、世田谷の経堂とか桜ヶ丘に、ワイルドプレイの場所をつくり始めたんです。それが一九七五年頃。僕は、そんなのをわりと身近で見ていた。だからけっこう、同じようなことがあちこちで生まれ始めていたんですね。

僕はそれを見ながら、こういった市民参加の活動をするなら、町田市の渋谷謙三さんがそうであったように、自治体の企画課にやる気のある人がいるとスムーズに動くぞ、ということを学んで、後年、世田谷区で企画にくっついて活動するんです。だからこの時代は、町田から学んだことがたくさんありました。

――同じような時期に、横浜市でもそういうことが起きていませんでしたか。田村明▼さんなんかが中心になって。

林　そうですね。横浜市の方が先行事例かな。一九六〇年代当時、革新自治体が登場してきた。そのリーダーが社会党の横浜市長、飛鳥田一雄さんで、それに賛同してがんばり始めたのが町田市。町田市が革新自治体になったのは、大下勝正さんが市長になった時で大下さんはもともと、社会党事務局メンバーでした。市長になったのは一九七〇年だったと思います。

――先ほどちょっとお話した、江東区の防災計画は、革新系首長の美濃部都知事時代。だからそのなかで、横浜や町田、そして江東、墨田という辺りが、新しい活動を展開し始めたんですね。

林　田村明さんにはね、僕がまだ

大学院生だった時、丹下健三▼先生の右腕と云われた浅田孝▼さんに紹介されてお世話になった。彼の事務所にアルバイトに行ったことがあるんです。ところが僕なんかはまったく役に立たないから、田村さんはあきれ果ててさ。後年になってお会いした時に、あの林君が少しは役に立つようになったか、って言われましたよ（笑）。

一九八〇年代のまちづくり

——一九八〇年代の半ばになると、バブル経済の進行とその崩壊が生じてきますが、この辺りで、都市に対するアプローチやラーニングが、ガラッと変わってきますね。この時代には、どんな活動が中心だったんですか。

林　一九八〇年代というと、一つは神戸ですね。丸山地区や真野地区の方に調査に行っています。当時は、日本地域開発センターと一緒になって活動することが多かった。この日本地域開発センターは、そもそも高山さんを中心としたその周辺の人たちが、フォード財団からお金をどっさり出してもらってつくっちゃった財団です。そこに、都市計画や建築だけじゃなく、行政学、社会学、政治学の先生方が集まってきた。たとえば、政治学者の佐藤竺《あつし》さんや大森彌《わたる》さん、経営学者の清成忠男さん、経済学者では恒松制治さん、社会学者の奥田道大さんや倉沢進さん、さらに、日本地域開発センターの事務局長だった国枝正治さん、岡崎昌之さんなんかに、僕は、さまざまな触発・啓示を得ました。

——日本地域開発センターは、ソーシャルビジネスというか、新しいビジネスの創出を支える梃になりましたね。

林　そういうセクターのエンジンを支える役割ね。経済的には成長期からバブルに至る時期で、時代が変わっていくのも早くて、まちづくりの世界でも、神戸や世田谷、墨田とかにいろんな面白い活動がポコポコ出てきた。まちづくりセンターと称するものもその頃に出てきましたね。

——要するにNPO前夜ですね。

林　前夜…というには、あと十年くらいあるけれど、まあ、一九九〇年代になると前夜というよりも夜明けですから、この間に具体的な動きがいろいろと出てきました。だから僕らは、そういうのを全国各地で見て歩いて。日本地域開発センターの『地域開発』という雑誌でどんどんオープンにしていった。また、日本地域開発センターもそうですが、この頃になると奥田道大さんを始め、社会学の分野の人や、地域経済学の人が集まってきて、われわれプランナーも一緒になって、まちづくりのことを多面的に捉えるようになっていった。ですから一九八〇年代は、いろんなところに面白いまちづくりが出て、それらをずいぶん発掘して歩いたんです。

一方で、ＮＰＯについては、それまでに市民社会、市民セクターを勉強してきた人たちがいました。その中心的な人物が山岡義典▼さん。山岡さん自身は建築史、町並み保存を勉強した人ですが、彼は卒業後に都市計画コンサルタントを経てトヨタ財団に入った。そこで理事長をしていた林雄二郎▼さんについて、市民セクターの歴史的・国際的展開などを学んでいた。僕らはそこへ、市民参加という方向から入って行って、山岡さんたちの活動と、ちょうど重なりあったという感じです。だからＮＰＯとなると、都市計画やまちづくりなんていう領域だけでは、とてもカバーできないんですね。

——なるほど。市民参加、市民社会というそれぞれの活動が、そこで連合のようになって出てくるんですね。

林　そういう機運が、一九八〇年代の終わりから九〇年代の初めくらいにかなり出ていた。

それがさらに顕在化した、というのか、一つの大きな力となって結集したのが一九九五年の阪神淡路大震災後。その時はボランティア元年とか言われて、国会ではいきなりボランティア法なんかつくろうとしましたね。ですが、そういう政治的なかかわりは山岡さんたちが幅広い市民セクターをがっちり固めて、市民社会を動かしながら、非常にうまくやりました。ＮＰＯ法（特定非営利活動推進法）が国会両院を通過して成立したのは一九九八年ですが、この時にも超党派の議員連盟をつくって議論するとか、そういう仕組みをうまく誘導した。国会対策は、山岡さんたちと連携して、「シーズ・市民活動を支える制度をつくる会」を主宰する松原明▼さん、その周辺の人たちが参加して、しっかりした仕組みをつくったんです。

――ＮＰＯということになると、都市計画や建築というお話の制度を超えていくわけですね。

林　そこには福祉もあれば、教育もあるし、いろんな人たちがいるわけ。それが非常に重要なんですね。だから、地域で活動をしていても、広がりが全然違う。これは自分たちの仕事じゃないぞ、といったことにはならない。必要なことはなんでも引っぱりこんで、面白

いことをどんどんつなげていけるんですよ。

世田谷ワークショップ

――さて、一九八〇年代後半から一九九〇年代初頭というと、林さんが五十歳になるわけです。この頃に『都市再生』（ロベルタ・B・グラッツ、晶文社、一九九三）の翻訳をされるなど、欧米の研究といった活動も目立ってきますが、林さん自身、時代が変わるな、まちづくりの方法論が変わるなと思った、一番ピンときた局面はありますか。

林 社会構造全体が変わりましたからね。一九八〇年代までは、人口急増で子どもがいっぱいいて、成長できていたのが、その後はもう、成長なんて言っていられない時代になった。都市計画も、成長に伴う開発のために考えれば良かったものが、むしろ、今ある町をどうやって、うまく維持したり、状況にあわせて改善するかを考えざるを得なくなった。しかもお金もない。そんななかでどうやって都市のメンテナンスを行っていくのか。そういう方向に動いています。

まあ、経済界の人たちは相変わらず成長だと言っていますが、今、本当に必要なのは、成長ではなくて質の転換と循環なんですよね。経済が順調に転換し循環していけば、みんなの生活の質が向上し地域循環が高まる。最近は『里山資本主義』（藻谷浩介＋NHK広島取材班、角川新書、二〇一三）なんていう本が多くの人に読まれていますけど、あれも循環の話です。そういう良質な循環を生み出すような試みが、求められているわけですよね。

――そういう循環型の社会を実現しようという時には、都市計画だなんて大上段に構えていられない。市民が主体となって、小さいサイクルでもサスティナブルに循環できる仕組みを、まちづくりというかたちでつくっていかなければならないんですね。

それで、先ほどは町田市の取り組みから、市民参加の手法を学んだというお話がありましたが、林さん自身がまちづくりというかたちで世田谷区、そしてこの玉川地区に、実践的に携わり出したのはいつからですか。

林　玉川まちづくりハウスをつくったのは一九九一年ですが、世田谷のまちづくりには、昭和五十年よりもちょっと前から、一九七〇年代の初めの頃からかかわってきました。

きっかけは、まだ僕がオーバードクターだった時、日笠さんの研究が住居系の生活環境だというので、世田谷区が、コンサルティングをして欲しいと言ってきた。それで日笠さんが僕に、君の地元だから一緒に来い、と。僕も、地元でやれるならラッキーだと思って、ついていって、そこからかかわり始めたんです。そうしたら、さっきも言った大村虔一・璋子夫妻が「冒険遊び場」をつくろうというので一生懸命活動を始めた。だからこの時、僕はどちらかというと自治体側からのサポートというかたちで、これを一緒になってやったんです。

さらに一九七五年には、区長公選制の改革が実践された。そこで新区長のもと、世田谷区の基本構想、基本計画など一連の作成に、中心的にかかわる機会に恵まれたんです。

――そういった活動にはワークショップも組み込んできたんですか。

林　ワークショップはね、もともと町田で始まったんですよ。一つは、KJ法の川喜田二郎さんの弟子がやっていたのと、もう一つは、中島男爵。彼が、町田に青少年センターをつくろうという時に子どもたちを集めて、その土地が具体的にどんな使い方ができるかを遊びながら考えていくといった、独自の方法でワークショップをやったんです。それはまったく形式化されていない、本格的なワークショップだったんですね。

まあ、そんなことを身近に見てきたことがあったので、世田谷でまちづくりをやる時にもいろいろ取り入れました。

世田谷区では、バークレーからノース・カロライナ州立大学で先生をしていたヘンリー・サノフ▼の本を参考にして、サノフ風のデザインゲームのやり方でワークショップをやったり。また当時、東京工業大学にいた木下勇▼さんが、アメリカのハルプリン▼を学んでいたので、ハルプリンのワークショップも取り入れました。あとは、藝大の及部克人▼さん。彼は、アジアの演劇系ワークショップに通じていたから、彼を通して、その辺りのことも取り入れたんですね。だから、世田谷区のワークショップのまちづくりは、欧米からアジア各国まで各地で行われてきたワークショップの経験や方法を混ぜこぜにして、そこで実践しながら生まれていったんです。

――ワークショップの知見というのが、建築の方にもどんどん取り入れられた時代でしたね。とくに新居千秋▼さんが、非常に積極的に取り入れていきました。

林　新居さんはね、世田谷でワークショップを覚えちゃった。梅ケ丘で緑道のデザインをする時、僕もかかわっていたし、木下勇さんもかかわっていたけれど、みんなで一生懸命ワークショップをやった。その時に、新居さんが頭角を現したんだね。彼はセンスが良くて、向いているんだよ。それでとても良いワークショップ・デザイナーになってしまった。

――とくに小学校の建築などに、ワークショップを取り入れるケースが増えました。シーラカンス▼や芦原太郎▼さんがその代表でしょうか。以後、ワークショップは建築におけるある種の系譜として、綿々と続いています。

林　日本のデザインのなかで、それなりの意味をもつようになって、発展してきたんですね。

社会的企業の重要性

――そして一九九〇年代に入ると、アメリカのNPOを研究されて、実際にNPOのための法整備や、設立支援などに携わられる。同時に一九九一年には玉川まちづくりハウスを立ち上げられて、まちづくりを実践されていきます。

林　一九九〇年代の十年間、玉川まちづくりハウスは、地元パワーを生かした九品仏の「ねこじゃらし公園」、デイホーム玉川田園調布用地での市民によるコミュニティガーデン活動、同敷地のデイホーム等、公共施設の参加型デザインに連続して取り組みました。参加型デザインで広がった地域の多様な人脈、その人脈が触発した新たな活動が広がっていきます。「読書空間みかも」という、市民設立図書館もあるんですよ。ここは会員制ですが、その会費をもとにボランティアが運営しているスペース。会員はここで、日がな、ぼーっと本を読んだり、くつろぐ場所として利用したり。また地域のさまざまなスキルをもつ人たちがこの場所を利用して、カフェを開いたり、着付け教室を開いたりしています。他にもいろいろあるんですけど、そんな風に、いろんな人が地域で動いている間に、自然と人脈がつながってきて、対話と体験共有による知の創造・蓄積からさらに面白い活動が誕生しているわけですよ。

　昨年（二〇一三年）の七月には、多摩美術大学の先生で、近所に住んでいる堀内正弘さん▼が「シェア奥沢」を始めたんです。彼は一九九八年に奥沢の住民による「土と緑を守る会」を発足させ地道な活動を重ねてきました。この「シェア奥沢」は、住居としてのシェアハウスではなくて、「コワーキングスペース」を含み、いろんな関心・分野の人たちが集まって、何か新しいことを生み出そうという空間です。

　音楽会やトークイベントを開いたり、キッチンもある。そのキッチンは、みんなで料理し味わうので「協奏キッチン」と呼んでいます。そんな楽しい自由な空間ができたので、僕らはそことネットワークを結んで、地域の多様な拠点が、地域社会の新しいレイヤーを生み出すことを期待しています。まちづくりの世界が一次元高まったのではないでしょうか。

　こうやって、いろいろな予兆のようなものが見えるようになれば、地域の資源が循環する。それがまた楽しい（笑）。

――今おっしゃった地域の資源というのは、とっても大事な話ですね。僕はアーバン・リソースと言っているんですが、資源というのは、何も、観光資源、商業資源だけではない、こういう手づくりの資源が日々生まれている。そういうものをしっかりインキュベートしていく、水をやっていくという時に、ネットワークの力がどうしても必要になります。

林　そうなんですよ。だからね、僕は今や、都市計画からはすっかりおさらばしていますけど、それがなぜかといえば、まちづくりという領域が、自分たちの生活のなかで育ってきたからなんですね。市民は自分たちの暮らしを、自分たちの手で変えていく、あるいは、自分たちのお金を使いながら、自ら町の何かをつくったり、プロデュースしたり、マネジメントをしていくという世界があるということがわかった。

　また最近僕は、韓国・ソウル市のソンミサンマウルという町に注目しているんですが、そこでは、まさに地域コミュニティ自身が、町の保育所や学校を、子どもの育ちにあわせてつくり、経営している。そうなると縦割りで、建築デザインだ、都市デザインだと切り取られるものではなくて、福祉も建築も、同じ土俵で考えざるを得なくなる。また地域のなかにはいろんな人材がいるから、その人たちが、その人たちなりの力を発揮する場をつくることもできるし、力を発揮して欲しいという人たちも見えてくる。それがどんどんつながって広がり「自分たちの自分たちでつくる自分たちの町」をつくっていく。そのなかでホンモノの市民社会が形成されていくんですね。

――そういった活動を推進していくうえで、ＮＰＯという組織が、比較的馴染みがいいわけですね。

林　ＮＰＯはもちろん重要ですが、それだけでなく、二十一世紀に登場した社会的企業が重要です。自分たちで自分たちの町をつくり、運営していくのは容易なこ

自邸にて

とではありません。世界の経済危機が「市場原理主義への過度な傾斜」と「ほとんど規制のない金融世界化」の結果、私たちの町の隅々にまで及んでいるからです。日本が同様の危機にさらされていることはいうまでもありません。

そうした認識への反応として、危険な世界経済の仕組みに取り込まれない、市民自身の事業体で、市民自身の生活の循環とその経済を支えて行こうという、社会的経済を志向する市民活動が世界各地に広がっているんです。この動きは、つまりローカルな経済耐力形成を意図する自立循環構造への努力でもあるわけです。

その点韓国ではすでに社会的企業育成法が二〇〇七年に制度化されて、新たな協同組合基本法が二〇一二年に施行されています。

臨床性の活動と創造性

——僕が林さんの活動のなかで一つ要点になると思っているのは、都市計画家としての生き方を、柔軟に変革されてきたことなんです。自己変革を遂げられている。

つまり、今般の東日本大震災以降、建築家には非常に重要な役割が課せられていると思います。ところが建築家は、あまり自己変革を遂げていないじゃないか、そんな苛立ちが、私だけではなく、社会のなかにもあるのではないか。もちろん、なかには非常に優れた活動を展開している方々もいますが目立った動きではない。その一方で都市計画家の方が、社会的なうねり、趨勢に対応し、都市計画からまちづくりへという、大きなパラダイムシフトに対して自己変革を遂げてきたように思うんです。

林　実際に携わっている人間の方は、どんどんいろんな領域とつながって、現状に応じて変化してきたわけですよね。まちづくりにしても、やはり最初はつくること、フィジカルなことが中心だったのが、自然にシステム、マネジメントそのものに変わってきて、いかにみんなで新しい価値を生み出すか、という話になってきたわけですから。

——今の若い研究者や学校で教鞭をとっておられる方の動きなんか

を見ていると、とくに、三・一一の後の活動に対しては、建築よりも都市計画、まちづくりの方が、フィット感があるんです。たとえば、首都大学の饗庭伸▼さん。彼も、一昔前なら都市計画家ですよね。それが今は、スタート時からまちづくり。そういう勉強から入っているわけです。

林　だから、そこがやっぱり面白みがある領域なんですよ（笑）。

　饗庭さんの動きは非常にセンスがいいですよね。また東大にも小泉秀樹▼さんとか、やっぱり若い世代がいて、非常にがんばっています。西村幸夫▼さんの弟子筋にもなかなか面白いのがいますよ。

――まちづくりを志している人の方が、現場にどんどん分け入って、レンジが長く、留まりながら携わっている。建築家はやっぱり、性急に形にしたがる。

林　もはや建築家だけが建築をやっているんじゃない。いろんな人がいるなかに建築の技術がわかる人がいて、地域の人と知恵を出し合って、形にしていくということが求められるんですよね。

――僕は、そういう現場での活動を「臨床性」と言いたいんです。

林　なるほどね。確かに「臨床性」の活動こそが創造的循環を地域に生み出すんですね。

　そういうのとかかわりがあるかもしれないけれど、山谷を中心として活動している「自立支援センターふるさとの会」という組織があるんです。ホームレスの支援組織で、一九九〇年頃には炊き出し・毛布の配布等をしていたんですが、現在は、彼らが暮らす場所を確保し、雇用の場をつくることに尽力しながら、生活全般を支援している。そのなかで注目したいのは、この組織がスタッフに対して、ケアの研修を組み立ててやっていること。スタッフはボランティアではなく、ちゃんとハローワークに募集を出して雇用しているんだけど、それが二百人くらいいる。その人たちがちゃんと、ホームレス上がりの人たちの生活をサポートできるようにするために研修をしているんです。

　専門家もかかわって、まさに臨床型の研修をやっているんですが、それが生半可ではないんだ。

研修があまりに大変で退職するという人がいるくらい。だからね、結局、勉強の仕組みも変わらないとダメなんですね。臨床型の勉強ができるように。

――同感です。臨床というのは、本来「臨床医学」や「臨床心理学」などが言葉として確立していますが、社会の現場で人と向き合う「臨床美術」や「臨床哲学」が新たに言われ出した。哲学者の鷲田清一さんが「臨床哲学」ということを言い出したのも、まさにこれからは「臨床」が重要な時代になるとの指摘でしょう。僕はこれから「臨床建築」、つまり「クリニカル・アーキテクチャー」という分野を研究しようと考えているんです。

林　僕の場合はアーキテクチャーじゃなくて、クリニカル・コミュニティ・デザインかな。

――まさに、林さんは「臨床都市」という分野だと思います。またその流れで言えば、北川フラム▼さんなんかも、臨床型のプロデューサーですよね。

林　そうですね。彼はまた素晴らしいもんね。あんなにすごい世界を切り開いた。フラムさんのやっているアートの世界も、今や、まちづくりの一つの柱です。フラムさんとは昔から付き合いがあって、面白い人だとは思っていたけれど、越後妻有、瀬戸内と、本当に素晴らしい展開を見せている。彼の活動のおかげで、まちづくりのアートの部分が、すごく見えやすくなりました。

まちづくりと世界を結ぶ

――今日は、まさに林さんの活動領域のように、非常に広がりのあるお話をうかがうことができました。そして最後になりますが、僭越ながら、現在七十七歳になられて、これからどのような局面を目指していかれるのか、構想はどんなものですか。

林　当然、僕も老後の世界に足早に追いかけられて、呑み込まれつつある。ただ、今はみんな寿命が伸びて、案外すぐ百歳になるでしょう（笑）。

　人生百年と考えて、二十五歳ずつ起・承・点・結の四期に分けると、僕はその最後の結に入っている。結期は、二十五年あるかもしれないけど、明日の朝、目が覚めないかもしれない、ということが特徴ですね。一日一生です。

第三の点期になると、年金の世界に入って、第四の結期になると、年金だけが頼り、という世界になりますよ。だけどね、その世代になると交通網とかでも、シルバー割引があって、飛行機だって、今や日本国中一万二千円で飛び回れちゃう。だから、あとは行った先で、いかに、安く、もしくはタダで宿泊できるようにするか。そういうことをね、実際に、島根県の松江の連中なんかと話しているんだよね（笑）。まあ、その人生の点期、結期に至る人生は、ソフトなネットワークとか、ソフトなシステムを、リアルマネーじゃない、地域通貨みたいなソフトマネーで展開していく。そんなことを今、やろうとしています。

――この連載では、林さんのいうところの、点期、結期の建築家にお目にかかってお話をうかがっているわけですが、やはりみなさん、歳を重ねるなかで仕事をどうするかということに、高いハードルが立ちふさがるんですね。しかしそのなかで、保存運動や地域活動に携わってこられた前野嶤さんは、これからはご近所を大切にする、とおっしゃった。林さんもそうですが、生き方そのもののなかで、建築家として、また都市計画家としての見識を発揮する道を、自ら自覚的に切り拓かれている。

林　結期を脅かす要因は沢山あります。その第一は、アベノミクスですね。経済学者の野口悠紀雄さんによれば、このままで行くと二十年の間には、日本経済が完全に破綻する。そういうことになるとね、個人的には地域通貨で自給自足、晴耕雨読の世界をいかに実現するかを覚悟しないといけない。

結期を脅かす第二は、先に触れたように、世界の経済社会矛盾の主な根源は「市場原理主義への過度な傾斜」と「殆ど規制のない金融世界化」であると、僕の敬愛する朴元淳ソウル市長さんが喝破している。と、いうことになると、二〇一三年十一月に韓国・ソウル市で開催された「グローバル社会的経済フォーラム▼」の呼びかけに、自分なりに応えることを覚悟しなければならなくなる。まちづくりと世界を結ぶこの活動への何らかの賛同表明と参加は、結期の柱になりそうです。

——それらのご指摘は、非常に重要な視点です。僕らはまだまだ、林さんの骨太な提言から、学ばせていただきかなければならない。

林　ただ、結期には体調面での課題も出てきてしまいますから。どこまでやれるかな（笑）。

——僕はまちづくりのリーダーシップというのは、存在力にこそ生じると思います。具体的な言葉がでなくても、林さんの存在力そのものが、非常に大事なんですよ。

林　存在力ということでいえばさ、画家の草間彌生さんがすごいじゃない。自然体でありながら、あの、異様な雰囲気を醸し出せるところが素晴らしい。僕もあの境地を目指すのはどうかな。ただ、眼も悪くなってきちゃったんだけど、そうしたら、ドラムや太鼓でもぶっ叩くか（笑）。

——いや、素晴らしいですよ、それは。身体の衰弱も含めて、それをもって人とコミュニケートを図る。そういうことも可能なんですよね。僕はその姿勢に敬服します。

林寛治

一九三六年生まれ

僕はね、仕事がないのが当たり前
という気持ちで独立したんです

はやし・かんじ＝東京生まれ。建築家。一九六一年、東京藝術大学建築学部卒業。在ローマ日本文化会館（設計吉田五十八）の現場見習いを口実に渡伊、Co-architect Prof. G Positano Studioの所属となる。その後、Studio Ing. Rebecchini + Arch.Lafuenteに勤務。一九六七年に帰国、吉村順三設計事務所に入所。一九七四年同設計事務所を退所。林寛治設計事務所／Studio KAを開設・主宰。山形県金山町の公共建築や住宅の設計を数多く手がけ、「街並み（計画）づくり百年運動」の設立、運営に携わる。この他、住宅を中心に作品多数。近作に「マルコの蔵・広場」（二〇一四、共同設計片山和俊）がある。主な受賞歴に「金山町街並みづくり百年運動の推進」（二〇〇二、建築学会賞）、「私の家（自邸）」（二〇〇四、第五回日本建築家協会二十五年賞）、「山形県金山町街並み整備」（二〇〇七、土木学会デザイン賞最優秀賞）など。

五十九歳の時、留学生に

——林寛治さんは、東京藝術大学を卒業した一九六一年の夏にイタリアに渡り、帰国後は吉村順三▼設計事務所に勤められました。そして独立後は、山形県金山町でのまちづくり活動をずっと続けてきている。そんな林さんには、僕のなかでは「コミュニティアーキテクト」という位置づけがあります。郷土の建築家ではなく、地域社会に深く入り込んだ建築家といった意味です。ただその実態は、あまり知られていないように思います。

林　そうかもしれない。口下手ですから、あまり自分のことを話したことはないし。

——僕の印象では、林さんはコスモポリタンというか、どこか飄々としてつかみどころがない（笑）。ですから本日は、林さんの経歴を振り返りながらその実態に迫りたいと考えています。

　ところで、二〇一三年の暮れから二〇一四年初頭に、国立新美術館で「未来を担う美術家たち 16th DOMANI・明日展　文化庁芸術家在外研修の成果」という展覧会が開かれていましたが、そこに名を連ねておられる。つまり、イタリアへは給費留学生として渡られたんですか。

林　いや、それは五十九歳の時、一九九五年に派遣されて行きました。正確には「文化庁特別派遣芸術家在外研修員」という身分です。この「特別」は、四十五歳以上で八十日間という短期の派遣という意味です。

　現在は「新進芸術家海外研修制度」という名前になっていますが、もともとは「文化庁派遣芸術家在外研修制度」として、ちょうど僕がイタリアから帰国した一九六七年から始まっています。

　最初は美術や音楽が対象で、美術分野に建築が加えられたのは、この制度の開始から十六年後の一九八三年からです。建築家第一号は、イタリアに派遣された栗生明▼さん。二番目がアメリカに行かれた小川晋一▼さん。三番目が古谷誠章▼さんでスイスに行かれてます。研修期間は一年、二年が普通ですが、僕は特別派遣の八十日間で行かせてもらいました。周囲の友人たちからは「お前、いまさら何をしに行くんだ、税金泥棒じゃないか」と言われましたよ（笑）。

――そうですか。僕は早とちりをしていました。林さんは、ずいぶん歳をとってからのエントリーだったんですね（笑）。それで何をテーマにされたんですか。

林　「広場の心象を探る」という、答えのないようなテーマです。広場と言うと、欧米の一般社会もそうですが、当然に存在するものとしてあまり研究テーマとして取り上げられていない。ミラノに着いてすぐミラノ工科大学の論文管理部門の事務所を訪ねて、レポート課題のタイトルリストを調べてもらったのですが、四五〇あまりのレポートのなかに広場に関する解析的なものは見当たらなかった。たとえば、学生の出身地の町の広場の改造案などで、デザイン主体のものばかり。つまり、広場の内的な空間とか、シークエンス、広がり、ドラマというものをとくに意識していないんです。

　広場に関する出版物も観光協会・旅行協会のグラフィックなガイドブックの他は、カミロ・ジッテ▼の『広場の造形』（大石敏雄訳、SD選書、一九八三）とか、ジオ・ポンティ▼が書いた「広場を愛しなさい」というものくらいしかないんじゃないかな。だからこの時には北イタリア全域、トリノからトリエステまで中小約四十都市の、百二十くらいの広場を駆け巡りました。

――六十歳目前にして政府の給費留学生になって、再び勉強をするという姿勢が、本日のテーマにもぴったりです。これも老い方の一つですからね。

　では本題に入りますが、そもそもなぜ、大学を卒業してすぐにイタリアに渡られたんですか。林さんが卒業された時代は、国内でも、アトリエ系の事務所が元気な時代だったでしょう。

林　僕が藝大に入った一九五〇年代後半、イタリアの近代建築に活気があった。もちろん日本もそうでしたが、僕は、イタリアの建築雑誌の『ドムス』を購読していて、当時のイタリア近代建築が輝いて見えたんですね。アキッレ・

カスティリオーニやフランコ・アルビーニ、アンジェロ・マンジャロッティ、BBPR、構造家のピエール・ルイジ・ネルヴィなど、そこに掲載される建築と建築家にすごく惹かれたんですよ。ローマオリンピックが一九六〇年でしょう。だから、それに向けてネルヴィの設計による「フラミニオ競技場」（一九五七）ができたり。また、ミラノにはジオ・ポンティの「ピレリ・ビル」（一九五八）やBBPRの「ヴェラスカの塔」（一九五八）等も竣工していた。それに、イタリア映画は戦後の第二期黄金時代で、フェデリコ・フェッリーニ、ミケランジェロ・アントニオーニの作品が日本で上映され、イタリア・オペラも何度か来日したりして、とにかく現地に立ちたいという気持ちが強かったと思う。

そこへ、偶然というか僕が三年の時に吉田五十八先生がローマで「日本文化会館」（一九六二）の設計を始めたと聞き込み、吉田先生に直接お願いして、現場見習いという私的な口実をつくってもらって行けるということになったんです。

卒業後すぐイタリアへ

——では、基本的には吉田五十八事務所の所員としてイタリアに行ったんですね。

林　表向きはそういうかたちですが。渡航に関しては吉田事務所の諸先輩と、先に鹿島建設から派遣留学されていた藝大先輩の佐々木嘉夫さんに多くお世話になりました。佐々木さんは吉田先生からの依頼で鹿島建設を休職し、ミラノからローマに移り「ローマ日本文化会館」の実施監理総責任者として、東京・ローマ間の調整を行った人です。そして、コー・アーキテクトに僕のローマにおける身元保障人と、事務所に所属することを取り計らってくれました。僕のイタリア行き直前に、やはり吉田研究室側の設計担当者がいなくては困るということで、野村加根夫さんが急きょローマに派遣されました。佐々木・野村両氏共に「ローマに来てまで日本建築の勉強でもないから、吉田先生が来た時だけ一緒に飯を食えばいいんだ！　見られる時に自由に見て回ったほうがいいぞ。G.Positano事務所も義理立てしないで、面白くなければ辞めてもいいぞ」とまで言ってくれました。ですから実態は、現場見習いではなく、自由な身分でしたけれどね（笑）。

——すると、本当に「とにかく行って見て回る」ことが目的だったんですね。でも、イタリアに飛び込んで行った先駆け的存在でもある。

林　時代としては早い方なんですが、デザイン風土からいえばミラノが中心で、ローマはある意味で伝統が積層した保守的な風土ですからね。みんなミラノを目指した。

——それで結局、イタリアには約六年いたわけですね。その間、ローマ以外にもあちこち見てまわったんですか。

林　美術や音楽の留学生から誘いがあるとローマ郊外へ、二、三日あればフィレンツェの北くらいにあるトスカーナやウンブリアの町々まで、彼らのクルマに便乗して行きました。野村さんと一緒に、一九六一年のクリスマスから新年の冬休みは、ローマ・パリを往復し、一九六二年の夏休みはスイス経由ローマ・ウイーン往復旅行をしましたが、ロンシャン、マルセーユ・ユニテ、ラ・テューレット等の訪問は六一年暮れから六二年正月での思い出です。コー・アーキテクトの事務所はフランス旅行から戻って直ぐ辞めてしまいました。

僕は、ミラノには時々遊びに行くくらいでしたが、これが良かった。ミラノでは蓮池槇郎▼くんの活躍が始まっていて、一九六四、六五年頃か、彼の紹介でマンジャロッティ、カスティリオーニ、BBPRなどの事務所を訪ねることができました。面白いのは、彼らは僕がローマの事務所にいて、就職志願じゃないことがわかった途端に相好をくずして親切に事務所を見せてくれたり、仕事の状況を話したりしてくれるんです（笑）。それぞれ場所は覚えていないけれど、とくにカスティリオーニは、広い事務所に彼一人がいて、名作照明器具のArco、Tacciaや、シングルソファのSanlucaなどが、試作・試用の別なく作業台に挟まって活き活きと使われていて、名も知れぬ若造に事務所内を回っていろいろ説明してくれるんだ。こっちはふわふわして、ただただ感激！といった感じ。後に「私の家」（一九七二）をつくった時、二番目に買った照明器具がArcoですが、これは給料の三カ月分くらいしたよ！（笑）

——じゃあ本当に、二十代の多感な時期はイタリアの風に吹かれていた。最初は『ドムス』をむさぼるように読んで、そして実際にイタリアに渡り、当地でもまれてきたわけですか。

林　もまれるほど、勤勉だったか、敏感だったかどうかはわかりませんけどね（笑）。でも新しいステュディオ（事務所）の時間は厳しかったと思う。僕はモグリの設計助手の立場で、二カ月目で固定給にしてもらいましたが、年長の三人のドラフトマンは時間給で、週末にエンジニアのボスが小切手を切って渡していました。

　ただ『ドムス』でイタリアに憧れましたけど、実際にイタリアに来てみると、『ドムス』は市民向けのデザイン主体の啓発誌といったイメージなんですね。もう一冊のイタリアを代表する建築雑誌『カーザベッラ』の方が本質的なものだった。両方とも同じ出版社の発行だったので、それぞれ棲み分けをしていたんでしょう。当時、『ドムス』はジオ・ポンティが編集長、『カーザベッラ』はＢＢＰＲのメンバーだったエルネスト・ナーサン・ロジャースが編集長で、専門的な情報を掲載していました。われわれにしてみれば『カーザベッラ』はテキスト主体で読めないのですが、『ドムス』は、グラビア主体で視覚的に伝わりました。

——僕もそうですが、六〇、七〇年代の建築、デザイン系の学生は、『ドムス』を夢中になって読みましたね。誌面もとても実験的で、大いに刺激を受けた。

林　ところが実際にイタリアに行って、歴史が積層したローマのような都市の町なかに住んでしまうと、古い建物の重厚感が圧倒的で、近代建築はどうにも薄く感じてしまって。全然ダメなんですよ。

　じつは、学生の時に教官室の吉村順三先生にイタリアに行きたいと相談したことがあるんです。すると吉村先生は、ヨーロッパよりも先にアメリカに行った方がいいのではないか、という指摘をしてくれた。つまり、ヨーロッパの建築・都市遺産を見た後では、アメリカの建築の良さが見えにくくなるんじゃないか、というわけです。その時、僕にはその意味がよくわからなかった。ですがイタリアという歴史都市のなかで近代建築を見た時、吉村先生が言われた意味を実感しましたよ。

――それは思慮深いエピソードですね。

吉村順三からの手紙

――帰国後には、その、イタリア行きを相談した吉村順三設計事務所に入所されます。それは前もって決めていたことだったんですか。

林　そういうわけではありませんが、帰国を考えた時に野村加根夫さんに手紙を書いて、日本で、どこか僕が入れるような設計事務所があるかを聞いてみたんです。すると野村さん曰く「行くなら吉村順三先生のところがいい。また、吉村先生には誰かの紹介よりも、直接あたった方がいいぞ」という助言をしてくれた。それで僕は、イタリアから吉村先生に手紙を書いたんです。でも、日本に帰ればゼロからのスタートです。いきなり「入れてくれ」というのも気が引けて、「小さな事務所で、先生に推薦してもらえるようなところがあれば、ぜひ紹介して下さい」と。さらに「先生の事務所で、もし自分を使ってくれるなら」と付け足した。そうしたら、先生から「来ても良い」という返事を直接いただいたんです。

　吉村先生とはイタリアにいる間にもお会いしているんです。皇居新宮殿の設計中、宮内庁から派遣されて、先生が欧米のパレスを視察に来られた。その最終地がローマだったんです。この新宮殿実施設計については、この視察旅行から帰国後、吉村先生と宮内庁との意見が合わず、結果、先生は辞退されたわけだけど、その四カ月くらい前の視察の際に、先生の教え子で海外に散っている人間が案内役としてお手伝いしたわけです。ロンドンは三上祐三▼さんで、ローマは林、という具合でした。

四日間ほどのローマ滞在でしたが、先生が「パレスはもういいから、アッシジに行きたい」と言うのでフィアットの小さいクルマ、トッポリーノでご案内しました。他に、僕が勤めていた設計事務所で手がけていた、トーディ近郊の巡礼者教会の現場も見ていただいた。また先生は、僕のアパートの近くにホテルをとっていたんですが、旅の疲れか、胃が痛いとおっしゃっていたので、朝食は、僕のうちに来ておかゆと梅干しをとってもらいました。そして最後の晩、近くのレストランで一緒に食事をしている時に、吉村先生が「君ね、仕事も楽しそうでいいけれど、いったいいつまでローマにいるんだい?」と。続いて「あんまり長くなると、日本で使い物にならなくなってしまうよ」とおっしゃった。こっちは、まだ帰国のことなんてまったく考えていなかったから、そんなもんですか、と中途半端に聞いているような有り様で、まったく、軽薄の至りでした。

結局、僕はその二年後に帰国することに決めて、一九六六年五月に先の手紙を先生に送ったんだけど、じつは六月初めに日本画家の村松秀太郎くんと一緒に四カ月間の旅に出ちゃった。ただ、また同じ藝大の同期だった美術・染織工芸史の佐野敬彦くんが留学でイタリア在留中だったので、アパートを引き継いでもらうことにしていた。だから、僕のところに届いた手紙は全部開封してくれと頼んでおいたんです。そうして八月初め、ヘルシンキの日本大使館で佐野くんから受けた便りに「いいニュースだ、吉村順三先生から、来たら使ってやるという手紙が来ているぞ」とあったのです。

ところが、僕が日本に帰ったのは翌年の四月十五日。その後、吉村先生の事務所に行った。そうしたら、まず、事務の人にこっぴどくしかられたんですよ。日本は四月一日から新年度なんだ、と。それを半月も遅れて出てきて何事だ、というわけです。だから、お前の夏の有給休暇は一日だ、と言われて。まあ、そんな風に、まったくのんびりしていたわけなんです(笑)。

叱られて得をした

――吉村順三設計事務所に入所されて、それから七年、勤められた。この間、強く印象に残ることは、どのようなことがありましたか。

林　僕はほとんど役立たずだったからね。人の現場にすぐ着いて行っちゃって。おかげで先生の仕事はたくさん見ることができたから、僕自身には有益だったけれど。

ただやっぱり、僕は三十歳でイタリアから帰ってきましたから、先生はかなり、仕込もうとしてくれたんですね。それは本当にありがたかった。要するにね、事務所の「叱られ役」なんですよ。ボスっていうのは、叱ってもへこまない、痛まないようなヤツをちゃんと見分けるものなんですよね（笑）。だから、本当はチーフ級の人を叱りたいのに、僕を叱るんだよ、みんなにちゃんと聞こえるように。ただね、おかげでノウハウを全部いただけた。これはすごく得をしましたね。

――怒り方、叱り方というのは建築家の大変なノウハウですものね。

林　そうなんです。厳しい叱り方でしたけど、僕自身がそんな自覚でいたから、まったく腐るようなことはなかった。そもそもあんまり言うことを聞く方じゃないし、そういうもんだと思っていた。

現場なんかでも、僕が「じゃあ、ちょっと小屋に行って図面をとってきます」なんて言うと、後ろから「走れ！」って先生の声が飛んでくる。するとね、周りのゼネコンの連中もピーン！となるんですよ。現場を引き締めるんですよね。

――ゼネコンへのパフォーマンスということもあったんでしょう。

林　それはすごくあった。たとえば、先生と僕の考え方は一致していても、現場がなかなか理解してくれないことがある。そんな時でも、先生はとにかく僕を叱るんだよ。僕はとにかく叱られっぱなしでいる。それを現場の所長なんかもそばで聞いているとね、今度は彼らが非常に恐縮して、その後の流れがスムーズになっていくんですよ。僕自身はね、もう三十歳も過ぎれば恥なんかかいても応えない。イタリアでもさんざん恥はかいてきているからね(笑)。

――それは本当に貴重で、微笑ましくも、計算づくの場面だと思います。

吉村事務所を辞める

――ところで、林さんが吉村事務所に勤めた当時、吉村さんはおいくつぐらいだったんですか。

林　先生は一九〇八年生まれですから、僕と二十八歳違うんです。ですから、五十八歳かな。もうちょっと年配のような気がしていたけれど。僕が仕事に対して幼かったということだね。

――その吉村さんのところをお辞めになったのは、どんな経緯だったんですか。

林　これがね、自分でも不思議なんだけど、理由もなくある日突然辞めたくなったんです。七年いて、それほど役にたたないまま、三十六、三十七歳になったでしょう。それで、春先くらいに、僕はそろそろ辞めたいというようなことを吉村先生に言った。そうしたら先生は、もうちょっといろ、というようなニュアンスのことをおっしゃった。まだ修行が足りないということだったと思う(笑)。

――そうですか。ご自身は役立たずとおっしゃるけど、吉村さんにとっては、必要な人材だったんでしょう。

林　吉村先生は、自分とは違うもの、モノの考え方や捉え方が違う者もいた方がいいという考え方をもつ人だった。それに、たとえダラケているように見えても、モラルとか、そういう点は、ちゃんと評価してくれたんだと思います。ですから、サラリーマン的に一生懸命やっていても、それはそれで、それ以上の評価はしない。最終的には、先生から「うまく行かなかったらいつでも戻ってこいよ、何かつくったらまた見せに来い」と声をかけてもらいました。

――それはありがたい言葉ですね。

林　僕は、吉村さんと二人でいれば、非常に親しく、時には馴れ馴れしくしゃべることもありましたが、だからといって、べったりすることはできない質なんです。世代的な違いもあったと思います。だから、吉村事務所を辞めるまで、先生の代表作に数えられている「軽井沢の山荘」（一九六二）には行ったことがなかった。辞めてからも二度ほど行ったくらいです。軽井沢の山荘は先生が薄美濃紙に描かれた1／20の図面の段階から、藝大で同期だった平尾寛くんの脇で見ていましたから、先生の思い入れはもちろんよくわかっています。けれども、周りが代表作のように喧伝することには違和感を感じるんです。「珠玉のような」と言うことはできても、代表作は、作品集にある一連の住宅を始め、「ロックフェラー邸」（一九七四）、ニューヨークの「ジャパンハウス」（一九七二）、「八ヶ岳の高原音楽堂」（一

九八八）、また、改造前の「国際文化会館」（一九五五）も前川・坂倉両先生との共同作品とはいえ、部分的に両先生のエレメントは見えても、プランやプロポーションは吉村先生のカラーが出ていたと感じました。そしてそれらの頂点に「新宮殿」の基本設計があると思います。「新宮殿」は結果的に辞退しましたが、当時、基本設計から実施設計に進んでいて、間違いなく、先生の代表作の一つといえる。だって自分の山荘が代表作だなんて、吉村順三のスケールじゃないと思うよね。

――決して馴れ合いじゃない、いい子弟関係を築いてこられたことがうかがえます。

林 まあ、吉村事務所を辞めたって、先生との関係は切れるわけでもないからいいんだ、という気持ちでいました。

それにもう一つの理由もあった。女房はフランス人ですが、彼女とは日本で出会って結婚して、二年目には子どもも生まれていた。ところが、一度も彼女の家族には会ったことがないし、実家にも行っていなかったんですよ。だからといって休みを取ると言っても、今のように一～二週間で帰ってくるわけにはいきません。できれば半年ぐらいは行きたい。だからこの機会に辞めさせていただくことで承諾をいただいたのです。女房と赤ん坊はひと月前に出発していましたが、僕は一九七四年七月末日まで住宅の実施設計と実施見積書を揃えて退所しました。そして出発前に、自分の事務所登録を済ませてからフランスに行ったんです。イタリアも再訪し、結局、四カ月くらい滞在して晩秋に帰国しました。そのひと月ほど後に山形の金山町から、私立の幼稚園を誘致するからその設計をしてみないか、という話しがきたんです。

個人事務所にこだわる

――一九七四年に独立してしばらくすると、じつにタイミングよく、山形県金山町の仕事が始まったわけですね。そもそも金山町とはどんなつながりがあったんですか。

林 母の郷里です。一九七四年当時、僕の従兄弟の岸宏一が町長二期目だった。僕より四歳若く、小さな地方自治体の行くべき方向を真剣に探っていた。

ただ、近い親戚だったので、向こうも直接は町の公共事業はやらせず、私立の幼稚園で様子見をしたんですよね。幼稚園は二年後に完成しますが、その最中に、山形県の標準設計の町営共同住宅の監理もやらされた。どうせ幼稚園の仕事で金山に来るんだから、そのついでにやれ、ということなんです（笑）。

――ですが、フランスから帰ってきたらすぐにそういう話があったのはラッキーだったんじゃないですか。だって、何か仕事があって独立した感じではありませんからね。

林　そう、幸運だったと思う。僕はね、仕事がないのが当たり前という気持ちで独立したんです。そしてフランスに行きましたから、向こうでものびのびできたよね。そもそもイタリアに行った時もそうだったし。そういうことは、あんまり気にしなかったんですよ。

――いやあ、本当に林さんは、ある種の自由人ですね（笑）。僕のコスモポリタンという印象はあたっていたようです。

林　そうね、自由人（笑）。

僕は初めから個人事務所にこだわっているんですよ。だから、金山町以外の公共建築の仕事はないですね。

――日本の場合は、法人格があって、初めてお付き合いしましょうという社会ですからね。

林　そうですね。まちづくりに絡む話はいろいろな自治体からきたんですけどね、「個人事務所だけど、大丈夫？」と聞くと、向こうが「えーっ」とか言って、困っちゃうんですよ。

そのことに関連して言えば、JIAでも「建築家の職能」の確立を主張していますが、税法上の便宜からとはいえ、法人格ともなれば、「創造をもって社会に奉仕する」前に「利益を追求する」ことになる。だから、社長さんたちもたくさんいるJIAの職能確立の説得力は弱いと思いますね。大規模設計会社が全部、設計組合員化してしまえば簡単明瞭になると思いますが。

また、これは数年前に知ったんですが、新宮殿基本設計に際して、宮内庁はまったく肩書きなしの「吉村順三」に設計者指名をしたんです。これは特筆すべきことだと思いますよ。僕は、この歴史的事実に対して、五十余年前の宮内庁を賞賛しているんです。

ですから、本来なら医者や弁護士と同じように、建築家の職能があると思うんだけれど。まあ、そんなこんなを言うようだから、僕は未だに青臭いんだよね。

——いや、もっともだと思います。建築家だって歳をとって、七十歳も過ぎれば法人格の信頼で動くわけじゃないんですからね。やはり個人の資質なり、存在で、かかわっていくわけですから。これは、今後ますます重要な指摘になると思いますよ。

林　そうですよね。これは建築だけじゃなくて、日本社会全体の構造なのかもしれないけれど、考えた方がいいですよ。

書棚より

——すると、かれこれ金山との付き合いは四十年近くなりますか。

林　そうですね、仕事ではね。一九四四年夏、小学二年生の時に、母と、まだ赤ん坊だった弟との三人で四谷大京町から金山町に疎開したんです。父は仕事の都合で東京に残っていた。それで、金山小学校三年生のとき敗戦を迎えました。父は、日本石油隅田川製油所に勤めていて焼け出されてね。今じゃあの辺に製油所があったとは信じられないけれど、もちろん、それも全部焼けて。

——転勤が多かったんじゃないですか。

林　多かった。東京製油所が焼けてしまったので、敗戦後は父の転勤先を追って家族で新潟県の柏崎に移った。出雲崎から秋田県土崎辺までの日本海沿岸部で石油が採れたから。あの辺は、日本の石油発掘と石油会社の発祥の地なんです。そこに小学四年から中学に入るまでいて、今度は、仙台に日本石油の営業所を開設するというので、またそっちに移って。その後、一九五三年に東京に戻り、今、自宅と事務所のあるこの旗の台に来たんです。ここはもともと、日本石油の借り上げ社宅だったんです。だから今も借地だけど、親父が社宅の借地権を退職金で買い取った。明治のサラリーマンっていうのは、土地は借りるものだと思っていたからね。

――ではご実家のあった場所に自邸を設計された。こちらもＪＩＡの二十五年賞▼をとっていますね。

林　そう。一九七一年につくりました。まだ吉村事務所にいる時です。

金山のまちづくり

――では、いよいよ後半の核心に入りたいと思います。金山での仕事は独立後、間もなくスタートしていますが、まちづくり全体にかかわるという自覚が出てきたのは、もうちょっと後になりますか。

林　謙虚に考えてみると、まちづくりの自覚は、町長と町議会の方が進んでいたと思いますね。なぜかというと、最初に、幼稚園の設計に携わった時から町長はまちづくりを視野に入れていた。幼稚園は千葉から誘致したんですが、敷地選定の時点から数次にわたって、幼稚園オーナーと町議会議員など五人くらいの関係者と共に、その都度、立会と設計者意見を求められましたから。オーナーはもちろん、町の意気込みを強く感じました。

　そして僕自身は、金山の仕事は幼稚園ができた後、すぐに今度は保育園もやれ、というように、いろいろなものを雑用係みたいにやっていったんです（笑）。そもそも、最初から今日に至るまで、町との設計契約では日当・交通費はゼロですからね。つまり、町長の主張としては、本来、わざわざ東京に頼む必要はないんだ、と。地元なら交通費なんてかからないんだから、地元並みにやれ、というわけです。まあ、あまりに近い縁故だから、僕もそれは当然だと思う。従兄弟はもう町長はとっくに辞めて、今は参議院議員をやっていますが、歴代町長からの公共施設の設計監理受託にも日当・交通費無しはずっと続いています。

——「郷に入りては郷に従え」、一理あるようですね（笑）。

林　僕が委託された施設は、全体的に安くできるんですよ。そこには二つの理由があると思うんだけれど、小さな地域社会では、全部が顔見知りだから、共存共栄のために、仕様にしろ、予算査定にせよ、優しさというか、甘い部分もあるでしょう。つまり、僕は仕様が少し高く、そのうえ、査定が厳しいらしいんです。今は、地方と都会の差はそれほどないと思いますが、欧米感覚で見ると、日本の建築費は昔も今も倍額くらいという感じ。厳しいというよりも、実感価格が身に付いちゃっているんです。

——欧米のレートに、感覚的になじんでいたんですね。とくにローマなんて厳しそうですね。

林　そうなんです。それに、日本では地元のなかだけでやっていると、設計者と業者同士がお互い顔見知りですからね。とくに設計者が厳しいことは言えなくなるということもあるんです。

そもそも、なぜ金山で景観のことを考え出したのかといえば、従兄弟が町長になる前の町長の岸英一さんが、町の景観をきれいに整えるための啓発活動として「全町美化運動」（一九六三）を始めたんです。ですが、そうは言っても、当時は全国的にも「景観」という意識は薄い時代。何が金山にとってよい景観なのか目に見えるかたちで示す必要がある。それで、宏一町長の時代になってから、積極的な景観整備が始まった。そこで僕に声がかかったんです。

当時は金山だけでなく、東北では、古い茅葺き屋根の上に、例の、赤や青、緑色のカラー鉄板を乗せている家がすごく増えていた。それというのも、あの辺りの人たちは冬になるとみんな出稼ぎに行くでしょう。そして、実際には手抜きとなる簡略化納まり工事と新建材の知識を身につけて帰ってくるんですよ。とくに屋根のカラー鉄板は、雪の滑りがいいというので、どんどん広まっちゃった。だけど、それをやるなとは言えない。せめて色だけでも考えろ、と。まずはそんなところから始まったんです。

ただ、一九七〇年代、金山には大工や左官、建具屋などの職人が多く残っていた。彼らを活気づけて、良い仕事をした人たちを讃えていけば、町並みを整備しながら、町を活性化できるんじゃないかと考えて、一九七八年から、地産地消を意識して「金山町住宅建築コンクール」というのを提案したんです。職人の技術向上と、地場の金山杉の需要拡大もできる。さらに、景観形成にも役立つという一石三鳥です。

お金が町に還流する割合

――金山のまちづくりという仕事は、単に景観を整えるだけではない、内需の循環構造をつくっている。そこが、とても評価されるところですね。

林　実際には、町の住宅を建てるくらいでは、林業の需要が目立って拡大するわけではありません。木の使用量からいえば微々たるものだそうです。ただ、地元の工務店の話では、金山住宅の場合、大工を始めとする住宅産業に従事している人たちの手間賃などを含めると、およそ八〇%余りは町に還流するんです。だから、町のなかで職人たちにいくら金を払っても、結局は町に残って他の商工分野にも還流・蓄積するということで、それが非常によかった。一方、一般のハウスメーカー住宅だったらどれくらい落ちるかというと、約一二%程度にしかならないそうです。

しかもタイミングよく、当時の建設省が一九八三年に「地域住宅計画（通称ＨＯＰＥ計画）」を始めたんです。地域の特性を生かした住宅の建設や改修、町並み整備等に対する補助事業。旧建設省住宅局のヒット商品ですよね。金山は二年度目の一九八四年に山形県を通じてそのモデル事業の指定を受けた。だから、ちゃんとした報告書をまとめて出さなければいけないんだけれど、設計屋の僕にはまとめられない。それで、誰かに協力してもらおうと思って、この時、片山和俊▼さんと、住吉洋二▼さんにきてもらった。そこからまちづくりといえるような活動へと広がっていきます。

片山さんは当時、藝大で茂木計一郎▼先生のところで助手をしていた。ただ、片山さんは僕が卒業してから藝大に入っているし、あまりよく知らなかったんです。だから僕は最初、曽根幸一さんに電話したのね。手伝ってもらおうと思って。そうしたら、彼もいろいろ手一杯だったらしく、茂木さんのところに片山くんがいるから、彼に電話してみたらどうか、と紹介してくれた。すると片山くんが、茂木研の後輩でドイツ・ダルムシュタット帰りの都市計画家・住吉くんにも協力して貰いたいというので、それは、なおさら結構!と。あっという間に連帯が整ったわけです。それで、とりあえずは片山さんの先生である茂木先生を委員長というかたちにして、「街並み(景観)づくり百年運動」プロジェクトが始まりました。

——この時に、いわゆる「金山様式」の住宅デザインなどが固められていったんですね。

林　そうですね。なぜ、地場の金山杉を使った在来工法の住宅がいいのか、屋根の形はどうか、色はどうか、外壁はどうかといったことを必要最小限に具体的に示していった。そして町では一九八五年に「金山街並み景観条例」を制定して、一定の基準にあった住宅に対する助成制度を始めます。

——状況としては、まだ、コミュニティアーキテクトという概念は明確にはなかったかもしれませんが、林さん自身もかなりそういうかたちで、金山にかかわり始めたわけですね。

林　僕はね、さっきも言ったように雑用係のように(笑)。ただ、やっぱり金山だけで仕事をしているような建築家ではダメなんですよね。東京でも仕事をしていないと信用されないから。彼らに「金山で食わせてもらっている」なんて思われちゃ、ダメ。ほどよい距離感が必要なんです。東京の建築家が来たか、と。また、片山さんや住吉さんは学校の先生だから、長く、ライフワークとしてかかわることができるし、いいんですよね。

――大学の先生なら、自分たちの調査・研究の題材にもなるし、また、人手が必要な時には、学生を投入できますからね。

町の煙たがられ役

――ではざっくりと、林さんがコミュニティアーキテクトとしての四十代、五十代と、そして六十代以降、ご自身のなかで、金山町とのかかわり方や主題、まなざしなどに変化はありましたか。

林　うーん…。これは難しいよね。要するに、身近にいると女房のシワなんかもあまり気にならないという感じで（笑）。自分が三十代の時と、今はもう、七十七歳ですけど、その自覚のズレっていうのは意識していないわけです。だから、四十代、五十代ということも意識の外にある。とくに、家内工業のような仕事の仕方をしているとね。人を何十人、何百人も使うような立場になれば違うんでしょうけれど。

町の問題としてはね、やはり町民の意識ですよね。さっき言った「金山町住宅建築コンクール」がスタートした頃は、かなりみんな盛り上がって、町も活気づいたんですが、やはり依然として人口は減少傾向にあるし。そのなかで、とくに怖いのは世代交替なんですよ。世代交替の度に町が壊れる。要するに、とくに農家の場合は家に長男に残ってもらいたいから、長男の趣味に左右されるわけです。するとやっぱり若いから、ハウスメーカーが提案するモデルルームなんかに憧れて、新建材で二世帯住宅にするとかね、そういうことになる。そこを乗り越えられないんですよ。

――林さんは、金山の二世代くらいの世代交替を見てきたことになりますか。

林　まあ、だからそういう時にね、町の人には嫌がられるようなことを、いろいろ言ってきましたよ。たまに、金山での林さんの役割はなんですか、なんて聞かれることがあるけれど、片山さんと住吉さんはプロフェッサーだから立場はちょっと違って、僕は「煙たがられの嫌われ役」です、と(笑)。

——吉村時代の「叱られ役」から、今度は「嫌われ役」。いやあ、コミュニティアーキテクトとしての生き方の真髄ですね。それもまた人徳ですよ(笑)。

林 僕は、町の煙たがられ役・嫌われ役として、ガス抜き的な役割をしています、と。そう答えるようにしているんです。でもまちづくりって、誰かそういう人がいないと進まないんですよね。役場でも、自分の仕事を投げうってでもまちづくりに没頭するような人がいないと、町はなかなかよくならない。でも最近はそういう人が少なくなったからね。その辺を、とにかくギリギリに務めています。

——そういった、やっかいな役割というのは、若い時にはできませんね。

林 そうですね。若いと、いろいろ受け流せないから。いや、しかしね、田舎の人は歳をとるスピードが速いよ。僕が疎開をした当時の同級生なんて、もはや完全に隠居です。ほとんど外に出てこない。「ひいおじいさん」という感じで、どっぷり家のなかにいる。仕事をしている間はまだいいけれど、それを離れたら心身ともに急速に歳をとっちゃうみたいだね。

だけど、役場の連中はこの事業の継続性をよく理解して、非常に頑張ってやってくれている。リーダーとしての意識が高い。八割くらいは、われわれがやっていることに共感してくれています。

——それは何よりですね。それで、まあ金山でも公共施設を始め、建設という意味での整備はひと渡り済んだんでしょうか。

林 いや、まだ一番大きいインフラ、電線の地下化ということが課題として残っているんです。これは長らく電力会社と話し合っているんだけれど、最初、電線はひとまず裏通りに全部移して、表通りの電線は見えないようにしよう、なんて話が電力会社側からあった。これに対して、住吉くんが「そんなの冗談じゃない」と。裏通りに残して表通りをきれいにしちゃったら、裏が汚いまま、ずっと残ってしまう。だから、表通りも電線でゴチャゴチャのまま残しておいて、電力会社が、これはよろしくないと気づくまでそのままでやろう、と。そういうことにしているんです。

——面白い。逆転の戦術発想ですね。ただ、何かを新しく建築するという仕事はひと渡り済んで、今度は営繕や保守管理という仕事にシフトしているんじゃないですか。地域社会もどんどん老いてきますから、その辺りにも新たな課題が出てきていると思いますが。

林　それは、すでに始まっています。また、確かにもう、新しい建物は要らないんですよね。人口も減ってきているし、余分なものは削ぎ落す時代になっています。だから金山でも、基本的には、リサイクルが一番の課題になっている。要するに金山では、最初から「残す」こと自体が、まちづくりの大きなテーマになっていますから。実際、僕が最初につくった幼稚園や学校、病院、役場なんかも、すでに三十五年以上経っている。それをちゃんと残していかなければならないですからね。

　ところがね、僕が知らない間に、善意な町の担当者が他人に耐震診断と補強を発注しちゃった施設があったんですよ。それをある日突然聞かされてね、設計者がまだ町にかかわっているのに、困るよ、と。即座に町に上申しました。やはり、地元の見積もりは構造診断など選択の幅が狭まるので、自治体規模に対して金額が高すぎるんです。後で見せてもらったら、一・五倍の金額になっていました。さっきも言ったように、地元で生きる設計者は、施主に対しても、大工に対しても、両方の顔を立てなければならない。僕のように嫌われ役になんかなったら、仕事がなくなるからね。個人の住宅なら、それでもバランスがとれるかもしれないけれど、公共建築の

場合にはそれがはっきり出ちゃうんですよ。その辺りの自覚とモラルの問題が難しいところですね。

——それにしても、今日のお話をうかがっていて、非常に象徴的だと思ったのは、若い時には吉村事務所で叱られ役をしていた林さんが、縁あって金山で仕事をするようになり、だんだんと、コミュニティアーキテクトとしての信頼、あるいは地位を築いていくんだけど、最後は嫌われ役、というね。誰もが演じない役割をなさっている。これは建築家の老い方としてはとても示唆に富みます。

林　いや、地位ということではないけれども、嫌われ役はずっと、最初からそうですね。今もまた金山で、地元の土建会社がやった仕事を直しに行っているんですよ。これじゃダメだ、と。まあ、そんなことをやれるのが嫌われ役の強みですよ。

世代交代を乗り越える

——では、いよいよ最後になりますが、現在七十七歳になられて、金山との付き合いも有限の時間になってくるわけです。そのなかで、これからのコミュニティアーキテクトとしての大きなテーマ、金山が抱える課題、また、林さん自身が抱える課題はどのようなことになりますか。

林　金山に関しては、やはり、世代交替をどう乗り越えるか、いかに持続するかということですよね。一昨年くらいから、金山の公共施設に関してはいろいろ改修工事を始めていて、かつて僕が疎開した学校も、耐震補強をして、二〇一三年九月には大規模改修をしたんです。屋根の吹き替えだとか、廊下の張り替え。そして今は、役場の耐震補強と補修に入るところです。もはや、時代がスクラップ&ビルドではありませんからね。ましてや人口が六千人ちょっとの規模の町では、建て替えなんてムダなことはできない。その、残して行くことの価値というのを、いかに伝えていけるかですよね。

ただ役場の職員もね、世代交替をすると町に対する熱意が、それぞれ違ってきます。今のところは町議会・行政・町の長老・まちづくり専門委員など、まちづくりにかかわってきた第一世代が半数以上踏ん張ってますから。ギリギリというところでしょうか。

——でも、林さん自身が、たとえば金山に移住して「郷土の建築家」のようにならなかったことも、うまくいった要因ですよね。常に外からの目線で、客観的に見てきた。

林　僕自身はね。さっきも言ったように、東京で仕事をしていることも含めて、金山にかかわる意味があるから。

でもね、金山の街並みが気に入って、よそから移住してくる人はいるんですよ。仙台に暮らしているおばあちゃんが、夏の別荘として金山住宅をつくって、なかなかシャレた感じで暮らし始めたり、東京の人が、ひときわ伝統的な意匠の金山住宅をつくって暮らし始めたりしているんです。そういう外部の人たちが街並みの価値を認めてくれるというのは、地元にはすごくいい刺激になるんですよ。

——金山住宅やまちづくりに関しては、これからも、基本的には、林さんたちがつくったデザインコードを基準に、地元のなかで推進していく、ということになるんでしょうか。

林　基本的にはそう願いたいところです。僕らもみんな歳をとりましたから、バトンタッチして行かなきゃな、ということはあるんですけど、ここまでやってくると、難しいこともあるでしょう。本来ならば、今後は町のなかから、まちづくり推進の後継者が出てきてくれると一番いいんですよね。

ただ地元では、従兄弟が町長を七期務めた後は、役場の職員だった人たちから町長がでているし、彼らはまちづくりに対する理念、理想を継続させています。なかなか優秀で熱心にやっていますよ。

——そうですよね。彼らこそ、町が育てた人材ですからね。

そして林さん自身は、これからどのようなことを課題にしていかれますか。

林　まあ、だいたいね、建物はもう要らないというのが僕の主張ですからね。余分なものは削ぎ落す。これは金山だけではなくて、一般論として。われわれはもう、次の仕事は何だっていうんじゃなく……まあ、もともとないのが当たり前という発想でスタートしていますからね、「来たらやるよ」っていうくらいのスタンスでいたいですよね。だから、冒頭でお話した「ドマーニ展」でもね、「未来の家」がテーマだったんだけど、僕は、未来の家は要らないっていうコンセプトで展示をしたんです。アンチテーゼですよ。

——僕はやはり、削ぎ落すことについても、一定の年齢を重ねてからの方が、より豊かに、合理的に削れると思うんですよ。説得力を持ちうるというか。

林　身の回りを削っていって動きやすくすることと、余計なゴミを溜め込んで叱られるというのが、同時に進行するんですよね。歳と共に。だからね、町とか建築に対しても、全然心配することはないと思っているんです。失うモノと得るモノ、いずれは適正になるんじゃないですかね。もう少し、自由に考えたいですよね。

——刹那的でもありながら、非常に前向きでもある。やはり林さんは自由人だと、そして、コミュニティアーキテクトの一つの像であると、今日は実感しました。

曽根幸一

一九三六年生まれ

その頃、僕は博覧会の
「プロ」だったんですよ

そね・こういち＝静岡県生まれ。建築家、都市計画家、アーバンデザイナー。芝浦工業大学名誉教授。一九五九年、東京藝術大学美術学部建築学科卒業。一九六一年、東京大学大学院工学研究科建築学修士課程修了、一九六四年には同大学院工学研究科建築学博士課程を修了し、その後、同大学工学部都市工学科助手。この間、丹下健三研究室で各種設計に従事しながら、一九六二年からは東京藝術大学美術学部建築学科非常勤講師。一九六八年、環境設計研究所（後に曽根幸一・環境設計研究所）を設立。二〇〇六年には同研究所の代表を退任、相談役に。その後、環境設計研究室として活動を展開。一九九一年からは芝浦工業大学システム工学部環境システム学科教授に就任、二〇〇三年からはシステム工学部長を務めた。一九八九年より「幕張新都心住宅地（幕張ベイタウン）」の企画に参加し、「都市デザインガイドライン」作成の他、多くの施設設計も手がける。この他の活動として、二〇〇七年、NPO法人景観デザイン支援機構の設立に参加、代表に就任、二〇一〇年には杉並建築会を発足する。主な作品に「日本万国博覧会基幹施設レイアウト」（一九六九）、「長岡市民体育館」（一九九一）、「多摩市複合文化施設（パルテノン多摩）」（一九九二）、「幕張ベイタウン三番街」（一九九四）、「富山県総合運動公園全体計画、同陸上競技場」（一九九三―二〇〇〇）、「アイーナ・いわて県民情報交流センター」（二〇〇〇―二〇〇五、日本設計とJV）など。著書・訳書に『新しい都市交通』（ブライアン・リチャーズ著、翻訳、鹿島出版会、一九七六）、『都市デザインノオト』（建築技術、二〇〇五）など。

東京オリンピック前後

——今回は曽根さんの経歴を振り返りながら、建築家の生き方、年の重ね方、そのうえでの仕事への向き合い方やご自身の感性の変化について、お話をうかがっていきたいと思います。

曽根　いやだなあ、僕、もうそんな歳なの?!（笑）。

——いえ、いえ！（笑）。今や、社会全体が高齢化で、六十歳、七十歳になっても楽隠居を決め込むような時代ではありません。そんななかで、今の若い世代の建築家に「老い方のモデル」を提示していきたいというのが、この連載のテーマなんです。もちろん、曽根さんにゆかりの深い丹下健三さんは九十歳を超えても現役で活動されていましたけれど。

曽根　そうね。僕は東京藝術大学の学生でしたが、真壁さんが藝大に来られるより前に、向かいの大学に移ってしまいましたからね。もちろん、藝大でも四年間まじめにやったんですが、二年生の時だったか、やはり藝大から東大に行かれた先輩の茂木計一郎さんが丹下研におられて、東大では模型のつくり手が足りないから来てくれ、と呼ばれて行ったのがそもそものきっかけです。

——茂木計一郎さんは、いくつ先輩になるんですか。

曽根　年齢では十歳くらい違いますが、学年では五、六年先輩だと思います。磯崎新さんと同級ですから。

それで、東大に呼ばれて行ったのは、ワックスマン・ゼミ（一九五五）なんです。このゼミというのは、インダストリアルデザイナーの剣持勇さんがコンラッド・ワックスマンという、スペース・フレームを開発している方と知り合って、彼を日本に呼んだ。その時に剣持さんが、親交のあった丹下先生に声をかけて、剣持さんの門下にいた松本哲夫さんや川添登さんなんかが仕掛人になって、若い人たちを集めてワークショップをやったんですね。ただし、このゼミは僕よりも先輩の方々の茂木さんの他、磯崎さんや構造の川口衞さん、佐々木宏さん、工業デザイナーの栄久庵憲司▼さんなど、東大だけではなく、いろいろな大学から集められた二十一名が参加したのです。ですから、僕自身はかかわっていません。ただ、ゼミの日程終了時にスペース・フレームの模型をつくる必要があって、そこで人手が足りないからと、僕が呼ばれたわけです。

まあ、模型の方はどうということなく完成しましたが、僕はその時、ゼミに参加した方々にお目にかかって、「こんなに面白い人たちが世の中にいるのか！」と思ったんですよ。磯崎さんともその時に初めて会ったんですが、面白い話ばっかりする。そのうち磯崎さんが「お前もこっち（東大）に来ちゃえよ」と言うのでその気になっちゃって、大学院では東大に行ったんです。

そうしたら、美術学校（藝大）で同級だった宮脇檀▼さんと前野嶤さんも東大に行くという。もちろん、大学院の受験をして行くんですよ。でもこの時はね、藝大のクラスは十二人しかいないのに、そのうち三人が東大に移っちゃったんですよ（笑）。

――東大には、丹下研も含めて、結局、何年いたんですか。

曽根　それがねえ、後が妙なことになっちゃって。僕は自分の経歴を時系列に並べてみても、いろいろ重なっていて上手く並べられないのですよ。まず、大学院は修士が二年、その後博士課程が三年ですから五年でしょう。その後に、都市工学科の助手になっちゃうんですね。都市工学科の設立期でしたから、最初の助手が渡辺定夫▼さんと僕と他数名なんです。それを四年くらいやりました。だから都合九年、東大にいたのです。

ところがね、その九年間、僕は院生や助手だったのですが、実際には丹下研のプロジェクトをお手伝いして、一時はちゃんとお給料をもらったり、保険にも入っていただいたりしているんですよ。

なにしろ東京オリンピックがあったでしょう。この他にも「東京カテドラル聖マリア大聖堂」（一九六四）のコンペをやったり、私は関係していないけど甲府の「山梨文化会館」（一九六六）もあったし、「静岡新聞・静岡放送東京支社」

（一九六七）もあった。それに大きかったのは、築地の「電通本社ビル（現電通テック本社ビル）」（一九六七）。そんなこんなで大騒ぎしている時期に、研究室の一番下っ端の駆け出しとして、僕が入っていたんです。

国立代々木競技場の作業

――この時期は、ある意味では、丹下さんが最も勢いのある時代ですね。

曽根　おっしゃる通りです。しかし、丹下先生は助教授なんですね。教授は高山英華先生。つまり、僕は助教授のところに入れてもらった。そこに磯崎新さんや黒川紀章さんがいた。イメージとしては、大谷幸夫さんが番頭で、その下に神谷宏治さん、磯崎さん、黒川さんなんかがいて、その一番末っ子として、僕ともう一人、同級生の森村道美さんが居たんです。藝大から一緒に行った宮脇さんは高山研でした。内田研の原広司さんも同学年です。

　そんななかで、僕は希望を言う暇もなくいわゆる国家のプロジェクトをせざるを得なくなってしまった。宮脇さんはその後フィールド・ワークやデザイン・サーベイをやっていくわけだけど、僕はそっちの分野には入れなかった。忙しくって。つまり、僕が東大に移ったのが一九五九年ですから、入った途端、一九六四年の東京オリンピックに向けて、使い走りをすることになるんですね。

――ですが、今振り返れば、それは曽根さんの仕事のエポックでしたね。いきなり国家プロジェクトに入られたことは。

曽根　そうなんです。二十五歳くらいの若造でいきなり。もちろん、僕は使い走りでしかなかったんですよ。ただ、他にもいろいろとプロジェクトがあったから、先輩方に教えてもらいながら携わった。大学院には授業らしい授業はなくて、もっぱら、磯崎さんや川上秀光さんに日常的な指導をしてもらいながら作業をしていました。

　当時の研究室というのは、東大の一号館の突き当たりにあって、廊下の延長部分が研究室、右手にあった彫塑室がアトリエになっていました。だから修士の間はいきなりアトリエには入れなくて、僕らは廊下を使っていたんです。その頃、アトリエのなかでは「東京計画一九六〇」が始まっていましたけれど、僕はまだ傍観者。神谷さん、黒川さんなんかが盛んに議論しているのを見ていただけです。

ただ、数年後アトリエ部分は渋谷に出るんです。学生運動が起こってきましたから、大学のなかで民間の仕事をやっていいのかといった話もありました。それで渋谷の東急スカイラインビルに事務所を立ち上げたんです。それが一九六一年。一方で、社会的な仕事は大学に残しておいたと思います。スコピエのコンペ（スコピエ震災復興計画、一九六六〜）や「日本万国博覧会（大阪万博）」（一九七〇）の初期は大学でしたから。ただオリンピックの仕事は渋谷だったんですね。おそらく「国立代々木競技場」（一九六四）の作業が、大学のアトリエでは手狭だったこともあったでしょう。ですから僕は、ほとんどお勤めのようにして、渋谷に出勤する。その頃は、寝る暇もないくらいに働かされていましたよ（笑）。

——ウルテック、丹下健三・都市・建築設計研究所ですね。じゃあ、そちらにほとんど詰めていたんですか。

曽根　お勤めといっても大学もあるから、渋谷と本郷をウロウロして。だから僕はいろんな地域の市庁舎だとか、公共的施設のことはあまり詳しくありません。

ただ、そういう丹下研とは分かれたところにも面白い活動体があったんですよ。大きかったのは、伊藤ていじさん、磯崎新さん、川上秀光さん、伊藤ていじさんが組んだ「八田利《はったり》也《や》」ですよね。彼らは『近代建築愚作論』（彰国社、一九六一）等で都市デザイン論を展開していた。そしてこの他に、主に伊藤ていじさんの声がけで院生のグループでやったのが「日本の都市空間」（『建築文化』一九六三年十二月号への発表をもとに、一九六八年に書籍化）。これは伊藤さんが彰国社からお金を借りてきて、そのお金で日本中を旅行した結果を図化しながらまとめたものですね。そんな面白い活動があるのですが、それは丹下研とは別なんです。僕は、オリンピックの仕事で忙しくって、これには参加しませんでした。でもその前に、やっぱり伊藤さんが中心になって、『建築文化』（一九六一年十一月号）で、「都市のデザイン」という特集をやった。この時には、森村さんと土田旭▼さんと僕の三人が各章を担当しています。ちなみに『日本の都市空間』の執筆者になっている「都市デザイン研究体」というのは伊藤さんの命名で、「任意組織だからこれでいいだろう」と、書籍にして出版する時につけたものです。

――それにしても、当時は皆さん、ものすごくバイタルに活動しておられましたね。同じ時代にいろんなことが重なり合って起きている。

曽根　だから、当時の記録を見ると、僕は大きく三種類くらいの動きをしていました。まあ、大学にいて、研究室のお手伝いをしているのが一つ。そして、研究体に顔をつっこんで勉強をしていたのが一つ。またね、夜になると、磯崎さんの手伝いもしていた。文京区の、菊坂にあった八畳間のお宅に行って、森村さんと一緒に設計のお手伝い。その間には、他にもいろいろ教わりました。

――しかも、一九六二年からは芸大で非常勤講師もされています。

曽根　なんと院生の途中でそんなことになっちゃった。これは、最初川上秀光さんのお伴だったのですが「自分の出た大学だから、君がやれ」ということになって。これを二十五年もやっちゃいました。おかげで自分の息子が藝大に入った時にも指導する羽目になった。彼は当初、建築を志していたんですが、親父を見てこれはダメだと思ったのか建築を辞めちゃいましたけど（笑）。

日本万国博覧会へ参加

――藝大での四年よりも遥かに長い九年間を東大で過ごされて、そのなかで、都市デザインの視点から都市を捉える、ということが曽根さんの一つの指針になっていった。

曽根　そうですね。そういうことが「習い」になっちゃった。なにしろ僕はオリンピックの後、一九六五年頃から、今度は大阪万博をやることになっちゃいましたから、自然と、そうなったんです。

――その大阪万博の準備段階で、曽根さんは環境という概念に出会われますね。それから、システムという概念。

曽根　おっしゃる通り、環境やシステムということを意識するようになったのはこの当時です。

大阪万博の準備では、京都大学と東京大学が、前半と後半を担当したんです。東大は丹下先生や磯崎さんで、京都大学は西山夘三▼先生と上田篤▼先生、その他にもたくさんの方々がいた。また、一方には人文系の諸先生、梅棹忠夫▼先生を筆頭に、小松左京▼先生や加藤秀俊▼先生等もおられた。ところが、東大の方はあんまり人がいないんですよ。磯崎さんの下をウロウロしていた僕と、山田学さんくらい。ですから、アメリカのモントリオール万国博覧会（一九六七）に視察に行った時にも、京大側は梅棹先生以下五、六人いましたけど、東大側からは僕一人。磯崎さんから「お前行ってこい」と言われて（笑）。まあ、おかげで京大の先生方と同行する機会が多くて、かわいがってもらえましたから、僕はずいぶん得をしたと思いますけれど。

――大阪万博はまさに国家的な事業ですが、そのなかで東大と京大の綱引きがありましたね。

曽根　前半は京大で、西山先生がイニシアチブをとって、開催地である千里丘陵の約三三〇ヘクタールに及ぶ敷地を調査した。後半は丹下先生で、万博の全体計画を仕切ったんです。この分担は、都市計画学会で決めたことです。ただ「お祭り広場」という言葉や、「人工湖」を配置すること等は、上田篤先生の発案で、基本的には、関西で議論して構想されたものですね。その後、「大屋根」や「太陽の塔」など、華やかなものができていきますが、もう、コンセプトをいただいてから東京に移ったわけですから、なんだか東京はずるいような感じもしますよね（笑）。

そんななかで、僕が何をやったかというと、全体の配置計画です。アメリカ館はここ、ソ連館はそこに配置する。要するに、敷地割りを担当したんです。

　この時はもう、這いつくばって大きな図面を描きましたよ。当時はコンピューターなんてありませんから、全部手描きで。パビリオン敷地や広場や通りをいろいろと配置して、一番メインになる「シンボルゾーン」を確定すると、そこに当時、第一線で活躍していた建築家が集中したのです。大高正人▼さん、菊竹清訓▼さん、神谷宏治さん、磯崎さん、上田篤さん、川崎清▼さんとね。また後半には岡本太郎さんも登場されます。そうしたらね、一般のお客さんが巡って歩く会場の担当が誰もいなくなってしまったんです。そのために、僕がその部分をやることになってしまった。

　ただ、丹下先生は最初、ここを菊竹さんにお願いしようと考えていたらしいんです。でも、菊竹さんは「エキスポタワー」をやるからと、断られちゃったんですね。それで仕方ない、やる人間がいないから僕のところに（笑）。

　その当時、僕の住まいは千歳船橋にあって、丹下先生の成城のお住まいと方角が一緒だった。だから帰りに先生のクルマに同乗させてもらうことがあったんです。そのクルマのなかで先生が、「君、独立してはどうかね」と。そう言われて、僕は、菊竹さんに断られた手足の部分、「装置道路（動く歩道）と七曜広場」の仕事を抱えて、独立したわけ（笑）。

――そういういきさつでしたか（笑）。それが一九六八年ですね。

曽根　そうです。環境設計研究所という名前をつけて、妻を社長にして独立しました。改めて、博覧会協会から仕事を受注したのが六八年です。同時に、東大の助手も辞めました。だからその後は、研究室で万博の仕事を手伝っていた若い人がワーッと来てくれて最初から十人くらいの事務所になっちゃったんですよ。

沖縄海洋博とつくば万博

――そうして、万博では動く歩道やモノレールといった新交通動線計画を手がけられた。
曽根　そういうことですけれど、実際に万博が開幕してみると、想像以上に多くの来場者があったんですね。確か、入場予想は全会期百八十日で三千万人だったものが、結局、約六千二百万人の来場があった。このため、施設の痛みが激しかった。トイレも足りないし、デッキの仕上げシートが摩耗して剥がれたり、人が殺到すると押し倒されて危険だ、というようなことも出てきた。そういうことが発生したために、僕が博覧会協会に呼ばれて「観客流動調査」をすることになりました。ハード面はもちろん、警備などのソフト面に役立てるための調査です。そこで僕はチームを組んで、設計時以上の人数を集めてこの調査を大々的に行いました。この時のメンバーは、しっかり記憶には残っていませんが、山田学さんや、防災で有名になっていく村上處直さん、また、作家になった松山巖さんも呼んで、かなり詳細な調査を行ったのです。

――なるほど。今の話をうかがって、都市デザインや環境システムということが曽根さんのなかに染み付いてきた経緯がよくわかりました。

曽根　だからシステムとかコラボいう言葉、それから環境、エンバイロメントという言葉、仕事をするうえではそんなことを強く意識していかなければならないと思ったのは、振り返って考えてみれば、その頃からですね。

　そしてその後は七五年の沖縄国際海洋博、八五年のつくば国際科学技術博と、二度も引っぱりだされるんですよ。なぜかというと、こういう博覧会をやる時には、事前に総合研究所がアンケート調査をして、入場者予想数を出すんですね。それで、筑波の時には二千～二千五百万人といわれるのですが、そうなると、会場はどのくらいの広さが必要か、ゲートは何カ所につくればいいのかとか、そんなことを予め決めなければならないけど、その頃は僕、その筋のプロだったんですよ（笑）。つくばはその後、大高さんがメインで差配されますけど。

――もう、そこを頼めるのは曽根幸一さんしかいない、と（笑）。プログラミングとシミュレーションの世界ですね。

曽根　もちろん、来場者のピーク

がどの辺りになるかといった計算は、専門の人がやるんです。だけど僕は会場設営の際の問題、予測して解いておかなければならない問題が、だいたい見えるようになっちゃったんですよ。それで引っぱりだされて国際博覧会以外の一般博覧会も手伝ったんですね。

——それは日本の建築家のなかでは、当時は少なかった能力というか、スキルですね。

曽根　だけど僕はさ、もうちょっと違うことがやりたかったよね。要するに、国家プロジェクトばかりでしょう。個人住宅や民間の仕事もやってはいましたが、今になると、もうちょっと地域とか、一般の人とかにかかわってみたかったと思うんですよ。だから愛知万博（二〇〇五）の時にも、何かの委員として呼ばれたんですが、断ってしまった。もう博覧会という時代じゃないんじゃないかとも思ったし、「もう、いいよ」という感じになってしまって。

幕張ベイタウンについて

——曽根さんは、大学院生の時代に東京オリンピック、独立後は大阪万博を始め各種博覧会の仕事に携わってきた。もちろんその間、いくつもの民間、公共を含むさまざまな設計に携わってきたわけですが、五十三歳の時、幕張のプロジェクトに参加される。これが、経歴のなかでもう一つ、大きなポイントとしてあると思います。

曽根　僕はね、建築家の能力って設計やデザインという、クリエイティブなことだけではないと思っているんです。編集とか、コラボレーションとか、あるいはそれを下支えするとか、チームをつくるとか。そんなことも建築家にとって重要な能力であって、そこを発揮しなければいけないと普段から感じているんです。そんなところから、この幕張にもひっかかっちゃったんですね。

ですが幕張は、僕は最初からではありません。僕が参加したのは一九八九年ですから、もう二十五年も経ってしまいましたけど、幕張のプロジェクトは、あの土地の埋め立てが終わった頃から構想が立ち上がって、一九八五年には

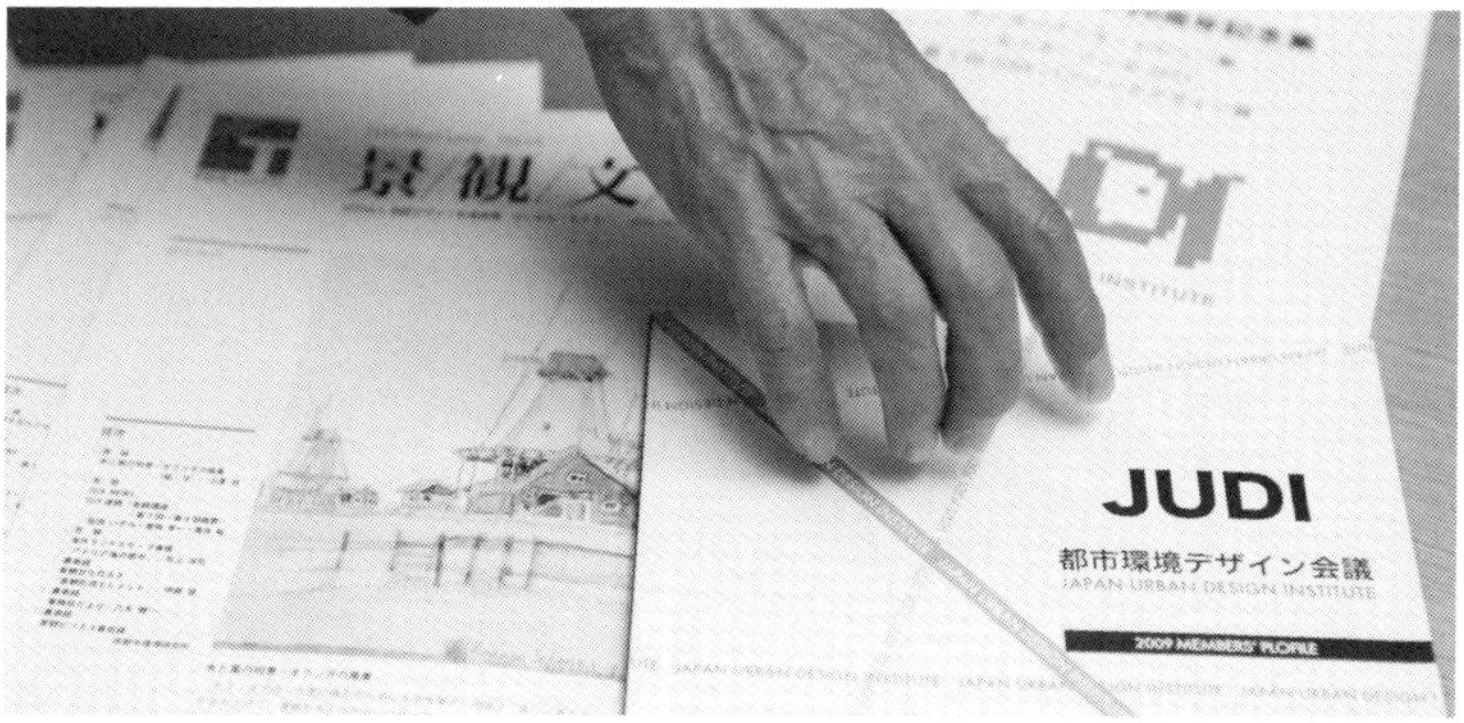

自邸にて

「幕張新都心基本計画」が策定され、土地利用の骨格が決まったんですね。ですから「幕張ベイタウン」は二十五年ですが、計画自体はすでに三十年近く続いているプロジェクトです。それがまだ、完全には終わっていない。じつは今日も、午前中には幕張で会議をしてきたんですよ。幕張は今や、三万人以上が暮らす町になっていますが、最近やっと、最後の街区が着工しました。それは三百戸程の街区ですが、僕はその旗ふり役ですね。設計はしないで、デザインの調整をするようなことをまだやっています。

それで、その最後の街区には超高層も含まれているのですが、もともと幕張は街区型、つまり、道路を定規のようにしてつくった町を主役にしています。それは、公団が最初に平行配置をしていたことへの批判から始まった。つまり、日本の集合住宅の黎明期、大正時代の同潤会アパートなんかの勉強をして、その時にできなかったことを幕張で実現しようということがあったのです。

――なるほど。しかしこの幕張ベイタウンも、最初は二十五年にも及ぶとは誰も想像していなかったでしょうね。

曽根　最初は、十七年くらいで完了するプロジェクトとして考えていたようです。でも途中でバブルが弾けてしまいましたからね。もともとは市浦ハウジングや、▼蓑原敬さん、渡辺定夫さんたちが千葉県と一緒に計画をつくっていたんです。その下で、まさに、僕が大阪万博の時にやったような役割を担っていたのがシーラカンス▼の若い人たちでした。彼らが描いた図面で、ほぼこれで行こうということになったんですが、具体的に、わが国の大手不動産業者の人たちを引っ張っていくのには、彼らでは若すぎるだろうということがあって、僕と大村虔一▼さんがひっぱり出されたんです。お前らはとにかく、これを事業化という実務に落としてくれ、と。

結局は、シーラカンスが描いた絵はそう大きく直さずに始めましょう、となったんですが、その際に「都市デザインガイドライン」というのを、僕たちが千葉県企業庁、つまり埋め立てした土地の地主から委託されてつくることになった。また同時にUR都市機構からも、マスタープランにそった街区に建物を入れた時の問題点などをチェックするモデル設計という仕事も委託されてやりました。そんなこんなで、どんどん深く携わるようになっていったのですね。

調整して編集する

――幕張では「都市デザインガイドライン」をつくったことで、かなり、取りまとめ役として重要なポストに立つことになった。

曽根　この「都市デザインガイドライン」は、単にガイドということよりも、これを運用する面でもっと大きな特徴がある。この時に僕らは、「計画・設計調整者」という名称に対して、明確な立場を与えることを試みたんです。

つまり、そもそも「都市デザイン」というのは職業なのかという議論があるわけです。建築ならオーナーがはっきりといて、そこから設計料というお金をもらう。一方、都市計画はともかく都市デザインは、お金をどこからもらうんだという話なんですよ。それを考えていくと、幕張ベイタウンの場合は、本来なら、千葉県企業庁という地主と、その土地をデベロップして販売していく複数の事業者、この両者から半額ずつもらうのが筋ではないか、と。僕らはそう主張した。ところが企業庁は、そんな予算はもともと用意していない。それで結局は、都市デザインによってコントロールされる側の各事業者がお金を出すというシステムをつくっていただいた。これによって「調整者」という立場が保証されたんです。これはね、非常に画期的なことですよ。
　おかげで、街区毎に分割してデベロップする事業者、先ほど言った、大手不動産事業者を始め、URまでを含む七社一公団・公社に対して一人ずつ、調整者をつけることが可能になったんです。たとえば、URと公社には三井所清典▼さん、丸紅グループには藤本昌也▼さん、清水グループには大村虔一さんという具合。そのなかで事業の幹事役というのが、土地の埋め立ての時から幕張に携わっている三井不動産ですが、その調整役は、ガイドラインまでつくったお前がやれ、ということで、僕になった。そうして、市場の事情もあるので、毎年の戸数を勘案して街区ごとに事業を立ち上げていったんです。ちなみに市浦ハウジングは、全体的な事務局といった役割で活躍いただきました。

――やはり、外部との調整能力や編集力をもった建築家や都市計画家を選び、それぞれ、事業者との組み合わせを考えておられる。

曽根　もちろん、それぞれの関係を考えながらお願いしています。調整する、編集する、コラボする、また各事業者ともデザインマネージメントに優れた皆さんが担当している。理想型ではないけど、事業者が調整者を保証してくれたのは大きいですね。いい町をつくるなら、と言ってくれた。おかげで「幕張ベイタウン」というブランドもそこそこにできたと思います。その後、シーラカンスの設計した小学校等もソフト、ハード両面で好評でしたからね。

NPOのようなことも

――ところで、幕張の前哨といえるかもしれませんが、曽根さんはその前にも団地を手がけていますね。高崎、水戸、長野。

曽根　あと、宇部もあるから四つくらいやりました。これらは全部、

RCと木造の市営、あるいは県営の賃貸住宅ですから、民間ではなくて公の仕事です。

——当然、そこでも「環境として解く」ことを試みられた。

曽根　それはそうです。でもねぇ、なかなか苦労しましたよ、あれは。思い出すだけでもしんどいくらい苦労した。まあ、いつでも同じですけど（笑）。

——つまり僕が言いたいのは、曽根さんの経歴を振り返ると、東大で丹下さんのもと、ナショナル・プロジェクトの面白いところで大いに活躍して、そして五十代になってから幕張というビッグ・プロジェクトを始めて、長らく携わり続けている。さらに六十代後半から七十代になると、環境ということへの意識が、より、強調されてきていると思うんです。それはある程度、自覚的になさってきたことなんでしょうか。

曽根　いやあ、それは流れもあります。一つには、建築の場合コンペというハードルもありますからね。コンペには大変な労力が要りますから。僕はこれに負け続けたあげく組織を縮小せざるを得なくなり、所員に任せてしまいましたからね。今は一人事務所で、時々若い人に声をかけて細々とやっています（笑）。

——そうはいっても、曽根さんは楽隠居を決め込んでいるわけではなくて、むしろ、建築的な発想、才覚によって環境振興の分野で大いに力を発揮されています。

曽根　まあ振興っていうのかどうかわからないけど、今はね、NPOのようなこともやっています。一つは、自分の生まれ故郷、静岡市でそのようなことに口をはさんでいます。たまたま、東大の都市工を出た若い人が市役所に勤めていて、いろいろと情報をくれる。だから、再開発の話なんかの相談にも乗っているんです。最初から事業者のいいなりにはならずに、地元の人が元気がつくような方向にもっていくためにはどうしたらいいか。飲み会であれこれ言って帰ってくるだけですが（笑）。

それから、僕が芝浦工大を辞めた時に、景観コンサルタントの八木健一さんが、NPO法人として「環境デザイン支援機構」を立ち上げるという話をもってきて、その代表にのせられちゃったのですね。八木さんは事務局長でした。これは、都市デザインだけでなくランドスケープやインダストリアルデザイン、色彩、建材などに関係する仕事をしている方々が会員となって活動している組織です。年寄りが多いのですが、最近では若い人との接触もでてきています。ただ、僕自身はすでに代表は辞任して、今は顧問。年四回発行している機関誌の編集の仕事は今も手伝っていますけどね。

あとは私の住む杉並区の話。建築家の団体には、建築家協会と建築士会と建築事務所協会がありますが、その三つの会の杉並支部を一体化した「杉並建築会」というのを、二〇一〇年に発足したのです。任意団体です。この杉並建築会で、できることだけは活動していこうかな、と。

なぜそんなことを始めたのかというと、昔は、国家や都や行政なりが、開発です、道を通します、なんていうと、もちろん反対運動もあったし、説明会等で住民を説得することもしてきましたが、なんとか事業は実施されてきた。しかし今は、そんなことを説明したら住民はとたんに「反対!」です。つまり住民と行政と事業者が三すくみの状態になるんですね。でも、「やらせて文句を垂れる」のではなく「引き取って前に進める」のが重要ではないかと思って。そこで、第三者的な、利害関係を超えたところで発言できるようにしなければダメではないかと「杉並建築会」という団体を立ちあげたのです。三会に所属する人はすべて会員です。単に「反対!」ではなく、税金を収めているわれわれが行政と相談しつつ「たたき台」をつくれるようになるのが必要だ、というのが、僕のイメージ。とはいっても、なかなか難しい話で、この区にはその道の大先生が大勢いますが、この場には見えません。また若い人が少ないのも問題で悩みも多いんですが…。

——なるほど。曽根さんが絶えず携わっているのは、やはり「調整」を含んだ環境なんですね。

曽根　とにかく今のまちづくりや都市計画、整備などに関しては、第三者性をもったところが提案していかないと、なかなか住民には話しを聞いてもらえないという状態になっていると思うんですよ。

——まさに、建築家の良識であり、見識です。

曽根　それが、あちこちの集まりに顔を出して、お酒を飲み歩いている理由ですよ(笑)。

環七と環八を貫く通り

——それでは、本日のインタビューの最後になりますが、現在、曽根さんが建築、あるいは都市デザイン、環境を含めたなかで一番関心をもっていることはどのようなことになりますか。

曽根　やっぱり僕は、町は「普通」でできていて「猥雑」なものだという認識。近代の日本の都市計画、そこにあった志や未来への視点みたいなもの…そこには強権的な部分もあったけれど、それが途中でフニャフニャになって分断されてしまったと思うんです。それを僕らはさかのぼって考えて、幕張というプロジェクトのなかで、いくらかやり得た。だから、そういうことをしっかりまとめておかなければいけないと思っています。たとえば同潤会は、どうもロマンチックに懐古されがちだけれど、それだけじゃない。もっと骨太なものをイメージして、あのような住宅がつくられたはずです。だから、その辺りを少し、これから整理しておきたいと思っています。社会的な環境はすでに変わっていますがね。

また、それとも関連するんですが、さっき言った杉並建築会では年に一回はイベントをやろうということで、昨年、ちょっと面白いことをやったんです。

あのね、環状七号線と環状八号線って、あるでしょう。これは震災復興の時につくった図面に基づいてできた道路ですね。ところが環七と環八の間の距離って三・五キロメートルもある。じつは当時、この三・五キロメートルの間には南北に貫く通りが三本計画されていたんです。しかも、それは役所の計画としては消されていない。震災復興の一九二九年頃に計画された道路が、今もちゃんと計画としてはある。だけど当然、その上にもたくさん家が建っています。ただしそういう家は、いずれここには道路が通るから、コンクリートの建物はつくりません、といった念書を交わして建ててるんです。とはいえ、もう八十五年も昔のことですから、住んでいる人にはとっくに忘れ去られて、そんな道路は通りっこないと思っている。もちろん、震災復興の一九二八、二九年につくった図面の道路は、やや観念的に引いてしまったところがあるから、かなり無理がある。でも、環七と環八はそれに則って通したのですから、今後、絶対に実現しないとは限らないわけです。

　だからね、その役所の図面にある計画道路が実際にはどんな場所を通ろうとしているのかっていうんで、四十名くらいのメンバーと区役所の方にも参加してもらって、三本あるうちの中央の一本の予定地をたどってみたんですよ。もちろんまっすぐには進めませんから、家の間の細い路地を、少しずつまわり道しながら、二時間くらいかけて歩いた。歩いた後には大学の先生にも協力してもらってシンポジウムを開催し、そもそも道路とは何か、防災上の問題点はどうか、という話をみんなで考えたんです。また「儲ける」という話もだしてみたんですよ。

――それは面白い。とくに防災面では東日本大震災以降、木密地域等に対する課題がかなり出てきていますからね。

曽根　その通りです。杉並区はすでに「木密の問題地区」がはっきりしていますし、区でも広報活動は十年以上続けています。しかしこれもやり方が悪いのか住民の反応は今ひとつ。それに空き家問題。高齢者夫婦や単身世帯の大きな戸建ても多い。僕らだって間もなく死んじゃうんだから、それをどうするかっていうことも大きな課題です。山本理顕▼さんなんかは、「地域社会圏」といった概念でその辺りのことを書いたりしているようですが、「シェアハウス」にしてうまく活用していくとか、建替えをどうするとか…。そのなかで、何か役立つことがあれば、と。最近では区の「施設再編計画」が出ていますが、これは区の自前のものですから、家でいえば改装に近い。隣の家、つまり他人の権利が絡む話にはなかなかなりません。

――地域としての暮らし方を、新しく、もう一度考えていく必要があるんですよね。いやあ、それも曽根さんの「編集力」を大いに発揮するステージになりそうです。

曽根　僕もだんだんわかってきたのですが、震災復興計画などは、乱暴といえばいえますが、それでも、その計画ができた背景等について、もう少し丁寧に考えてみる必要があるんじゃないでしょうか。

――曽根さんの、都市的なスケールでの視野、将来へのビジョン、そこから地域や建築を語るということが、僕にとっても非常に参考になりました。

　それにしても、最初は国家、そして幕張という地域社会、最後は町内というのがすごくいいですね。建築家の老いのモデルとしても、非常に示唆的だと思います。これからもその知見、ストックを活かしたご活躍を期待しています。

原 広司

一九三六年生まれ

世界は自分だけでなく
みんなで切り拓くから面白い

はら・ひろし＝神奈川生まれ。建築家。東京大学名誉教授。一九五九年、東京大学工学部建築学科卒業、一九六四年に同大学大学院工学系研究科建築学専攻博士課程修了。同年に東洋大学工学部建築学科助教授に就任。一九六九年に東京大学生産技術研究所助教授、一九八二年には同研究所教授に就任する。一九九七年、同大学退官後は名誉教授。一九六一年、大学在学中にＲＡＳ設計同人を設立、一九六九年にはアトリエ・ファイ建築研究所に改組。一九七〇年代には広範な集落調査を行った。原広司＋アトリエ・ファイ建築研究所として設計活動を行う。一九七〇年代「反射性住居」と称する一連の住宅を設計。その他多くの公共建築、商業施設、都市構想なども手がけ、多数の賞歴をもつ。主な作品に「粟津邸」（一九七二）、「田崎美術館」（一九八六）、「ヤマトインターナショナル・東京本社」（一九八七）、「梅田スカイビル」（一九九三）、「京都駅ビル」（一九九七）、「札幌ドーム」（二〇〇一）、「福島県立会津学鳳中学校・高等学校」（二〇〇七）、「恵友遠見辦公大樓」（二〇一〇）、「みなと交流センター」（二〇一六）、「恵友遠見辦公大樓」（二〇一〇）、「みなと交流センター」（二〇一六）など。主な著書に『建築に何が可能か』（学芸書林、一九六七）、『空間〈機能から様相へ〉』（岩波書店、一九八七／岩波現代文庫、二〇〇七）、『集落の教え100』（彰国社、一九九八）、『Yet Hiroshi Hara』（TOTO出版、二〇〇九）、『HIROSHI HARA：WALLPAPERS』（現代企画室、二〇一四）など。

三つの重病が重なる

——原さん！　アトリエのなかが、なんだか素晴らしいことになっていますね！　この壁一面に貼ってある作品はなんですか。遠目には点描画のようにも見えますが…あっ！　一つひとつが文字ですね?!

原　これは今『方丈記』を描いています。向こうにあるのは『法華経』なんですが、全部英語で書いた法華経。こっちにあるのはカントの『純粋理性批判』で、そこにあるのはカフカの『城』ね。主人公のKが雪のなかを到着する…その「様相」を描いている。

——すべて手書きですね。こちらのものは二、三色使っていますが、色使いも素晴らしい。

原　まだ制作途中ですから、色はもっと多く使っているものもあるんです。

こちらにあるのはロック、アーケイド・ファイヤの歌詞です。ところが、どうもこれは使えないかもしれない。つまり、コピーライトに引っかかってしまうんですよ。ですから基本的には、コピーライトに引っかからないものを選んで描いています。ただ空間の様相論にはハイデガーも絶対に必要なので、その辺りをどのようにクリアできるか…。

——コピーライトとおっしゃったけれど、そもそも、これはどういう意図で描かれているものなんですか。すっかり見とれてしまって、基本的なことをうかがっていませんでした。

原　十月に、展覧会をやるんです。北川フラム▼さんがかかわっている千葉の美術館で（「原広司：WALLPAPERS」二〇一四年十月四日〜十二月二十八日）。フラムさんが何かやれと言うから、じゃあ「様相」をやろうということで、こういうことを考えついて。

——そうなんですか。僕は今日、これを見られただけでもう、インタビューの内容もすっ飛んでしまいました。本日は「建築家の年輪」として、いろいろとうかがいたいことを準備してきたんですが、もう、聞きたいことはすべて、ここにあるじゃないか、と。

ところで、ここに描かれた絵は風景のようですが、もとの題材になる写真のモチーフなど、何かあるんですか。

原　中心となるのは、一年間の天気の写真です。現在僕らは沖縄で那覇の小学校の増改築をやっているので、那覇に行けば、スタッフみんなで那覇の朝晩の写真を撮る。また他のところに行けば、そこで写真を撮る。東京だって、どこだっていい。これは僕らが毎日、ごく当たり前に体験している「劇的な風景」なんです。

つまり僕はこれまで自分でやってきた、「空間」や「非ず非ず」、「様相」という概念に関係していることと、そこにかかわってくる歴史的に重要な文献を「写経」しているわけです。ただ写経する時に、そこに一度変換をかける。この変換を何でかけるかというと、様相でかけてみよう、と。

――様相としての「写経」ですか！　しかも、ここには原さんの身体性が全面に映し出されていますね。原さんのタッチそのものですから。写経とはヤラレました。

原　身体性か。それはそうですね。それでなぜ「写経」をするのかといえば、そこには年齢的なこともあるんですが、じつは去年、ちょうど一年くらい前の状況は非常にピンチで、自分でも本当？と驚くくらい、三つぐらいの重病が重なってしまって、手術をしたんです。今もステロイドを飲んでいるので、顔がむくんでしまっているんですが。

――じつは僕も昨年からちょっと病気をしまして、今でもステロイドを飲んでいるんです。一五ミリから始めて、すでに四ミリまで下がりましたが。

原　僕は四〇ミリから始めまして、今は、七～八ミリに下がりました。

――四〇ミリ！　それは大変だ。その凄まじさは僕にもよくわかります。ステロイドというのは強力ですからね。ムーンフェイスもそうですが、いろいろな副作用があります。でも、効くんですよね。

原　効く！　これは驚くほど効きます。

去年の七月、どうにも頭が痛くて病院に行ったら側頭動脈炎と診

317　原広司

断されて、放っておくと失明の恐れがある、と。それですぐに手術をしなければいけないというので、それはやったんですが、一緒にいろいろと検査をしてみたところ、胃がんだということもわかった。しかし、ステロイドの量が一〇ミリまで下がらないと手術はできない、という。また一方で、僕は以前から腹部動脈瘤ももっているんです。ただ、こちらはそれほど緊急性は高くない。そんなことで、とにかく胃がんの方は、ステロイドが一〇ミリまで下がるまで待って、切りました。初期の発見だったのと、場所も表層だったため、なんとか間に合いました。

そんな感じでしたから、展覧会で何かやれと言われても、絵を描くくらいしかないんじゃないか、と(笑)。

——そうでしたか。今日僕は原さんに、七十歳以降の仕事に対する意識や感性の変化等について話を聞きたいと思ってやってきたんですが、今日はもう、この話に絞りましょう。そこから見えてくるものが多いと思うからです。

原　話題としてはいいでしょうね。なぜこういうものになるかという理由があって、やっていますので。

もう一度生かしてもらう

——ところで、昨年の頭痛からいろいろ病気が見つかったとのことですが、体調の悪化は、ここ数年実感されていたんですか。

原　そんなことはないんです。ただ、ちょうど去年の春頃から血圧が上がってきた、ということはわかっていた。しかも、その前から非常に過酷に働いていたんです。ベトナムの地下鉄の駅を設計するというので現地に行っていろいろやったり、また、愛媛で今治港の再開発事業なども重なって、明らかにオーバーワークだった。そうしたら、ついに血圧が動き始めて、しかし、なぜ上がるのかわからなかった。そうしたら頭痛が酷くなってきて、病気が見つかって。これをきっかけに、虎ノ門病院の優秀な若いドクターたちが、それぞれの専門分野からチームのようになって、僕の体の中のまずいところをすべて探してくれたんです。
とくにがんに関しては、今は「PET検査」というものがあって、これが、体中のがん細胞を全部、見つけてしまうんですよ。小さな早期がんまで探し出す。医療の世界は、そういうすごいことになっているんですね。

――しかし、そんな体験をされたら「死生観」もかなり変化したのではないですか。

原　ええ、変わります。要するに、今の心境としては、もう一度生かしてもらった、という感じが強くあります。だからこれから十年生きるとして、十歳まで。しかし今が十歳で、そこから○歳に向かって生きるのかな、という気がしているんです。

――リセットされた。

原　そうですね、リセット。完全にそういう感じです。
ただもう一つのピンチがある。僕には腹部動脈瘤があって、もともとはその問題が最初にあったんです。動脈瘤というのは文字通り、動脈に瘤ができる。これが大きく成長して破裂してしまうと一巻の終わりですが、あんまり成長していないと切ることもできない。僕の場合は、今は、すでに手術をして切れる状態にあるんですが、どうもここ一年の経過を見ると、薬が効いているのか、幸いなことに状態が動かないんです。ですから、今もそのまま置いてあるんですね。
ですが今回、頭のことから胃がんのこと、そして動脈瘤や他のことまで、優秀な若いドクターたちがある意味では、チームのようになって、それぞれ専門分野の情報を公開して、見てくれている。僕のデータがすべて公開されて、情報を共有している。そんなことも、非常に興味深く思っているんです。

――きわめて原さんらしい、数学的であり、様相的ですね。原さんの身体は、一度、別のところに客観化されているというのか。

原　それに、概して若い人たちが優秀なんですよ。決断力がある。これについて僕が思っているのは、若い人は、生命の時間に対する計算というか、そういうことを判断のなかには入れないんです。だから、治そうとする。一方で歳をとってくると、今は何歳だから、あと何年もつかな、とね。そういう発想をしがちだと思う（笑）。

――なるほど。しかし、そんなピンチの時に義弟でもある北川フラムさんから展覧会のお話があったんですね。

原　そうなんですよ（笑）。だけど僕もね「病気だ」という状態を、ここらで辞めよう、と思っていたところではあるんです。

たとえば、ステロイドはまだ飲んでいますが、頭のことは、すぐに対応した。そして胃がんも切っちゃって、間に合ったわけです。動脈瘤は、まだありますが、問題となる血栓は薬で流した、というようなことになっている。それでもかなり長い間、入院もしていましたから、自分は病人なんだ、と。命にかかわる病気だと思ったら、タバコも酒もすっぱりやめてしまった。しかも全然苦にならなかった。でも、それがおかしい。これはまさに「病人意識」なんです。

ただしその間、仕事はしていないか、というとそういうわけにもいかないんですよ。仕事はしているんです。ですから、この病気という状態を「ここで終わりにします」ということを、少しはっきりさせた方がいいんじゃないかと、今年の春くらいに思い始めたんです。フラムさんから話があったのは、そんな時期です。

それでね、病人じゃなくなったのなら、じゃあ、まずは酒を飲んでみようと思って、最近ついに飲んでみました。そうしたら、めちゃくちゃ美味しいんですよ！（爆笑）。

でも、僕は運良く、優秀な人たちが周りにいてくれて、七十七歳の時にもう一度、生きられるよう

にしてもらった。あと何年か知らないけれど、うまくいけば十年くらいはある。せっかくもう一度生きることができるのなら、よし、それを満喫しよう、と思っている。

『純粋理性批判』の絵

――その病気が見つかる前、設計の仕事も非常にハードだったということですが、二〇一二年のGAのインタビューで話していた「空間の文法」。これも僕は非常に興味深い取り組みだと思って拝見していました。ただ病気をされた後は、その辺りの考察も変わってきていますか？

原　そうですね…。病気だと言われた時には、やはり、これはもう自分で今までやってきて、まだ留保してあった部分について本気で取り組まなければいけないと思いました。数学の、あそこがわからない、ここがわからないということもまだいっぱいあるわけです。今まではそのうちわかるようになるかな、と思っていたんですが、そうも言っていられなくなった。

それで、この「写経」を始めたということは、これは「様相」にかかわる部分です。理論的に全部わかっているわけではありませんが、これまでの歴史のなかで、すでに、誰が、どんな風に、様相に関して言葉として表現したかということは、『SD』の『原広司』（SD編集部、鹿島出版会、一九九五）をまとめた際にだいぶ拾った。その後もいくつか拾いましたが、それなりに、整理はできるわけです。ただ最初に様相について言ってから（『空間〈機能から様相へ〉』岩波書店、一九八七）、三十年近く経ちますが、その間、とくに発言はしてこなかった。ですが当然、認識の仕方などは変わってきているわけです。そこで今回は、この絵という方法を使って、空間と文法の本の、ある「様相」という部分について描いてしまおうと思った。空間の文法を描くという作業に向かっていこう、と。それでも三十年前の課題のなかにも、未だに解決できない部分もあります。ですが、そういうことを気にしていると何もできないので、描けるところから描いておかなきゃしょうがない、と思って、今やっているんです。

――僕はこの作業が、きっと、新たな理論の形成、構築のステージになるのではないかと思います。この壁一面に貼られている作品を見て、原さんの感性の豊かさを、改めて実感しました。

原　僕はこれまで、まあ、絵を描くというつもりではいませんでしたが、いろんな建築の図面は描いてきた。スケッチ、めちゃくちゃ描いているわけです。でも、じゃあ本気で絵を描くかっていうと、それはどうも違う。つまり、言葉だったら書ける部分もあるけれど、今の、空間の文法のようなことを絵で表現しようとしても、非常に難しい局面になると、絵では描けないだろう、と。それがわかっているから、もう少し緩和したかたちでやろう、というわけです。

――しかし、言葉と絵を重ねて伝えようという意欲が感じられます。私も、デザイン・建築の様相を「スガタ（姿）」の文法として少し絵と言葉で展開する試みを始めたところです。

原　言葉だけに頼らない、絵だけに頼らないということではありません。でもそんな、素晴らしいと言ってもらえるほどのものではありません。ただ、僕が「様相」と言うなかで、非常にはっきりしているのは、夕暮れの様相と夜明けの様相です。これだけは伝えたい。

要するに、夕暮れと夜明けは、毎日繰り返している。それを改めて見てみると、たとえば東京の、なんだかごちゃごちゃしたところに暮らしているような気がしているのに、まるで世界の開闢《かいびゃく》のようなものが、見える。そういう劇的なものを、毎日を繰り返しているわけです。もちろんそれは、様相だけではないかもしれませんが、均質空間を批判した人間としては、「みんな、見たら？」と思うわけです。

ただ、美しい写真や美しい絵だけでいいかというと、それも違うのではないか。「美しい」という、その時のわたくし自身の感性や身体を通して、美しいということはどういうことなのかということを、示さなくてはいけないんじゃないか。ですから、セザンヌが言ったように、世界は、描かれたようにしか見えないわけです。絵というものはそういうものですから、この美しい変化、この絶えざる変化をどうやって表現するかという時に、僕は、様相によって変換をかけた。

そして、これは写経ですから、昔、経を写経したものを茶室に貼ったように、壁紙にして美術館の壁に貼ろうというわけです。

――ハイデガーやカントを改めて書き起こして、それを絵にするというのはじつに面白い試みです。

原　僕もそれは、面白いと思う。だって、「あなた『純粋理性批判』の絵をみたことがある?」「リーマンの演説の絵を見たことがある?」ということですから（笑）。そう言うと、まったくばかばかしいけれど、まさか、『純粋理性批判』のような固いことを言っている男（カント）が、絵になっちゃうとは思わないでしょう。彼らは言葉で言っているんですが、それはつまり、言葉の世界で閉じている有効性でもある。それしか、持ち合わせていないのかもしれない。それが絵になるんです。

最近書いたのは、数学者であるリーマンが十九世紀中葉に行った教授資格講演「幾何学の基礎にある仮説について」。これはつまり、彼は一次元のもの、二次元のものって、ずーっとあるn次元のものが、同時にあるような世界を構想していた。それをすごく単純な数式にした。それがその後、数学にものすごい世界を開いたんです。僕が頭を悩ませている現代幾何学もそうだし、アインシュタインの一般相対性理論もここから発想された。そういう言葉、というか、概念。それを絵にする。

そもそも僕は、リーマンとカントの違いっていうのは、そこにあると思うんだな。カントっていうのは非常に権威主義的な人なので、僕はあまり支持しないんですが（笑）、カントは、人間は生まれながらにして三次元にしかものが見えないように出来ている、そういう能力が与えられている、と言った。けれど、そうじゃない世界があるのではないか。リーマンはそういうことを、この演説の時に言っているわけです。ただし、じつはリーマンよりも前に、ガウスもそのことに気づいていた。ところがガウスの時代は、カントが神様のように哲学の世界を牛耳っていたため、カントと違うことを言い出せなかったんです。でもリーマンはそれよりも下の世代だから、カントを恐れずに、それとは違う世界がある、ということをはっきり言った。実在しない世界のなかに、想像力のなかに、n次元の世界はある、と。

だから僕もそういう風に、世界には、広がっていく世界があって、だから、絵だっていいじゃないか、描いてもいいじゃないか、と。そこに論拠をおいているわけです（笑）。

――これはすごくセンセーショナルなことです。原さんがいよいよ、様相を絵で表すというのは。

原　今まで文字で読んでいたものを、絵で読む、あるいは感じてしまおう、というわけです。

何か転化する可能性

――ここまでお話をうかがって、やはり原さんが「生かされた身体」ということを自覚され、さらに全身を使った作業に取り組まれていることに感銘を受けました。

そしてそれがまた、北川フラムさんの要請ともがっちりあったんですね。北川さんには、原さん、元気を出してよ、という強い意味合いもあったかもしれない。

原　そうかもしれません。それに、どうせみんなの噂になっているでしょう。「あの人はもうダメらしいぞ」なんて（笑）。そういう状況のなかで、フラムさんは、原に何かやらせなければいけないと思ったんじゃないかな。

だけど僕はさ、何かやるといってもお金もないのにどうしようか、と思って。これまで、展覧会をやると、多くの模型が美術館に行ったきりになってしまって、手元にはそれほど残っていないんです（笑）。

それでね、今ここで『方丈記』を書いているこの細長い紙、市販されている一番安い大きな紙を、短冊状に四つに切っているんです。和紙のような、そんないいものではありません。一番安い、包装紙のようなものです。そしてこのマジック。これは七十色入りで九百九十円とか、そんな感じのとにかく安いもの。これで、やるぞ、と。

つまり、今みんなお金がないでしょう。僕も、建築をしてお金を稼がなければいけないけれど、何か、企業も景気が悪いから、何かやろうとしても、ちっともお金が出てきません（笑）。それで、僕は、クリストをよく知っているんですが、彼はアート・プロジェクトを行う際に自分の作品を売ってお金をつくっている。だから、今回の僕の絵は、それとちょっと似ているんです。しかもクリストは何か外側を覆うんだけど、僕は壁紙で美術館の内部をインテリア化してしまおうというものだから、それも似ているような感じですが、この壁紙のコストが出るかという程度で売っても仕方がないので、何か値段が出るような方法がないか、と。その挑戦でもあるんです。

――クリストの作品は、僕も見てきましたし、一点持っています。しかし、この壁紙、もちろん原価は知れたものでしょうが、それ以上の価値は、当然あります。

原　そういうことも考えていかないと、いろんなところでプロジェクトが行き詰まってしまうんです。そういう風に、何か転化する可能性があるものを示さなければ、みんな、希望を失ってしまうし。

――それは今、本当に重要なことです。若い人たちもみんな感じていることですから。

原　だけど、千葉の美術館でやっても、人が来るかな？　誰も来なきゃしょうがないじゃない（笑）。

――いや、来ますよ！　原さんのこのような境地に立ち会わないのはもったいない。

原　まあ世界各国でも、展覧会をやるぞっていえば、やりましょうというところはあるんです。とくに南米なんかでは待っていてくれて、僕がやろうっていえば、すぐに話はまとまるし、オーストリアでもやれるんだけれど…何しろ十月の展示までにこの短冊状の紙が三百枚は必要なんです。今ここでざっと見えているもので百枚くらいありますが、この三倍つくらなければならない。しかも、さっき言ったコピーライトの問題もありますから、それが大変なんです。

――コピーライトに手書きで描い

ても引っかかってくるんですか？

原　その辺りは、これからちゃんと調べないといけないんですが、芸術作品なら、問題ないというような話も、あることはあります。

　さっきの話の続きになりますが、リーマンが演説をして、その六十年後くらいに、アインシュタインが一般相対性理論を出す。ですから僕は、まずリーマンの絵は「これです」と出してから、一般性相対性理論は「これですよ」というように見せたいんですが、こちらは、アインシュタインの没後七十年経たないとコピーライトに引っかかってしまうんですよ。それをどうするか。オーストリアの画廊の人たちなんかは、問題ないんじゃないかと言っているんですが、微妙なんです。変なことは起こしたくないですしね。

日本の夕暮れの様相

原　ただ、僕は今こうやっていろいろと描いているなかで、どうしても、絶対にやるっていうのは「夕暮れの様相」です。これに関しては、もう、日本をおいてない！　ということを、自負している。どこの夕暮れをもって来ようと、日本ほど、まさに身体にしみ込んだ夕暮れの思想はない。藤原定家の「見渡せば　花も紅葉も　なかりけり　浦の苫屋の　秋の夕暮れ」なんかもまさに「これよ、あなた！」と言いたいんです。なぜ世界の連中がこれを知らないか。ドゥールズだとかなんだとか、偉そうなことを言うけれど、みんな、ちゃんとこういうのを勉強したことがあるのか！と、僕は言いたいわけです。僕は学生の時から待っていた。ヨーロッパでもちゃんとその素晴らしさを理解する人が出てきて「こういう世界があったのか！」と言ってくれるのをずっと待っていたんです。

——浮世絵が海外で評価されるようなものですね。

原　浮世絵だったら彼らも理解しているだろうけれど、他の仏教思想などは、あることさえ知りません。このことは昔から武満徹さんが僕に何回も何回も言ったことで、いかに彼らは、私たちの世界を理解していないか。ですから今回は、夕暮れだけは、誰がなんと言おうと、絶対に日本語で、この世界を表現したいと思っている。
　これに対して、夜明け、つまり朝の様相はどうかっていうと、これはアリストテレスなんです。それはおそらく、みんな異存はない。だけれども、アリストテレスよりももっと、夜明けの様相を問題にしている人はいないかっていうと、じつはいる。それがスフラワルディーです。スフラワルディーは、ちょうど、定家や鴨長明と同じ時期にイランに登場した詩人であり哲学者。そんな彼が著した『イシュラーク』という文献の主要な部分の英訳が、二十一世紀に入ってから出たんです。日本語では出ていない。ですからこれを、僕はアラビア語でやりたいんです。
　もっとも、アラビア語で書いたら読めませんが、読めなくてもいい。たとえば、今この部屋にあるものとしてアンデルセンの物語を描いたものがありますが、これもデンマーク語で書いていますから読めません。ただ、これはみなさんよく知っている物語なので、意図は伝わると思います。それに、あちらには龍樹尊者の『中論』が書いてある。つまり、大乗仏教の大元ですね。それを描くとこうなります、というのがあるんですが、意味なんてわからないんです。ただこれは、読むと経の音響がしますよ。ところが、アラビア語になると一文字もわかりません。でも、ぜひやりたいんです。

——ただ、アラビア語はカリグラフィーでしょう。描くのもなかなか難しそうですね。

原　それはそうなんです。彼らは文字を絵画として見ているから、そこにわれわれがどう関与して

事務所にて

いったらいいのか。もちろん、文字の上手い下手はあったとしても、書いてみれば、書けないことはない。しかし問題はまだあって、アラビア語圏には、今でも、戦争をしているつもりの人たちがいっぱいいいます。ですから変なことをやって、誤解されたくはないんです。そこが、なかなか難しい。

しかし、スフラワルディーの『イシュラーク』はどうしてもやりたいんですよね。イシュラークとは、つまり、東という意味でもあり、照明という意味でもある。これは光の哲学なんです。そしてこれを読んでみますと、完全に、ギリシア哲学をきちんと学んだ人だとわかります。僕は当初、イラン独自の思考でやっているのかと思ったら、全然違う。アリストテレスを問題にしていて、これを批判的に捉えようということでやっている。僕は、本当の文化の担い手は、イスラムにあったと感じました。ただ彼の国では、そういうことを背景にした戦争が、未だに続いているような状態ですから、微妙な問題があるんですね。しかし、夜明けはイスラムなんだなあ……。今まで調べてきたなかでは、スフラワルディーに尽きる、と、僕はそう思っているんです。

ケージとエリオット

――今、僕はフッと思ったんですが、昼間の様相っていうのはインドにもあるんじゃないですか。たとえばバグワン・シュリ・ラジニーシ。六〇年代後半から七〇年代に出てきた、ビートルズも影響を受けたインド哲学。白い雲、そよぐ風、大地の温もり、あとは、ヒーリング。

原　そうですか。僕は、そこはよく知らないんですが、真昼の様相について研究しているのはニーチェなんです。ただ、僕はあまりニーチェが好きではないので（笑）、そっちの方も勉強する価値がありそうですね。

――あとは、原さんの主題には漆黒の闇というのもあります。

原　それが、すごい世界があることは間違いないんですが、まだよくわかっていない。

――では、展覧会の第一弾として

は、メインになるのはやはり夕暮れですか。

原　そうなってしまいますね。朝の、スフラワルディーをどうするかということも、間もなく決断しなければならないですが。

　あとは、コピーライト問題です（笑）。様相に関して非常に重要で、欠かしてはいけない人物というのがたくさんいるんですが…。たとえば、T・S・エリオット。僕は、エリオットの「The Waste Land」と、ジョン・ケージの「4'33"」を、並べて展示したいんです。

　それというのも、僕は気がついた。今まで誰も言っていないと思うんだけど…いい？　あのね、ジョン・ケージは、四分三十三秒でしょう。そして、T・S・エリオットの「The Waste Land」は、四百三十三行なんですよ！　これは間違いなく、ジョン・ケージが、「The Waste Land」が四百三十三行だということを知っていて、「4'33"」をつくったに違いない。

　だって、二十世紀を代表する詩と音楽が四三三という同じ数字で合うわけがない。それを、ジョン・ケージはどこでも言っていないと思うんだけど、誰か気づいた人がいるだろうか。誰も気がついていないといいな、と僕は思っているんです（笑）。

　ところがこれは両方ともコピーライトだからね。どうやって出すか…。

僕は長生きしたい！

――今日のこの展覧会に関する話を踏まえて、僕は原さんに、やはりモダニズムについて、うかがっておきたいんです。つまり、モダニズムというものは、建築家の老いに対して非常に寛容ではない、というのが僕の持論です。そこで、モダニズムと老いが向かい合った時に、建築家はどのように、モダニズムを捕まえ返すのか。そのことについて、どうお考えですか。

原　僕は出発点から、モダニズムということに批判的な人間です。一つは「均質空間論」でも言っていますが、簡単に言えば、自然と切断したところに、ある世界が見えてくるという点に、まずひっかかる。そういったクローズドな世界は、建築的ではないと思う。僕が様相ということを言い出したのも、結局は、近代建築が、つまり、モダニズムというものが、非常に限られた、限定されたものしか思考していないのではないか、というところからです。

そういうことですから、まあ、もうあまり言わない…というか。

——ただ今日この絵を見せていただいて、この原さんの、年齢を経過した凄まじい感性をもろに受けてみて、これは、「有孔体理論」の頃とはちょっと違うように思えた。

原 そうかな？　似ていると思いますよ。

——もちろん、根っこは同じだと思いますが、言葉を超えた絵の様相世界が、非常に直截的に表出していると感じました。

原 そうですね、それはやはり言語とか、優越するものというか…それが絵で示される場合もあるし、言語で示される場合もあるし、建築というもので示される場合もあるけれど、そんな違いじゃないかな…。

ちょっと話が違うかもしれませんけれど、近代建築やモダニズムといった時に、ニュートンやカントという人たち、僕は彼らにあまり与しないんですが、そういうことを連想します。なぜかというと、そういう人たちは、たとえば宇宙がどうなっているのかな、とか、そういったことを問わない。ニュートンが問わないのはおかしいんですが、問うていないんです。

要するに、絶対空間があるというような考え方は、おかしいんじゃないか、と思うわけです。結局われわれは、自身に対する疑問、私とは何であろうかという疑問から出発して、それに答えられずに死んでいくわけですが、それに対して暫定的な答えでごまかそうとしているように思える。均質空間というものには、そんなことを感じるので、僕は、どうも嫌いなんです。つまり「ここで終わりにしましょう」というイメージ。人間なのか神様なのか、あるいは他の存在なのかわかりませんが、素晴らしい宇宙、そして、われわれの存在、そういうものがあって、そこに絶えざる質疑を投げかけていく。そこに、はい、これが解答ですというのを提示されるということは、違うんじゃないか。ご承知の通り、僕は「非ず非ず」の信者ですから、ある一つの解答は、正しいと同時に間違っているわけです。ですから、何か確信めいたことを言っても、すぐに反対のこともあり得て、それで発言者自身の確信も崩壊するんじゃないか、と。では僕の確信はどこにあるかといえば、確立しているものと、まさに崩壊しようとしているものが同時にある。その状態を信用しているんです。ですから、本当に悟った人でもいれば別ですが…いや、本当に悟った人なんていうのも、僕はいないと思う。それくらい疑っているわけですよね。

それに、あの「ダークマター」って、あるでしょう。宇宙の、暗黒物質。僕はあれが不思議で仕方ない。ダークマター、ダークエナジーという、物理学者がみんな、まったくわからないというもの。われわれは未だに、宇宙を構成する物質のわずか五%しか認知できていなくて、残りの九五%はなんだかわからないというんだから。それが今、大問題になっているでしょう。これが少しでも解明できればノーベル賞なんて問題じゃないくらい大変な業績になりますから、世界中の物理学者が競って研究しているにもかかわらず、わからない。

ただ、僕は素人だから全然検討もつかないんですが、なんとなく、これは空間に関係しているんじゃないかと思うんです。カントが言うように「空間がそこにある」というのではなくて、空間というものは、何か、つくられた、あるいは表現されたものだと僕は思う。そこを考えるきっかけが、ダークマターにはあるように思うんですよ。もちろん、建築家だからそう思いたいということもあるけれど、空間というものは、単に「空いている」というものではない。僕はそう思っている。空間に関与している限り、存在形式が空間というものを…それを「空間」とは呼ばないのかもしれないけれど…それを抜きにすることはできないんです。そういうことを、何か…おそらく、あと二十～三十年もすれば、ダークマターのこともう少しわかるでしょうから、そこに何か、あるんじゃないか。

もちろんね、ダークマターが空間を解決するものではないかもしれない。しかしこれはまさにコペルニクス的転換くらいの、大きな出来事のはずなんです。太陽が動いているのか、地球が動いているのかというくらいの違い。それくらい思考の転換をしないと、その辺りは説明できないようなことが起きていると思います。ものすごく面白い時代が来ている。すぐそこまで。だから僕は、長生きしたいんだよ！　早い話がね。

誰か科学者が、ものすごい発見をしてくれて、世界は、とんでもないもののうえに成立していたということがわかったら、こんなに面白いことはないじゃない。そういうことが起きるとしたら、僕は、絶対に見たい。

世界はみんなで切り拓く

――「ダークマター」の解明によって、原さんが営々と追究してきた「空間」というものの基盤が、相当変わってくるかもしれない。

原　変わってくるでしょうね。同時に、人間の創造するもの、そして想像するものも、変わってくるんじゃないか。

――そんな原さんが、今まさに創造しているこの絵には、何か、直感的にそういうすべてが出てしまうのではないですか。情景図式とでもいうのか。

これは画期的な展覧会になりますよ。だって、八十歳にならんとしている建築家が、夕暮れの様相の根源というものを予測して、さまざまな試みを始めている。そう、これは始まりなんですよね！　普通、八十歳に近くなれば、集大成の展覧会になってしまうのに（笑）。

原　まあ、集大成の展覧会はやろうとしてもできないんだ（笑）。いやあ、誰か説明してくれないかな、ダークマター。あと何十年生きると、どうなるのか。誰か耳打ちでもしてくれないかと思って。

――原さんの今回のドローイングのなかに、じつに示唆に富んだ答えが潜んでいた、ということになるかもしれません。後で調べてみたら見事にシンクロしていた、と。

原　そうそう。意識してはいないけれど、ずっと、世界の仕組み、存在の仕組みに対して質疑を続けてきた人間が、こういう事態の時に絵を描くと、何か、出ちゃうんじゃないかな、とは思うね(笑)。無理して理解しようとしたら、出ちゃうんじゃないの!

――そうですよ。出ますね(笑)。いやあ、今の話への熱意もさることながら、病気をされたとは思えないほど、体力がありますね。

原　本当にダメだった時には寝ているしかなかった。それが病気の状態だったんです。もちろん、今だって、これが体力の限界なのか、まだ病気が影響しているのか、わかりません。ただこれから確実に弱まっていく、夕暮れの様相のなかにいることだけは確実ですから、そこを自分でどういう風に捉えるか。

――そういう病気という状態、さらに加齢も踏まえて、こんな新たなステージを切り拓いていたなんて、本当に感銘を受けました。

原　まあ、バカなことをね(笑)。だけど、常に世界を切り拓くというのは、自分だけで拓くわけではなく、みんなで拓くわけですから、そのなかの一つのパーツとして、さぼらずやっていくというのは面白い。幸せなことでもある。だからね、誰か見つけてくれないかな、ダークマター。九五%もわからないなんて、わからなすぎじゃない? もうちょっとがんばったらなんとか…。

ですが最近は、みんなそう簡単に死にませんからね。そもそも僕の先生である内田祥哉先生も、ものすごくお元気ですしね。

――内田先生は本当にお元気ですね。健康寿命そのものです。

原　少なくとも女性はもう、百歳なんて当たり前になってきています。ただ僕はそのことは医学の世界のミステリーで、お金さえあればずっと生きられるんじゃないかと思っている。貧富の差は寿命に現れている。それに、今回ステロイドを使ってみて、こんなに効くものがあるんだから、まったく、すごいことになっています。

――ステロイドは本当に。痛みの

数値がガクンと落ちますからね。

原　そうなんですよ。だけど、諸刃の剣だから、気をつけなくてはいけないんですよね。ただ、こんなに凄いことを実感すると、これからは、これに似たようなことがもっといろいろ出てきて、百歳なんて当たり前だよ、ということになる。すでに道具立ては揃っている。しかし、お金がなかなか続かないですよね。国の財政も含めて。すると今に、保険もなくなってくるかもしれない。さらに、死とは何かということが、また改めて問い直されてくるのではないか。

ただね、とにかく僕自身は、これからもなるべく健康には気をつけて、宇宙の秘密を聞きたいんです（笑）。

――それは凄まじい執念（笑）。その熱意は素晴らしい。そして今日は、様相を写したり、描く、という、この新しい取り組みの一端を拝見できて、様相派の端くれの私としては本当に感動しました。ぜひ、展覧会にはうかがわせていただきます。

山下和正

一九三七年生まれ

レンガなら文句はないと
フロムファーストビルをつくりました

やました・かずまさ＝愛知生まれ。建築家。一九五九年に東京工業大学建築学科卒業。日建設計工務株式会社（現株式会社日建設計）に入社。一九六四年に渡欧し、ドイツ・デュッセルドルフにてシュナイダー・エスレーベン教授事務所勤務、一九六五年にはイギリスで、大ロンドン市建築局勤務。その後ケンブリッジにてコーリン・スインジョン・ウィルソン教授事務所に勤務する。一九六六年帰国。一九六九年に日建設計を退社、山下和正建築研究室を設立。一九七一年には有限会社山下和正建築研究所を設立し、代表取締役社長に就任する。一九六九年より、東京造形大学デザイン学科助教授に就任（〜一九七八）。一九九〇年からは東京工業大学工学部建築学科教授に就任（〜一九九三）。二〇〇二年より駒沢女子大学人文学部空間造形学科特任教授に就任（〜二〇〇七）。この間、日本女子大学、名古屋工業大学、東京工業大学、東京大学で非常勤講師、カナダ・ノバスコシア工科大学客員教授を歴任する。主な作品に「顔の家（辻邸）」（一九七四）、「フロム・ファーストビル」（一九七五）、「数寄屋橋交番」（一九八二）、「日本民芸館・新館」（一九八二）、「文教大学湘南キャンパス」（一九八五）、「六本木ピラミデ」（一九九〇）、「千葉市立打瀬中学校」（一九九五）、「亜鉛閣」（二〇〇二）など。主な著書に『建築vsハウジング』（マーティン・ポウリー著、翻訳、鹿島出版会、一九七八）、『江戸時代　古地図をめぐる』（NTT出版、一九九六）、『地図で読む江戸時代』（柏書房、一九九八）、『エコロジーハウス亜鉛閣』（鹿島出版会、二〇一〇）など。

篠原一男さんについて

山下　今日は、第一線を退いて何をして遊んでいるか、という話ですか。

——いえいえ、もっとシビアに（笑）。建築家が年を重ねるなかで「自分の仕事」というものを見つけていく道筋というものがあるのではないかと、その辺りのことをうかがいたいんです。

山下　つまり、自分が築いてきたものの上に、建築プロフェッション上の生き方があるんじゃないか、と。

——そうです。まず山下さんの経歴を振り返りながら、一九七六年に手がけられた「フロム・ファーストビル」について。「フロム・ファーストビル」はコマーシャル・ビルディングとして、非常に大きなエポックですから、うかがわないわけにはいきません。その辺りまでを前半として、後半は、福島県双葉郡川内村に設計されたご自身のセカンドハウス「亜鉛閣」（二〇〇二）について。また、ライフワークとも言える「古地図」への情熱について、話をうかがいたいと思います。

　ところで、山下さんは東京工業大学出身ですが、篠原一男▼さんとはどのような関係だったんですか。

山下　どんな関係…ということもないんです。師弟関係だとは思っていないし、彼も思っていなかっただろうし。要するに、共に清家清▼先生の研究室出身、ということですよね。僕が学生の頃は、篠原さんは清家研の助手でした。

　ただ、篠原さんがちょうど初期の住宅を一生懸命つくっている時代だったので、現場に連れて行ってもらったりすることはありました。しかし僕は、いわゆる「篠原スクール」に参加したとか、そういうことではないんです。

——山下さんの学生時代は、篠原さんはまだ若手研究者だったんですね。

山下　そうですね。篠原さんがいろいろと哲学的な著作を出し始めた頃には、僕はすでに卒業して、日建で働いていましたからね。比較的親しくさせてはもらいましたが、彼の思想的なことは、僕にはよく理解できないんですよ（笑）。

——わかるような気がします（笑）。そして、東工大では学部を卒業するとすぐに、日建設計に行かれたんですね。当時、日建にはどなたか先輩がいたんですか。

山下　林昌二さんがいました。林さんとは学生時代からわりとお会いする機会があり、日建がどんな感じか聞いていたんです。林さんによれば、結構いろいろな仕事が来るし、自分でバリバリやりたいという人には向いているという話だったので、僕にはあっているかな、と。もちろん、僕自身がバリバリやれるかどうかは別ですよ。

ただ一方で、僕の親父の友人が岸田日出刀先生と知り合いだったので、進路を相談してみてはどうかと、一度、研究室に連れて行ってもらったことがあるんです。その時、岸田先生に、日建のような組織事務所がいいのか、大先生のいるアトリエに行って勉強した方がいいのか、聞いてみたことはあったんですよ。この時、岸田先生は確か、いい先生のところに着いた方がいいとおっしゃったと思うんですが、僕はやっぱり自分でやりたいという気持ちが強かったので、結局は日建設計に入りました。まあ、入ってみたら日建ではそんなに何でもできるわけではないことがよくわかりましたけどね。最初は工場の図面ばっかり引かされて。だから設計部長に「もう少し、人間のいるような建物がやりたい」と申し出たら、「そろそろ言ってくると思った」なんて言われて、結局その後、林さんのグループに入ったんです。

林昌二の二番目の子分

——当時、日建設計で担当した作品にはどんなものがあるんですか。

山下　日建では、林さんが親分でいて、僕は二番目の子分という感じでやっていたんですが、その後はいろんな人が入ってきてだんだん大きなグループになりましてね。そのなかで、林さんはかなり個人主義的に、自分のやりたい仕事をどんどんやるんです。それ以外の、林さんのところにまわって

きたけれど、彼の目にとまらなかったものや、時間的に難しいものなどが僕にまわってきました。でも「武蔵野公会堂」（一九六三）なんかは、ほとんど僕一人でやったんですよ。あとは「清水商工会議所」。これは丹下健三▼さんがやった「清水市庁舎」（一九五四）のすぐ近くだったので、現場を始める前に市庁舎を見せてもらいました。ところが、市庁舎は港の近くですから、当時、すでにスチールサッシなんかが赤錆だらけになっていたんです。まだアルミサッシは発達していませんでしたからね。

　だから僕はこれを見て、この場所ではスチールサッシは無理だと思った。それでコンクリートでサッシをつくろうと思って、プレキャストコンクリートで枠をつくり、その中にガラスを入れて、ゴムで留めるというものをつくったんです。ちょうどその頃、SOM▼（スキッドモア・オーウィングズ・アンド・メリル）でも、コンクリートのカーテンウォールを少しずつやり始めていたんですが、日本でやったのは僕が最初だと思います。その後、しばらく流行りましたよ。そのうち、アルミサッシのいいものが出てきたので、今はすっかりなくなってしまいましたが。

——そういった日建設計での業務のなかで、主にテクニカルなことへの助言を受けに、東工大の研究室を訪ねることはあったんですか。

山下　そういうことは、あまりありませんでした。今振り返れば、エンジニアとしての常識を身につける意味では、日建設計がずいぶん役にたったんです。最初に小さなビルを手がけた時、避雷針が抜けているよ、ということを言われて、その時にハッと気がついたんだけれど、そもそも避雷針ってどうなっているのか全然わからなかった。でも日建には図面や参考書がいっぱいありましたからね、それらを見て勉強しながらつくったり。まあ、僕自身が、いろんなコンセプトをつくるのは比較的得意だったんですが、それを仕事として実現する能力というのがあまりない、ということがあってね（笑）。

——想像するに、山下さんは当時からコンセプトワークが秀逸だったでしょう。

山下　それはどうかわからないけれど、僕がやろうとしていたことは、林さんが一番よくわかって、同調してくれましたね。ただもちろん、彼が上司だから僕の案をポッともっていっちゃうこともありました。たとえば、林さんがオフィス設計に対して「ツイン・コア」を提唱しましたが、あのコンセプトは僕なんです。「相模原市役所」の設計をしている最中に提案したら、林さんも「なるほどこれは新しい考えですね」なんて言ってくれて。だから、僕は日建設計を途中で辞めて申し訳なかったけれど、かなり置き土産をしてきたつもりです。

――日建設計で、林さんがチーフアーキテクトを務めた「パレスサイドビルディング」（一九六六）の時には、山下さんも携わっていたんですか。

山下　携わった…というか、大変でしたよ。まずこの初期に、林さんがスサイドはね、なかなか大変でしたよ。

山下　携わった…というか、パレスサイドはね、なかなか大変でしたよ。まずこの初期に、林さんが会社と大闘争をやったんです。結局、あれは面白い仕事ですから、林さんは最初からやりたかったんです。ところが会社の方針としては、林さんの上にさらに上司をつけて一緒にやれ、と。でも林さんはそれに猛然と反対して、これは一人でやりたいんだ、と。一人でやれないんだったら会社を辞めるくらいの勢いで反発した。そこに理屈なんかないわけです（笑）。だから、彼はもう打ち合わせには出ません、なんて言って。

組織としては仕方ないので、僕が打ち合わせに行っていました。クライアントの毎日新聞社側は役員級の人たちがずらっと居並ぶにもかかわらず、会社に入って数年しか経っていない僕が一人で打ち合わせに行かなきゃいけないことになっちゃって。先方にすれば、日建はこんな若造を派遣してきて何だ、と思っていたでしょうから、こっちも必死に、その場を凌ぎながらなんとかやった。そうやって場をつないでいるうちに、林さんが会社と話をつけて、彼が全権を手に入れたんです。

――組織事務所には、その内部に闘いがあるわけですね。

山下　それは必ずあります。表に

出ない闘いね。

レンガの面白さを知る

山下　ただこの頃僕は、もう林さんの下請けにはちょっとうんざりしていたんです。そうしたら、たまたま東工大で僕の一年先輩だった村口昌之▼さんが清家研に戻ってきていた。当時、清家研にはそんな浪人が大勢ウロウロしていたんです。それというのも、清家先生がＪＥＴＲＯ（日本貿易振興機構）から仕事を受けていて、国際見本市の会場設計を全部引き受けていた。だから人手が必要だったんですね。

　国際見本市って、世界中のあちこちでやるでしょう。その一つ、インドでの仕事をその村口さんがやって、外貨での給料をバサッともらった。あの頃、日本人はなかなか外貨を手に入れられませんでしたから、それさえあれば、どこにでも行けちゃうわけです。彼は、その給料を元手にそのままフランスだかスイスだかに行って働いて、そこからさらにドイツに行って働いた。その、ドイツの事務所を辞める時に「お前、誰か日本人で、いいやつを紹介しろ」と言われたそうです。それで僕のところに「ドイツに行く気はないか」という話がきた。僕は面白そうだな、と思って、ドイツに行くことにしちゃったんです。

——それは、日建設計に勤めている最中でしょう？　休職扱いで行ったんですか。

山下　ちょうどパレスサイドが始まるという時でした。でも、海外に出るいいチャンスだなと思って、社長のところに「二年ほど外国に行かせて下さい」と言いに行っ

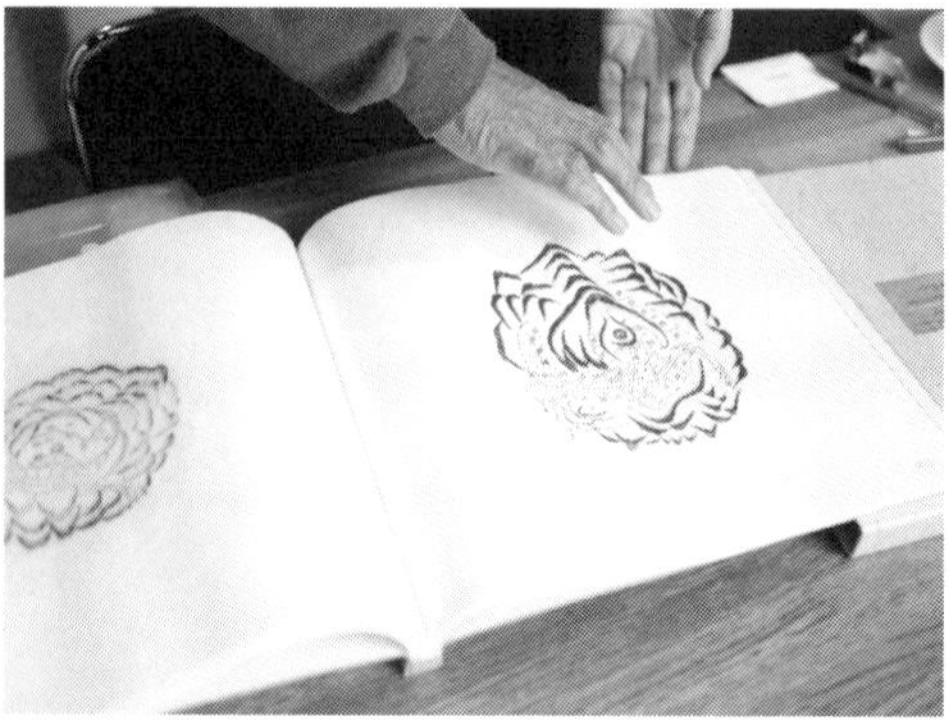

事務所にて

た。そうしたら、案外気安く「いいよ」と。しかもその間の給料もくれると言う。辞められちゃ困るということがあったんでしょう。それで林さんのところを逃げ出すことができたんです（笑）。

――そうでしたか。でも、パレスサイドビルディングは素晴らしい作品です。

山下　もちろん、そうです。林さんからは僕がドイツに行った後もしょっちゅう連絡が来ましたよ。たとえば、レンガの納まりが日本じゃなかなかわからないから、そういうことを書いた本を送ってくれとか。そんなことがよくありました。

――山下さんのレンガへの嗜好は、この時の海外体験からですか。フロム・ファーストもレンガですしね。

山下　そうですね。レンガの面白さっていうのは、まあ、ドイツというよりも、その後行ったイギリスで芽生えました。当時のヨーロッパではまだレンガが建築材料として認められていて、生き生きと使われていましたからね。

――その二年間でドイツと、イギリスにも行かれたんですか。

山下　結局、二年半行っていたんです。ドイツには最初の一年ちょっと居たんですが、イギリスが面白そうだぞ、と思って。ちょうど、ジェームス・スターリング▼が「レスター大学工学部棟」（一九六三）の工事中だったんで、彼の仕事にも興味があった。それでイギリスに渡って、いろんな設計事務所を、インタビューしたんですが、まず、スターリングの事務所では、彼がちょうどアメリカに行っちゃっているからウチでは雇えません、なんて言われて。イギリスでは最初、大ロンドン市建築局に務めることになりました。

――ですがその後は、向こうに行ったきりにはならずに日建に戻られたんですね。

山下　向こうにずっと暮らすのも悪くはないと思ったんですが、最初からそのつもりではなかったのでね。

イギリスでは、市役所でのプロジェクトに参加した後、今度はケンブリッジに行ってリバプールのシビックセンターのプロジェクトにも参加して、プランの骨子をつくりました。ただ、基本的には、二年経ったところで仕事は切り上げて、それで、帰るつもりだったんですが、途中で日本から女房も来ていたのでね、夏休みだという名目で、旅行をして回ったんです。フォルクスワーゲンに乗って、最初は、フランスに行って、そこからスペイン。今度はアルプスの方に行って、オーストリア、ハンガリー、ユーゴスラビアに行って、さらにギリシャの先まで。そんなことをしていたら、秋にフィンランドの大学でデザイン関係の国際シンポジウムをやるという。日本からもいろんなアーティストや建築家が集まるというので、そのシンポジウムにも参加しようか、と。ちょうどフランスやスイスなんかに、東工大時代の仲間も来ていたので、三人くらいで集まって、フィンランドに行って、参加してから帰ってきました。それで、帰国が予定よりも半年伸びちゃって。でもこのシンポジウムの時、僕は柳宗理▼さんと知り合ったんですよ。

生徒として桑沢へ

――シンポジウムでの柳さんと出会いはその後のお仕事にも大きな影響があったでしょうか。たとえばその出会いがきっかけで、インダストリアルデザインの道にも進まれたんですか？

山下　いえ、僕はもともとが工業デザイナー志望だったんです。まあ、普通だったら、当時、東京藝術大学と千葉大学に工業意匠の学科があったんで、そっちを目指して入ればよかったんです。だけど、そこに入っちゃうとデザインに先入観が生まれて、人がデザインしたものの色に染まっちゃうんじゃないかな、なんて余計なことを考えてね。それで、デザインの勉強をするんだったら、むしろ工学部に行って、機械を勉強したらいいんじゃないか、と。つまり、デザイナーにとって職場内での敵はエンジニアなんです。だから、エンジニアに太刀打ちできる知識を身につけておいた方がいいと考えて、東工大に。ちょっとズレてるんですよね。

　東工大っていうのは、新入生を

一括でまとめてとっておいて、二年になってから専攻を振り分けるんですが、その試験の時に、朝、寝坊をしちゃって。数学を落としちゃったんですよ。機械は非常に倍率が高かったから、数学を落としたら、まず入れない。困ったな、と思って、仕方が無いから、一番デザインに近そうな建築にでも入っておいて、来年また試験を受けようと思っていたんです。ところが建築に入ったら、案外面白いんですよ。それでもう、夏休みの頃には、これで行こう、と思っていたんですね。

なぜ最初に建築に入るのをちょっと躊躇したかというとね、建築なんかに入っちゃったら、デザインを指向する奴らがいっぱいいて、競争が激しいんじゃないかなと思ったんです。そうしたら全然そうじゃなかった。みんなどちらかというと現場監督にでもなればいいや、という感じでね、まったくソフトじゃない、ハード指向な連中ばっかりだった。その代わり、非常にドライというか、エモーションはないんですよね。僕は、最初はとにかく建築にはあまり興味がなかったんですが、設計・製図をしていると面白くって。しか

も、良い作品としてクラス内でノミネートされちゃったりするしね。それで、これはいいな、なんて思っちゃって、そのまま建築に居続けることにしたんです。まったく、人間の決心なんておかしなものですよね。

――確かに、なんだか考え方がねじれていますね（笑）。それが結局、建築につながった。

山下　まあ、そうなんです。ただ周りがみんな現場監督を目指すような学校だったので、デザインらしい教育が僕にとってはもの足りなかった。構造計算がどうとか、材料がどうとか、そんなことばっかり。もちろん、それもいいんだけれど、なんだかね。それで四年生の時、夜間に桑沢デザイン研究所に行ったんです。

――へぇ！　それは生徒として行ったんですか。非常勤講師ではなくて？

山下　もちろん。昼間は大学ですから、夜の部にね。桑沢に入学試験はなかったと思うけれど、それがすごく面白かったですね。

――なんだかわかりますね。東工大の不足分を桑沢で学んだ。

山下　東工大は基本的に技術者教育でしたから、デザイナーがいないんですよね。そのなかでは清家先生か、篠原さんがデザイナーっぽかった。もちろん、谷口吉郎先生もおられましたが、そこは敷居が高くて、近寄り難かったですからね。

――桑沢に行って、本当にむさぼるようにデザインを学んだんですね。水を得た魚のように。

山下　本当にね。桑沢は面白かった。真鍋一男さんとか、基礎的なことをしっかり教えてくれる先生がいましたから。非常に良かったですね。

――桑沢はバウハウスの流れを汲みますからね。当時、優秀な人材をたくさん輩出しました。確か、アートディレクターの浅葉克己さんもその頃の桑沢出身でしょう。

山下　ただ、桑沢には建築家はいないので、僕は同窓会でも継子扱い。業界が違うから、卒業生の作品発表会なんかでも声がかからないし（笑）。

――でも、そこで異分野の情報なんかにも触れて、幅が広がったということもあったでしょう。

山下　アートでもファッションでも、わりといろんな出版物に目を通しましたし、そういう人たちの雰囲気というのもある程度わかりましたからね。

フロム・ファーストビル

——時代をさかのぼってしまったので、ちょっと戻しましょう（笑）。

それで結局、日建を退社されたのが一九六九年。その後、有限会社山下和正建築研究所を設立するんですね。

山下　日建設計を辞めたすぐ後には、一旦、スタジオのようなものをつくったんですが、それはまだ正式に法人化していなかった。その二年後、一九七一年に山下和正建築研究所として有限会社にしたんです。

——独立された時には、仕事のメドは付いていたんですか。

山下　何もありません。結局、大学の教員になったんです。東京造形大学の助教授になったので、まあ、時間はとられますけど、給料がありますから。設計で稼げなくても、生存はできるだろう、と思って（笑）。だから最初は小さな仕事でも一生懸命やりました。親戚の家を建てるとかね。

——「顔の家」（一九七四）がありましたね。

山下　あれは、友だちの友だちの家なんだけど、まあ、そういった類いです。

——では、いよいよ「フロム・ファーストビル」の話をうかがいます。フロム・ファーストは、プロデューサーとして浜野安宏▼さんがおられて、コンセプトやガイドラインがあったうえでの建築だったと思います。しかし、空間的なつくり、スペースの構成などに対し、当時僕らは非常に新しい都市施設ができたと感じた。つまり、浜野さんと山下さんのコラボとはいいつつも、建築として非常に優れたものだと思います。とくにレンガのボリューム感。あそこで、コンクリート打ち放しにするという考えは、やはり、最初からなかったんですか。

山下　あれをレンガ造にしたのは、浜野さんが、サンフランシスコなどで古いレンガ造の工場をショッピングセンターに転用している建物なんかをいくつか見ていたんです。それで、レンガもいいよねって、彼がちょっと言ったことがあった。僕はもちろん、レンガが好きだし、後々にはレンガタイルの開発まで手がけたような人間ですから、レンガなら文句はない。ただ、打ち放しだけはね、ちょっとヤバいかな、とは思っていたんです。あんまり好きじゃないということもあったし。

——経年変化ということでいうと、打ち放しはちょっとリスキーです。

山下　内部ならまだいいんだけど、あんまり、成功している印象がないんですよ。

——僕がフロム・ファーストに出会ったのは藝大の助手をしていた頃ですけど、最初の衝撃は、外からなかに入って、ポコーンと抜けた空間から空を見た時。建物越しに見る空の美しさが、素晴らしかった。しかも、あの空間を使ってイッセイ・ミヤケのファッション・ショーをやりましたね。

山下　そうでしたね。建物のオープニングの時、ファッション・ショーをやりました。

——フロム・ファーストが登場するまでは、どういうわけか建築家は、商業施設、コマーシャル・ビルディングというものに対して腰が引けていたように思います。そこでは、自分の表現がままならないという危機感があったのでしょうか。

山下　建築家の腰が引けていたというよりも、クライアントの方が、やや敬遠していたんじゃないでしょうか。商業施設に対して、建築家がちゃんとした能力を発揮しないんじゃないか、と。

——その隙間を、浜野さんたちがプロデューサー、コーディネーターとして上手に突いたのかもしれませんね。

ところで、コマーシャル・ビルディングの先駆者である山下さんに、率直な感想をうかがいたいんですが「表参道ヒルズ」(二〇〇五)を、どのように見ていますか。

山下　そうですね…。あの土地には緩い勾配があるでしょう。あれをどう活用するかということでは、なかなかうまくやったんじゃないかと思います。ただ、そのために建物の裏側が死んでしまったという感じがあるんですね。僕がそんな風に思っていたら、ある時、浜野さんも同じようなことを言っていたんですけど、やっぱり、それは構造上難しいわけですよね。敷地も狭いし。だから苦肉の策という感じはしています。もう少し、抜けたところがあった方がいいように思うけれど、地価の高いところだし、人もいっぱい来ますから、あえて踏み切ったところもあったかもしれません。

――もともとはアパートで、生活が感じられましたが、そこがまったくなくなってしまった。

山下　特殊な場所の特殊な解ですからね。それなりの演出があって面白ければいいと、僕は思うけれど。

　生活感というとフロム・ファーストでも、最初は浜野さんが、青果店や食料品店なんかを入れたいというイメージを盛んにおっしゃっていたんです。でも結局は地価や工事単価から言うと、テナントとして入る店も、単価の高い商品を扱わなければ保たないんですよね。かろうじて生花店は入りましたけど、ああいった場所で、生活感があって、なおかつ、都市的であるというのはなかなか難しいことなんですね。

十二部の『風水地図集』

山下　最初にも言いましたが、今日は、何をして遊んでいるのかを聞かれるのかと思って、僕の遊び道具をいくつか用意したんです。

――遊びじゃないんですよ（笑）。建築家がどんな風に歳を重ねているのか。それに興味津々なんです。

山下　あのね、僕は三年ほど前にこういった、『中国木版風水地図集』（私家版、二〇一二）をつくって、出版したんです。これは風水の地図帳です。十二部しかつくらなくて、アメリカの議会図書館とか、大英博物館とか、国会図書館とか、そういうところにだけ出した。今、あと一冊あるんですが、これはスタンフォード大学のある先生が欲しいと言うからとって置いたんだけど、どうも大学で予算がとれなくなりましたって、残っちゃったんです。なにしろ十二部しかつくらなかったから、値段がえらく高くついちゃうんですよ。

もともとは、こういった版木なんですけど、これを人を雇って一枚ずつ摺った。僕も摺ったんですけど、当然、効率が悪いですよね。一枚摺って印刷すればいいんだろうけど、そうしないところに価値があるだろうと思ってね。

――これは、素晴らしいですね！

山下　なぜこんなものを集めたのかというと、中国で古地図を蒐集していたら、こういう版木がいくつか出てきたんです。なんだか図形的に面白いからまとめて買って。これがね、みんな記号にも意味があるわけです。「来」から「去」なんて書いてあるでしょう。これは気や川の流れなんですね、山に沿って。

気っていうのは、大地に流れている。それから人間、人体にも流れているというわけです。まあ、本当にそうかどうかはわからないんだけど、まずそれが大前提です。それを前提に、非常に科学的に、イデオロギーに対して忠実に、図にしているわけです。ここには村落が全部入っているような図もあって、見て行くととても面白い。

だけど、僕はそこまで深入りする気はないから、とりあえず本だけ摺ってね、世の中にちょっと広めておくと、後世、こんなものがあるのかという人が現れて、詳しく調べるんじゃないかと思って。

――僕はこれから、場所研究をコツコツとやろうと思っているんです。すると、こういう気の流れや気配とかも関係してくるんですよ。非常に興味深いですね。

山下　僕は以前から、中国に行くたびにあちこち回って古地図を探していたんですが、この時は、どこを探してもあんまり見つからなかった。それで、上海にある露店があって、少しだけ古地図を並べている人がいたので、その店の人に、僕は二カ月に一回くらいは来るから、こういう古地図を集めておいてよ、と。そうしたら、地図じゃないけれどこんなのがあるって、木版を出してきたんです。

――これらの木版は、年代的には同じものなんですか。

山下　それはわからない。ただ、なぜこういう木版だけがポンと売っていたかはわかりました。これは「家譜」、つまり家系図をつくる時に必要なものだったんです。大きなファミリーだと、何冊もつくるから手書きじゃなくて版をつくったんですね。それで、どこかの家で、そろそろ家譜も古くなってきたし、新たな書き込みもあるから家譜をつくりましょうということになると、そのための職人が呼ばれて版をつくる。もちろん、家譜には文字もあるんですけど、それは木版活字。だから、摺り終わるとバラしちゃうわけですよ。それで絵として彫った版木だけが残った。

――いやあ、素晴らしい。しかしそれにも増して山下さんの入れ込みようには、凄まじいものがありますね（笑）。

山林都市・川内高原構想

――さて、では後半として話をうかがいたいのは古地図の話もそうなんですが、まずは福島県双葉郡川内村につくられた「亜鉛閣」（二〇〇二）について。もともと、川内村との付き合いは、何がきっかけだったんですか。

山下　川内村へは、一九八八年に行ったのが最初です。大学時代の友人の兄弟で、経営コンサルタントをやっている人間から、川内村には大きな村有地があって、その使い道に困っている、何かアドバイスしてくれないか、という話が舞い込んできた。それで、その友人と一緒に村を訪ねたんです。そうしたら、なかなかいいところだったんですよ。

川内村というのは、山に囲まれた盆地なんですが、その外側にわりと平坦な草地があるんです。そこは、家畜を放牧したりするために切り拓いた土地なので、昔は林だったんですね。いずれにしても今は使っていないので、辺りには松がムダに生い茂っているんだけど、その松にしても、もともとは常磐炭坑の坑木として使うためのものだった。まあ、そんな感じの土地が村有地としていっぱいあったんです。

じつは、僕は前々から、歳をとって時間の余裕ができたら、自然のなかで暮らしたいと思っていて、いくつかの別荘地に土地を見に行ったことがあったんです。ただ、分譲別荘地ですから、ニュータウンのような感じで区画が割られていて、なんとなくピンと来なかった。一度は、八ヶ岳東麓に、妹一家と共同で土地を求め、そこに二軒の別荘を建てようというところまで話が進んだこともありましたが、実際に設計してみるとあまりに狭い。だから結局この時は、僕の分の土地を妹一家に売ってしまいました。そんなことがあったので、川内村を訪ねた時に、この辺りは老後を過ごす終の住処をつくるのに結構いいんじゃないかと、そんな風に思ったんですね。

――川内村でのプロジェクトは、バブル経済の最中ですか。

山下　バブル経済の終焉にさしかかっていましたよね。まさに、そこは非常に大事なところですが、スタート時は、その辺はまだ注目されていなかった。

川内村の話としては、僕はわりと早い段階に「山林都市」をつくったらどうですか、と村に提案したんです。山林都市というのは黒谷了太郎という人が昭和の初期に書いた本なんですが、僕はそれを古本屋で見つけて読んでいて、川内村にはそのイメージがあうと思った。すると、たちどころに議会でも賛同してくれたんですね。要するに、村の近くには観光の目玉になりそうな温泉や名所旧跡もなかったので、リゾート開発をしても難しいだろう、と。だから自然をテーマにした新しい都市開発をしようということなんです。学校や研究所、軽工業の工場など、あまり自然と喧嘩しないような施設を誘致する、そうすれば、そこに人も住み着くだろうという、いわば、「田園都市」の焼き直し版ですね。だからその後「山林都市・川内高原構想」ということで正式に開発計画をつくり、村でも「川内高原開発公社」が設立してプロジェクトがスタートします。ですがこの計画は、その後七年にわたって推進されたんですが、先ほどおっしゃったバブル経済の崩壊やら、そんなこんなでいろいろとあって、結局、進展しませんでした。

――ではその七年の間に「亜鉛閣」についても考え始めていたんですか。

山下　その前にね、空き家になっていた保育所を別荘兼仕事場にしていたんです。事業がスタートしたから、その間、常住するのは無理だとしても、少し長く滞在して、村の人と付き合ったり、体で村を知るためにも、村内に拠点が欲しいと思っていた。そうしたら、統合で使わなくなった保育所がちょうどあるというので、そこを譲り受けたんです。ちょっと改装してきれいにして。保育所ですから、床面積が百坪くらいもあって結構広いんですけど、とても安く払い下げてもらって。とはいえ、改装費はけっこうかかっちゃったんですが、山林都市構想がダメになった後も、家族みんなで四季折々に訪ねて、結局十三年くらい、別荘として使っていたんです。

ただ仕事として行っている間にも、どうせ村のなかをあちこち見て回らなきゃならないし、将来的には川内村に定住することも考えていたので、ひそかに土地も探していました。最終的には二箇所に候補地があって、一つは、比較的人里に近い場所、もう一つは林道からさらに三五〇メートルくらい奥に入ったところ。しかも、後者の土地を買うとすれば、所有者の都合などもあって約八千坪をまとめて買わなければならなかった。だから女房の意見もちゃんと聞いて、と思ったんだけど、彼女も後者がいいと言う。だからまあ、川内村で八千坪の地主になっちゃったんですよ。

エコロジーハウス亜鉛閣

――それにしても、古地図を買ったり、土地を買ったり、当時は大変なものですね。

山下　八千坪というとなんか立派そうに聞こえるでしょう。ですが土地は安いんですよ。軽井沢に比べたら1／20くらいの値段です。ただ土地の用途変更等の関係でいろいろな手続きをしなければいけなかったので、所有権が完全に僕のところになったのは一九九四年。購入を決めてから五年くらいかかりましたかね。

――でも、開発の仕事で入られて以降、かなり村のことは調査もされたでしょうし、また風水の知見も生かせますしね（笑）。

山下　風水ってこともないんだけど、水の流れを変えたり、造成するところからいろいろやって。また結構な時間がかかったんです。

――資料で拝見しましたが、僕は亜鉛閣での、地勢を使いながら住みこなす工夫に、非常に感銘を受けました。そこには建築家以上の、科学的な判断力も必要ですよね。また、イマジネーションがないと、なかなかそこまではできない。

山下　そうそう。よくぞおっしゃいました、ということですが、本当にそうなんです。だからいろんなことで失敗もしましたけれど、とても面白いんですよ。自然というのは変化しますから、その変化を読まなければいけない。それに水は暴れるでしょう。それはやっぱり、土木の人の力を借りなければ難しかった。二十年に一回くらいの雨では溢れるよ、とか。そういうことを教えてもらいました。そのためには遊水池もつくっておかなければならないし、植生のことも関係してくる。ずいぶん勉強しましたよ。

――また、ここでOMソーラーの勉強もされていますね。

山下　大前提として、ランニングコストがかからず、周囲の自然環境を生かした建物にしたいと思っていましたからね。とくに川内村の冬は非常に寒いので、これをなんとかしたいと思ったんです。OMソーラーに関しては、もう何度もシミュレーションをして考えて、採用することに決めました。

──OMソーラー開発者の奥村昭雄▼さんはまだご健在でしたか。

山下　ええ、教えも受けましたよ。ただ僕がやったのは、OMソーラー＋αで、高機密・高断熱の家に対応できるよう、排気用ダンパーを設けるなどの工夫をしたものなんです。

それでね、この亜鉛閣については、『エコロジーハウス　亜鉛閣物語』（鹿島出版会、二〇一〇）という本にまとめたんですが、そこにOMソーラーについて結構詳しく書いたので、奥村さんに寄贈した。そうしたら、奥さんで建築家の奥村まことさんから、「これほど完璧にOMソーラーを実施した例は初めて拝見しました」なんて、えらい賛辞をいただきましたよ。

──僕は、この亜鉛閣での試みを、レオナルド・ダ・ヴィンチ的なアプローチだと感じたんです。

山下　いやいや、それほどのことじゃありませんよ。

──いえ、決してお世辞じゃないんです。アーキテクチャーとイン

書棚より

ダストリアルデザイン、そしてアートが結び付いた、ダ・ヴィンチ的な作品だと思ったわけです。

山下　まあ、ダ・ヴィンチと言われるのはちょっと何だけど、そういう要素を考えることは好きです。問題を高次元で解決しようとすると、建築ばかりじゃ解決できませんからね。

――そこですよね。それで結局、亜鉛閣の竣工までには何年かかったんですか。

山下　えーと、土地を見つけたのは川内村とのお付き合いが始まって間もなくですから、一九八八年頃。それで、竣工が二〇〇二年でしょう。全体としてみれば十四年がかりの計画ですね。

――その間には、川内村のコミュニティのなかにも入り込んで。

山下　仕事で行き始めたときからお付き合いはしていましたし、保育所の別荘時代にもいろんな人と知り合いになりました。亜鉛閣の土地を造成して木を入れる時にも、地域内で伐採しなきゃならなくなった木をタダで譲ってもらって、そういうもらいものの木で造園をやったんです。

面白い古地図は全部収集

――山下さんは、建築を辞めて遊んでいるっておっしゃいましたけど、これが遊びだとすれば、これほど素晴らしい遊びはありませんね。

山下　まあ、建築を辞めたというのは、やっぱり、事務所を維持するのがだんだん難しくなってきたんです。規模がある程度大きくなってしまうと、それに見合うだけの仕事っていうのがなかなか。無理してやれば、いくつか仕事はありましたが、そこまでしなくても…という気持ちもあって。だから、さっき言った亜鉛閣の本の冒頭にも書いたんですが、もう、二〇〇五年の年賀状には「新年早々ですが、セミリタイアのご挨拶をさせていただきたく一筆したためました」と、こう書いたんです。スタッフにも少しずつ辞めていってもらって、僕もいったん自由になってね、少し好きなことを、建築じゃないことをやろうと思って。

――山下さんといえば、なんと

いっても古地図です。これで本を二冊、さきほどの風水図も入れれば三冊、上梓されていますし。

山下　古地図はとにかく、集めるばっかりでなかなか研究する時間もとれなかったのでね。ただ、日本国土地理院の外郭団体が出している月刊誌『地図中心』に十年以上の連載で、古地図の解説をしています。だから、そういう部分をもう少しやりたいし、あとは、山に行ったりするのも好きだから、登山とかね。自然に親しむことにももう少し時間を割きたい。それから僕はモノを集めるっていうか…古地図を始めるまでは収集癖ってなかったはずなんですが、どうも一つ集め始めるといろんなものに目が向いて、やたらとモノを集めてしまったんですよ。人がまだ着目していないものを見つけると面白くって(笑)。

——地図は、時間と空間の世界ですからね。建築家が興味をもつのは自然な流れのような気もします。

山下　それに一種のグラフィックデザインでしょう。国土地理院の地図だってデザインしてある。情報をどのように取捨選択するか。それでずいぶん違ってきますからね。

それで、古地図は最初、江戸に興味があって、江戸の地図から集め始めたんですが、それが集まってくると、京都はどうなんだろう、大阪はどうなんだろうって、興味が広がっちゃうんですよ。それで都市図が一通り集まってくると、今度は郊外もあるでしょう。すると、結局日本全土です。そうなったらもう、面白い地図があったら全部集めちゃおうってことになって、やたらと集めたんです。

だけど、そうなったら自分で管理しきれなくなっちゃって。どうしようかな、と思っていたら、岐阜県の図書館からちょっと声が掛かったこともあって、いっそのこと、全部引き受けてくれますか、と言ったら、引き受けるというので、お願いすることにしたんです。ただ、寄贈する分と、売る分があるんですよ。だから十年くらいで譲渡を完了する計画でお願いしていた。ところが、五年ほど経った時、景気が悪くなったから、今後は県でも買い取れないという。仕方が無いから、半分に分けることにしたんです。ただ、今までは最終的に全部が岐阜県に行くんだからと、県が好きなのをもっていっていたんですが、分けるなら僕が自分で選ぶことにして。それで手を打ちました。

——こちらのオフィスにもいろんな収集品が眠っているようですね。

山下　仕事で中国に行く機会ができてからは、中国の古地図もけっこう探し始めていたんですが、それ以外にも、なんだか不思議な絵が描かれた掛け軸のようなものが見つかって、そんなのをワッと百枚くらい買っちゃったんですよね。これは結局、山岳民族のヤオ

族が冠婚葬祭の儀式で使う神像の掛け軸だとわかったんですが、最近ではそんな風習がなくなってきたので売りに出ていたんです。だから非常に安かった。でも日本の大学にも、そんなことを研究しているグループがあるんですよ。後から知って驚きました。

――そういう民族の伝統にかかわるようなものは、これからはあまり出てこなくなるんでしょうね。

山下　この掛け軸の類いはすぐになくなりました。売っていたとしても値段が高くなってね。

あとはね、ネパールに行った時に見つけた「グルロ」あるいは「グルラ」と呼ばれている道具があるんです。木に彫刻を施した生活道具なんですが、見ても、なんだかわからないでしょう。これはね、水牛の乳を搾って、それをかき回したり振ったりするとバターになるんですが、その時に使う道具の一部です。この部分だけが非常に装飾的で、すごいんですよ。立体的な木彫りでね、中に小さい玉が入っているものもあるんですが、それは小さい穴から細いナイフを入れて、中にある木を削って玉にしてあるんですね。また、鎖みたいにジョイントしているのもあるけれど、これも一本の木を削ってつくっているわけですよ。いろいろあるんです。

だけど、僕が見つけた時には、こんなもの、まだ誰も興味をもっていなかったから、値段も安いものだったんですよ。それが今やオランダやフランスで本も出ていますし、コレクションしている人が世界中にけっこういるんです。で、僕は結果的にね、五千本くらいこれを集めました、一人で（苦笑）。

――いや、すごいですね（笑）。こういう「癖」に対してご家族はなんとおっしゃっていますか。

山下　無関心ですよ（笑）。

――やはり、どんどんダ・ヴィンチ化していますね。それに関心の向き方は、建築にも通じているようです。

山下　まあ、誰も興味をもっていないようだったから、僕が興味をもったんです。これはきっと凄い背景をもっていると思って集め始めたら出てくる、出てくる。そうしたら今では、値段もずいぶん高くなってしまって、モノによっては百倍になっちゃっているんですよ。民芸品がアートになってしまったわけです。でも、「グルラ」のコレクションがこれほど日本にあるってことを知っている人はいないんじゃないかな。こんなのを持って威張っていたってしょうがないんだけど（笑）。

建築は成熟の時代へ

——山下さんはご自身でセミリタイアを宣言されて、そのうえで、眠れる建築的な知見を生かしながら、ダ・ヴィンチ的な生き方に入っていかれた。それは、なかなか大きな決断だったと思います。

山下　グルラなんかも、偶然の発見で追いかけることになったんですが、仕事をしていると、なかなかそんな、余計なことにエネルギーを費やすことができません。だからそういう自由が欲しかったんですね。そんなわけで、僕はこれから、少しプロダクトデザインのようなこともやろうと思っているんです。この部屋のテーブルライト、これ、僕がデザインしたんです。テープ型のＬＥＤライトをスタンドの柱に貼付けて布を被せただけなんで、非常に単価が安いものなんですが、僕が少しＰＲしたら、あるメーカーがつくりたいと言ってきていた。ただ、それがあまり進んでいないので、別の大手メーカーがやろうとしています。

——そもそも、セミリタイアという発想をもったのはいつですか。年賀状にそのように書いたのが二〇〇五年とのことですが、すると、六十代後半ですか。

山下　そうですねえ。まあ、川内村との出会いがあって以降、田舎と都市の二重生活が始まって、いずれ、本当にリタイアした時には、向こうに生活の拠点を移すつもりでいましたから、あるいは、セミリタイアということは、ずっと考えていたといいますか……。ところがね、別荘として使っているうちにわかったんですが、ずっと向こうにいると退屈しちゃうのね（笑）。

——それに、三・一一での原発の問題が出てきましたから、状況も変わったでしょうし。

山下　それはね、その後に起きて

しまったことですが、結局、地形などの関係であの辺りでは避難しなければならないほどの影響がなかった。それは後でわかったことですけどね。ちなみに川内村では原発事故後、全村避難を余儀なくされましたが、翌二〇一二年一月末には村長が「帰村宣言」を出し、四月からは行政や学校が再開しています。また僕自身も、今は、村民の帰還に備えて、村でつくるコミュニティ施設と一緒になった総合施設の設計をしています。

　ただそういうこと以前に、長く滞在していると、なんとなく物足りなくなっちゃうんです。一週間くらいなら、一人ででも籠っているのは平気なんですよ。だけど、夜は静かに本でも読みましょうなんて思っていても、なかなか。誰かに、呑みに誘われると「いいですね」なんて、すぐに出て行っちゃうし。思っていたことと、実際の生活は、全然違うんです（笑）。ただ、亜鉛閣へはつい最近も行ってきましたが、それは自然中心に過ごせる、ものすごい楽しみな時間ではあるんですよ。

――では、本日最後の質問ですが、現在、最も関心があることはどのようなことですか。まあ、もちろんいろいろな興味をもって実践されていることは、今日、非常によくわかったんですが、ここでは主題である建築に関して。現在の建築界に対して心配されているようなことはありますか。

山下　心配というよりも、僕は最近、やっと納得のいく建築を設計する若い建築家が増えたと思っているんです。たとえば、坂茂▼さんなんか、非常に面白いことを展開していますよね。坂さんだけじゃなくても、コンセプチュアルには、いろんな面白いものができてきていると思います。ただ、もちろん若手だからってみんなが良いっていうわけでもないから、一概には言えませんが、それでも、昔に比べたら新しいことに挑戦している人たちが増えていると思うんです。

　それは、建築に関する技術が革新したこともあるでしょうが、社会的な要因が変わってきていることも大きい。要するに、昔はクライアントといえば渋いおじさんばっかりだったけれど、若いクライアントが、新しいものを積極的に求めるような状況が生まれてきた。社会自体が、新しい考え方ができるようになったんだろうと思います。昔は、ちょっと変わったことをやると社会が全然ついてこないという印象がありましたからね。とはいえ、僕のようなおじいさんのところには、そんな新しい話は来ないけれど(笑)。ですから、建築に関しては、ある意味での啓蒙の時代が過ぎて、成熟の時代に入ってきたということなんじゃないでしょうか。

　しかし反面で、問題が深くなっている部分もあって、何でもまかり通るような感じになってきているような気もします。それは、建築に限らず、社会のあり方としてですが。

——それは鋭いご指摘だと思います。今日は、いろいろな話をうかがって、また、貴重なコレクションの一部も拝見させていただき、ありがとうございました。これからもますます、ダ・ヴィンチ的な生き方を追求されること、期待しています。

香山壽夫

一九三七年生まれ

意匠の問題は、建築を志した
すべての人の根本にあるもの

こうやま・ひさお＝東京生まれ。建築家。東京大学名誉教授。アメリカ建築家協会名誉会員。一九六〇年に東京大学工学部建築学科を卒業、渡米。ペルシルヴェニア大学美術学部大学院でルイス・I・カーンに師事する。一九六五年に同大学院を修了。一九六八年帰国と同時に、九州芸術工科大学（二〇〇三年より九州大学と統合）助教授に就任。一九七一年に東京大学助教授に就任、香山アトリエ／環境造形研究所（現香山建築研究所）を設立、主宰。一九八六年より東京大学教授。一九九七年名誉教授。この間、一九七五年にイエール大学美術学部史学科客員研究員（～一九七六）、一九八二年にペンシルヴェニア大学客員教授を歴任。一九九七年より明治大学理工学部教授（～二〇〇二）、二〇〇二年からは放送大学教授（～二〇〇七）、二〇〇八年からは聖学院大学教授（～二〇一三）を務める。教鞭をとりながら設計活動に従事する。主な作品に「九州芸術工科大学」（一九七一）、「三春町立桜中学校」（一九九一）、「彩の国さいたま芸術劇場」（一九九四）、「東京大学工学部一号館増改築」（一九九六）、「函館トラピスチヌ修道院旅人の聖堂」（二〇〇一）、「聖学院大学礼拝堂・講堂」（二〇〇四）、「同志社中・高等学校」（二〇〇八～二〇一〇）、「東京大学伊藤国際学術研究センター・講堂」（二〇一二）、「瀬戸内市民図書館もみわ広場」（二〇一六）など。主な著書に『建築意匠講義』（東京大学出版会、一九九六）、『ルイス・カーンとはだれか』（王国社、二〇〇三）、『都市計画論』（放送大学教育振興会、二〇〇六）、『建築を愛する人の十二章』（左右社、二〇一〇）、『プロフェッショナルとは何か』（王国社、二〇一四）、『建築のポートレート』（LIXIL出版、二〇一七）など。

歴史家か、坊主か

——本日は「建築家の年輪」というテーマです。ご承知の通り、すでに団塊の世代が六十五歳、つまり高齢者と呼ばれる年代に入り、当然、建築家の多くも、そんな年齢になってきました。ただこれまでは、そこにきちんとした「老いのモデル」が存在しなかったのではないか。そのなかで、現在三十代、四十代の建築家たちが、これからどのように歳を重ねていけばいいのかということを、先輩方の生き方から示していきたいというのが、この連載のテーマです。

そのなかで香山さんはとくに、五十代、六十代と非常にいい仕事をしてこられた。

香山 僕は細々とやっていますからね。低空飛行（笑）。

——いえいえ、しかしさらに七十歳を超えられて、仕事への向き合い方も変わったのではないですか。その辺りを本日のメインテーマとしてうかがいたいと思います。

それにしても、このアトリエに飾られているドローイングは素晴らしいですね。このブルーがとても美しい！　これはパステルで描かれているんですね。

香山 そうです。最近は水彩はやめました。水彩はチューブに入っているのを出して、あわせて色をつくらないといけないけれど、パステルっていうのは微妙に違う色がたくさんあって、見た瞬間にきれいでしょう。ですからこの頃はいろんなパステルを集めて、やっています。ただパステルって毒なんですよ。まあ、この歳ですから、毒も何も関係ないけれど（笑）。

——この美意識。これはやはり、ペンシルヴェニア大学で学ばれた影響もありますか。東大を出た後、ペンシルヴェニア大学では美術学部に進まれていますね。

香山 ペン大は美術学部ですが、建築学科です。アメリカでは建築もみんな美術学部。ですから芸大の仲間ですね。工学部に建築があるということは、ほとんどない。

——それは最初からわかっていて、ペン大に行かれたんですか。

香山 僕は、そうです。ですが、

僕より前の世代の人たちはそういうことを知らないで行って、逃げ帰った人もあったと聞きます。たとえば、建築で構造の勉強をしようと思っているのに美術学部に入れられてしまうので、全然ついていけなくなったり、また、その逆もありました。ただ僕の前後にも、まだそういうことがたくさんあった時代です。

——知らずにペン大に行った人たちはとても不幸でしたね。では香山さんは、すでに東大の時代から、スケッチや美術に関する興味や関心をもっていたんですか。

香山　まあね。とはいえ、藝大を受けても受かるような実力じゃないんです（笑）。

ただ東大では、ちょうど僕の時代は丹下健三さんの全盛期だったでしょう。もちろん僕もかわいがっていただいたんですが、その一派というか、すぐ上の先輩方、磯崎新さんや黒川紀章さんたちが勢い良く活動しているグループの雰囲気に、僕自身はどうしても馴染めないところがあったんです。それが嫌だとか、そういうことではまったくないんですが、僕には無理だ、ということで結構悩んで、建築をやめるか、むしろ歴史家にでもなろうか…。

——そんなところまで、思い詰めていたんですか。

香山　ええ。当時、東大の建築学科に藤島亥治郎先生という、歴史の大先生がおられて、その方に不思議とかわいがってもらえたので、弟子みたいについて、お寺の修復を手伝ったりしていたんです。京都紫野の大徳寺の大仙院の和尚にも気に入られて、特別に雲水の部屋まで私専用にもらって、ほとんど住み込みのような感じで。庭を掃いたりする他は、スケッチブックを持って毎日お寺を回って過ごしていた。これも僕には向いているんじゃないかと考えたりしていました。

吉武泰水先生から破門

——それでは、保存修復に進む可能性もあったわけですね。

香山　あるいは坊主になるか。まあ、心のなかでいろいろと考えてはいました。そうしたら、ちょう

どその頃にルイス・I・カーン▼のドローイングを集めた写真集を見たんです。当時は日本で、カーンのことを知っている人はほとんどいなかったので、僕はそれを見てびっくりしてしまって。こういう建築があるのだったら、アメリカに行ってみたいと思った。それで手紙を書いたら、奨学金をやるから来いという話になったんです。

——じゃあ、アメリカの奨学金のフルブライトを使って渡米されたんじゃないんですか。

香山　フルブライトは募集がちょうど終わったばかりで、一年待たなければならなかった。それが待ちきれなかったんです。思い返せば、この当時は僕、流れ者というか、無頼というか、世捨て人に近くなっていたかもしれない。

——丹下研究室こそが建築だ、という風潮のなかで身の置き所がなかった。

香山　それでも、勉強にはなったし、感謝はしているんです。ただ僕はどうしても丹下ラインでは行く気になれない。それでフルブライトは待ちきれない。でもあの時代は、いくらお金を持っていたって、それしか外国にいく道はなかった。だから直接手紙を書いて、一緒に、僕が書いたドローイングなんかも送ったんです。

——つまり、ポートフォリオを送ったんですね。

香山　そうなんです。ですがそれもあの頃は、日本ではポートフォリオを送るなんていう習慣はありませんでした。ところがたまたまアメリカ人の友人がいて、彼から、アメリカの大学では自分の作品を送るものだ、と聞いたんです。ラッキーでした。

——では、学部の三、四年生の作品と、ドローイングを送られたんですか。そこに才能が見えたんですね。

香山　他にも、僕は吉武泰水先生▼の研究室にいましたが、そこで「相模原女子大学一号館」(一九六五)の設計を手伝っていたので、その時の図面と、現場で構造体まで打ち上がった写真も送りました。

——そうなんですね、経歴を拝見して気づきましたが、当時、すでに設計を手がけていた。建築の現場に早々に着手していたというのは、相当にませていたな、と。

香山　いやあ、真壁さんは優しいから「ませていた」なんて言ってくれますけど、単なる無知ですよ。ただ、その道筋には丹下研の諸先輩方のなかで勉強したことが役立っているし、感謝しています。

――それはよくわかります。ただ、当時の丹下研には、何か圧倒的な雰囲気があったことは想像がつきます。同じ建築を志すものとして、ずいぶん葛藤された方が、他にもたくさんいたでしょうね。

香山　そうなんですね。僕だけじゃなく、僕の前後の学年には悶々と悩んで、そうして他の道を見つけた方も多くいます。

そこで僕も、東大の大学院では修士にもろくな論文も書かずにアメリカに行くことにしてしまった。吉武先生はご存じの通り計画学の先生ですから、僕にはそれも向かないことはわかった。それで吉武先生にははっきりと、僕にはとてもできませんから、あとは自由にさせて下さい、ということを言ったんです。もちろん、吉武先生だってその辺りは見抜いていますから、それは結構です、と。ですが、私は後の面倒は見られませんよ、と。簡単に言えば、破門されたんです。

――それより少し前に、相模女子大の設計をされていたんですね。

香山　そうです。ただ吉武先生の言葉の意味はよくわかりました。先生は、デザインの研究は僕もやりたいと思っていました。ですから、それを志すならご自由にどうぞ。しかし、私には指導できません、と。

――それは実質的な破門というか、この子は自分の器にはあわない、ということだったんでしょう。

香山　そうかもしれません。ただ、その後もちゃんと推薦文を書いてくれたり、お世話になりました。今思えば、僕もずいぶんわがままを言ったと思って。吉武先生にも、感謝しています。

東大で意匠論研究

――失礼ながら、一九八六年に工学博士となっていますが、これは意匠論で取られたんですか？

香山　そうです、意匠論。東大に

戻った時に取りました。

――東大ですか！　僕はてっきりペン大の後に行かれたハーバードに出したのかと思っていました。だって、東大には香山さんの前も、後も、意匠論がありませんからね。

香山　そうなんです。この論文は、アメリカの研究助成金をもらい、ハーバード大学とイエール大学の資料を用いて、向こうでまとめたんです。

　しかし、東大でも明治の創立期には意匠論も大切な柱だった。ペン大は美術学部ですからデザインを教えますが、もともと、フランスからの伝統で来ていますから、歴史と意匠というかたちで本当に面白い授業をやるんです。それが、日本にも一応は入ってきたものの、根づかず、育たずに、消えてしまったんですね。

　だから、僕がもしも大学に戻るなら意匠論をちゃんとやりたいと思っていたんです。ただ、東大にいたって、そんなことには研究費がつかないので、僕は一人で、アメリカから研究費をもらってやりました。

　アメリカの十九世紀にヘンリー・ボブソン・リチャードソン▼という建築家がいるんです。そのリチャードソンが、アメリカの近代建築の創始者というか、フランク・ロイド・ライト▼に最も大きな影響を与えた建築家です。それがちょうど、自分の意匠論と近代を考える時にちょうどいいと思えた。またハーバードに行ったら彼のドローイングがたくさんあったので、それを分析して、資料もハーバードのものを使って、論文をつくりました。

――ですが、東大に提出するというと、相当なハードルがあったんじゃないですか。変な言い方ですが、よく理解してもらえましたね。

香山　それはかなりハードではあったんですが、この時ちょうど、歴史に稲垣栄三▼先生がおられた。稲垣先生は近代建築の先生ですが、日本に意匠論がないのはおかしいという問題意識をもっていて、私が審査を引き受けましょうと言ってくださった。それで、稲垣先生が主査になって、面白い論文だと認めてくださった。

――そうでしたか。それにしても、

これはずいぶん画期的なことですよね。だって東大は建築計画ですからね。ちょっと飛びますけど、今の学生は意匠論でドクターをとることがあるんですか。

香山　ええ、私がいる間は、いくつも良い論文が出ましたし、良い学生が押し寄せていました。しかし僕の後でまた消えちゃって。これは、しっかり後継者を育てられなかった僕の力不足だったと思いますが、やはり、土壌ができていないんですね。

稲垣先生がご健在だった時代には、建築史の研究室には西洋建築史と日本の建築史と、あとは助手の誰かが近代史を研究するというかたちで、常に三人体制でいたんです。そのなかで歴史意匠も研究されていたんですが、どうもそういうかたちではなくなってしまった。そしてむしろ、ジャーナリスティックな批評家のような人間が出てくるように変わってしまいました。

――本来、意匠のなかに計画的な要素が組み込まれているわけですからね。もっと核となるべきだと思います。

香山　そうなんですけどね。計画学といったって、もともと建築学の教育・研究の初めには、意匠と構造しかなかった。それはフランスのボザールでも同じです。それで歴史意匠、ここで形をやる、そして一方で構造をやる。ただ、構造は、数理的に実験をやって積み上げていくんですが、意匠は実験で論証するものではなく、歴史の実例によって、そのなかに検証する。

ところが、構造が数理的にやっていることに刺激されたというか、悪く言えば劣等感をもって、計量して、数式をつくる、あるいは人間の行動を数値的に表わしたりしなければ科学ではないと考える人たちが計画学を始めた。一方、歴史は考証学に重点が移って、意匠の部分が切れてしまった。

意匠論は建築の根幹

――なるほど。それにしても、よくぞその意匠論の講義を東大につくられましたね。そもそも、東大を出てペン大に行かれて、その後、東大の助教授になられたのが一九七一年ですから、十年にも満たない短期間で、建築意匠原論というものの道筋を築かれた。

香山　そう言っていただくとありがたいけれど、意匠の問題は、建築を志したすべての人の根本にあるものですからね、本当はあって当然なんです。むしろ僕は、自分の力がまだまだ足りなかったがゆえに、大きく広げることができなかったと思っているんです。それでも一応、『建築意匠講義』（東京大学出版、一九九六）を書いたのが集大成で、どういうことをやってきたのか、ということは残したつもりなんですね。それに、僕の後も何人かの人がやってくれていますから、まったく消えてしまったわけではありません。

――建築学会には、意匠論系の分科会はあるんですか。

香山　学会のなかでは、大きく、建築論・建築意匠という一つのまとまりでやっています。他には、京都大学が哲学的な視点から建築論、建築意匠ということをやっています。ただ思弁的、哲学的で、ちょっと違うものではあります。

――では、香山さんが東大に奉職した意味としては、意匠論を根付

かせたいということがあった。

香山　一番大きかったのは、講義がないのはおかしい、どうしてもつくる必要があると考えたことです。アメリカでもフランスでも、堂々としたセオリー・オブ・アーキテクチャーという立派な講義をやっているわけです。ロバート・ヴェンチューリ▼の授業なんていうのは、まさにその華でしたから。それをなんとか日本にもつくりたいという気持ちがあった。それでやってみたら、文学部からも大勢聴講に来るような講義にはなったんです。

　そもそも、ヨーロッパでは美術史の基本も、とにかく建築史なんです。建築史を学んでから、絵画、彫刻等に進む。美術というものはそうやって発展したものです。ですから、勉強を始めてみれば誰でも、建築史の勉強をしないのはおかしいということに気づく。それで、講義にはけっこう大勢の学生が建築学科以外から、さらに他大学からも集まって来ました。だから僕自身は別にたいしたことはしていないんですが、本来、みんなに求められているはずのものなんです。

九州芸術工科大学

――ところで、東大に戻られる前に九州芸術工科大学にも行かれていますが、これはどういったかかわりだったんですか。

香山　これはね、まったく交通事故のようなものだったんです（笑）。いや、悪い意味で言っているんではないんですよ。偶然という意味です。

　それというのも、僕はまずアメリカに行って、するとヨーロッパの建築もどうしても見てみたいと思った。日本に帰ってしまったらもう簡単には外に出られない時代でしたからね。それで、その後しばらくイギリスに行って、ヨーロッパを見て回っていたんです。ただその後も日本には帰るつもりはなくて、アメリカに戻るつもりでいた。そうしたら、イギリスに小池新二▼先生が訪ねてこられたんです。日本ではデザイン評論の草分けのような先生。僕は、それまで会ったことはなかったけれど、名前くらいは知っていた。それで小池先生と会って、パブで呑みながら話していたら、今度、九州に日本で初めてのデザインの大学をつくる、という。だから、ちょっと君、日本に帰ってきませんか、と。だけど僕はまたアメリカに帰るつもりですからと言って、断ったんだけど、新しくつくるキャンパスの設計も君に任せるから、と言われて、それに引っかかってしまった（笑）。

じゃあ、四年間だけ帰ります、と言って、ロンドンから直接、九州に行ってしまったんです。

――そうでしたか。じゃあ、小池さんはその時に香山さんの作品を見て、アプローチに来たんでしょうか。

香山　いや、あまり知らなかったと思います。ただ、小池さんの目論みとしては、アメリカやヨーロッパに日本から逃げて行ったやつらがいるから、そういう人をスカウトすると面白かろう、ということだった。

――でも、香山さんが芸術系というのか、芸術工科大学というコンセプトにあった建築家だということはわかっていたんでしょう。

香山　それはわかっていました。予め連絡をもらってから会いましたから。まあ、そんなわけで、東京ではまったく仕事をしないまま、ロンドンから一気に九州に行ったんです。

――それが一九六八年ですね。

香山　そうです。それで本当に四年目に入って、キャンパスもできたし、またアメリカに帰ろうと思っていたんです。そうしたら今度、芦原義信▼さんから、ちょっと東大に来い、と。

じつは、ウチのかみさんも一緒に、ロンドンから九州に来ていた。ところが、彼女も東京の人間なのに九州が気に入っちゃってね。アメリカに戻るんならいいけど、東京には行きたくないなんて言っていたんですよ。でもまあ、ちょっと東京に行ってみようか、と思ったら…何年経っちゃったんだろう（笑）。そういうことなんですね、簡単に言うと。だけど僕はもともと満州育ちだから、アメリカが性に合っているんです。大陸の雰囲気が。

彩の国さいたま芸術劇場

――九州芸術工科大学で教鞭をとられている間は、またアメリカに戻ろうと考えておられた香山さんが、結局、日本に根を下ろすことを決められたのが一九七一年。東大に戻られたのと同時に、香山アトリエ／環境造形研究所（現香山建築研究所）を設立されていますね。以来、日本でキャリアを積んで、それが大きく結実したのが「彩の国さいたま芸術劇場」（一九九四）。ところでこれは、コンペだったんですか。

香山　コンペでした。ですが、僕はそれまで劇場をやったことがなかったので、本当に、よく選んで下さったと思って。審査員は池原義郎さん、近江榮さん、大高正人さんという大先生方。とにかく、あの先生方が偉かったと思うのは、やったことのない人間にやらせてみようと決断してくれたことです。面白いよ、この案は、と。当然、埼玉県の職員の方々は、やったことのないような人間に任せて大丈夫かと思ったでしょう。だけど僕らも、開き直ったわけではありませんが、説明の時に、僕たちはやったことはありません、ですが、やったことがないからこそ、他の人たちが今までやったことのないことを、ぜひやってみたいと思います、と言って。そうしたら「それがいい」というようなことになったようです。これは後になって、近江先生が教えてくれました。

――でも、皆さんポテンシャルを感じたんでしょうね。ただ、今は本当に、同じような施設を手がけたことのない建築家を選ばなくなっていますからね。

香山　そう。だから僕が審査員になる時には、せめて、そういう枠を外してくれなければ審査はお引き受けしません、と言っているんです。

――今はもう、選ぶ側の立場にもなるわけですからね。

香山　最近は、僕らが応募する時にも過去五年間で同様の施設をやったことが条件になっている場合がある。つまり、五年前までしかやったという記録に残らないというわけです。ばかばかしいですよ。

僕らみたいな小さな設計事務所が丁寧に仕事をしていたら、出来上がったとたんに賞味期限切れ。大手事務所しか残れないような仕組みです。

――それは本当に理不尽ですよね。

香山　本当にそう思います。だから、自分がモノをいえる時には精一杯声を張り上げているけれど、僕の声くらいじゃ、なかなか届かない。

ただね、こういう面もあると思うんです。応募する側も、受けを狙ってハチャメチャな案をもってきてしまっては、それじゃあ外しますよ、ということになる。今までやったことはないけれど、任せてくれればちゃんと信用されるようなものをつくります、ということを、きちんと見せないと、自分たちで門を狭くしてしまいます。選ばれないことも、経験として積み上げていくような案をつくらなければいけない。そういう問題も、一方ではあるんですよね。

――選ばれる側、選ぶ側を通しての貴重な提言です。

それにしても、現在に至るまで、さいたま芸術劇場は非常に良好に運営されているんじゃないですか。舞台芸術、とくにダンスの劇場として非常に高い評価を得ていますね。僕はやはり、空間の力が大きいと思う。奥行きがあるんでしょうか。

香山　小さいんですよ。だから、贅沢なんです。日本の劇場は、大きくして、二千人くらいは入らなければ採算が取れないと言われているんですが、あそこはそんなに入らない。それでけっこういい演目をやりますから、トロばっかり食べられる寿司屋みたいなものです（笑）。

――僕の周りにも、あの劇場のファンが多いんです。

香山　今は埼京線が新宿、渋谷とつながって一本で行けますから、都心からも案外近いんですよね。

カーンのもとでの学び

――彩の国さいたま芸術劇場のコンペの時には、どういうプレゼンをなさったんですか。油土《ゆど》で模型をつくったんですか。

香山　あの時には、劇場のプログラムもあんまりできていなくて、そもそも、どういう劇場をつくるか、というところからの提案でした。他の方々は大きな模型なんかをつくってきていましたが、僕らはドローイングしかなくて、これはダメかな、なんて思っていたことをよく覚えています。だから、コンペというよりも、プロポーザルの走りのような感じだったかもしれない。ドローイングも、わりと自由に書かせてもらったし。

——そうでしたか。僕はてっきり、香山さんはカーンのところにいたから、油土で模型をつくったんじゃないかと思っていました。

香山　確かに、カーンのところでは油土の模型をよくつくりました。日本では、彫刻の人たちが油粘土を使っていたから、そういうものがあることは知っていましたが、使ったのはカーンのところが初めて。でも、日本のものと向こうのものではまったく違うんです。日本の油粘土、主として彫刻の人たちが使っていたのは比較的柔らかい。ところが向こうではガチガチで、グニャグニャしてない、ナイフで削り出すようなものなんです。だからけっこう、パチッとシャープにいく。ですから日本に帰ってきてからは、僕は、金属の人たちが型をつくるのに使うような油土使ったりしていました。

——だからカーンの建築は、「ソーク研究所」(一九五九―六五)にしても、リジットな感じに仕上がっているんですね。

香山　そうですね。絶えず貼ったり、削ったりして。

でもあれを最初につくられた時にはノイローゼみたいになるんですよ。これで終わりっていう、ビシッというところがないでしょう(笑)。バルサ模型ならキレイに形をつくって、ピシッと決まって、完成だ！となるんだけど、油土にはそれがないんです。いつまでやったって形が決まらない。だから、これがいいっていうように、自分の方を変えないとつくれません。

——ちょっと飛躍した感想かもしれないけれど、だから僕は、香山さんの作品にもエッジの部分だとか、開口部の切り方なんかに油土的な感性があると思っているんです。

香山　そうですか。なんとなく僕もね、そんなことを時々思うことがあります。ちゃんと見抜かれているんですね。

――いやあ、ここまでお話をうかがってきて、香山さんのプロフィールがよく理解できました。でも、聞けば聞くほど、建築意匠、建築意匠原論というものが、香山さんの一代で終わってしまったというのが、非常にもったいない。

香山　そうですねぇ。それは僕の能力のなさなんだけれど、やはりもう少し制度や組織の運営管理にもきちんとかかわっていくことも必要だったんですよね。自分なりに精一杯だったけれど、僕にはそういう能力がないし、努力も足りなかった。何より、必死になって逃げ回ってきましたからね。

――能力の問題ではないと思いますが、時代の気風としては、今、歴史を咀嚼しなければデザインは立ち行かないところにきていると思うんです。

香山　僕もそう思います。

――だから、槇文彦さんの『漂うモダニズム』（左右社、二〇一三）における論考も、歴史というところに主眼がある。自分が体験したモダニズムの歴史を踏まえて、忠告を発しているわけですよね。

香山　槇さんは、僕よりも早い時代にアメリカに行かれているから、日本との落差ということを、僕とは違う意味で、もっと強く意識されたでしょうね。あまりそのことについてはお話をしたことがないので、なんとも言えませんけれど。

一八六〇年は遠くない

――それにしても、香山さんのアトリエには、ドローイングの他にも、いろいろな作品がありますね。こちらは彫刻ですか？　色づけしたトルソー。どこか、中国の兵馬俑のような雰囲気があります。

香山　飾っておくのも恥ずかしいんだけどさ。これはたまたま展覧会をやった時に、それくらいのスケールのものが何か欲しいというので、簡単につくったんです。持っていたパステルで即興的に色をつけて。

――なんだか、今井兼次▼さんを思い起こしますね。何かこういう彫刻のようなものを建築作品のなかにも使っているんですか？

香山　修道院の食堂につけるレリーフをつくったことはあります。それで、竣工のお祝いの時に、それを小さくしたものをみんなに配ったことはあったたな。あとは、「聖学院大学礼拝堂」（二〇〇四）をやった時に、家具にいろんな彫刻を彫ったりして。それで僕、芸術院賞をもらいました。その時にも、僕が彫ったブドウの葉のレリーフなんかをみんなに配ったりしましたね。

あぁ！　ここに飾ってあるものといえばね、僕の宝物を見せてあげましょう。その棚の上。これは大引き鋸なんです。江戸時代につくられたものの最後の一枚。貴重なものなんですよ。

――すごい！　目研ぎが新しいんじゃないですか。

香山　これは江戸時代初期からの材木商である「長谷木」の当主・長谷川晴一さんからいただいたものですが、譲って下さる時にキレイに目研ぎをしてくれたんです。あまりに鋭いので、むき出しになっていると怖いから、普段はこうやって覆いをかけて置いてある。だけど一人で集中する時にはね、覆いを外して、ここに立って、じっと見るんです。凛としている。刀みたいでしょう。気持ちがスッと引き締まる。

事務所にて

——素晴らしいですね。ここには日本人が創造すべき造形がありますよ。だって、モダニズムじゃないですものね。

香山　集中したい時に見ていると、本当にいいんですよ。

——それは、七十歳を過ぎてからの境地じゃないですか。

香山　そうかもしれない。つまりさ、歳をとってくると休まなきゃいけない。それは当たり前のようなことなんだけど、それをある時から受け入れたんです。そうしたら、いいんだねぇ…。

何がいいかっていうと、単純に休むでしょう。そうすると、眺めたり、考えたりしている。若い時には馬車馬のごとく、何十時間も続けて働けると言って威張っていた。でも今はそんなことで威張ったってしょうがない。休まなくちゃ。パステルだってずっと描いていると体がこわばってくるから、休んで、こう、眺めているでしょう。それがいいんだよねぇ。思考が自由に広がってきます。これは年寄りの賜物だね。

——それは、本日のインタビューの核心ですね。やはり七十歳を過ぎてからの新たな発見ですか。

香山　そう。六十歳はまだまだ。僕の教え子たちもそろそろ六十歳になってきましてね、「僕もとうとう六十で…」なんて言うけれど、何を言っているんだ、と。七十を過ぎなきゃダメだ（笑）。七十を過ぎると、急にそういう物事の本質的なことが見えてきますね。

——まさに、五木寛之の『下山の思想』（幻冬舎、二〇一二）ですね。つまり、彼がいうのは登山というのは登るだけじゃないんだ、と。下るところも含めて登山であって、しかも、降りているときこそ、周りがよく見える。だから七十歳以降の香山さんの境地に重なりますよね。眺める、という。

この「下山の思想」というものを、建築家もこれからは実感するようになってくると思うんです。

香山　なるほど、わかります。それと関係するかもしれないけれど、この前、僕は初めて気がついた。

僕は今、七十七歳で一九三七年に生まれているでしょう。これをね、〇歳から反対側に折り返す。するとね、一八六〇年ですよ！　僕はこの七十七年を、息をしながらちゃんと歩いてきたでしょう。それで、この反対側もね、つまり、僕が歩いて行ける距離なんだよ。それが一八六〇年。明治維新の八年前。アメリカで言ったら、南北戦争も始まっていない。パリで言ったら、オスマンが大改造をするとと言って町をぶっ壊しているホコリの時代ですよ。そんな、遥か歴史の向こう側の時代かと思っていたら、何これ、歩いてきた道のりを逆に辿っていけばそこに到達するんじゃない！　十九世紀半ばなんて、考えられないような向こう側だと思っていたのに、手も届かないような歴史じゃないんです。なんだか、嬉しいじゃない。これ、下山の思想じゃない？

――面白いですね！　下山の思想の新しい解釈（笑）。そんな時代にまで、自分の意識がつながるということですね。

香山　この前気がついて、嬉しくなっちゃってさ。

――歩いて行ける距離だっていうのは、素晴らしい発想の転換です。

トラピスチヌ修道院

――香山さんが七十代になってから、自分の新しい境地だと思えるような仕事というと、やはり、教会になりますか。

香山　そうですねえ。教会や、とくに修道院等は七十代になってから、というよりもずっと続けてきたような感じがあるんですが、そうやって、長い時間かけて自分自身の手でいじれる仕事がいいんですよね。僕は不器用なんです。パパッとつくれない。

そういう意味では、二年ほど前に竣工した「東京大学伊藤国際学術研究センター・講堂」（二〇一二）というレンガ造の小さな建物なんかも、規模的に僕には合っていた。ただこれも、僕が東大にいるころから十数年来かかわってきたものなんです。

――あっと気がつくと、六、七年はあっという間に経っているんでしょう（笑）。

香山　そうなんですよ（笑）。

――ですが、そういう小振りな建物に長く携わるという仕事のあり方を実現できることこそ、七十代になった建築家としての、香山さんのエポックですよね。

香山　それと、本当に小さな仕事の連続ですが、もうずっと昔から函館のトラピスチヌ修道院の一連の建築に携わって、ちょこちょことやっているでしょう。それは本当に小さな、たとえば、祭壇に置く小さな壷、パンを入れるようなものの彫刻だとか、燭台だとか、そんなものを少しずつつくったりしてきたわけです。その延長線として、僕が死ぬまでにやろうと思っていることがいくつかあるんです。

――香山さんはやはり、クラフトマンシップをおもちなんですね。また絵画や彫刻という芸術的な素養があるから、ウワモノとしての建築だけではなくて、そこに長くかかわりながら、オーナメントや備品をコツコツつくっていく。そこに喜びがあるわけですね。

香山　そういうことがやれる時にはね、やはり、自分としては一番手応えがあります。

――トラピスチヌ修道院とのかかわりも、もうかなり長いでしょう。

香山　それはもう、長い、長い。僕が九州にいる時からなので、まだ三十代だった。もはや、営繕課のようなものですよ。雨漏りするといえば直しに行って（笑）。

なぜ修道院にかかわるようになったかという話を振り返ると長くなりますが、フランスで貧乏暮らしをしていた時に、修道院に助けてもらったことがあったので、同じシトー会系の函館トラピチヌス修道院にお礼に行ったんです。それで、行ってみたら、とても古くていい建物なのに、変に直しているところがあった。だからもったいないと思って、シスターに「こんな風に直しちゃいけないんじゃないですか」と言ったわけです。そうしたら、「じゃあ、どういう風に直したらいいのか、香山先生見て下さい」って。それで、僕が最初にやったのは公衆便所なんですよ。まあ、それが上手くいった。しかも観光客が公衆便所の前で記念撮影なんかするようになったから、シスターたちも喜んじゃって（笑）。だから次は聖堂も、ということに。以来四十年近く、行く度に何かいじって。

——修道院というのは生活の場ですから、それなりの営繕が必要になります。そしてそんな仕事が、これからの香山さんの、むしろ、楽しみでもあるわけですね。

香山　そう！　楽しみなんです。のんびりやらないと、出来ないからね。今、前庭に面する古いレンガの建物の正面に、テラコッタの大レリーフを構想していて、最近ようやくデッサンをまとめました。これから一気に粘土に取り組むつもりです。

——依頼する側にも、のんびりしてもらわないと。

香山　修道院はなにしろ、創立されて一千年ですから。まあ、百年や二百年遅れたってたいしたことない。ただシスターには、「先生、死ぬ前にはやっておいて下さいね」とは言われます。彼女たちは死を不吉なものとは捉えていませんから、そんな風に言うんですが、シスターから見ると、もうだいぶ残りが短く見えているらしいぞ、と思って（笑）。

一色に向かう壮年型の思想

——では、いよいよ最後に香山さんにうかがいたいのは、モダニズムと老いについてです。

これは僕の持論ですが、モダニズムというものは、建築家が壮年型の精神と肉体であることを絶えず求め続けている。ところが、カーンもそうですが、ル・コルビュジエやアルヴァ・アアルトの晩年の作品を見ると、非常に自由になっている。モダニズムを超えた何かになっている。つまり、壮年を過ぎて老年になってくると、モダニズムに縛られない身体性というものが、必要なのではないか、と思うんです。

香山　僕は今、真壁さんがおっしゃったことにつながってくると思いますが、ここには二つのことがあると思う。

一つは、歴史を振り返り、どの時代をとってみても、一つの思想で完璧に彩られた時代はない、ということ。僕はこの頃やっと気がついた。これは、長生きすれば当たり前のことなんですが、若い時にはなかなか気づけなかった。つまり、若い時には、ある時代に何か主となる思想があると思っている。モダニズムもその一つです。ところが、この間パリに行って実感しましたが、パリの町なかには十九世紀の建物もあれば、コルビュジエが建てた建物もあるけど、それらはワン・オブ・ゼムなんです。どちらか一方、すべて同じものになったことなんていっぺんもありません。ロマネスクがあり、ゴシックがあり、バロックもある。その脇に古典主義もあれば、ルネサンスもある。それらが渾然としていながら、統一がとれているのがパリなんです。要するに、どの時代にもいろんな考えがあり、同時に存在している。

それがもっともわかりやすいのがルネサンス。僕らは、歴史を習った時にルネサンスがきたら中

事務所にて

世が終わったように思った。ルネサンスが華開き、時代がパァーッと変わったかのように、多くの皆さんも思っている。だけどそんなことはない。ルネサンスの建物を建てている時に、まだまだすごいゴシックの建物がたくさんつくられているわけです。しかも、ルネサンスの建物だって、みんなゴシック建築をつくってきた職人がつくっている。ですから、技術から考えれば、何一つ中断することなく、中世からルネサンスは一続きになっているんです。

たとえば、J・ブルクハルトなんかがルネサンスに関する素晴らしい書物を著してしまったものだから、なんだかみんな、「ルネサンスの幕が開きました！　新しい時代です！」といったように思ってしまった。ですが、あれも近代の歴史家が書いていることであって、その時代にはそんなことまったく思ってはいなかった。ある時代の幕が上がるなんてことはない。改めて考えてみれば、当たり前ですよね。

そしてもう一つ、壮年型の思想というものがどういうものかというと、これは、一色に塗りつぶそうというものなんだと思う。最初に僕は、丹下研の雰囲気についていけないことで悩んだ話をしたけれど、それも同じようなことで、僕たちだって、若い時にはこれで行かなきゃならないと思っていた。そういうことです。

理論というものは、常に理屈で相手を打ち負かそうとしますから、若い時にはどうしたって、そうなる。それはそれでいい。だけど実際にはそれすらも、たくさんあるなかの部分でしかないんです。

——それが、非常に壮年型の心情に一致していた、と。

香山　そう。でもそれは、ルネサンスの理論も、バロックにしても、みんな最初は壮年型で出てくるんです。

モダニズムは壮年型の構え

——ところが、今の時代を考えると時代そのものが壮年型を要求していません。これだけの少子化、高齢化のなかで壮年型の行為には無理がある。でも、今香山さんがおっしゃったようなことを自覚しないまま、老年が壮年の振りをしようとする怖さが、じわじわと社会を蝕んでいるような気がします。

香山　そうですね。今、僕たちはすでに世のなかにはいろいろな考え方があって、それぞれが成熟していくんだ、ということに気づき始めている。そんな時に、あんまり人を強く説得して、これだっていうものを押し付けようとする行為は気持ち悪いですよね。

たとえば、僕が最初にロンドンに暮らしていたのは、すでに半世紀前。ところが最近になって行ってみるでしょう。もう、まったく同じ。何一つ変わっていない。通っていたパブも同じ場所にあります。ただ、その周辺も同じかというとそうではなくて、大変わりしていますよ。パリだって同じで、デファンス地区なんて、孫のおもちゃ箱をひっくり返したらこんな感じだと思うくらいにごちゃごちゃしている。ところが町の真ん中に入れば昔と変わりない、古いパリです。ですから時代には、常に両方あったんです。また両方あるから、暮らしている人々も古い町を愛してそのまま残したいと思うし、新しい町ではまた、別の楽しみを見つけることができるのではないでしょうか。そういうものだと思います。

そういう意味では、ルネサンスも同じだったはずです。ミケランジェロが何かやっている時に、当時の人は彼が時代を代表する人物になるなんてまったく思っていない。だから、後世になって初めて、歴史家が一つの時代に一つの精神があると定義づけた。それを言い過ぎたんですよ。

――ただやはり、モダニズムの理論のなかには感性の蔑視、排除というものがありましたね。

香山　そうですね。ただ、モダニズムというのはやっぱり、理論というよりも理屈でしょう。もちろん、理屈も人間が考えることですから、悪いということではない。しかし、生きている僕たちの実際の人生というのは、理屈ではありません。むしろ感性。それに建築って、じつはとりわけそういうことにかかわってくるものなんじゃないかな。

——だからこそ僕は、七十歳以降の建築家がコミットする世界は、感性がもっと豊かに広がっているんじゃないかと思うんです。

香山　そこか。それは嬉しいと共に、僕はあんまり自分からはコミットしないで、一人で粘土をいじったり（笑）。

——いや、そこは香山さん一人の喜びに閉じ込めず、あまねく社会に伝えていかなければいけません（笑）。

香山　いずれにしても、歳をとってくると、壮年の時に思っていた、突っ張るような気持ち、つまり理屈で相手を屈服させ、さらに理屈で自分を保っていこうというような気持ちが抜けるね。嬉しいことに。

——やはり、それをあるタイミングで自覚されることが大事なんですね。

香山　ただね、先ほど「モダニズムは」とおっしゃったでしょう。モダニズムは本質的に、そういう壮年型の「構え」をもっているものではあるかな、という気はします。「○○イズム」というもの。これは「構え」ですよね。とりわけモダニズムは身構えて登場したんじゃないか。

——槇さんの『漂うモダニズム』では、モダニズムそのものが瓦解したという理解ですが、僕は、時代が「構え」のようなものを要求しなくなった。時代に合わなくなったのだと思うんです。

香山　そうなのかもしれない。槇さんに反論するわけではないけれど、槇さんは、かつてはモダニズムがしっかりしていたが、今は漂うものになったというんだよね。だけど僕は、モダニズムはできた時から漂っていたと思う。

　たとえば、モダニズムに対抗して古典主義を考えてみるとする。しかし古典主義は時代が変わっても漂いません。しっかりしている。なぜかといえば、ボザールから綿々と続く教育体系がある。モダニズムには教育体系はありません。

——バウハウスが一部、それを試みたのではないですか。

香山　試みたかもしれない。しかしバウハウスは不完全だったと思います。ボザールのように、古典主義の五つの様式をきちんと勉強しなさい、そして構成を覚えれば、きちんといいデザインができます、というようにはなっていません。いや、始めからそうなったことは一度もないんです。バウハウスの教えに従って、オートマティックにいいデザインができるということはありません。すなわち、あくまで主義、イズムであって、方法、具体的な体系にはなっていないんですよ。だから僕は、モダニズムは最初から漂っている、というわけです。

——そういう考え方もありますね。要するに、自分の根っこを切って、「モダニズム」という船に乗ったわけですから、その時点で漂っている。

香山　始めから根っこがないいんだ。

——核心に触れるご意見です。今日は他にもいろいろと、示唆に富んだ話をうかがうことができました。

吉田研介

一九三七年生まれ

ローコストというのは
縛りでも制約でもなく精神なんです

よしだ・けんすけ＝東京生まれ。建築家。東海大学名誉教授。一九六二年に早稲田大学理工学部建築学科を卒業後、竹中工務店設計部に入社。一九六四年に同社を退社後、早稲田大学大学院建設工学科修士課程に進み、一九六六年、同大学院修士課程修了。一九六八年より吉田研介建築設計室（後に吉田設計室に改称）を開設、主宰する。一九六五年より多摩美術大学非常勤講師に就任、一九六七年に東海大学建築学科専任講師を経て、一九八六年より同大学教授。二〇〇四年に退任後は同大学名誉教授。この間、早稲田大学建築学科非常勤講師としても教鞭をとる。プロフェッサー・アーキテクトとして、後進の指導に力を注ぐと共に、設計活動としては「ローコスト」を主軸とした住宅を多数手がけている。主な作品に「ヴィラ・クーペ」（一九七一）、「チキンハウス（自邸）」（一九七五）、「M氏邸」（一九八七）、「シルバーグレイ」（一九八九）、「伊豆の別荘」（一九九六）、「都電脇の家」（二〇〇六）、「川口の金子邸」（二〇〇八）など。主な著書に『建築家への道』（TOTO出版、一九九七）『建築設計課題のプレゼンテーションテクニック』（彰国社、新訂版二〇〇三）、『白の数寄屋　吉田研介40年40作』（バナナブックス、二〇一一）、『住宅半世紀／半生記／反省記』（アーキテクツ・スタジオ・ジャパン、二〇一一）、『家を建てるならデザインビルドで』（東京図書出版、二〇一六）など。

竹中工務店に入社

――本日は、吉田さんが一九七五年に設計された自邸「チキンハウス」にうかがってのインタビューとなりました。吉田さんの設計活動における理念について。また、建築に対峙する姿勢や感性は歳を重ねるごとに変化してきたのかどうか。そういった話をうかがいたいと思います。

つまり、僕にとって吉田さんは「純正モダニスト」なんです。僕の持論では「モダニズム」は壮年型ですから、それが、建築家自身の加齢とどう関係してくるのか。そういった意味からも、吉田さんの仕事には、非常に興味があるわけです。

吉田　事前に真壁さんから「建築家の年輪」というテーマでインタビューを、という話をいただいた時には、大変光栄だとは思いましたが、私に「年輪」があるかどうか、戸惑いましたよ。その時にも、「ラワンのような男ですよ」と申し上げました（爆笑）。

――とんでもない！　最初からブラッシュボールですか（笑）。こちらの「チキンハウス」もそうですが、二〇〇九年に発刊された『白の数寄屋　吉田研介40年40作』（バナナブックス）を拝見して、まったく古びない、吉田さんの一貫した設計理念を改めて感じました。そして、そこには理念だけではない感性もある。

吉田　私の世代には、磯崎新▼さん、原広司さんがいて、私もそこを目指してやってきました。ですから、感覚だけでモノをつくったら恥だというくらいの気負いがあったんですね。ところが最近やっと気づきました。あれは頭のいい人の手法だ、と。私は頭が悪いのについていったのが間違いだった。

――そのようなシニカルな見方も吉田さんらしい。世代が近い宮脇檀▼さんや黒沢隆▼さんの語り口と、とても近いですね。

それはそれとして、吉田さんは一九六二年に早稲田大学を卒業されたわけですが、その時の指導教官は穂積信夫▼さんだったんですか。

吉田　卒業設計の指導は安東勝男▼

先生です。穂積先生は、なんとなく兄貴分みたいな感じで親しくさせていただきました。穂積先生は、ちょうど私が入学した年に、エーロ・サーリネンのところから帰国して早稲田の教員になられた。その最初の授業を受けたんです。ですから、穂積先生も初めての授業で大変張り切っておられたでしょうが、私にとっても、初めて見る建築家でしたから、何か非常にショックを受けましたね。ただ、卒業設計は安東先生。それで卒業して、竹中工務店に入ったんです。

――竹中に入社されたのには、どのような動機があったんですか。当時はアトリエ事務所がキラ星のごとくありましたが、そちらは選択されなかったのでしょうか。

吉田　私は、本当に入りたかったのはアントニン・レーモンドの事務所なんです。レーモンドの建築が好きで、入りたいと思っていた。直接レーモンドに会いに行って、ぜひ入所試験を受けさせて欲しいと言ったこともあったんです。

　ところが、私がちょうど卒業後の進路を考える時に、母がくも膜下出血で倒れてしまいました。それで、一家で「寄らば大樹の陰」ですよ。親からしてみれば、アトリエ事務所なんて、親分が倒れればつぶれてしまうような仕事に思えたのでしょう。そんな職につくもんじゃないと言われて、泣く泣く、竹中に入ったんです。ですから私は、入社式の時から泣いていました。登壇する重役や人事部長が「皆さんの人生は預かった」なんて言うものですから、冗談じゃないよ、と。しかも会社には「社歌」があるでしょう。歌えと言われても、非常に抵抗があって、涙をこらえるのが精一杯でした。

――どうも「社歌」というものには抵抗を伴いますね。統制というか、圧力を感じますからね。

吉田　そうなんです。私にとってはそうでした。ただ後日談としては、竹中は非常に素晴らしい会社でした。やはり、竹中で出会った方々の教えがなければ、今の私はない、と言ってはオーバーですが、それくらい、いろいろなことを教えていただいた。ですから私は非常に悪い社員で、今から思えば本当に申し訳なかった。

国立劇場のコンペ

——ところで、竹中といえば槇文彦さんの母方の家系が創業家ですが、当時から竹中と槇さんとの行き来はあったんですか。

吉田　竹中の設計部に、槇グループ専用の部屋があって、時折、槇さんもお見えになっていました。私は、もちろん槇さんのことは以前から存じ上げていましたが、まだ直接的な知己はなかった。遠くから見た槇さんの、ワイシャツを腕まくりして颯爽と働く姿が脳裏に焼き付いていますよ。その部屋では、特別な人たちが、特別な仕事をしているという感じで、まさに、エリート集団という印象でした。

——竹中の設計部というのは当時から、かなりレベルが高いという印象が、僕にはありました。

吉田　確かに、設計部は他のゼネコンに比べてエリートだったかもしれません。設計部に限って、タイムカードなんか、押しても押さなくても許してもらえるという特権がありました。それほど、設計部、建築家というものが重んじられていたのでしょう。他のゼネコンに行った友人の話を聞くと、設計部にいても建築家という意識はあまりなくて、設計図なんて、いくら描いても施工の部長に直されてしまうと言っていましたから。

——設計部として、社内的にかなり自立していたんですね。

吉田　自立していましたね。まず、設計部に入るためには試験もありました。平面図を渡されてその立面図を書け、というような試験です。

——「立面の竹中」と言われていました。エレベーションが美しくないとダメだという伝統があったのでしょう。

吉田　ですが私は、それは違うのではないかと思いました。ですから試験の時に、平面を変えてはいけませんか、と言ったんです。これに化粧をするだけなんて、違うだろうと。学生時代、たとえば、銀行とはどうあるべきかをまず考えてから設計しなければいけないということを、さんざん勉強してきたわけですから、ただきれいなものをつくったってしょうがないと思ったんです。それがよかったのかどうかはわかりませんが、幸い、設計部に入ることができましたが。

――ゼネコンの設計部というと、階段室や水回りなどをひたすら書かされると聞いたことがあります。だから階段室のエキスパートがいるんだ、と。それが竹中では少し違うんですね。すると吉田さんは、わりと最初からプロジェクトに参加されていたんですか。

吉田　竹中は大阪が本社ですから、最初の一年間は関西に行くんです。私は京都に半年いて、その後大阪に半年行きました。京都というのは社員も少なく、ワングループ、ワンテーブルしかないところだったので、わりと好きなことが言えました。

――それは恵まれたスタートと言えますかね。

吉田　それはどうでしょう。他を知りませんからなんとも言えませんが、半年後に大阪本店に移り、そこで岩本博行▼さんに出会ったことが、僕にとっては大きかった。岩本さんは、当時部長でした。

　そこで、忘れもしません「国立劇場」（一九六六）のコンペに参加したんです。この時、岩本さんを中心にしたスタッフの他、有志も集まれということで、私は一年生ですけどいいですか、と言って参加させてもらった。そうしたら、まず岩本さんが指示したことは「審査員の作品を徹底的に調べろ」。私は愕然として、ハイと手を上げて、それは違うでしょう、と。ゼネコンというのは、いつも施主の言うことばかり聞いているのだから、コンペの時ぐらい、自分たちがこうあるべきだというものを出しましょう、竹中の主体性を出しましょう、と言ったんです。そうしたら岩本さんは「くちばしの黄色いことを言うんじゃない」と私の意見を一蹴しました。「コンペは入らないとダメだ」と。

　そうして岩本さんはその後、奈良に通い始めるんです。正倉院のスケッチばかり書いている。その理屈が、「国立劇場は古典芸能を保存する場、保存と言えば倉、倉といえば正倉院、正倉院といえば校倉造りだ。今度の国立劇場は校倉造りのデザインで行く」と。そこにまた私は噛み付きました。校倉造りは木造建築の知恵。それを現代のコンクリート技術を使って、かたちだけを真似るのは間違っている、と。ですが、ここでもまた「くちばしの黄色いことを言うな」と言われて、私はとうとう、チームから離脱しました。

　それがある日、会社に行ったらザワザワしているんです。新聞記者も来ている。岩本さんの案がコンペで一等をとったんです。以来、私は悶々とした日々を送ることになります。

　ただ、その後間もなく「国立京都国際会館」（一九六六）のコンペが始まります。私はこのコンペチームには参加しませんでしたが、「国立劇場」をとったことで、設計部では再び伝統建築に学ぶかたちで、瓦屋根をテーマにしたプランをつくったんです。しかし結果、入ったのは大谷幸夫▼さん。この時の審査員は丹下健三▼さんや前川國男▼さんという、現代建築の第一人者です。私の目指す方向はあっちにある、と思いました。それで私は、竹中を辞める決心をしたんです。

コストに対する倫理観

――すると、竹中には何年おられたんですか。

吉田　竹中を辞めたのが昭和三十九（一九六四）年ですから、二年しかいませんでした。こんなに短期間しか勤めていない人間は珍しかったと思いますが、その頃はみんな、海外に留学したり、そんな動きがけっこう激しかったんですよね。ただそうなると、竹中もせっかく採用した人材ですから、月給を上げるとかなんとかで、結構引き止めが激しいんです。それで辞めずに留まった方もかなりいた。つまり「退職」を口にすると引き止められた。私はそれが嫌だったので、身近な先輩や課長には一切退職の相談はしなかったんです。ですが、唯一相談した人物が岩本博行さん。おかしいでしょう？

　国立劇場のコンペでは、完全に反抗的な態度をとって、いわば喧嘩別れのように、その後私は東京に戻ったんです。ところが、東京に

戻って数カ月後に、大阪で人手が足りないから応援を寄こせと言って、なぜか私が呼び戻された。それで行ってみると、岩本さんに指名されてのことだったんですよ。そうなると、なんだか骨を抜かれちゃうじゃないですか。それからは尊敬する上司という感じでお付き合いをするようになって、だから辞める時にも、岩本さんにだけは相談したんです。岩本さんは「わかった、辞めろ」と言いましたよ。

——そうでしたか。それで無事に……といいますか、竹中をお辞めになって、その後、早稲田のマスターに入られた。この時も、安東勝男さんのところに？

吉田　そうです。「早稲田大学新理工学部校舎」（一九六七）が雑誌で発表されていて、ちょうど超高層の研究棟の設計が始まるところでした。これ以外ない、と思いました。

大学院では「臨時建設局」という理工学部の建築チームに入り、半分月給をもらって、勉強が終わるとすぐにその「臨建」の部屋に行って図面を描くということをしていました。そこには安東先生の他、穂積先生もいらっしゃって、それこそプレファブの、夏は暑く、冬は寒い小屋でやっていたんです。

――普通、マスタークラスではなかなか図面を書けませんが、そこは竹中での経験と修練があったんですね。

吉田　そうですね。「なんでも出来るね」と言われたくらい。でも、それは褒められているのか、けなされているのか（笑）。ちょっと手すりを設計してくれと言われれば、すぐに書けちゃうわけです。ですから便利屋のように。ただ、そこでは本当に勉強させてもらいました。

ちょうど、私と大学で同期だった木島安史君が二年間の海外留学から戻って来ていましたし、私より少し年上の女性で、広瀬鎌二さんのところに勤めていた方が戻ってきていた。それに、ジョージ・ナカシマさんのお嬢さんがアメリカから留学生として来ていて、それに私を加えた四人が、なんとなく「出戻り組」という感じで気が合って、行動を共にしていたんですね。この仲間で集まってコンペに参加したり、深夜まで建築の議論を交わしたり。非常に充実した大学院生活でした。

――それにしても、マスターで大学に戻られて、安東さんのもと超高層の建設に携わったことが、吉田さんのなかでは大きなエポックになっていますね。

吉田　そうです。とても大きいですね。私はここで、やはり設計というものは、詰めていく最後の段階までわからない、つまり、アイデアだけで勝負してもダメだということを、嫌っていうほど感じました。非常にシンプルな、つまらないようなところからスタートし

書棚より

ているにもかかわらず、安東先生の手に掛かり、そして松井源吾先生の構造が加わってくるなかで、だんだんと作品になっていく。そのことを身を以て知りました。

竹中にいる時もそうでしたが、とくに学生時代は、課題が出て「A」をとるためにはとにかくアイデア勝負じゃないですか。教官に「これは面白い」と言ってもらわなければどうしようもない。そこばかり狙ってやってきて、それを、竹中に入ってもやろうとしたけれど、竹中は当然、そういう場ではなかった。それで安東先生のところに入ったんですが、ここでもやはり、なんだかつまらないようなプランがいつの間にか、だんだんといいものに仕上がっていく。構造が練られ、材料が決められていくと、建築が出来ていく。そのプロセスを丸二年、完成するまでずっと見ていました。

——僕らが若い時には、早稲田の研究棟をどのように捉えたらいいのか、なかなか理解しがたかったんです。ある意味では、あまりにシンプルで合理的ですから。そこまでに積み上げられたものが見えにくかったのだと思います。メタボリズムともブルータリズムとも異質に映った。

吉田　そうかもしれません。そして、ここに大きく関わっているのがコストなんです。その当時はあまり知りませんでしたが、お金というものがいかに建築にとって大切か。穂積先生の話を聞くと、本当に辛い予算だったらしい。しかし、安東先生は決して予算をオーバーしなかった。提示された金額のなかで納めきる、その倫理観は学ぶべきだ、と、穂積先生からよく言われました。

——コストに対する倫理性、規範というものがあって、そのなかで最善を尽くすことはとても重要です。

吉田　そうなんです。その倫理観がいかに建築家にとって必要か。それで、僕自身は自分の建築のスタートがローコストハウスになっちゃったんですよ（笑）。

——なるほど。そこからこの「チキンハウス」が体現してくるわけですね。

コンペ、コンペで大赤字

――さて、いよいよ大学院も修了し、その後はプロフェッサー・アーキテクトとしての道を歩み始めるわけですが、最初は多摩美術大学の講師、その後、東海大学に長く奉職されます。事務所を構えられたのは、東海大学の教員になられてからですか。

吉田　事務所を構えたのは一九六八年なので東海大に勤め始めてからですが、設計の仕事はそれよりも前、妻（吉田紀子／建築家）と一緒に私の久が原の実家に机を置いて、一応、始めてはいたんです。ですから、一九六八年というのは、実家を出て石川台に事務所を構えた年ですね。とはいえ、設計の仕事のあてがあったわけではありません。大学の月給をもらえるようになったので、そちらに行ったんです。

――その間にもコンペにはトライなさっていたんですね。

吉田　むしろコンペばっかりやっていました。だって、仕事がないんですから。

――当時の大きなコンペというと、「最高裁判所」（一九七四）がありました。結果は岡田新一▼さんがとりましたが、あれにもトライされたんですか。

吉田　もちろん応募しました。私たちはもう、締め切り日の夜中の十二時に、中央郵便局まで行って、泥まみれの汗みどろのようになって、応募したんです。ただみんな考えることは同じで、応募期日ギリギリまで作業をして、窓口で発送の順番待ちで並んでいますから、私たちはその順番が来るまでの時間、郵便局のフロアでもまだ書いて、なんとか梱包して送りました。

じつはこの時、私は初めて岡田新一さんを拝見しているんです。その時はまだ、ご本人だとは存じ上げなかった。でも、私たちがドロドロになってやっている傍らで、悠然と立っている方がいたんですよ。誰だか知らないけれど、鹿島のグループということはわかった。それで後日、あの鹿島の人が通った、と。やっぱりああいうようにしなきゃいけないんだなと思いました。

いずれにしても、あの頃は私だけでなく、皆さんコンペがあればとにかく参加していましたね。

――そうです。今のように細かい規制がありませんでしたから。今は何年の間にそれなりの大型施設を経験していなければ参加する資格さえない、というようなことになっていますからね。

吉田　そうなんです。今の若い連中はかわいそうですよ。美術館の何平米以上、学校建築をいくつ手がけた等の経歴がなければ、参加さえできません。

僕は、長谷川逸子▼さんがとられた「湘南台文化センター」（一九八九）にも応募しているんですよ。長谷川さんはこの時、初めてのコンペだったらしいですね。プレゼンの図面さえ書いたことがなかったって。それで手書きで書いて青図でコピーして出して一等ですからね。良い時代でした。あの頃は。

――では当時は、かなりコンペにチャレンジして、その一方でコツコツと住宅を手がけていたという感じですか。

吉田　いえ、石川台の時には住宅もなかった。実作は何もやらなかったんじゃないかな。だから家賃も払えなくなって、事務所を閉めざるを得なくなったんです。それで、久が原に戻った時、妙高の別荘の仕事が舞い込みました。それがデビュー作となる「ヴィラ・クーペ」（一九七二）で、その施主から、続けて東京の自邸もつくって欲しいと言われ、久が原の実家で二作やりました。

実家なら家賃もかからないので楽でしたが、石川台の時には収入もなく辛かった。大学の給料があるっていっても、それは普通に生活していてやっというくらい。それなのにコンペばっかりやるでしょう。出費しかないんです。しかも学生が応援に来てくれるんですが、彼らに手間賃を払うことができない。だけど少しは良いところを見せたいですからね、寿司なんかとって食べさせるわけです。そうやって、全部終わってから精算すると大赤字。それでもう、家賃も払えないから解散。そのきっかけになったのが、最高裁判所のコンペだったんですよ。

またちょうどその頃に、黒沢隆さんともお付き合いが出来て、東海大の学生に加え、黒沢さんのところの日大の学生も石川台の事務所にしょっちゅう入り浸っていた。活気があってよかったんですが、お金は出て行くばっかりでしょう（苦笑）。

——でも学生にとっては、他大学との交流というのは非常に有意義です。吉田さんは大学でもわりと意識的に、大学に閉じこもらない、外に開くということをやってこられましたね。

吉田　そうですね。私が大学で教えていた頃は、非常勤講師として賞をとった方や雑誌で活躍されているいわゆるスター建築家やタレントをお呼びしました。そもそも、そういうことを始めたのは早稲田なんですよ。穂積先生が植田実▼さんや伊東豊雄▼さんなんかを呼んで外の空気を入れたと聞いています。それを真似たんです。また研究室のゼミ等でもお呼びして、積極的に外の空気に触れる機会はつくるようにしました。その時まとめたものが『建築家への道』（TOTO出版、一九九七）という本にもなりました。

時代がテキストを求める

——「チキンハウス」の完成が一九七五年。つまり、石川台を引き払い、やむなく久が原のご実家に戻られた後、再び、独立することになったわけですね。

吉田　そうです。なんとか借金してこの家の土地を手に入れた。ただ、ちょうどその頃インフレで、大学の月給がどんどん上がったんです（笑）。

——「チキンハウス」はラッキーハウスなんですね。またそこから、住宅設計を数多く手がけていくようになるわけですが、当時は、住宅を巡るいろいろな論争がありました。イデオロギーも含めて。先ほど名前が挙がった黒沢隆さんが「個室群住居」を提唱したのは一九六六年で、その後、実作が登場してくる。また、原さんは有孔体理論。それに鈴木恂▼さんも住宅の分野で脚光を浴びていた。

吉田　一九六八年に『都市住宅』（鹿島出版会）が創刊されて、やはりその頃のスターというのは、鈴木恂さん、東孝光▼さん、竹山実さん……この三人は何か、グループを組んでいました。彼らは花形でした。さらに、磯崎新さん、原広司さんがいて、私は彼らを仰ぎ見ていた。

——しかも、当時の論調は、住宅を論ずることは建築を論ずることと同義だというものでした。まあ、磯崎さんは八田利也として『小住宅設計ばんざい』(一九五九)という小論で「住宅は建築ではない」というようなことを言って論争を巻き起こしましたが、その時はみんな「何を言っているんだ」と思ったわけですから。

吉田　そうでしたね。だけどやっぱりショックというか、コンプレックスはありましたよ。磯崎さんのことは尊敬していましたし、相当影響を受けていましたから。

——一方で原さんは、住居のなかに都市を埋め込むというような、独特の解釈を加えて、住宅は芸術ではなく、都市的テーマをもつ建築であると表明しました。

吉田　いずれにしても、磯崎さん、原さんを代表として、現代建築はあの方々のようにテキストを書けないと相手にされないんですよ。ここで引き合いに出してはなんですが、岩本博行さんはその逆で、本当は理論を語れるような人ではない。それは悪い意味で言っているのではありません。いい意味で言っているんです。つまり、彼は語らずともつくれる人なんです。しかし、現代建築の主流はテキストを伴っていましたから、そこに合わせて、無理矢理語ろうとすると先ほど言った「国立劇場」の時のような、倉、正倉院、校倉造りという三段論法になってしまう。そうなるとがっかりしちゃうんです。しかし本当は、それは素晴らしいものを岩本さんはもっている。私は、今の竹中のデザインレベルをつくったのは岩本さんだと思うくらいです。だけど時代が求めたのはテキスト。理論を展開しなければいけない。だから私は、最初にも申し上げたけれど、あれは磯崎さんのように頭のいい人がやることだ、と。今になってつくづく感じています。

——いや、僕は最初にも言ったけれど、吉田さんの『白の数寄屋』

を見て感銘を受けた。吉田さんが手がけてきたあの住宅群、あれは頭がいいだけではできません。吉田さんの感性が伝わってきます。それに今日、そもそも吉田さんがレーモンドに行きたかったという話をうかがって、何かそれも、腑に落ちるものがありますね。

吉田　じつは、レーモンドの作品でどうしても見ておきたいものが一つある。それが「カトリック新発田教会」（一九六六）なんです。レンガ造の建物です。それで、この「チキンハウス」ではリビングの壁にレンガを使っていますが、これはその新発田の教会の写真を見て、やってみたいと思って取り入れたんです。それでね、このレンガを積んでくれた職人が、とても腕のいいじいさんだったんで、ちょっと話を聞いてみたら、なんと偶然、その職人が新発田の教会のレンガ積みも手がけていたんです。そんな共通点があるんですょ。

——なるほど。でもそのレンガの表面を白く塗ったことで、レーモンドの真似ではない、吉田さんの空間になっているわけです。そして「チキンハウス」以降、仕事としては、住宅設計が軌道に乗る。

吉田　そうですね。オイルショックも終わって、社会がわりと平穏になり始めた頃です。また、ここで仕事をする分には経費が掛かりませんから、スタッフも雇うようになって、学生や卒業生にも来てもらって。本格的に設計の仕事をスタートしたのはここ「チキンハウス」から、ということになりますね。

ただ、住宅に特化したわけではないんです。結果、そうなった。そのことさえ、最近まであまり考えないで走ってきただけのような気がします。それというのも数年前、竹中で私と同期だった男と久しぶりに会って呑んだんです。その時、彼に「吉田が住宅に行くとは思わなかった」と言われました。その一言を聞いて、走馬灯が逆回転し始めましたよ。考えてみれば、僕はそうだったんだ、と。ただ、それは非常に複雑です。後悔ではありません。焦りとも、なんとも言えないんですが、初めて振り返ってみて、僕は住宅に行っちゃったのか、と。

――ですがそこには、住宅こそ建築だという自負心もあったのではないでしょうか。

吉田　どうでしょう。住宅と建築という区分は、私にはなかったと思います。ただ、公共建築の大物もやりたいという気持ちはありました。これまで応募してきた数々のコンペ、長谷川さんがとった湘南台も、私は佳作の末席につきましたが、あそこであの仕事をとれていたら、私の人生は変わっていたかもしれない。

ローコストは精神

――僕が『白の数寄屋』を拝読して思ったのは、これはある意味では、住宅を語りながら、大物の「建築」に向き合う一つのメッセージになっているということです。非常に明快な、モダニズムのテキストになっている。あれは二〇〇九年ですから、吉田さんは七十歳。その年齢に対して自覚的に出されたんですか。

吉田　年齢のことに自覚的だったかというと、そうではないんですが、この時に「40・40建築展」という展覧会をやったんです。つまり、四十年やってきて四十作。そのまとめをしただけなんです。

――あの展覧会も非常に意味のあるものでしたね。

吉田　展覧会では年代順に作品を並べたんですが、その時先輩に、順番に並べなくてもいいんじゃないか、君の作品には順番がないね、と言われました。

――そこなんです、僕がうかがいたいのは。最初にも言いましたが、モダニズムというものは、基本的には老いを許容してこなかったと思うんです。そこにあるのは壮年型の理性と身体性です。ところが、ル・コルビュジエ▼もルイス・I・カーン▼も、ある程度歳をとってくると、微妙に変わってくる。二人のインドの仕事なんかを見ると、だんだんと土に還ってくるんですね。

吉田　土に還るというのは、建築が？

――土という自然に意識が向かうようになってくる。そしてより造形的になっていくといいますか。

吉田　確かに、「ロンシャンの礼拝堂」（一九五五）などを見るとそうですね。

――ところが、吉田研介という作家の作品を見ていると、まさに壮年型です。作品を年代順に並べる必要がないほど変わらない。

吉田　それは果たして、いいことなのか、悪いことなのか。ただ、もはや私も晩年中の晩年になりましたが、これからも、ロンシャンのようなものをつくることはありませんね。

――極めて壮年型です。ご自身で意識したことはありますか。

吉田　一つには、「ローコスト」ということがあるからでしょう。

　ローコストというのは、決して「縛り」でも「制約」でもないんです。それは心。「心棒」なんです。

私はやはり、遊びや造形で建築をつくろうということにはならない。それはもっと上手い人がいるでしょうから、そこと勝負する気はありません。ローコストというのは「拠り所」というか、そういったものですね。

——なるほど。それは、納めから工法から、造形、仕上げまですべてに絡んでくることですね。

吉田　そうなんです。

若い頃の話ですが、久が原の実家の近くに山口文象▼さんが住んでおられて、そこで時々開かれる勉強会に、よく呼んでもらったんです。その時に山口さんがおっしゃっていたのは「君ね、ローコストというのは、鉛筆の削り方、使い方からその精神をもっていなければダメだよ」、「精神なんだよ」ということ。今はそれを実感しながら仕事をしています。

——つまり、そこには若さや老いは関係ないんですね。ただ、ご自身として、七十歳になって変わってきたな、と変化を感じることはありますか。主に感性の面で。

吉田　それは、自分ではわかりません。

ただ、やはり私の年相応の施主たちというのは、それなりの資産をもっていますし、私の今の年齢なら、すごい予算で豪邸を建てたいと思っているような人たちにかかわっていかなければいけないんでしょうが、私は未だにローコストですからね。完全に施主を失いました（笑）。

——下々の味方だ、という言い方もできます（笑）。

吉田　改めて振り返ってみれば、私は仕事として、プロフェッサー・アーキテクトということは、わりと積極的に選んできた道なんです。その点が、建築家としては特徴的だろうと思います。そして今や、私も大学は退任し、学生たちもみんなOBになってそれぞれ仕事を始めています。しかし、彼らもみんな本当に仕事がなくて、どうやって生きようかという話ばかり。つい二、三日前にも、彼らと集まって話をしましたが、明るい話がなかなかできません。本当は、建築の内容そのものの話をしたいのですが。

——槇さんの「漂うモダニズム」

（『漂うモダニズム』左右社、二〇一二）の最後も、そんな記述で終わっていますね。横断歩道で出会った知らない若者に「これからの建築はどうなるんでしょう」と問いかけられた。槇さんはこの時、無言のまま彼と別れたと書いていますが、つまり、即答し得なかった。まあ、槇さんはそれでも比較的、オプティミスティックな希望をもっているようですが。

吉田　ただ、槇さんとはやはり違うんです。先日、ちょっとした勉強会があってそこに槇さんがお見えになった。その時におっしゃったことで印象に残っているのが「やっぱり建築家は出会いだ」と。つまり、いい施主に出会わなければダメと言うんです。ここでわれわれはがっかりしちゃうんですよ。やはり、槇さんが出会ってきたような力のある施主というのは特別ですから。

――それはそうなんですね。槇さんのおっしゃることはわかるけれど、前提としてチャンスが限られますから。

三・一一以降の建築家

吉田　最近とくに、建築家の敷居を低くしたことによる出来事がたくさんありますね。建築の専門誌は頭打ちで、一般誌で取り上げられるようになったというのも一つ。もちろん、それが悪いとは思わないんですが、そこでなだれ込んでくるのが、短パン、草履履きの

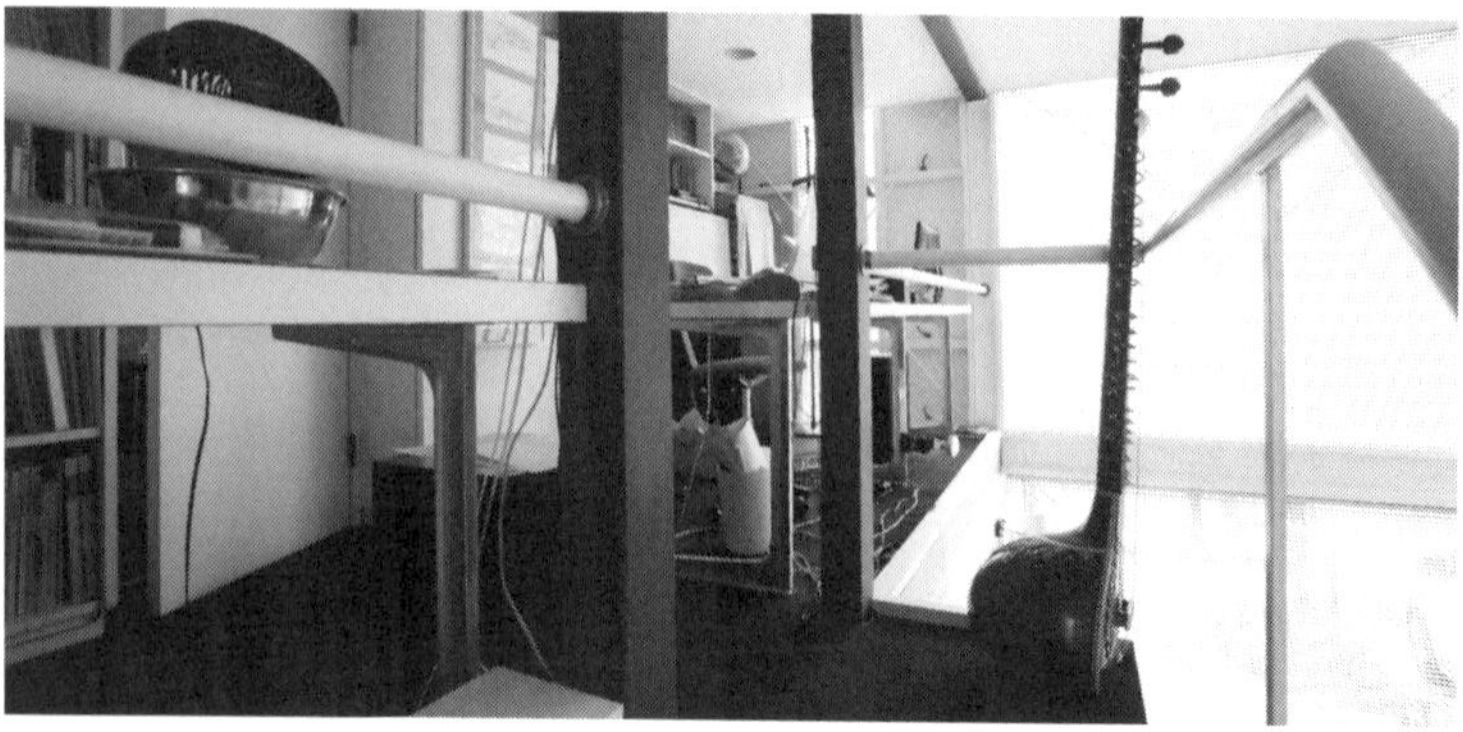

事務所にて

施主たちです。これは、服装のことを言っているのではないんですよ。建築家に対する希望、要求の仕方が、量販店でパンツを買うようなイメージになってきている。その分、お客さんは増えているのかもしれませんが、建築家としては愕然としてしまいます。

――それは、「最近の建築に対する気がかりなこと」として、ぜひうかがいたかったことの一つですね。

吉田　これは、以前私が接したある施主との話ですが、私たち建築家は、打ち合わせの時に図面を持っていくにしても、それを折ることさえ嫌なんです。文字の配列から何から十分考えて、仕上げて、それをまっさらな状態で持っていきたい。それは建築に向かう姿勢でもあるんです。ところが、その施主のところで図面を出して打ち合わせをしていたら、そこの坊やが退屈して、図面に落書きを始めたんです。青ざめましたよ。周りは凍りつきました。ところが親は平気なんです。なんの注意もしない。知らん顔です。ですから、打ち合わせが終わってから、私の方からお断りしました。図面に落書きしたのは仕方がないとしても、それを注意しない人たちとでは、信頼関係が成り立ちません。

　でも、それを言っていると施主はいなくなってしまいますね。だから、もちろん槇さんのおっしゃるように出会いは大切だとは思うのですが…。

――ただ、先ほど六〇年代、七〇年代の住宅を巡る議論の話をさせていただきましたが、今般の三・一一以降、住宅というものが再び、現代建築の主題として浮かび上がってきていますね。住宅が抱える主題が、まさに建築なんだ、と。

吉田　う～ん…。そういうことについて、真壁さんはどのようにお考えですか。

――やはり、建築の主題が危うくなっている。住宅と建築の立場に変化が生じてきているのではないでしょうか。

吉田　じつは私は、三・一一以降の建築家の動きには少々懐疑的なんです。とくに、伊東豊雄さんが言い出した、「作品が許される時代は終わった」というような一連の発言。これに私は、強く反対します。やはり、過去からずっと、建築家は作家として、作品をつくってきたわけです。そのなかで、現在は特殊な現象が起きているのではないでしょうか。つまり、今は喪中なんだ、と。ですが必ず喪はあけます。そんな時に、建築にフタをしないでくれ、と言いたいですね。若い連中がみんな夢を持てなくなってしまいます。

——「喪中」といういい方は鋭いですね。ただ、伊東さんの発言は、一つの建築のカテゴリを示したものだと思います。僕はそれを「臨床建築」と呼んでいるんですが、つまり、建築の方が、人に一歩寄り添う。従来の現代建築のスタイルやセオリーでは寄り添うことができなかったんです。それが今、建築にも「懐かしさ」「わかりやすさ」という主題が求められるようになってきた。伊東さんの発言は、そういった変化に対応するものだと思います。何も、すべて反転させろ、という意味ではないと、僕は理解しているんです。

吉田　一つのカテゴリね。それなら話は別です。ただ、真壁さんのように深く読み解いてくれればいいんですが、伊東さんの発言は若い人たちにとってかなり影響力を持ちますからね。

しかも伊東さんは今更気づいたかのように、施主とよく話し合うことの大切さ、軒先や縁側の心地よさなんて言い出すんですよ。そんなの冗談じゃないよ、と思うんです。施主の話をよく聞くなんて当たり前じゃないか。今まで私たちはそれに苦労してきたんじゃないか。私はため息が出ましたよ。

——伊東さんの発言を擁護する、というと僭越ですが、解釈を加えるとすれば、僕はやっぱり、建築のもっている臨床性、新しい主題を、彼が提示したんだ、と。しかし、先ほど吉田さんがおっしゃった、「喪中」さらに「建築にフタをするな」という発言もわかります。

吉田　恐らく、伊東さんは今までも、センセーショナルな言葉を選んで発言してきましたから、思い切って言葉を選んだところがあったのかもしれません。でも、それでなくても今は、若い人たちが建築に魅力や夢を感じにくくなっているのですから、それをね、今の日本でやってはいけないと思います。

——そこに、サンダル履きの施主というイメージも重なってきますね。

吉田　そこが難しいところです。私も最近感じたことなので、どうしたらいいのかがまだよくわからない。

住宅設計のＡＢＣ

吉田　先ほど量販店と言いましたが、いわゆるファストファッション、それは便利だし、何より顧客のニーズにあっているわけですからあって然るべきです。ですが、大学での教育は、未だにそうではない道ばかりです。そのうえで私は、もちろんすべてとは言いませんが、住宅建築には「A」「B」「C」があると思っているんです。「A」は「Art」、「B」は「Business」、「C」は「コジャレ」。

——えぇっ！　コジャレですか（笑）。これは吉田さんの強烈な皮肉だな。

吉田　みんな「Culture」かな、なんて言いますけど、そうじゃない。しかも、あまり良くない意味で「コジャレ」です。

　要するに、大学では未だに「A」ばかり教えているんです。「Art」を目指せば、評価で「A」が貰える。ところが社会に出ると、「Art」の範囲は非常に限られています。槇さんの話ではありませんが、出会いはものすごく少ないわけです。ほとんどが「B」に行かざるを得ない。しかし、竹中に入社した当時の私がそうであったように「Business」で建築を考えなければならないことに、ジレンマが生じます。コンプレックスに働く。それで、そこそこの建築家がどこに行くのかというと「C」。「A」だと思って勘違いして、「C」のコジャレた建築をつくって満足している。それが、何か間違っていると思うんです。「B」には「B」なりの生き方、文化があるはずです。そこをきちんと教育する仕組みが必要だと思います。

　そんな風に考えているところに、伊東さんの「作品は許されない」「作家主義は終わった」というような発言でしょう。驚きましたよ。若い人たちが短絡的にそちらになびかないか、そこがとくに心配です。

——伊東さんは、八〇年代には「消費の海に出よ」とも言いましたし、伊東節っていうのはややエキセントリックではあるんですね。

仕事をいかにとるか

——いよいよ最後にうかがいたいのは、七十歳以降の建築家が、これから取り組むべき土俵があるとしたら、どんなことがあるとお考えですか。たとえば、阿部勤さんは古民家の修復といった仕事を手がけられるようになりましたが、建築家としての知見を生かしつつも、従来の建築にメインの土俵があるとすれば、そこから少し外れたところに、歳を重ねた建築家だからこそできる仕事があるのではないでしょうか。

吉田　今、私は実際の仕事というよりも、若い人たちとネットワークをつくり、その連中と意見交換の機会を設けたりしています。そのなかで、たとえばコルビュジエの『建築へ』という本を読み直して、みんなでワード解説をしてみたり、この時のコルビュジエの感性を解釈してみようというようなことをやっています。後輩を育てるというと、少々体のいい言い方ですが、私自身、楽しくてしょうがない（笑）。

——僕も実感としてわかります。若い人たちと話していると、こっちもエキスをもらうんですよね。僕自身も若い時には、多木浩二▼さんや磯崎さんからさんざん吸われました（笑）。そういう仕組みやステージを自分でつくっていくことは、活力を保つためにも大切です。

吉田　そういうようなことで、若い連中の相談役になれればいいな、と。

　今、私の一番切実な問題は仕事がとれないということ。ですから若い人たちにも、私のような仕事の取り方をしていてはダメだよ、と。少なくともそういうことは伝えていける。これまでは、たまたまウチの前を通りかかった象を、

鉄砲でズドーンと撃っていた。そうやってなんとか、五十年間生きてきた。でも、それではダメなんです。それから、どうやら、一人でコツコツ設計していこうという時代でもない。しかし当然、駆け出しの建築家は人を雇えませんから、一人でスタートしてしまうんですが、そうなると、私の時代とまったく同じパターンを繰り返すことになってしまいます。だからその辺りも変えて行こうと、この、ネットワークを使って、ゆるやかなつながりで仕事をしていけるような仕組みがつくれないか。設計組織のあり方自体を変えていきたいと思って、今、実践を始めたところです。

――僕は今、世の中の経済は二系統で動いていると思います。一つは、従来的な企業を中心とする市場経済。もう一つは、ボランタリーな経済。これが平行して動いていて、お互い、持ちつ持たれつである部分を補っている。ただ現在は市場経済にまったく余裕がなくなってきて、ボランタリーな経済が支えなければならなくなってしまった。だからこそ、そこには建築に限らず、新しい土俵が生じてきていると思います。そこをぜひ、吉田さんの新しい試みで開拓していって欲しいですね。

吉田　それと、最近始めたのは、この「建築家の年輪」というテーマにも似ているかもしれませんが、若い研究者で、東京電機大学にいる横手義洋さんと、自分で設計アトリエも構えている山本想太郎さんと三人で「建築ジャーナル研究会」というのをつくったんです。建築雑誌に勢いのあった時代、それをつくってきた人たちにインタビューをして、記録に残していきたいと思っています。同時に、雑誌の廃れた時代の建築ジャーナリズムのあり方を考えていきたい。それで先日、元『新建築』編集長の馬場璋造▼さんに話をうかがいました。これは、『建築ジャーナル』六月号に、記事として発表したんですが、そんなことも続けていこうとしています。

　だから、最近の私は「ペーパーアーキテクト」。ものを「書く」ということにひっかけているんですが、ペーパードライバーってあるじゃないですか。運転はしないけど免許はもっているという。それと同じことで、ペーパーアーキテクトになっちゃおう、と。実施設計はなくなっちゃうから。

――でもそれは、とても重い態度表明ですね。実施設計はなくとも、建築的なフィロソフィー、計画や技術への知見があるわけですから。ぜひ、これからも若い方々と一緒に、建築に新たなステージを、新しい土俵を切り拓く活動を続けていって下さい。

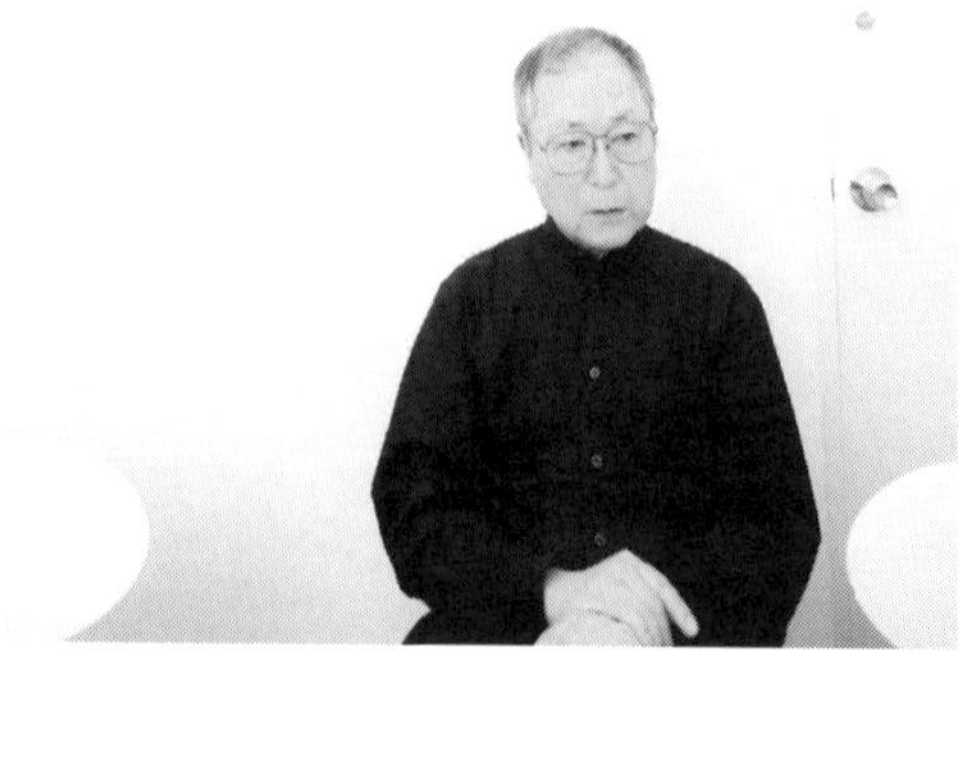

富田玲子

一九三八年生まれ

人が恐怖感、不安感、
孤独感を感じない建築

とみた・れいこ＝東京生まれ。建築家。一九六一年東京大学工学部建築学科卒業。その後同大学大学院に進み、吉武泰水研究室を経て丹下健三研究室に所属、一九六三年に修士課程修了。同年より吉阪隆正が主宰する建築設計事務所U研究室に所属。一九七一年、U研究室にいた樋口裕康、大竹康市らと共に象設計集団を設立する。設計活動の他、マサチューセッツ工科大学、ペンシルベニア大学、東京大学、早稲田大学などで客員教授として教鞭をとる。象設計集団での主な作品に「ドーモ・アラベスカ」（一九七四）、「今帰仁村中央公民館」（一九七五）、「進修館」（一九八〇）、「名護市庁舎」（一九八一）、「笠原小学校」（一九八二）、「矢野南小学校」（一九九八）、「石川県九谷焼美術館」（二〇〇一）、「津山洋学資料館」（二〇〇九）、「上野動物園園外倉庫」（二〇一四）、「小梅保育園」（二〇一五）など。翻訳書に『都市のイメージ』（ケヴィン・リンチ著、丹下健三と共訳、岩波書店、一九六八／新装版二〇〇七）、著書に『空間に恋して　象設計集団いろはカルタ』（共著、工作舎、二〇〇一）、『小さな建築』（みすず書房、二〇〇七）がある。

丹下健三研究室へ

――この「建築家の年輪」というインタビュー連載をスタートしてから富田さんが初の女性建築家になります。富田さんは東京大学の建築学科に進んだ時も、初の女子学生だったそうですね。そもそも、東大を受験された時から、建築に進む気持ちがあったんですか？

富田　いえ、それはなかったんです。最初は理科II類に入学して、医学部に進むつもりでした。

――医学部ですか。では、どの辺りで建築に転向されたんですか。

富田　大学の二年生の後半まで、学科を決めなければならないところまではなんとなく医学部かと思っていました。ですが、同級生でも本気で医学部に行こうと思っている人たちは、もう、学部に入ったとたんにものすごく勉強していましたから、これはとても無理だな、と。

私の父が医者だったんですが、軍医として従軍している最中に亡くなってしまって。それで、長女としては父の遺志を継がなければ、なんて、思っていたんです。ただ、理科II類では、何か試験がある度に、その結果が廊下にダーッと貼り出されて、その上位何人までは医学部に行けるという話で、途中から、これはもう嫌だなっていう感じになってしまって。ですが、理科II類から進める学科は、医学部じゃなければ、理学部か農学部で、どちらも今ひとつピンとこない。どうしようかしら、と思っていたら、その年は一〇％だけ、理科I類から進める工学部への編入枠があったんです。しかも、理科II類に入ったけれど建築に行きたいという人が、定員四十名に対して私を入れて四人。だから、試験もしないで工学部に移ることができました。なんだか、ちょうどよかった（笑）。

――そういう経緯だったんですか。富田さんは、幼い頃からピアノを弾かれ、絵もお描きになるということで、子ども時代の情操教育からして芸術系で、建築を志すのが自然な成り行きだったのかと。僕はすっかり早とちりをして、そう思っていたんです。

富田　ただ建築に関しては、父が、医者じゃなければ建築家になりたかったというような話を母から聞いていました。また母は、日本の女性建築家第一号と言われる浜口ミホさんと女学校が一緒で、そのご縁からか、自宅を改修する時に浜口さんにお願いしたんです。それから、下河辺淳さんは母の従姉妹のご主人で、その下河辺さんに、玄関の増改築を設計していただいたこともありました。そんなことがあったので、なんとなく、建築もいいかな、という気持ちはずっとあったんだと思います。それに、建築って理科系と文科系の両方の要素がありそうだから、私には合っているかしらって。

――確かに、理系と文系が合わさった分野です。その直感的な判断は正しかったですね。

　そうして、建築学科に進まれた後は、最初、吉武泰水先生の研究室に入られるんですね。

富田　吉武先生のところに居たのはちょっとなんです。なにしろ、建築学科に進んだと言っても、知っている建築家は浜口ミホさんと下河辺さんくらいで、まったくの無知だったんですね。後から思えば、当時の教授陣は錚々たる方々でしたが、私の知識不足でどれもなかなか難しかった。そんななかで、吉武先生の計画学はいくらか理解できるように思いました。ですがその後、ちょっと体を壊して入院することになったんです。それで入院中に同級生が、吉武先生の研究資料を持ってきてくれたんですが、もう、研究調査ばっかり。私は本当にこういうことがやりたかったのかなって。その時に改めて考えてみたら、私はもっと設計がしたいんだって、気がつきました。それで、退院後しばらくして、急きょ、丹下健三先生の研究室に入れていただきました。

代々木国立競技場

――僕の世代だと、学生時代にケヴィン・リンチの『都市のイメージ』が翻訳、出版されて、丹下さんとの共訳者として富田玲子さんのお名前を拝見したのが最初なんです。この翻訳も、大学院時代にやられたんですか。

富田　そうです、大学院の時。ただ最初は翻訳して出版するというお話ではなく、丹下先生が「読んでみるといいよ」っておっしゃられて。その時、私はケヴィン・リンチの名前も知らなかったし、何もわからなかったんですが、読んでみたら、なんだか面白いなって。結局、この翻訳は大学院を卒業した後も続けて、全体では五年くらいかかりました。

——当時、僕らにとっては、ケヴィン・リンチやローレンス・ハルプリン等が指摘した、ある種のパブリック・イメージやスペース・ノーテイションという考え方が新鮮で、非常に夢中になって読みました。しかも未だに、ケヴィン・リンチの手法や考え方は、場所論を展開する時に有効ですね。

富田　今でもまったく古くありませんね。二〇〇七年には新装版も出版されて、むしろ、今こそ、という感じ。あの「五つのエレメント」(Paths／道、Edges／縁、Districts／地域、Nodes／結節点、Landmarks／目印)というのが、便利ですよね。

——人々がどのように都市をイメージするか、あるいは場所を判読したり、読み分けるということは、極めて大事な仕組みですからね。

さて一方で、大学院に入られた年には同じくマスターで学んでおられた林泰義さんとご結婚もされて、その後は出産、子育てということにもなるわけですが、それでも、設計はお辞めにならなかった。しかも修士を出られた後は、吉阪隆正さんが主宰されるU研究室に入られます。この辺りには、何か強い動機があったんですか。

富田　設計は続けたいと思っていましたが、U研に行ったのは、まったく、たまたまなんです。

丹下先生の研究室にいた時、大学では学生運動が盛んになったので、設計業務は渋谷の事務所、URTECに移っていました。ちょうど、東京オリンピックの、代々木・国立屋内総合競技場の設計準備段階に入っていた時期です。私たち学生もそちらに通って、私は、世界各国の体育施設の資料を集めて分析する仕事などをお手伝いしていました。そういった仕事はとても面白かったので、私自身は修士を出ても、URTECに入れてもらうつもりでいたんです。

それで、代々木の国立屋内競技場がいよいよ実施設計になった時、若い人にもどこかやらせようという話になって、私はスタジアムの観客席の下にできる貴賓室の内装をやりなさいと言われました。それは幅が七メートル、長さが五〇メートルくらいで、緩やかにカーブしたトンネル状の空間です。しかも、どうやら予算もたくさんあるらしい。それなら、天井、壁、床にも全部大理石を張って、白いトンネルをつくろう、と思いました。でも、それだとあまりに寒々しくて硬い印象なので、その上に、まだらに虎の皮を被せるようなな感じにしようって思って、面積の半分くらいを虎の皮で覆うようなスケッチを描いて出したんです。

そうしたら、まず神谷宏治▼さんから「気持ち悪い！」って言われて「君、こんなのは不潔だよ。だいたい、床・壁・天井を同じ素材にするなんてあり得ない！」って。丹下先生は、ニヤッとされていましたが、他の人たちからも笑われました。

その時に、URTECにアルゼンチン出身の佐々木マリオさんという人が来ていました。佐々木さんは、吉阪先生がアルゼンチンのツクマン国立大学で教えていた時の学生で、その佐々木さんが私の虎の皮のスケッチを見て「あなたはここよりも、吉阪先生の方が合っていると思う。僕が連れて行ってあげる」って。それで後日連れて行ってもらって、その日から、吉阪先生のところに行くことになったんです。

——この才能は、明らかに丹下流のモダニズムにはあいにくい、と（笑）。それで吉阪さんにお会いになって、すぐに「いらっしゃい」ということになったんですか？

富田　そう簡単ではありませんでした。U研は、新宿の百人町にあった吉阪先生の自宅の庭に建てられたプレファブだったのですが、そこで大勢の方が働いていました。だから先生は、「この通り、満員で場所がありません。残念ですが、ダメだ」とおっしゃいました。でも、そこで引き下がるのも嫌だと思って、ちょうど切妻になった屋根の、天井の隙間を指差して「あそこがまだ空いています」って、言ったんです。そうしたら、吉阪先生も仕方がないっていう顔をして「そうか」って。それで来てもいいっていうことになりました。もちろん、翌日に研究室に行くと、その切妻の隙間じゃなくて、少しずつ机を詰めたら、ちゃんと一人分の余裕くらいあったんですけど（笑）。

――いやあ、面白い（笑）。以来、U研には象設計集団を立ち上げるまでの八年間、在籍されることになるわけですね。

象設計集団の名の由来

——ここまで、ざっと駆け足で独立までの話をうかがいましたが、今日の話のポイントになるのはその後、一九七一年の象設計集団の設立です。当時U研にいた樋口裕康▼さん、大竹康市▼さんと三名で立ち上げられた。また、その直後に有村桂子▼さん、重村力▼さんも加わっていますが、ちなみに、「象」というのは、富田の「T」、樋口の「H」、大竹の「O」で、「THO」なんですね。

富田　そう…なんですが、「THO」では、誰もうまく読めないので、その後「ZO」にして、それなら動物の「象」がいいやっていうことで「象設計集団」になりました。

——僕は、象設計集団が出てきた時、建築というよりも、演劇集団のような、クリエイティブな集団という印象をもったんです。実際には、設立の時に三人で討議した理念や規範というものは、どんなものだったんですか。

富田　最初は、そういう理念のようなものはとくにありませんでした。

——えっ、そうなんですか？

富田　そもそも最初は一緒に何かやろうという気持ちじゃなかったんです。U研には私が八年いて、樋口さんも七、八年、大竹さんも同じくらいいて、それぞれがなんとなく、そろそろ出ようか、ということがたまたま一致して。でも、場所を三つも借りるのは大変だから、場所は一つ借りて、電話も一台共有して、それぞれで仕事をすればいいかなっていうくらいの感じでした。

——僕のイメージでは、URTECとU研を掛け合わせたような、新しいものを目指す新種の集団だという感じがあったんです。丹下、吉阪というそれぞれの個性を若い人たちが脇で眺めながら、また異なる理念、あるいは批評的なものを秘めて独立されたのか、と。

富田　う〜ん…、そんなにはっきりしていないんです（笑）。

——では仕事を進めていくなかで、だんだんと象設計集団としてのカラー、個性が色濃く出てきたんでしょうか。

富田　そうだと思います。

――非常にナチュラルな感じで誕生したんですね。では独立する時に、何か三人で目指すべきコンペとか、あるいは吉阪さんのところから引き継いできた仕事等もなかったんですか。

富田　ありません。ああ、でもU研を出る時に、吉阪先生のお知り合いを通じて「沖縄子供の国マスタープラン」（一九七二）を作成するという仕事をいただいて、それが始めて象設計集団としてやった仕事です。ただ、私は二人目の子どもが生まれたのがちょうど一九七一年なので、最初の頃はほとんど設計の仕事にはかかわっていないんです。これに続いて、やはり沖縄で「波照間之碑」（一九七二）というモニュメントをつくる仕事もするんですが、これらは主に大竹さんが中心になってやっていました。でも一九七五年に竣工した「今帰《なき》仁《じん》村《そん》中央公民館」の設計には、少しかかわっています。

事務所にて

――富田さんの設計の仕事としては、初期はわりと住宅が多かったようですね。

富田　やはり、二人の子持ちになってしまったので長期間家を留守にすることができず、一～二年は沖縄にも行けませんでしたから。ですから七〇年代は、文京区で「脇田邸」（一九七三）、鎌倉で「ドーモ・セラカント」（一九七四）、阿佐ヶ谷で私の実家を建替えた「ドーモ・アラベスカ」（一九七五）等をやっていますね。

――では象設計集団としてのデビュー作品というと、「波照間之碑」になりますか。

富田　たぶん、そうなると思うん

ですが…「沖縄子供の国博物館」（一九七二）の方が先だったかしら。「波照間之碑」はモニュメントなので、建物としては博物館ですね。

――象設計集団のデビュー作が沖縄というのも、何か象徴的です。その後もずっと沖縄とのかかわりが続いて、「名護市庁舎」（一九八一）へと至るわけですからね。

富田　そうなりますね。「今帰仁村中央公民館」の後も「那覇新天地市場計画」（一九七六）や「名護市買物公園計画」（一九七八）とか、なにかしら毎年やっていますから。それで「名護市庁舎」のコンペを通ったのが、一九七九年です。

名護市庁舎のコンペ

――「名護市庁舎」については、やはり、しっかりうかがっておかなければいけません。このコンペには、象設計集団としてもかなり力が入ったんじゃないですか。

富田　そう、結構力を入れました（笑）。コンペの前には、旧市庁舎も見に行っています。しかも、その旧市庁舎がとっても素敵だったんです。現在の庁舎のように大きなものではなくて、普通の家をちょっと直したようなものが町のなかに点在しているような感じで。点在するっていうほどバラバラではなかったかもしれませんが、何しろ、一つの大きな箱ではなくて、何課はこっち、何課はあちらの建物というように、別棟になっているんです。もちろん、市の方々はそれが不便だったのかもしれませんが、それぞれの建物に行ってみると、少しでも日差しをさえぎり涼しくなるような工夫として、いろいろな植物が建物を覆っていた。そこにきれいな花が咲いていたり、とにかく、とっても素敵でした。ですから、そういうイメージは、大きい建物になっても引き継ぎたいって、思いました。

――「名護市庁舎」のコンペは、沖縄にとっても、大きなターニングポイントだったと思います。モダニズムの、インターナショナルスタイルで行くのか、ローカリティ、バナキュラーなもので行くのか、その後を占う大きな選択だったはずです。結果、後者を選んだわけですが、そのことがさまざまな面で非常に評価されて、今日がある。しかも、そのもとになったのが、今おっしゃった、旧市庁舎だったというのは、非常に興味深いですね。

富田 本当に素朴な建物だったのですが、樹木を使って、気温の暑さを緩和しようという雰囲気がとても出ている、こじんまりして美しい建物がいくつかあった、という印象です。ですから、コンペに出した案は、実際に建ったものとは少し違っていたんです。全体のボリュームはだいたいあれくらいでしたが、大空間はなくて、立体だけれども、課ごとにバラバラしているというような案でした。

——ある種の群体建築ですね。

富田 そうですね、群体。少し前に竣工していた「今帰仁村中央公民館」が似た構成で、この時に大竹さんが「大屋根分舎方式」という呼び名をつけました。分舎だけれども、一つの屋根でつながっている。今帰仁村の方は平屋ですが、名護ではそれが三階建てになっているけれども、やっぱり各部屋がバラバラある、というような案です。それで、コンペは通ったんです。

ただ、いよいよ設計となった時に、市の方から、やはり市庁舎には大空間が必要だっていうお話があって、各部屋をくっつけなければならなくなった。それで、隙間がほとんどなくなっちゃったんです。

——それでも、半屋外的な雰囲気があって、沖縄という土地柄に馴染んでいるように思います。

富田 そうなんですが、最初の案はとっても良かったんですよ。分棟だけれども、重なっているという立体的な分舎方式で、その隙間を風がスースー抜けていくような。それが今は大空間になった分、隙間が少なくなってしまったので、奥の方で働いている方は、あんまり気分が良くないかもしれない(笑)。

——ですが、言わば、ある種のモダニズムに対するアンチですね。しかもこれを日本の風土、沖縄という土地柄にあわせて設計されたところが、非常に今、評価されています。建築評論家の松葉一清さんがある寄稿文で、「名護市庁舎」

が竣工から三十年以上経って「コンクリートが土に還っていくようだ」と評していました。大地に戻っていく。だから「輪廻の建築」だと。私もこれには強く共感します。一方で、現代建築は土に戻れない架構である、と。

富田　そうですか。槇文彦さんがこの間、何かに名護市庁舎のことをチラッと書いていらして、「最近行って見たら、時と共にいい姿になっていて嬉しかった」というようなことをおっしゃっていました（槇文彦「建築とは〈人間〉を考えること」）。槇さんはコンペの審査員だったので。

――槇さんは、時間という軸で建物が評価されるべきだとおっしゃっていますからね。ところで、「名護市庁舎」は象の設立からちょうど十年、富田さんが四十三歳の時の作品ということになりますが、それくらいの年代、つまり、三十、四十代の時と、五十、六十代を経て、現在七十代となって、その間に、ご自身の感性が変化してきた、豊かになってきたという実感はありませんか。

富田　それは…どうなんでしょう。あんまり変わっていないですね。二十代から変わっていないのかもしれない。そう思い込んでいるだけで、周りがどう思っているかはわかりませんけれど（笑）。

象の七つの原則

――象設計集団として独立した時には、集団としての理念や規範はとくになかったとおっしゃっていました。それでも、二〇〇一年に工作舎から出された著作『空間に恋して　象設計集団いろはカルタ』（二〇〇二）のなかに「象の七つの原則」というものが記されていますね。

それは「一．場所の表現」「二．住居とは何だろう？　学校とは？　道とは？」「三．多様性」「四．五感に訴える」「五．自然を受けとめ、自然を楽しむ」「六．あいまいもこ」「七．自力建設」という七つ。

こちらは、いつ頃お考えになったんですか。

富田　ああ、そうですね。これは何か、原則みたいなことを言わな

ければいけない状態になったんです。あれは確か、一九八〇年代の後半に、カナダでシンポジウムのようなことがあって、本当は磯崎新▼さんが呼ばれていたんですが、磯崎さんが自分は行けないから君たち行ってくれとおっしゃられて。それで行った時に、何かプレゼンをしなければいけないというので、むりやり七つの原則というのをつくり出したのが最初です。日本では、一九九三年に『建築文化』の特集号で「七つの原則としての方法」を発表しています。特集のタイトルは「あいまいもこ」でした。

――二番目の原則なんて、まさしく存在論的な問いですね。最後の「自力建設」なんかにも、「完全環境都市」のパオロ・ソレリ▼やフランク・ロイド・ライト▼のタリアセンの流れも感じます。これは、非常に画期的なメッセージだと思います。

富田　そうですか。私たちはいろんなプロジェクトにかかわってきましたが、そこには固定的な方法というのはなくて、むしろ、プロジェクトごとにゼロからつくっているようなところがあるんです。ですからもともと、規範とか原則ということは考えていなかったんですね。

　ただ、一九七一年に始まった象の事務所はずっと東京にありましたが、一九八六年に台湾事務所ができ、一九九〇年には東京事務所が北海道の十勝に引っ越します。その五年後に、私と他の数名が東京に戻って来まして、以来、三カ所で仕事をしています。ですから、「七つの原則としての方法」は、そんな風にバラバラになった状態をつなぐ共通言語として役に立っていると思います。

――それでは現在は、十勝と東京、台湾の事務所同士で、プロジェクトごとに、かなり密なネットワークを築かれているんですか。

富田　それは、けっこう難しいんです。やはり同じ場所にいれば、改めて話し合いをしなくてもわかるんですが、三カ所にあるので、いついつ会いましょうとか、ちゃんと決めてやらないとダメなんですね。しかも近年は、それぞれの事務所ごとの仕事も多くなっています。ただ、だからといっていまさら分かれても、事務所の名前のつけようもないし（笑）。

でもちょうど今、台湾と一緒にやっているものがあります。今度、たぶん実現することになるプライベートな美術館で、中国大陸の明、清の時代の焼き物やガラス器を展示するんです。ですから参考になれば、ということで、この前その施主をご案内して、岡山の「津山洋学資料館」（二〇〇九）と「石川県九谷焼美術館」（二〇〇二）に一緒に行ってきました。

——それは象設計集団の「十八番」ともいえる施設になりそうですね。楽しみです。

進脩館と笠原小学校

——僕らは、どうしても象設計集団の富田さんという認識でいるわけですが、集団と個人というのか、そこにジレンマがあったり、また逆に、集団として高揚していく瞬間とか、いろんなことがあるんだろうな、と想像します。たとえば、二つの人格があるような、そういうダイナミックな経験をしてきているとと思うんですが。

富田　そうですね。とても、一人ではできないと思います。

——同時に、個人の感受性や繊細さを集団が理解していくプロセスも求められるわけでしょう。

富田　ええ。ですから、時間がかかりますよね。勝手に済ませるわけはいかないこともありますから。

——象を離れて、個人として設計したというものもあるんですか。

富田　それはないんです。阿佐ヶ谷の実家（「ドーモ・アラベスカ」）も、象としてやりましたし。あ、ありました。象を始める前ですが、林泰義と一緒に「百窓の家（起爆空間）」（一九六六）をつくっています。

——そんな設計活動のなかで、富田さんがとくに印象深く思っている作品がありますか。

富田　そうですね…。最近よく行くのは、埼玉県宮代町の「進修館」（一九八〇）です。私たちは二〇一一年に地元の方々とグループをつくって、『齋藤甲馬と宮代　世界のどこにもないまちを創る』という本を出版しました。甲馬さんは宮代町の名物町長と言われた人物で、一九八二年に亡くなるまでの三十一年間に、いろいろとユニークな行政を行いましたが、そのなかで「進修館」も生まれたわけです。甲馬さんの生涯と宮代町の歴史を重ねて記録した、その本の出版を記念して、その後、「甲馬サロン」が始まりました。夏至と冬至ごろに、自然観察、講演会、音楽会等を「進修館」を中心にして開催するので、その時に私も行っています。

あとは、同じ町にある「笠原小学校」(一九八二)にも、毎年のように行っています。

──「進修館」「笠原小学校」、そして「名護市庁舎」にしても、すでに竣工から三十年以上経つわけですが、そんな作品歴を振り返ってみると、少し乱暴な言い方かもしれませんが、象設計集団の作品は、その運営が、愛着をもってなされているような感じがします。それだけの思いを施主や運営者がもっておられるようです。

富田　そうですね。そうだと思います。

──そういう施主との出会いは、どのようなかたちで築かれてきたんですか。

富田　みんな、たまたまです。住宅の施主では、『SD』の象設計集団の特集で「ドーモ・セラカント」と「ドーモ・アラベスカ」を見て、その両方の要素がある家がつくりたいと言って依頼して下さった方もいます。それは、「ドーモ・キニャーナ」(一九九二)という住宅になりました。これは兵庫県のお宅の建替えだったんですが、まず、地域の四季の変化を知りたいと思ったので、一年以上かけてその地域の特徴なんかを調査しに行くところから始めて。結局、全体で四年くらいかかってしまったんですが、以来、愛着をもって暮らしていただいています。

──また、象の設計の背景には子ども、あるいはさまざまな世代の人びとの集まり方、学び方、そういうものが一貫して、モチーフとしてあるような気がします。そういえば、オフィスビルっていうのは、なさってないでしょう?

富田　ないですね。ただ、店舗は

北海道の十勝事務所でいくつかやっています。回転寿司屋さんや美容院、クリニックとか。ああ、でもオフィスもあります。やはり十勝ですが、建築会社のオフィスをやっています。ただ、ビルというのではなくて、土のなかに埋もれているようなイメージで。屋根の上が丘のようになっていて、上を歩けるんです。ところが残念ながら、その建設会社がこの不況にもちこたえられなくって、手放すことになってしまって。誰か買わないかしらって思っていたんですが、やっぱりダメになって、今度、壊すことに。

——それはもったいないですねぇ。では他に、集合住宅なんかは、すでにやっておられますか。

富田　それが、集合住宅はやったことがないんです。そういうお話があれば、ぜひやってみたいんですけど。

——それこそ象らしい世界が表現できそうですね。ローカリティに溢れるところで、それほど大規模ではない集合住宅が実現すれば、ぜひ見てみたい。

アアルトとガウディ

——さて、これまで象設計集団としてのエポックとなるような仕事についてうかがったんですが、富田さんご自身は、設計という仕事をされていくうえで、影響を受けてきたものっていうのはどんなものになりますか。たとえば、アルヴァ・アアルト▼には興味がありましたか。

富田　なくはないですね。ただ、そんなに一生懸命集中して研究したわけではありません。それでも、一九八〇年代にフィンランドを訪ねて「フィンランディアホール」（一九六二—一九七一）と図書館を見た時に、あれっ？という気がしました。それまで写真で見ていたものは、大理石がもっとベージュというか、暖かみがある印象でした。それが実際に見てみたらあまりに真っ白で、なんだか、寂しいなっていう感じがして。それに、フィンランドに長く住んでいる方に聞いたら、フィンランドでは昔、建物は赤にしなければいけないというルールがあったんですって。

雪の中で見つけやすいから。

　農家なんかでは今でも「スカンディナビア・レッド」と称される赤い板張りの家が建っているんですが、それが重要だったんですね。ところが、モダン建築として白っぽい建物が出てくるようになった。それが、あの地方の空の色のなかで見ると、ギリシャなんかで見る白い建築物とはまったく印象が違って、とても寂しい感じがしました。

――そうですか。現地でご覧になったんですね。

富田　ええ。建物のスケール感や形は「さすが」と思いましたが、あの曇り空のなかでは白い大理石がわびしく見えました。

　あとは、影響を受けたかどうかはわかりませんが、ヨーン・ウッツォン▼の作品は、わりと気に入っていました。いいと思いましたね。

――極めておおざっぱな言い方ですが、彼らは、モダニズムのなかでも比較的オーガニックな建築のありようというものを追究した建築家ですね。そして、象設計集団のあり方も、モダニストという枠のなかにはどうも入りません。やはり、ローカリティ、オーガニック、オルタナティブな建築を指向

しているように感じます。

富田　アントニ・ガウディ▼も、もちろん好きです。「ドーモ・アラベスカ」をやった時には、ガウディみたいだねって言われました。でも、実際にはずっとガウディの作品を見たことがなくて、やっとバルセロナに行ったのが二〇〇七年。スペインにはそれまでに一度だけ行ったことがありましたが、バルセロナには行かず、とってあったんです。それがやっと行って、見て、「ああ、あまり早く来なくてよかった」と思いました。

――それは、早い時期に見ていたら影響を受けすぎてしまっただろう、ということですか。

富田　受け過ぎるというよりも、自分で設計することが嫌になっちゃったかもしれないと思って。こういうのがあるなら、とても敵わないと思っちゃったかもしれない（笑）。写真だけでは、あの感じはなかなかわからないですね。

――フッとした暗さ、差し込む光、空間に包まれる感覚等は写真ではなかなかわからないですからね。

富田　ええ。あと、影響を受けたといえば、それはなんといっても吉阪隆正先生です。吉阪先生は最大の師で、影響を受けました。これまでにも、何か問題にぶつかると、吉阪先生だったらこういう場合はどういう風にお考えになるかなって、それは年中、出てきます。

　たとえば具体例として、敷地に何かをつくる時は、その敷地で一番よくないところを選んで、そこに建てればいいんだ、とかね。面白いことをおっしゃるんです。悪いところを直して、隠してしまう。でも、それは賢いやり方です。

――なるほど。残りはすべていいところですからね。それは圧倒的に違います。ところで、富田さんがU研にいた頃、吉阪さんはおいくつだったんですか。

富田　私より二十歳年上ですから…四十代半ばですか。案外お若かったんですね。

五感が働く建築を

――このシリーズでは皆さんに、現在の建築、建築界において最近気がかりなこと、あるいは関心のあることをうかがっているんですが、何かございますか。

富田　超高層がどんどん建っていることですね。どうしようもないスピードとボリュームで次々建っているでしょう。吉阪先生も、「高層ビルはいけないよ」って、いつもおっしゃっていました。

――やはり、超高層に対してはある種の恐怖感がありますね。

富田　そうです。それに、高い方だけじゃなくて、横に広がっているものも、あまりに大きくなっているような気がしています。空港にしても駅にしても、建替えられるごとに巨大化して、結局、不便になっていますでしょう。長く歩かされて、自分がどこにいるのか、何がなんだかわからない。それがすごく危険だと思って。

――僕の事務所は渋谷なんですが、駅前はもうずっと工事中で、これから超高層が何本も建つんです。その地下の通路も迷路状態で、いったい自分がどこにいるのか、本当にわからなくなる。また工事中という、発展途上の不明な時間に、みんな付き合わされていることにも、不安感、恐怖感があります。

富田　怖いですよね。自宅は東急東横線沿線ですが、渋谷駅が地下化されてからはとても不便で。最近は、なるべく渋谷を通らないようにしているんです。イメージアビリティがどんどん低くなるというか…。

――まさに「都市のイメージ」が、構造として描けません。リンチはレジビリティとも言っていますね。場の判読性、解読性の大切さを唱えている。

富田　七年ほど前に『小さな建築』（みすず書房、二〇〇七）という本を出したんです。その「小さな」っていうのは、サイズが小さいということではなくて、私たちの心身にフィットするサイズ、そのなかで五感がのびのびと働けるような建築という意味。人が、恐怖感、不安感、孤立感を感じないような建築のことなんです。だからここにも、「超高層はいやだ」って、書いています。

――こちらの本に書いてあるスケッチ、素晴らしいですね。「樹木のような高層建築」というツリーハウスのようなアイデア、「一階建て高層建築」と書いてあるこのスケッチも面白いですね。僕から言わせれば、いかにも「カワイイ」(笑)。

富田　あっ！　その「カワイイ」で思い出しました。今私、「オノマトペ」に凝っているんです。

オノマトペと建築設計

富田　ここ数年、何か講演をやることになった時には、オノマトペでやっているんです。それを簡単にまとめたものがあります。

――オノマトペですか！　それは素晴らしい。きっかけは、何か子どもたちに聞かせようと思って始められたんですか。

富田　いえ、自分たちがよりはっきりするように、自分たちの思考を整理するという感じ。最初にやり始めたのは五、六年くらい前だったと思いますが、その途中段階で、早稲田大学芸術学校の特別講義というのに呼ばれて、その講義を二、三回務めました。その二回目の時に、一回目と同じ話をするんじゃつまらないと思って、ちょうどいい、オノマトペをやりましょう、ということで、初めて人前で、実験的にお話してみたんです。

たとえば「空間と人の親密な関係」というところでは、「すっぽり」「こっそり」「ぬくぬく」とか。それが五感で素材を感じるという場合には、「べたべた」「ひたひた」「ふわふわ」とかね。「空間の組み立て」に関しては、「ぐるぐる」「うねうね」なんていうような感じで。実際の作品の写真や町の写真なんかと一緒に見せながら、このオノマトペで表現すると、わりとひびくっていうか、理解してもらえます。

――オノマトペという音の世界を、設計の概念や理念の解説に使って、意識を共有化していくということですね。

富田　そうです。

――これはまさにサウンドランゲージですね。あるいは、スペースランゲージというか。ここからアクティビティもイメージできるし、場のイメージを受け取ることもできる。さらに言えば、水の冷たさ、空気の暖かさなんかも読み取れる。いやあ、感銘を受けました。

富田　講演会で使うごとにだんだんと整理されていって、やっと最近、完成版になったかな、と言う感じです。冒頭では、超高層ビルが墓標に見える、なんて言って、青山墓地の写真と並べてみせたり。場合によっては、もっと過激に、ここにアウシュビッツの写真なんかも入れてしまうんです（笑）。

——実感できる手法というか、伝える手段ですね。聞いている人たちが感情移入しやすい。

富田　大学の学生にも同じものを見せたことがありますが、伝わる感じでした。建築学科の学生ですから、みんな、建築の話をするだろうと思っているところへ、こんな絵本のようなものを出して、まず「抱っこひもが建築の原点です」なんて言うから、最初はびっくりしたと思うけれど。

——こういった試みを、七十歳以降に展開されていたんですね。だって、二十代、三十代でこれをやっても、ちょっとギャップがあります。聞いている方もしっくりこないでしょう。何か禅的な世界さえ感じられます。

富田　そうですね。二十代ではちょっと言えなかったでしょうね。それに、こんなこと言って平気でいられるというのも年齢なのかしら。ずうずうしくなっているということかもしれません（笑）。

——ある意味、建築の語り部となって、これからもこういう分野を精力的にやっていただきたい。

富田　そんなに、力を入れてやっているわけでもないんですけど（苦笑）。

　でも、東海工業専門学校に呼ばれて、一時間半のレクチャーをし

書棚より

たことがあり、その時にもオノマトペをやったんですが、学生がちゃんと感想を書いてくれて、その反応がとても面白かったですね。「言葉で空間を味わえる不思議さ、そこに行ったことがないのに、あたかも体験した気分です」とか、「小学校一年生の教科書に載っている言葉が、大人になってこんなに心に響くものだということを、改めて感じました」、「今まで参加してきたセミナーのなかで建築を一番身近に感じることができました」とか。そんな感想をいただいて、やった甲斐があったな、と思いました。

——僕はやはり、オノマトペという発想は、年齢を重ねるなかで出てくる感性の豊かさのような気がします。ですからこういう作業を、パイオニアとしてできるだけ長くなさって欲しいと思います。

富田　フフフ（笑）。よろしくお願いします。

——富田さんがオノマトペに取り組まれているという話は、今日初めてうかがったので、非常に新鮮でした。これからのますますのご活動を期待しています。

室伏次郎

一九四〇年生まれ

建築と人とが
コミュニケートしている

むろふし・じろう＝東京生まれ。建築家。神奈川大学名誉教授。一九六三年、早稲田大学理工学部建築学科卒業。その後、坂倉準三建築研究所（現坂倉建築研究所）に入所する。同建築研究所で、一九六六年からタイ国の文部省による農業高等学校、工業高等学校及びカレッジ等二十六棟の設計監理に従事、建築を始めとするタイ国の生活文化に深く親しんだ。一九七一年に同研究所を退社し、戸尾任宏、阿部勤と共に建築研究所アーキヴィジョンを設立。一九七五年には、阿部勤との共同主宰としてアルテック建築研究所を設立。一九八四年にスタジオアルテックを設立、主宰する。一九八五年より、神奈川大学工学部建築学科非常勤講師に就任、一九九四年からは同大学教授、二〇〇九年より同大学特任教授を務め、二〇一〇年より同大学名誉教授。主な作品に「北嶺町の家（自邸）」（一九七〇）、「大和町の家」（一九七三）、「北烏山の家」（一九八〇）、「ダイキン・オー・ド・シェル蓼科」（一九九一）、「大井町の家」（一九九三）、「SIBUYA EAST Bldg」（一九九六）、「熊本県立天草工業高校」（一九九七）、「梅屋敷ハウス」（二〇〇八）、「鎌倉の杜」（二〇〇八）、「日本橋室町の家」（二〇一五）、「大倉山シニアハウス＋」（二〇一六）、「インマヌエル船橋キリスト教会コミュニティチャペル」（二〇一七）など。著書に『埋め込まれた建築　五十八の断章』（住まいの図書館出版局、一九八九）、『いい〈家〉をつくりたい』（光芒舎、一九九九）など。

コンクリートに馴染む身体

――本日は、室伏さんの自邸「北嶺町の家」（一九七〇）にうかがっています。僕は以前うかがったことがありますが、本当にここの空間が好きなんです。コンクリート打放しの住まいですが、なんともいえない心地よさがある。壁のテクスチャーが素晴らしい。ザラザラとして、表情があって、今日的な、ツルツル・ピカピカの打放しとはまったく違うんです。こちらはもう、竣工から四十年以上経つんですね。

室伏　そう、四十四年経ちます。『住宅雑誌』六月号の特集が「コンクリートに住まう術」というものだったので、それに関連して座談会に参加したんです。僕と阿部勤さんと、それから、僕が設計した「大和町の家」（一九七三）の施主であった中原洋さん・道子さん夫妻、さらに、中原さんから引き継いで、現在「大和町の家」に暮らしている平野伸彦さんという音楽家とが集まって「住まい手に馴染む打放しコンクリート」というテーマで話してきました。ですからわりと最近、この家について振り返ってみる機会があったんです。

――それはおそらく本日の話にも絡みますが、僕がとくに室伏さんにうかがいたいのは、コンクリート打放しの家に四十年以上にわたって「暮らし続ける」ことについて。これは今まで、日本の近代建築があまり検証体験してこなかったことです。そもそも、建てられた当時は室伏さんも三十歳という若さだったけれど、現在は七十四歳。当時の体と今の体では、身体感覚も変わってきているはずです。そのなかで、コンクリートとの付き合い方、空間の感じ方も変わってくるのではないでしょうか。

室伏　歳については、自分では何も変わらないつもりでいるけどしょせんは仕方がないんでね。でも空間の感じ方というのは、僕も僕の子どもたちも含めて、この洞窟のような、ザラザラだけど暖かいという場所にどっぷり浸って生きてきましたから、非常に体が馴染んでいます。むしろ、この空間に受け入れられていることを常に感じている、というのかな。

――室伏さんの先輩方の世代にも、コンクリートの空間に住まわれてきた方々はもちろんいます。清家清▼さん、吉阪隆正▼さんもそうですが、彼らは、コンクリート造の家というのがどういうものだったかを、ほとんど報告せずに亡くなってしまった。「塔の家」の東孝光▼さんにも、コンクリート造の家に住む身体性についてうかがいたいところですが。

そこで室伏さんには、コンクリート造に住む身体、そして感性といったことを、今日はうかがいたいんです。

室伏　まあ、ウチの場合は何のことはない、安普請でやったということ以外無いんです。ただ、僕がこれをつくった当時、コンクリートを石の疑似体として考えたということはあります。石造りの空間、組積造の空間がもつ柔らかさをイメージして、人の手で運べる、できる範囲のものを使ってつくられた空間です。硬いけれど柔らかさもある。そういうものの擬似的なイメージを、コンクリートの壁構造にもっていたんです。即物的な良さというのか、コンクリートの顔そのものが現れている空間、コンクリートの良さが一番感じられる空間をつくりたいとは考えました。

――一九五〇年代、六〇年代に、コンクリート造の建築が建ち始めた時、それは素材、構造材として優れたものとして見られていたけれど、その空間に長く暮らすという視点が、当時あったのかどうか。そのことが気になっていたんです。たとえば、ル・コルビュジエ▼のマルセイユの家（「ユニテ・ダビタシオン」一九四五―五二）や、これに影響を受けた前川國男▼さんの「晴海高層アパート」（一九五八）といったコンクリート造の建物。ああいった建物に、人は愛着をもつことができたのか。あるいはそこに、壁がザラザラであるか、ツルピカであるかということも、関係しているのかどうか。マルセイユや晴海のコンクリートも、こういうザラザラ、ガサガサの質感だったんでしょうか。

室伏　僕はマルセイユの家を見ま

したけど、あれは相当なものでした。僕が行った時はちょうど大修復の終わった時でそれなりにきれいに直されていましたが、その直前はもう、ガサガサもガサガサ。ただ、そういう表面上の荒っぽさを超えて、コンクリートの空間がもつ独自の力というものは、明らかに、あそこにはある。

――住まい手はどのような感じ方をしていたんでしょうね。気になるところです。

空気を設計する

室伏　コンクリートの力ということでは、先ほど言った『住宅雑誌』の座談会の時、現在の「大和町の家」の住み手である平野さんが面白いことを言った。彼は、今まで木造の家にしか暮らしたことがなく、コンクリートの家は体験したことがなかった。それで、購入を考えるうえで、まずはとにかく見てみようということになり、初めて「大和町の家」に行き、玄関ドアを開けた瞬間に「買った！」と言ったそうですよ。

　彼が言うには、ドアを開けた瞬間一番に感じたことは「長い線がつながっている」ということだった。それは木造にはないことで、これがコンクリートの家との最大の違いだと思った、と。

――なるほど。木造のモジュール、寸法、尺度とは違う壁構造の特徴を、瞬間に感じ取ったんですね。

室伏　そうなんです。平野さんは、自分にとってはそれが一番の衝撃で、なんだかいいものだな、と感じたと言うんです。そんな言葉を、建築家ではない、いわゆる素人から聞いたのは初めてです。

――ただ、音楽家という職業ですから、とても鋭い感受性をもっていたのでしょう。

室伏　そうでしょう。それで僕が思い出したのは、コルビュジエが西洋美術館の設計の下見として日本に来た時のことです。僕はまだ学生でしたから、後に坂倉準三▼さんから聞いたんですが、コルビュジエが来た時、坂倉さんはいろんなところを案内して歩いて、桂離宮にも行った。しかしコルビュジエは桂離宮を見ても、ちっとも喜ばなかったそうです。その時に言った言葉が「線が多すぎる」って。確かにコンクリートの人が見たら、まず、そう思うでしょうね。

そういうことから、さっきのマルセイユの家の話に戻れば、マルセイユの家の一階にあるピロティの壮大さ、それはまったく、高速道路の高架下かと思うほどのものだけれど、しかしなんとも言えず、人間に即した場所になっているんです。それはいったいなぜなんだろうと、僕はずっと考えてきた。それで思ったのは、真壁さんには釈迦に説法だけれど、建築って「空気」を設計しているわけですよね。コンクリートの壁は、空間を厳然と遮断する。それをつなげる時には、穴を開けるわけだけど、穴の向こう側とこちら側の「空気の質」というのかな……長い線、大きなスケールの空間であっても、そこに織りなされている「空気の質」が、人間の尺度にあった感覚をもたらすのではないかと思うんです。

——それが木造だと、空気の固まりという実感はあまりない。空気というよりは、風が流れていくような、内と外を行き来するような緩さがありますね。

室伏　ええ。木造の柱梁の空間は、全部つながっていますね。もちろん、見えないところはありますが、それは縁取られた穴がたまたま埋まっているだけで、感覚としてはすべて横につながった空間です。それがコンクリートだと、厳然と遮断する。外界とつなげる時には穴をあけるわけですが、この穴の有りようが、人間的なスケールや感覚と結びつけるものになるのではないか。そんなことを思っているんです。

——木造の柱梁の空間よりも実存的ですからね。

室伏　それが、わが家の場合は、最初はとにかくお金がないため限定的な条件のなかでつくらざるを得なかった。住まいを機能的に解決するのは建築家の仕事だけれど、それを逐一やっている余裕も無い。しかしそれが幸いした。つまりこの家の核心は「いかに場を得るか」ということなんです。この町、この土地だからこそ、得られる場とはどんなものなのか。機能は一切無視して、それだけをひ

たすら考えて設計した。それがたまたま僕の住居である、と。

建築家はバチッと解答を出すとも一つの使命ですが、わが家の場合は、ベストの解答を導くための裏付けもないし、もう、決めなくていい、嫌ならいつでも変えられる、コンクリートの骨格以外はいつでも捨てられる、そういう関係でコンクリートの空間だけをつくった。他ではあり得ないし、考えられないというなかに、人の方が「入り込む」という感覚です。ある意味、相対化したんですよ。

――その時、このコンクリート表面のザラザラした感触というのは、意識的にやられたんですか。

室伏　まあ「こういうものである」という感じの意識はありまし

た。

僕のウチはすでに四十年以上経つとはいえ、言うまでもなくその前の時代にも丹下健三▼さんを中心に、コンクリート打放しの建物がたくさんつくられていた。しかし市民的にはあまり評価されず、建築家が勝手にやっていることだと見なされてきた。ましてやそれで家をつくるなんてまっぴらごめんという時代だったじゃないですか。だけどそうじゃないよ、と。これだけ安く、必要最低限の性能をもったシェルターができるんだ、と。そういう思いがあって、ある種、頼りがいのある、ザラザラの壁面というのは非常にいいものだと言いたくて、こうなった。

――その、一般には総スカンを食らったこととも関係しますが、このざらついたコンクリート打放しの空間は、やはり、住まい手の方にもある種の感性というか、強靭さを要求するのではないでしょうか。

室伏　それはそうなんですね。

――それが実存空間というものなんだろうけれど、先ほどの音楽家も、その強さに対して自分もチャレンジブルに、住んでみようという気になったのでしょうね。

室伏　それが面白い。しかも、彼は今でも、自分がそういう反応をしたことを、ある種の自慢として語るわけですよね。俺はそういう風にこの家を受け止めたんだぞ、と。非常にありがたい話です。

僕の話に戻りますが、そういう、コンクリートのシェルターと、生活するために必要なごちゃごちゃとしたもの。それらが自ずと、強いコントラストをもって立ち上がってきます。すると、誰の目にも荒々しいことは事実だし、頭をぶつけりゃひどく痛い。それははっきりしているんです。ただ、それらが自分の体に「馴染む」んですよ。これは阿部さん流のいい方ですが、僕の言葉で言えば「建築と人とがコミュニケートしている」。それは、このごちゃごちゃしたものがあるからなんです。そして、そういうものを受け入れ、安心感のある場を自ずと形づくっている。コンクリートの空間がもっている空気が、そういうものを許容するのだと思います。

実際、小さい子どもがコンクリートの空間に来た時の反応を見ていると、嬉々としていますよ。それはコンクリートの空間が、洞窟的だからではないか。つまり、洞窟的なものが、人間の住まいの原点です。そういう空間の力が、綿々と受け継がれている。

洞窟的なものとテント的なもの

――じつは僕も自宅はコンクリート造なんです。その実感として、この壁際というのが非常に大事な意味をもっていますね。壁と向かい合って暮らしていると、そこから何か、インスピレーションを得るんです。

室伏　そう。まさに、壁際なるものは重要ですね。僕の家ではそういう余裕はなかったんですが、他のプロジェクトでは常に「空気のなかに屹立する一枚の壁」、そういう状態をつくることを意識してきました。

――ロマンチックに言えば、屹立した一枚の壁というのは、自分を映し出す世界のようなものですね。

室伏　本当にそうです。

――なんというか、それは自身の生活の背景として、自分のアリバイ、バックボーンになるもののように思います。ところで、室伏さんはコンクリート造の住宅はどれくらい設計してこられたんですか。

室伏　ちゃんと数えたことはありませんが、四十棟くらいじゃないかな。そのほとんどが壁構造ですが、コンクリートだけれどもラーメン構造だという家が二軒ある。そのなかにも、なんとかコンクリートの壁なるものを差し込みたいと思って設計した。結果、柱梁でつくった構造のなかに、壁を二枚、屹立させた。やはり、人間の住まいには壁が必要だということを、この家を設計した時に強く思いましたね。

――そういう実感をもったのは、わりと早い段階ですか。四十代の頃？

室伏　ラーメン構造の家をつくったのが一九八〇年代ですから、四十代ですね。今日、最初に僕は、コンクリートを石の疑似体と捉えているという話をしましたが、これはそもそも、坂倉を独立する時、一緒に事務所を立ち上げた戸尾任宏▼さんが一九五〇年代のヨーロッパをずっと徘徊して（笑）、その時に撮影してきたロマネスクのフィルムを、シャワーを浴びるがごとく、見せてもらったことがあるんです。それはすごい体験で、僕は非常に感動した。以来、人間の居場所はこういうものでありたいな、と。それを、三十代の始め、事務所を始めようとした時に体験したということはすごく大きいんです。

　もう一つは、坂倉準三建築研究所時代、長らくタイに滞在した時の経験ですね。タイではコンクリートの閉じた空間などありません。それにもかかわらず、タイも非常に良かったし、僕に今なお、大きな影響を与えている。

——タイでの仕事については、以前、この連載のなかで阿部さんにもうかがいました。もちろん、そこで得たものは、阿部さんと室伏さんでは異なると思いますが、いずれにしても、非常に大きな経験だったでしょうね。そもそも住宅の原型には、一つはテント的なものと、もう一つが洞窟という、この二つの流れがあって、室伏さんはこの二つを体験し、自身の設計としてトライしてきたわけですから。

室伏　それがね、二年ほど前にブータンに行ったんです。今、千葉工業大学にいる古市徹雄▼さんが、ブータンの建設省と一緒にずっとブータンの伝統住居を調べていて、それが本になっていますね。その三冊目（『ブータン伝統住居3　東部編＋提案』ADP、二〇一二）ができたので、ブータンで献本の儀式が行われるという。それに一緒について行って、伝統的な家屋も見てきました。これがすごかった。僕は感動しました。それはね、こんなに厚みのある、三層の版築の壁。その厚みたるやすごいんです。その上に木のアンブレラが掛かっている。アンブレラの上には乾物や干し草がたくさん置いてあって、ある種の農作業の場になっているんです。つまり、堂々たる壁と、そこに組み込まれた木造の塔とアンブレラ。それが原型なんです。

——それは、「壁派・室伏」が出会

うべくして出会った住居の姿といえそうですね。

室伏　しかもよくよく考えてみたら、この「北嶺町の家」とそっくりなんだよ。ウチにはアンブレラこそないけれど、まず階段がとても急だし、堂々たる構えでありながらも、近代の個室の有りようから言えばとんでもない、がらんとしたところに、ごく粗末な境界をつくって個人の場所としているといった空間のつくり。そこがブータンの家もこの家も、同じなんです(笑)。

――なるほど(笑)。室伏さんはこれまで一貫して、脱近代、あるいは超近代という立ち位置におられて、近代と対峙しながら、ブルータルな空間なり、ブルータルな生き方を実践してきたと思います。しかもそれは、当時の早稲田の気風とも言えるような気がします。やはり、吉阪隆正さんの影響もあるのでしょうか。

室伏　確かに吉阪さんの影響は大きいでしょう。何しろ僕は吉阪さんに憧れて、なんとか早稲田に潜り込んだんですから。

ところが肝心の吉阪さんが探検の時代を過ごしていたから、学内ではろくに会ったことがないんです。入学式の時と、都市計画の授業で一回会ったきり。あとは、探検から帰って来た時に、キャンパス内でチラッとお姿を拝見するというくらいで。

――卒業時に吉阪さんのU研に行くことは選択肢はなかったんですか。

室伏　そうですねえ…。なぜでしょうね。ある意味、引っ込み思案だったのかもしれません。

「場」で設計する

――ちょっと戻りますが、やはり僕は室伏さんに、四十年来コンクリート造に暮らしてこられたことを踏まえて、コンクリート造が生み出した空間について、一度総括していただきたいんです。つまり、住む空間、生きる空間として室伏さんや安藤忠雄▼さんがコンクリートに挑んできた歴史があったわけですが、今の若い人たちは、コンクリートに対する主題を見つけにくいのではないかと思うんです。

室伏　僕は安藤さんとは同世代ですが、安藤さんはいわば、コンクリートの美しい有りようの代表としてやっておられる。あれは、まさに型さえつくればどのようにでもつくれる、そういう材料としてコンクリートを捉え、型のつくり方を精進され、見事な美しさを表現されている。さらに今、普通の人がコンクリート打放しといった時に捉えるイメージ、さらに、若い建築家がコンクリートでつくろうとする時にお手本とするコンセプトもそちらにあるわけです。

　ただ同時に彼は、幾何学に奉仕する人であって、人間に奉仕する視点とはちょっと違う。ですがそこにもう一つ、幾何学ではなく、コンクリートの当たり前の有りよう、人の心に奉仕する有りようというものもある。僕としては後者の思いを抱いて、ずっとコンクリートを扱ってきました。

　コンクリートのごく当たり前の有りようを、形態というか、空間の形にして、それが「ありたいようにあらしめる」。これは、ルイス・I・カーン▼の言葉ですが、その空間がありたいようにあらしめるということは、ある意味で、信用しているということです。

　ところが…これは僕の感想が間違っているのかもしれないけれど、かく言うカーンについても、ちょっと考えさせられたことがあった。

　僕は五十歳にして初めてアメリカに行って、カーンの建築を見て回るツアーをやったんです。初期の住宅から、晩年の作品までをまじまじと見た。すると、カーンが歳を重ねれば重ねるほど、その作品は、人よりも幾何学に奉仕していくように思えたんです。人間がどこかに吹っ飛んで、神の目で建築を見ている。そんな感想をもちました。ただ僕は、バングラディシュのプロジェクト（「ダッカ首都大学・国会議事堂」一九六二―七四）を見ていません。藤木忠善さんにも、今のような感想を話した時、彼は「ダッカを見る前にカーンをわかったようなことを言っちゃいけない」って言いましたよ。だから、僕は間違っているかもしれないけれど、そこまでの経験としては、そんな思いをもちました。

――僕としては、カーンは純粋幾何学というよりは、大地とのやり取りのなかで、ああいった円や三角、正方形などを見出したのではないかと思っているんです。少なくとも、幾何学というのは人間の理性ですが、大地は、それを超える広い宇宙の一部である。そのなかに自分自身の理性を預けて、非常に謙虚に、楽しみながら仕事をしたんじゃないか。幾何学を大地との応答として位置づけてみたい。そう思うわけです。

室伏　なるほど。やっぱりダッカは死ぬまでに見なくちゃいけませんね。

――ただ、コンクリートの話に戻せば、やはりツルツル・ピカピカな幾何学の世界と、ザラザラ・ゴツゴツでポーラスだらけという、二つの流れがありますよね。そして今は前者が主流ですが、これを住まいとして長らく暮らしていけるかというと、あまりそういう例は無いんじゃないですか。

室伏　そういったテクスチャーの問題もあるのかどうか。僕自身はこの家に四十年以上も暮らしていますが、その間には、じつにいろんなことが起きています。最初は、親族ではありましたが、別の家族と二軒の住宅として、上二層、下二層と完全に分けて暮らし始めた。いわば最小の共同住宅だったわけです。それが、その後一時期、四階建てのすべてが僕たちの住まいになって、一階は子ども、二階がいわばエントランスホールで、三、四階を僕たち夫婦と親が使うということもあった。さらにその後、この二階が借家となり、他人が住んで数十年。それがついに今年になって、三男家族が一緒に暮らすことになったから、彼らが上二層、僕たち夫婦が下二層を使うということになりました。つまり一周したわけね。僕がこの家を建てた時、まだ子どもが小さくて、ちょうど今の三男家族のような姿だったから。

　なぜそういった多様な使われ方に耐えられたのかといえば、この家は、機能で設計していないからです。場で設計をしているから、何が起きても怖くないわけです。シェルターとしての空間はずっと厳然としてあって、内部のしつらえを適時、なんとでもしていけばいい。いろんな人が来て、スッと馴染んで、自分のものにできるんです。

——どういうオーダーがあろうと「場」があるから、支えられるんですね。

室伏　それに、傷がつこうが穴が開こうがへっちゃらだっていうところもいい。なんというか、空間に受け入れられるというか、やり取りできるんです。そこは、ツルピカのコンクリートと違うところかもしれない。

生命感に溢れたエロティシズム

——前編として、室伏さん自身とコンクリートの付き合いということをうかがってきました。後編としては、いよいよ、最近のお仕事についてうかがいたいのですが、ここにある小さな本『場所性の建築　構築された外気の空間・曖昧な境界』というご著書は非売品なんですね。二〇〇九年発行となっています。

室伏　これは、大学を退任する時の最終講義のためにつくってもらったんです。今まで書いていたものなんかから抜粋しながら、主な仕事に解説を加えるようなかたちでまとめたものです。

——しかも、この最後に「鎌倉の杜」(二〇〇八)というのが出ていますが、じつは僕は、この建物を横

書棚より

須賀線の車窓からいつも見ているんです。失礼ながら、今日この本を見るまで、室伏さんの作品だとは存じ上げなかった。だって、木造ですよね。でもこれはすごい建築だと、ずっと気になっていたんです。この場所も、谷戸のようになっている不思議なところで、そこだけ異次元のように見える。何か、パワースポットのようですよ。

室伏　さすが、よくわかりますね。まさにパワースポットのような不思議な場所です。僕も初めてこの土地に案内された時には驚いたけれど、じつはその近くにはちゃんと民家もあるんです。しかし、この場所に行くと民家は一切見えない。目の前が谷戸でね。一日中あそこに座っていると、太陽の光の様態がずっと見えているんですよ。最後に森の向こうに日が落ちると、漆黒の闇になる。すごいところなんだよ。

――しかも、その下を横須賀線がバンバン走っているんですから。

室伏　変な土地ですから、二束三文だったんです。でも、まるで幻想の世界に来ちゃったような気分になる。近くを横須賀線は走っているけれど、前面に柱を林立させることで外部からの視線を緩やかにさえぎると共に、周囲の自然とのつながりを得るという、両義的な場にしています。ですからここでは、誰の視線も気にせずに過ごすことができるんです。

――鎌倉と北鎌倉の間、瞬間的にちらっと見えるだけなんですね。でも、住まいというより道場のような雰囲気がある。これは、セカンドハウスとして建てられたんですか。

室伏　そうなんです。奇怪なところですから、今度ぜひご案内したいですね。しかも、住んでいる人間も奇怪な男なんですよ（笑）。この主は、僕がかつて設計した「北烏山の家」（一九八〇）という、廃墟のようなコンクリートの家の施主です。その人が、終の住処をつくりたいと言って建てたのがこの「鎌倉の杜」。でもね、家族からは総スカンを食らってね。一人で、セカンドハウスとして使っているんです。

　しかも、真壁さんがまさに言い当てたように、彼はここを、座禅を組む場所にするといって、そんな空間をメインにつくっている。メインというよりも、他には「男の間」「女の間」というほとんど間仕切りのない空間しかない。そして、真っ黒い舞台のような広間で座禅を組む、と。そして舞台の裏は何あろう、でかい風呂場になっています。

――なるほど。ご家族がついて来なかったというのも、非常によくわかるな(笑)。欲望を体現したような空間ですからね。

室伏　まさにね、施主と僕が密かに、まったく奥さんを無視したまま、こうありたいというキーワードを出して、それがそのまま実現したような空間です。当然、家族はついて来ませんよ(笑)。

――お施主さんも、もう六十歳を超えているでしょう?　何か、六十代、七十代の男の企みとして、エロティシズムを感じますよ。快楽。僕はここを通ると、舞踏家の土方巽のような男が、越中褌で踊っているというようなイメージが広がるんです(笑)。

室伏　恐ろしいほど言い当ててるねぇ!　僕はこの建物について書いた文章に「生命感に溢れたエロティシズムと自然の対峙…」というように書いたんですよ。そんなことを言っているのは僕だけだったのに、参ったね(笑)。今度ぜひご案内しますから、そこで酒でも呑みましょう。

――いいですね!　しかも施主と建築家が呼応しながら、互いの老境の感性がこういうものを描き出すということに、非常に感銘を受けます。

建築の「悦楽」

――僕は、だいぶ謎が解けてきました。つまり「鎌倉の杜」を拝見していると、「ダイキン・オー・ド・シェル蓼科」(一九九一)を彷彿するんです。蓼科を設計した四十代、五十代の仕事が肥やしになって、ここにつながっているんですね。じつは僕は、蓼科にうかがったことがあるんですよ。あの施設は保養所ですが、「個」としての過ごし方、「個」に向けた場所のあり方が、非常に練ってありますね。

室伏　行かれたんですか。嬉しい

なあ。しかも、さすが、捉え方が鋭いですね。

ダイキンをつくる少し前に、僕は自分のセカンドハウスとして「御殿場のガラス小屋」（一九八九）というのをつくったんです。それは、今までコンクリートにばっかり触ってきた人間が、コンクリートに一切触らないで建築ができるのかというチャレンジで、出来合いの温室を使ってこしらえた空間です。壁は一切ない。そのコンセプトは「自然と私」です。男が来ても女が来ても、たとえ夫婦で来ても、ここでは別々。自分のこと、相手のことについて、一人で思い致す、という。そんなコンセプトがダイキンにも引き継がれているんです。

――なるほど。ここに来て、ハタと奥さんを口説いてみたくなるような空間ですね。

室伏　そうそう。まさにそういうものをつくってみようじゃないか、と。

――僕は蓼科を見た時、それまでの室伏さんのイメージが一新されました。それにしても、洞窟から温室へ向かうとは、相当な賭けだったんじゃないですか。

室伏　それはそうです。できるかどうかわかりませんから。僕は一応「壁の建築家」なんていわれるんですが、ダイキンには壁が一切ないんですからね。

このダイキンの土地は、本来、蓼科の古い別荘地の一角です。ただ場所が悪いため、長らく捨て置かれていた。ダイキン側としては、保養所を建設するためのいくつかの候補地のうち、この土地は使えそうもないけれど一応見ておきますか、という感じだったんですよ。それで行ってみたら、何よ、ここが一番いいじゃない、と。東西に約二五〇メートル、南北に約六〇メートルという細長い土地で、しかも、縦軸に対して四〇メートルという標高差のある斜面地。周りは木立に囲まれていて視界の効かない、ある種、隠れ家のような閉じた世界。そうでありながら、南端まで下るといきなりボーンと視界が開けて、南アルプスの山稜が目に飛び込んでくる。

――基本的には閉じていて、最後にグッと広がっているんですね。

つまり「鎌倉の杜」もそうですが、周りに他人の目がないから、なんなら裸で暮らせるというようなところですね。

室伏　人の目がないということが、一つ、エロティックな要素ですよね。自由に振る舞える。生命感に溢れた時間を過ごすことができる。

――なんというか、破天荒なイマジネーションをもつことができるロケーションです。そういった建物ですから、僕はこの「ダイキン・オー・ド・シェル蓼科」が学会賞をとった時（一九九三、日本建築学会作品部門賞）、新しい時代に入ったなと思った。要するに、人間の住まうことに対するエネルギー、欲望というものが、学会の作品賞として評価されたということが、従来あまりなかったように思うんです。ところが蓼科の保養所には、心のなかに眠っている官能、欲求、欲望のようなものが散らばっています。

事務所にて

室伏　そうかもしれません。実際「こんなものが」っていう声もあったようです。ただこの時の審査員に山本理顕▼さんと石井和紘▼さんがいて、これはこういうものだぞ、と言ってくれた。それでなんとか審査を通ったというようなエピソードもありますよ。

僕自身にしても、学会賞をとった時は五十三歳ですから、そういう世代的な思想、ストイシズムというか、正統な良き物を評価するというような考えをもっている。そういうところに僕もいたわけです。「大和町の家」にしたって、質素で豪快ではあるけれど、贅沢とは無縁なものとして考えていた。ですがやっていくうちにだんだんと、建築には悦楽というものも大事だということが、少しずつわかってきました。それがちょうど五十歳くらいです。しかしコルビュジエにしても、彼はモダニズムの大将として、万人に平等というユートピア思想でやってきましたが、彼の作品を見れば見るほど、悦楽的なんですよね。

——なるほど。おそらく村野藤吾▼さんにしても、吉阪さんにしてもそうでしょうね。快楽、悦楽はあったはずです。

室伏　そう思います。そんな風に思い始めた時に、さっき言った、カーンの作品を見に行った。カーンは学生時代から僕の憧れでしたからね。だけど悦楽的なものを感じたのは「ソーク研究所」(一九五九—六五)だけでした。あれには悦楽があった。

まあそんなことがあって、建築の悦楽ということが、建築に携わる限りいかに大切であるか、遅まきながら気になってきたんです。

建物と人のコミュニケーション

——五十代で感じた「悦楽」の必要性。そんなことが、二〇〇八年の「鎌倉の杜」にもまた、現れてきているんですね。

室伏　それを超えなくちゃいけないと思いながらも、建築が立ち現れるためにはやはり場所が重要ですからね。場所をどう捉えるか。それは別に美しくなくても、誰もが賞賛するような場所じゃなくてもいいんです。その場所がいかなるものであるかを読み取る。つまり、物語です。そうして、それを欲する人が誰なのか。それがいかに大事かということですよね。

——これは、むろん室伏さんだけ

ではありませんが、施主と共に土地探しから始めることを、室伏さんは重視されています。これは大事なことで、その場所のインスピレーションを共有するところから始めるんですね。

室伏　そうですね。幸いなことにね。

――そして、「鎌倉の杜」とほぼ同時期に「梅屋敷ハウス」(二〇〇八)も手がけられています。こちらはコンクリート造ですが、どんなコンセプトでつくられたんですか。

室伏　これは不思議なご縁で、施主はまったく知らない方だったんですが、僕がかつて手がけた「山王ハウス&スタジオ」(一九八五)の空間を気に入ったからと、連絡をいただいたんです。

山王ハウスは、家族がみんな音楽家という施主のためにつくった、小さなスタジオをもった家です。梅屋敷の施主は、そこで開かれた音楽会に行ったそうです。じつは梅屋敷の施主も音楽家で、チェロを弾くんです。それで、自分の家を建替えるから、チェロを弾くためのスタジオのある家を設計してくれ、と。それが始まりです。

梅屋敷は、自宅と、賃貸アパートと、チェロ室という三つの要素がある家で、それなりのボリュームがある。ただ、周りは古い住宅地で、庶民的な住宅が密集しているような場所なんですね。ですから、それだけ大きなものを建てるとなると、町並みとの調和が難しい。そこで、大きなものが大きいまま建たないように、どのように分節するか、そのスケール感には苦心しました。またもう一つは、自然や空気、建物のなかに外気が侵入してくるような場所にしたい、と。ですから、外気が建物のなかに横溢して侵入してくるような場所、それをいかにつくるか。それが「梅屋敷ハウス」のコンセプトです。

――また、これは僕が冒頭から言っていることですが、「梅屋敷ハウス」は、つまり、コンクリート造の空間が賃貸住宅としてつくられているということですね。そのコンクリートの空間に対し、入居者がどういう風に愛着をもち、身体的に感じるんだろうということも気になります。ここでは、内装も打放しなんですよね。

室伏　そうです、打放し。ですが、わが家の壁みたいにザラザラしたものではなくて、ツルっとした一般的なものになっています。昨今の世の中では、打放しに対して、そんなに抵抗はないんじゃないですか。賃貸ですから誰が住むかわかりませんが、みんな結構気に入って住んでいるようです。

――むしろ「オシャレ」という印象なんでしょうか。

室伏　そうでしょう。僕のウチのような印象はありません。あのね、ウチにも若い建築学科の学生が訪ねて来ることがありますが、ウチの壁を見て「こういうのも打放しと言うんだ」なんて、びっくりしていることがありますよ。ツルピカの打放しとは異なる、柔らかさのようなものを感じるようです。

――そうでしょう。ツルピカの打放しは一般化したのかもしれませんが、こちらのザラザラの方が、ずっと情緒的な情報量が多いですよ。ツルピカの方はそうはいかない。あれは、記号のようなものですから。

室伏　まあそうでしょうね。ツルピカのコンクリートでは、むしろ人間の方が受け身にならざるを得ない。

――こちらのザラザラには寄って行きたくなります。いろいろ発見できるんです。

室伏　真壁さんはフロッタージュをなさるから、とくにそうでしょうね(笑)。それを僕の言葉で言うなら、建物と人がコミュニケーションしている、ということになる。ですがコンクリートには本来、そういう要素が、自ずと備わっているんじゃないかな。

――本当にそう思います。

型と形のコラボレーション

――さて今日は、いろいろな話をうかがって「鎌倉の杜」の発見では、思わず興奮してしまったんですが(笑)、改めてご自身の仕事を振り返って、歳を重ねることをどのように感じておられるか、何か実感としてありますか。僕自身は、歳をとることは、身体的に劣化するというだけではなく、感性が鋭く、また豊穣になることではないかと考えているんです。

室伏　自分自身でこういう言い方をするのは、語弊があるかもしれないけれど、今おっしゃったようなことは、自分でも、率直にそう思います。

それはね、やっぱり先が短いことがはっきりしてきたからだと思う。言葉は悪いけれど「焦り」というものもあって、だからこそ、逆に磨きがかかるのではないでしょうか。ですから、建築的イマジネーションは、口幅ったいですが、どんどん豊かになっている。そう、思うんです。具体的に何が違うのかというと、「これはこうだぞ」という思いに至るのが、昔に比べると早くなりましたよ。それはどこかで、焦りがあるということだと思います。

事務所にて

――当然、これまでのストック、経験もありますからね。

室伏　そうですね。確信がもてる、ある種の結論というものに至る時間が、若い人と競争してみると、どうしても僕の方が早く出ちゃうんですよ。

じつは今度、小さな教会のコンペに勝ったんです。それが急な話で、急いで答えを出さなければいけないというので、若い人と一緒に提案しました。まあ、僕が基本的な案を出して、それをさらに煮詰めていくスタイルでスタートしたんですが、その時に若い人から、僕がまったく考えていなかった案が出てきた。しかもそれが素晴らしいんですよ。それでね、基本的な「型」は一つの物語として僕が語ったけれど、具体的な「形」のところでは若い人が考えた方が相応しい、ということになった。こんな目にあったのは初めて…いや、何年か前にも一度あったけど、今回の、このコラボレーションは非常に幸せだと思えた。

――つまり、その「型」の提示は年長者が勝ち取ったけれど、その「形」というものは、若い人に任せる、と。それは若い人にとっても非常に幸いなことでしょうね。

室伏　自分もそうだったけれど、若い時っていうのは、建築が本質的にもっている時間に耐えることが、なかなか困難なんですよ。それよりも新しい着想を求めるという比重が高いから、長い時間に耐えるよりも、新しい着想をどんどんエスカレートさせてしまう。ですから、ここでうまくミクスチャーできたことは、非常によかった。

――若い人の側も、「型」をちゃんと噛み締めるだけの技量があることが前提になりますよね。

それにしても、歳を重ねてひらめきや決断が早くなったというのは、なかなか含意を感じる発言です。ただ、若い人とのコラボレーションはしやすくなりそうですね。ぜひこれからも、そんなスタイルを発展させていって下さい。

註

（本文中に▼を付した）

饗庭伸（一九七一―）

兵庫県生まれ。都市計画家。首都大学東京都市環境学部教授。一九九九年に早稲田大学理工学研究科博士後期課程（建築工学専攻）を単位取得退学。一九九八年より早稲田大学理工学部建築学科佐藤滋研究室助手、二〇〇〇年より東京都立大学（現首都大学）工学研究科建築学工学専攻高見沢邦郎研究室助手等を経て、二〇一七年より現職。主な著書に『初めて学ぶ都市計画』（共著、市ケ谷出版、二〇〇八）、『都市をたたむ』（花伝社、二〇一五）等。

青木淳（一九五六―）

神奈川県生まれ。建築家。一九八〇年、東京大学工学部建築学科卒業。一九八二年に同大学大学院修士課程修了。磯崎新アトリエに勤務（～一九九〇）。一九九一年に青木淳建築計画事務所を設立、主宰。個人の住宅から公共建築、商業施設等、多方面での作品を手がける。主な作品に「S」（一九九六）、「潟博物館」（一九九七）、「青森県立美術館」（二〇〇六）等。主な著書に『原っぱと遊園地』（王国社、二〇〇四）等。

浅蔵五十吉（一九一三―九八）

石川県生まれ。陶芸家。父親から陶技一般を修得した後、初代徳田八十吉に師事。その後、北出塔次郎に師事し色絵を学び、九谷焼を作陶。一九八四年に石川県内の陶芸家として初めて、日本芸術院会員に就任。一九九六年、九谷焼関係者で初の文化勲章授章、他受賞多数。

浅田孝（一九二一―九〇）

愛媛県生まれ。都市計画家、建築家。一九四三年、東京帝国大学工学部建築学科を卒業。その後、海軍に所属し、呉市に配属され見習海軍技術士官になる。一九四五年、丹下健三のもと、東京大学大学院特別研究生となり、戦災復興院嘱託として、大谷幸夫らと共に戦災復興都市計画に参加。以来、丹下健三が携わる多くの建築の設計スタッフとして携わる。一九七〇年に開催された日本万国博覧会では、川添登らと共に初期のマスタープランを手がける。また、若手建築家・都市計画家グループによる「メタボリズム」の結成でも中心的な役割を果たした。一九八七年からはトヨタ財団の専務理事を務めた。主な著書に『環境開発論』（鹿島研究所出版会、一九六九）等。

芦原太郎（一九五〇―）

東京都生まれ。建築家。一九七四年に東京藝術大学美術学部建築科を卒業。一九七六年に東京大学大学院建築科修士課程修了。一九七七年より、芦原義信が主宰する芦原建築設計研究所に勤務。一九八五年に、芦原太郎建築事務所を設立、主宰。二〇〇一年からは芦原建築設計研究所の代表を兼務している。二〇一〇年より、日本建築家協会会長。日本大学、東京藝術大学、東京理科大学、ICSカレッジオブアーツ、武蔵野美術大学、東北工業大学、横浜国立大学等で講師を歴任する。主な作品に、「白石市立白石第二小学校」（一九九六）、「シマノ本社ビルウエストウイング」（二〇〇一）、「公立刈田綜合病院」（二〇〇二）等。

芦原義信（一九一八―二〇〇三）

東京生まれ。建築家。東京大学名誉教授。一九四二年、東京帝国大学工学部建築学科卒業

後、海軍に技術士官として入隊。その後、渡米。一九五三年にハーバード大学大学院で修士号を取得する。帰国後、一九五六年に芦原義信建築設計研究所を開設、主宰。一九五九年に法政大学教授、一九六五年に武蔵野美術大学教授、一九七〇年からは東京大学教授として教鞭をとる。日本建築家協会会長、日本建築学会会長を歴任。一九七九年には『街並みの美学』（岩波書店）を著し、戦後の日本において、都市景観の重要性を述べた先駆的な視点が注目を集めた。主な作品に「オリンピック駒沢体育館・管制塔」（一九六四）、「ソニービル」（一九六六）、「東京芸術劇場」（一九九〇）等。

東孝光（一九三三–二〇一五）

大阪府生まれ。建築家。大阪大学名誉教授。一九五七年大阪大学工学部構築工学科卒業後、郵政省建築部に入省。一九六〇年より坂倉準三建築研究所に入所する。一九六七年に独立し、翌一九六八年、東孝光建築研究所を設立、一九八五年からは東孝光＋東環境・建築研究所に変更、代表に長女の東利恵が就任する。同年より大阪大学工学部環境工学科教授に就任。一九九七年に退官、同年より千葉工業大学工学デザイン学科教授に就任する（〜二〇〇三）。主な作品に「塔の家」（一九六六）、「日本万国博覧会パビリオン・三井グループ館」（一九七〇）、「日本バプテスト協会連合センター」（一九八一）、「姫路工業大学書写記念会館」（一九九五）等。

新居千秋（一九四八–）

島根県生まれ。建築家、都市計画家。一九七一年、武蔵工業大学（現東京都市大学）工学部建築学科卒業。その後渡米、一九七三年にペンシルベニア大学大学院芸術学部建築学科修了。同年に、ルイス・I・カーン建築事務所に勤務。帰国後、一九七七年より武蔵工業大学講師、二〇〇八年からは東京都市大学教授。他に東京理科大学講師、ペンシルベニア大学客員教授を歴任する。一九八〇年に新居千秋都市建築設計を設立、主宰。主な作品に、「水戸市立西部図書館」（一九九二）、「黒部市国際文化センター／コラーレ」（一九九五）、「大船渡市民文化会館・私立図書館／リアスホール」（二〇〇八）等。

有村桂子（一九四二–）

大阪府生まれ。建築家。神戸大学大学院修士課程修了。一九七一年、象設計集団の設立に参加。一九七八年、重村力と共に神戸で設計事務所「Team Zooいるか設計集団」を設立。一九八一年から吉村雅夫と共に「いるか設計集団」（Team Zooいるか設計集団より改名）代表取締役に就任。主な作品に「脇町立図書館」（一九八六）、「出石町立弘道小学校」（一九九一）等。

安藤忠雄（一九四一–）

大阪府生まれ。建築家。一九六九年に安藤忠雄建築研究所を設立。イエール大学客員教授、コロンビア大学客員教授、ハーバード大学客員教授を経て、一九九七年東京大学工学部教授に就任。二〇〇三年に同大学を退官、東京大学特別栄誉教授。一九七六年に「住吉の長屋」で日本建築学会賞を受賞。以来、コンクリート打ち放しと幾何学的なフォルムが代名詞となる。プリツカー建築賞他受賞多数。作品に「光の教会」（一九八九）、「ベネッセハウス ミュージアム」（一九九二）、「国際芸術センター青森」（二〇〇一）、「21_21 DESIGN SIGHT」（二〇〇七年）等。

安東勝男（一九一七–八八）

新潟県生まれ。建築家。一九四八年、早稲田大学大学院を修了。その後、同大学理工学部建築学科教授として、長らく教鞭をとる。構造家の松井源吾と共に設計した「早稲田大学理工学部校舎」（一九六七）で日本建築学会作品賞を受賞、日本のコンクリート打放し建築の代表作と称される。他の主な作品に「真野小学校」「浅間小学校」等。

五十嵐淳（一九七〇―）

北海道生まれ。建築家。一九九一年に北海道中央工学院専門学校建築工学科を卒業後、BEN建築設計事務所に勤務。一九九七年、五十嵐淳建築設計事務所を設立、主宰。北海道工業大学非常勤講師、東北大学非常勤講師を歴任し、名古屋工業大学非常勤講師他、オスロ建築大学客員教授、慶応義塾大学非常勤講師も務める。二〇〇三年には第十九回吉岡賞、二〇〇五年にはイタリアのBARBARA CAPPOCHINビエンナーレ国際建築賞グランプリ他、多くの建築賞を受賞。主な作品に「白い箱の集合体」（一九九六）、「大阪現代演劇仮設劇場」（二〇〇五）、「Signal Barn」（二〇〇九）等。

石井和紘（一九四四―二〇一五）

東京都生まれ。建築家、建築評論家。一九六七年、東京大学工学部建築学科卒業。一九七五年、同大学大学院博士課程修了。イエール大学建築学部修士課程修了。一九七六年、有限会社石井和紘建築研究所（一九七八年、株式会社に）を設立、主宰。早稲田大学国際学部、カリフォルニア大学ロサンゼルス校、日本大学理工学部、イエール大学建築学科、大阪大学工学部建築学科、早稲田大学理工学部、東京大学工学部建築学科、日本女子大学家政学部住居学科等で講師を歴任する。一九七〇年に、処女作として設計した「香川県直島町立直島小学校」以降、「直島中学校」（一九七九）、「直島町役場」（一九八三）他、直島の公共建築を数多く手がける。その他の主な作品に「ジャイロルーフ」（一九八七）、「数寄屋邑」（一九八九）、「海岸美術館」（一九九〇）、「北九州市立国際村交流センター」（一九九三）等。主な著書に『イエール　建築　通勤留学』（鹿島出版会、一九七七）、『数寄屋の思考』（鹿島出版会、一九八五）、『都市の地球学』（共著、ウェッジ、二〇〇三）等

磯崎新（一九三一―）

大分県生まれ。建築家。一九五四年、東京大学工学部建築学科を卒業。その後、東京大学数物系大学院建築学科に進み、丹下健三研究室で、黒川紀章らと共に、「東京計画一九六〇」に携わる。一九六一年、同大学院博士課程を修了。同年には、伊藤ていじ、川上秀光らと共に「八田利也（はったりや）」のペンネームで『現代建築愚作論』（彰国社、二〇一一復刻版）を著し、注目を集めた。一九六三年、磯崎新アトリエを設立、主宰。以来、国際的建築家として活躍する。主な作品に「大分県立大分図書館（現アートプラザ）」（一九六六）、「群馬県立近代美術館」（一九七四）、「ロサンゼルス現代美術館（MOCA）」（一九八六）、「秋吉台国際芸術村」（一九九八）、「カタール国立コンベンションセンター」（二〇一一）等。主な著書に『建築の解体一九六八年の建築情況』（美術出版社、一九七五）、『反建築史／UNBUILT』（TOTO出版、二〇〇一）、『建築における「日本的なもの」』（新潮社、二〇〇三）、共著書に『二〇世紀の現代建築を検証する』（ADAエディタトーキョー、二〇一三）等。

伊東忠太（一八六七―一九五四）

山形生まれ。建築家、建築史家。帝国大学工科大学（現東京大学工学部）を卒業後、同大学院に進み、後に、東京帝国大学名誉教授となる。西洋建築学を基礎としながら、日本建築を本格的に見直した。それまで建築を指す「造家」という言葉を「建築」に改めたほか、「建築進化論」を唱え、これを実践。一九四三年に建築界で初めて文化勲章を授章。作品に「東京商科大学兼松講堂（現一橋大学兼松講堂）」（一九二七）、「震災祈念堂（現東京都慰霊堂本堂）」（一九三〇）、「築地本願寺」（一九三四）等。

伊藤ていじ（一九二二―二〇一〇）

岐阜県生まれ。建築史家、建築評論家。工学院大学名誉教授。一九四五年、東京帝国大学第二

工学部建築学科卒業。一九四八年、東京大学第二工学部大学院退学。その後、同大学院副手、助手などを経て、一九五〇年より東京大学生産技術研究所に勤務、一九五九年からは同研究所特別研究員となる。その後渡米し、一九六三年より、ワシントン大学建築都市計画学部客員教授。オレゴン大学建築・芸術学部及びカリフォルニア大学バークレー校環境学部にて特別講義を受けもつ。一九七二年より、工学院大学工学部建築学科教授に就任し、一九七五年からは同大学学長。この他、多摩美術大学非常勤講師、九州芸術大学講師等も歴任し、教鞭をとる。奈良県今井町の町屋調査の他、民家建築の調査・研究に尽力。「町並み保存運動」の端緒を開く。主な著書に『日本の民家』（美術出版社、一九五七―五九）、『重源』（新潮社、一九九四）、『民家は生きてきた』（鹿島出版会、二〇一三復刻版）等。

伊東豊雄（一九四一―）

日本外地朝鮮京城府（現韓国ソウル）生まれ。建築家。東京大学工学部卒業後、菊竹清訓設計事務所に勤務。一九七一年に独立、現在の伊東豊雄建築設計事務所の前身にあたるアーバンロボットを設立。東京大学、東北大学、多摩美術大学の客員教員などを歴任。主な作品に「せんだいメディアテーク」（二〇〇〇）、「多摩美術大学図書館」（二〇〇七）、「みんなの家」（二〇一一）、「台中国家歌劇院」（二〇一六）等。ヴェネツィア・ビエンナーレ金獅子賞（二〇〇二）、王立英国建築家協会RIBAゴールドメダル（二〇〇六）、プリツカー建築賞（二〇一三）等受賞多数。主な著書に『透層する建築』（青土社、二〇〇〇）、『あの日からの建築』（集英社新書、二〇一二）等。

伊藤要太郎（一九二一―二〇〇四）

一九六〇年に伊藤建築設計事務所（現伊藤平左ェ門建築事務所）を設立。一九七二年、木割書『匠明』の研究により、日本建築学会賞受賞。一九八〇年に、尾張国の堂宮大工十一世伊藤平左衛門を襲名、伝統建築の保存や修復に尽力。

稲垣栄三（一九二六―二〇〇一）

山形県生まれ。建築史家。東京大学名誉教授。一九四八年、東京大学第一工学部建築学科卒業、同大学院に進学。太田博太郎、堀口捨己に師事する。一九五二年より東京都立大学助手。一九六〇年に東京大学工学部助教授に就任し、一九七三年より同大学教授。一九八七年に退官後は明治大学教授として教鞭をとった。『日本の近代建築』（一九五九）をはじめとする主な著書は『稲垣栄三著作集』（中央公論美術出版、全七巻、二〇〇六―〇九）としてまとめられている。

今井兼次（一八九五―一九八七）

東京生まれ。建築家。早稲田大学理工学部建築学科卒業。その後すぐ、同大学助手に任命され、一九二〇年に助教授、一九三五年に教授。一九六五年からは同大学名誉教授となる。「早稲田大学図書館（現早稲田大学会津八一記念博物館）」（一九二五）、「成城カトリック教会」（一九五五）、「大多喜町役場」（一九五九）、「日本二十六聖人殉教記念館」（一九六二）等を手がけた他、日本にアントニ・ガウディを紹介した草分け的存在としても知られる。一九二八年には帝国美術学院（現武蔵野美術大学）の設立、さらに、一九三五年に多摩美術学校の設立にも携わる。

入江正之（一九四六年―）

熊本県生まれ。建築家。ガウディを中心に、スペイン・カタルーニャ地方の建築史の研究者としても知られる。一九六九年、早稲田大学理工学部建築学科卒業後、同大学院修士課程修了。その後、同大学で池原義郎研究室の助手を務める。この間、スペイン政府給付生としてバロセロナ工科大学ガウディ講座に留学。一九八七年、室蘭工業大学助教授。その後一九九五年から早稲田大学創造理工学部建築学科で教鞭を執った。主な作品に「行燈旅館」（二〇〇三）で、日本建

築学会作品選奨受賞（二〇〇五）、「実験装置／masia 2008」等。

岩本博行（一九一三–九一）

大阪府生まれ。建築家。一九三二年に都島工業高校を卒業後、竹中工務店大阪本店に入社。同工務店にて、九州支店設計部長、大阪本店設計部長、取締役技師長、常務取締役を歴任する。九州支店で有田焼のタイルに出会い、色・素材を統一させ、日本伝統の美を追求しようとする「岩本イズム」の基礎を形づくった。主な作品に「神戸オリエンタルホテル」（一九六四）、「御堂ビル」（一九六五）、「国立劇場」（一九六七）等。

上田篤（一九三〇–）

大阪府生まれ。建築家、都市計画家、建築学者。京都精華大学名誉教授。一九五四年、京都大学工学部卒業、一九五六年、同大学大学院工学研究科建築学専攻修士課程修了。同年に建設省（現国土交通省）に入省、住宅局技官を務める。一九六五年より、京都大学工学部建築学科助教授、一九七四年より同大学経済研究所助教授併任。一九七八年より大阪大学工学部環境工学科教授、京都大学人文科学研究所客員教授、京都精華大学美術学部デザイン学科建築分野教授等を務める。上田篤都市建築研究所主宰。主な建築作品に「旭川市平和通り買物公園」（一九六九–七二）、「大阪万国博覧会お祭り広場」（一九七〇）、「橋の博物館」（一九八七）等。主な著書に『日本人とすまい』（岩波書店、一九七四）等。

植田実（一九三五–）

東京生まれ。編集者、建築評論家。早稲田大学文学部フランス文学専攻卒業。槇書店により創刊された『建築』（一九六一年から青銅社）の編集スタッフとして活動した後、一九六七年、鹿島出版会に入社、一九六八年に同社で創刊した『都市住宅』編集長となる。一九七五年からはA.D.A.EDITA入社、『GA HOUSE』編集長。一九八七年よりフリーの編集者となり、住まいの図書館出版局編集長等を務める。この他、東京藝術大学美術学部建築科、日本大学生産工学部建築工学科講師として教鞭をとる。主な著書に『ジャパン・ハウス　打ち放しコンクリート住宅の現在』（グラフィック社、一九八八）、『集合住宅物語』（みすず書房、二〇〇四）、『都市住宅クロニクル』（全二巻、みすず書房、二〇〇七）等。

梅棹忠夫（一九二〇–二〇一〇）

京都府生まれ。生態学者、民族学者、情報学者。国立民族学博物館名誉教授、総合研究大学院大学名誉教授、京都大学名誉教授。一九四三年、京都帝国大学理学部動物学科卒業。一九四九年より大阪市立大学理工学部助教授。一九六五年、京都大学人文科学研究所助教授、一九六九年より同研究所教授。一九七四年より、国立民族学博物館の初代館長に就任する。日本における文化人類学のパイオニア。生態学及び民族学、さらに文明論、情報論にまで及ぶ学問を体系化した。主な著書に『モゴール族探検記』（岩波新書、一九五六）、『文明の生態史観』（中央公論社、一九六七）、『民族学博物館』（講談社、一九七五）、『日本とは何か　近代日本文明の形成と発展』（ＮＨＫブックス、一九八六）、『情報管理論』（岩波書店、一九九〇）、『近代世界における日本文明　比較文明学序説』（中央公論社、二〇〇〇）、『山を楽しむ』（山と溪谷社、二〇〇九）等。

栄久庵憲司（一九二九–二〇一五）

東京生まれ。インダストリアルデザイナー。一九五五年、東京藝術大学美術学部図案科卒業。大学在学中、同大学助教授小池岩太郎のもと、GK（Group of Koike）を設立、その後、一九五七年にGKインダストリアルデザイン研究所として起業し、所長に就任する。一九五九年にはメタボリズム・グループに参加。日本の工業デザインの草分け的存在として知られ、一九六一年にデザインした「キッコーマンしょうゆ卓上瓶」は発売以来、現在に至るまで一度もデザインが変更されず使い続けられている。鉄道車両、オートバイ、自転車等、多数のデザインを手がける。GKデザイングループ会長他、世界デザイン機構会長、国際インダストリアルデザイン団体協議会名誉顧問、日本デザイン機構会長、道具学会名誉会長を務めた。

及部克人（一九三八―）

東京生まれ。武蔵野美術大学名誉教授。東京藝術大学美術学部図案計画を卒業後、一九六二年より株式会社宣研に勤務。一九六五年より、武蔵野美術大学商業デザイン専攻非常勤講師、専任講師を経て教授。大阪工業大学、京都造形大学で客員教授を務める。一九六五年に及部＋平野デザイン研究室を設立。現在は、NPO法人日本希望製作所理事も務める。主な活動に「遊べ子どもたち　冒険遊び場づくり」（一九七八―一九八五）、「ATFアジア民衆演劇会議　松延・及部地図づくりワークショップ」（一九八三）、「震災サバイバル・キャンプ・イン'99　一〇〇〇人の仮設市街地づくり」、「小さな夏休み＋環境デザインA　大学から地域へ」（一九九〇―二〇〇二）、「新潟県山古志村集落再生計画　震災復興〈原寸大・天空の郷づくりワークショップ〉」（二〇〇五―二〇〇六）等。

近江榮（一九二五―二〇〇五）

東京生まれ。建築史家。日本大学名誉教授。一九五〇年日本大学工学部（現理工学部）建築学科卒業。一九五一年より、日本大学工学部建築史研究室助手を務め、一九七〇年より、同大学理工学部教授に就任。この間、山脇短期大学、千葉工業大学、武蔵野美術大学大学院等で非常勤講師を務める。一九九〇年からは日本大学総合科学研究所教授に就任し、一九九六年に退官同大学名誉教授。このほか、日本建築学会副会長、中央工学校STEP館長、建築家フォーラム代表幹事も務める。近代建築、作品研究及び建築設計競技コンペティションの研究を行い、多くのコンペで審査員を務めた。主な著書に『近代建築史概要』（共著、彰国社、一九七八）、『光と影　蘇る近代建築史の先駆者たち』（相模書房、一九九八）、『建築家・吉田鉄郎の「日本の庭園」』（監修、鹿島出版会、二〇〇五）等。

大江宏（一九一三―八九）

秋田県生まれ。建築家。父親は明治神宮造営技師を務めた建築家・大江新太郎。一九三八年に東京帝国大学工学部建築学科卒業後、文部省に技師として入省。その後、三菱地所建築部技師を経て、大江新太郎建築事務所を継承、後一九六二年に大江宏建築事務所に改称する。一九五〇年、法政大学工学部助教授に就任、のち教授。建築学科の礎を築いた。主な作品に「法政大学校舎」（一九五九）、「香川県文化会館」（一九六五）、「伊勢神宮　神楽殿」（一九七八）、「国立能楽堂」（一九八三）等。

太田隆信（一九三四―）

台湾生まれ。建築家。一九五八年、早稲田大学理工学部を卒業後、坂倉準三建築研究所（現坂倉建築研究所）に入所。一九九四年より、同建築研究所の代表取締役大阪事務所長に就任。一九九九年より、同建築研究所の代表取締役を務める（～二〇〇五）。この間に、大阪芸術大学芸術学部建築学科教授として教鞭をとった。主な作品に「大阪府立総合青少年野外活動センター」（一九六二）、「芦屋市民センター・ルナホール」（一九六四）等。

大高正人（一九二三―二〇一〇）

福島県生まれ。建築家、都市計画家。一九四九年、東京大学大学院修了。その後、前川國男建築設計事務所に入所する。一九六二年、大高建築設計事務所を設立、主宰。一九六〇年の世界デザイン会議を契機に、黒川紀章、川添登らと共にメタボリズム・グループを結成した。その後、農協建築研究や、人工土地の実現等に取り組んだ。主な作品に「多摩ニュータウン・マスタープラン」（一九六六）、「坂出人工土地」（一九六八）、「栃木県議会棟庁舎」（一九六九）等。

大竹康市（一九三八―八三）

宮城県生まれ。建築家。早稲田大学理工学部修士課程修了。その後、一九六四年より吉阪隆正が主宰するU研究室に勤務し、設計活動を行う。一九七一年に、富田玲子、樋口裕康と共に、象設計集団を設立する。一九八三年に、サッカーの試合中に倒れ、逝去。主な作品に「名護市庁舎」（一九五四）等。

大谷幸夫（一九二四―二〇一三）

東京生まれ。建築家、都市計画家。東京大学名誉教授。一九四六年東京大学第一工学部建築学科卒業後、同大学大学院特別研究生として丹下研究室に在籍。一九五一年同大学院を満期退学。引き続き、丹下研の助手として設計作業に従事。一九六〇年に助手を辞職し、翌一九六一年、設計連合を設立する。一九六四年より、東京大学工学部都市工学科助教授、一九七一年に教授に就任する。同大学退官まで、兼任として東北大学工学部講師、神戸大学大学院講師、千葉大学工学部教授を歴任、教鞭をとった。丹下健三の片腕と称され、多くの丹下建築の設計に携わった。主な作品に「国立京都国際会館」（一九六六―二〇〇一）「協同組合富山問屋センター団地」（一九六四―六七）、「東京都児童会館」（一九六三）、「北里大学相模原校舎・女子寮」（一九六八）、「金沢工業大学」（一九六九）、「東京国際空港沖合い展開に関わる整備基本計画の景観調査」（一九八三）、「沖縄コンベンションセンター」（一九八七）等。

大野秀俊（一九四九―）

岐阜県生まれ。建築家。東京大学名誉教授。一九七五年東京大学大学院工学系研究科建築学専攻修士課程修了ののち、香山アトリエ、槇総合計画事務所に勤務。一九八三年東京大学工学部建築学科助手等を経て、東京大学教授。アプル総合計画事務所を設立。主な作品に「東京大学数物連携宇宙研究機構棟」（二〇一〇）等。主な著書に『見えがくれする都市』（共著、鹿島出版会、一九七九）等。

大村虔一（一九三八―二〇一四）

宮城県生まれ。都市計画家、アーバンデザイナー、建築家。東京大学大学院数物系研究科建築学専攻修士課程修了後、同大学都市工学科の助手を務める。一九六七年に都市設計研究所を設立。一九九九年に、NPO法人日本冒険遊び場づくり協会を設立、代表を務める。一九九五年に、東北大学大学院において、都市デザイン学講座を開設、翌一九九六年より同大学院教授（～二〇〇二）。その後、宮城大学事業構想学部教授を務め、後に副学長に就任する。日本での冒険遊び場（プレーパーク）の生みの親として知られる。主な作品に「大宮ソニックシティ」（一九八三―八五）、「東京オペラシティ」（一九八四―九五）等。主な著書に『都市の遊び場』（マージョリー・アレン著共訳、鹿島出版会、新装版二〇〇九）、『日本の都市空間』（共著、彰国社、一九六八）等。

岡田新一（一九二八―二〇一四）

茨城県生まれ。建築家、都市計画家。一九五五年、東京大学工学部建築学科卒業。一九五七年に同大学大学院修士課程を修了し、鹿島建設に入社。在職中にアメリカに留学し、一九六三年にイエール大学建築芸術学部大学院を修了。SOM（スキッドモア・オーウィングズ・アンド・メリル）に勤務。帰国後、鹿島建設設計部企画課長等を経て、一九六九年に、日本最大規模で行われた「最高裁判所」のコンペで一等をとったことを契機に、株式会社岡田新一設計事務所を設立、主宰する。設計のかたわら、千葉大学、東京大学、東京都立大学の講師も歴任する。主な作品に「最高裁判所」（一九七四）、「警視庁本部庁舎」（一九八〇）、「岡山県立オリエント美術館」（一九八一）等。

小川晋一（一九五五―）

山口県生まれ。建築家。近畿大学工学部建築学科教授。一九七八年に日本大学芸術学部卒業。一九七七年にワシントン州立大学建築学科に留学。一九八四年より文化庁嘱託芸術家在外研修員として渡米。ニューヨークにて、ポール・ルドルフ事務所、アルキテクトニカに勤務する。一九八六年に、小川晋一都市建築設計事務所を設立、主宰。日本大学芸術学部非常勤講師、英国エジンバラ芸術大学建築学科客員教授としても教鞭をとる。主な作品に「World of Calvin Klein THE HOUSE」（二〇〇七）等。

奥村昭雄（一九二八―二〇一二）

東京生まれ。建築家。東京藝術大学名誉教授。一九五二年、東京美術学校（現東京藝術大学）建築科卒業。その後、同大学の研究員としてキャンパスの改築計画を担当する。一九五三年に、吉村順三設計事務所に勤務。一九六四年からは東京藝術大学建築学科助教授に、一九七三年より同大学教授に就任する。一九七八年に木曾山岳木工所を設立し、建築家、家具作家として活動。一九八八年には、木曾山岳奥村設計所となり、代表取締役に。また、日本独自の空気集熱式ソーラーシステム（OMソーラー）を開発し、この普及に務めた。この功績により、国際太陽エネルギー学会（ISES）ウィークス賞を受賞する。夫人は建築家の奥村まこと（一九三〇―二〇一六）。主な作品に「星野山荘」（一九七三）、「新田体育館」（一九八三）、「関西学研都市展示館」（永田昌民と共同、一九九四）等。

片山和俊（一九四一―）

東京生まれ。建築家、建築研究者。東京藝術大学名誉教授。一九六六年、東京藝術大学美術学部建築学科卒業。一九六八年、同大学大学院修士課程修了後、環境設計茂木研究室に入所。一九八九年より、東京藝術大学美術学部建築学科助教授に就任、二〇〇〇年より教授を務め、二〇〇八年に退任。一九七八年に文部省在外研究・短期に派遣され、ヨーロッパの住宅団地を調査。一九八〇年代以降は、集住環境の実測調査として中国各地の民居、江西客家土楼及び広東客家土楼等の実測調査を長年にわたり行う。一九八五年に山形県金山町のHOPE計画策定調査以降、金山町での公共建築の設計、まちづくりなどに携わる。主な著書に『家の顔』（インデックス・コミュニケーションズ、二〇〇六）、『客家民居の世界』（共著、風土社、二〇〇八）等。

加藤秀俊（一九三〇―）

東京生まれ。社会学者、評論家。一九五三年東京商科大学（現一橋大学）を卒業後、京都大学人文研究所助手。一九五四年に渡米、ハーバード大学及びシカゴ大学に留学。一九五九年からはスタンフォード大学コミュニケーション研究所研究員。その後帰国するが、一九六三年から一年間、交換教授としてアイオワ州グリネル大学で教鞭をとった。一九六七年に梅棹忠夫、小松左京、林雄二郎、川添登と共に未来学研究会を発足、日本万国博覧会の理念づくりで中心的な役割を果たした。一九六九年には、京都大学教育学部助教授に就任するが、翌年には大学紛争に伴い辞職。以後、ハワイ大学東西文化センター高等研究員、学習院大学法学部教授、香港中文大学客員教授等を歴任する。主な著書に『マス・コミュニケイション』（第日本雄弁会講談社、一九五七）、『都市と娯楽』（鹿島出版会、一九六九）、『生活リズムの文化史』（講談社、一九八二）、『メディアの発生　聖と俗をむすぶもの』（中央公論新社、二〇〇九）、『常識人の作法』（講談社、二〇一〇）等。

神近義邦（一九四二―）

長崎県生まれ。実業家。株式会社エコ研究所代表取締役会長。元長崎オランダ村、ハウステンボス代表取締役社長。一九六二年、長崎県西彼町役場に就職、長崎県庁出向を経て、一九七三年に退職。一九八〇年に自身が経営する観光果樹園を改修して「長崎バイオパーク」をオープン。その後、知人が経営していた生け簀料理店の改修を相談されたことをきっかけに、ここを基盤とする「長崎オランダ村」を一九八三年にオープンする。その後、「長崎オランダ村」から派生したプロジェクトとして一九九二年、「ハウステンボス」をオープン。二〇〇〇年に「ハウステンボス」社長を辞任し、経営から退いた。

神谷宏治（一九二八―二〇一四）

東京生まれ。建築家、都市計画家。日本大学名誉教授。一九五二年、東京大学工学部建築学科卒業。その後、同大学大学院で丹下研究室に在籍し、建築・都市の設計にあたる。一九六一年、丹下健三による都市・建築設計研究所（URTEC）の設立に参加、代表取締役に就任。一九七一年に都市・建築設計研究所を退社、神谷宏治計画・設計事務所を設立、主宰する（後に神谷・荘司計画設計事務所に変更、顧問）。一九七二年より日本大学生産工学部教授に就任。一九七四年より東京大学非常勤講師を兼任する（〜一九七五）。主な作品に「川崎市民プラザ」（一九七九）、「王禅寺ヨネッティ」（一九九〇）等。

川上秀光（一九二九―二〇一一）

京都府生まれ。都市計画家。東京大学名誉教授。一九五四年、東京大学工学部建築学科を卒業。その後も大学に残り、研究に従事する。一九六三年、東京大学助教授に就任、その後一九七五年より、同大学教授。一九八八年に退官後、芝浦工業大学教授に就任する。都市圏の環境計画の体系化に関する研究等に実績を残し、とくに東京都において長期計画専門委員、東京湾地域の開発・環境保全専門部会長等の要職を歴任した。主な著書に『都市政策の視点』（学陽書房、一九八一）、『巨大都市東京の計画論』（彰国社、一九九〇）等。

川口衞（一九三二―）

福井県生まれ。構造エンジニア。法政大学名誉教授。一九五五年、福井大学工学部建築学科卒業。一九五七年、東京大学大学院数物系研究科博士課程修了。一九六二年より、法政大学工学部助教授、その後、一九七二年より教授に就任。この他、シュトゥットガルト大学、スロバキア工科大学でも教鞭をとり、共に名誉工学博士となっている。この間、一九六四年に川口衞構造設計事務所を開設、主宰。構造設計者として、丹下健三設計による「国立代々木競技場」（一九六四）、「万国博覧会お祭り広場大屋根」（一九七〇）等を手がける。この他、主な作品に「バルセロナ・オリンピック屋内競技上」（一九八六）、「なみはやドーム」（一九九六）、「永楽橋」（二〇〇九）等。

川崎清（一九三二―）

新潟県生まれ。建築家。京都大学名誉教授。一九五五年、京都大学工学部建築学科卒業。一九五八年、同大学大学院研究科建築学専攻博士課程退学。一九七一年に同大学工学博士学位取得。一九五八年より、同大学工学部建築学科講師、一九六四年に助教授に就任する。一九七二年より大阪大学工学部環境工学科教授に就任。一九八三年より、京都大学工学部建築学科教授。一九九六年に、同大学退任後、立命館大学理工学部環境システム学科教授。この間一九五六年からは、中国精華大学客員教授、中国同済大学終身顧問教授も歴任する。一九七一年には、川崎清＋環境・建築研究所を設立、主宰。多くの環境デザイン・設計等を手がける。主な作品に「栃木県立美術館」（一九七二）、「京都市勧業館みやこメッセ」（一九九六）、「石川県こまつ芸術館うらら」（二〇〇三）等。

川添登（一九二六―二〇一五）

東京生まれ。建築評論家。早稲田大学理工学部建築学科を卒業。一九五三年より、『新建築』編集長。一九五七年に新建築社を退社し、以後、建築評論家として活動を始める。一九六〇年「世界デザイン会議一九六〇」に、日本の実行委員として参加。その間、黒川紀章らと共にメタボリズム・グループを率い『METABOLISM／一九六〇　都市への提案』（美術出版社、一九六〇）、『民と神の住まい　大いなる古代日本』（光文社、一九六〇、後に講談社学術文庫、一九七九）、『建築の滅亡』（現代思潮社、一九六〇）等の出版を手がける。一九六九年には、日本万国博覧会テーマ館サブ・プロデューサを務める。一九七〇年、シンクタンク・CDI（コミュニケーションデザイン研究所）を設立、所長に就任する。一九七二年には日本生活学会を創設し、会長等を歴任した。この他の著書に『象徴としての建築』（筑摩書房、一九八二）、『環境へのまなざし』（ドメス出版、二〇〇四）、『木と水の建築　伊勢神宮』（筑摩書房、二〇一〇）等。

菊竹清訓（一九二八―二〇一一）

福岡県生まれ。建築家。早稲田大学理工学部建築学科卒業。竹中工務店に勤務した後、一九五二年に村野・森建築設計事務所に勤務。一九五三年に、菊竹清訓建築設計事務所を開設、主宰する。一九五九年に早稲田大学理工学部講師、一九八九年に千葉工業大学教授、一九九三年より早稲田大学理工学部総合研究センター客員教授（～一九九八）を歴任。一九六〇年に川添登らと共に「メタボリズム・グループ」を結成する。一九七〇年の日本万国博覧会では、「エキスポタワー」を、一九七五年の沖縄国際海洋博覧会では「アクアポリス」を設計。その後、一九八五年の国際科学技術博覧会ではマスタープランの作成委員を務めたほか、二〇〇五年の日本国際博覧会でも総合プロデューサーを務める等、多くの国際博覧会に深く携わってきた。主な作品に「スカイハウス」（一九五八）、「江戸東京博物館」（一九九二）、「九州国立博物館」（二〇〇四）等。

岸田日出刀（一八九九―一九六六）

鳥取県生まれ。建築学者。一九二二年、東京帝国大学工学部建築学科を卒業。在学中は、内田祥三に学び、関東大震災後のキャンパス再建等に携わり、東大安田講堂、東大図書館の設計に参加した。一九二九年より、同大学教授に就任。丹下健三、前川國男らが、岸田研究室に学んだ。主な著書に『オットー・ワグナー　建築家としての生涯及び思想』（岩波書店、一九二七）、『過去の構成』（相模書房、改訂版：一九五五）等。

木島安史（一九三七―九二）

朝鮮黄海道海州市生まれ。建築家。一九六二年、早稲田大学理工学部建築学科卒業。その後、インド、ヨーロッパを歴訪し、一時、スペインの構造家、エドゥアルド・トロハの研究所に勤務。帰国後、一九六六年に早稲田大学大学院を修了、丹下健三都市建築設計研究所に入所する。一九七〇年に相田武文と共にYAS都市研究所計画・環境建築を設立する。一九七一年より、熊本大学に勤務し、一九八〇年からは同大学工学部教授。一九九一年からは千葉大学工学部教授として教鞭をとった。主な作品に「孤風院」（一九七六）、「日本キリスト教団熊本草葉町協会」（一九八八）、「折尾スポーツセンター」（一九八九）、「小国町立西里小学校」（一九九一）、「埼玉県立長瀞青年の家」（一九九三）等。

北川フラム（一九四六―）

新潟県生まれ。アートディレクター、メディエーター、株式会社アートフロントギャラリー代表。現代美術を中心にしながらも、ジャンルを超えて、展覧会、イベント、まちづくり等を企画、ディレクターとして携わる。近年の大きなプロジェクトとしては、二〇〇〇年からスタートした「大地の芸術祭　越後妻有アートトリエンナーレ」総合ディレクター、二〇一〇年にスタートしたトリエンナーレ「瀬戸内国際芸術祭」の総合ディレクターを務め、精力的な活動を展開している。主な著書に『大地の芸術祭　ディレクターズ・カット』（角川学芸出版、二〇一〇）、『アートの地殻変動』（美術出版社、二〇一三）等。

木下勇（一九五四―）
静岡県生まれ。造園学者、都市計画学者。千葉大学大学院園芸学研究科教授。一九七八年に東京工業大学工学部建築学科を卒業。一九七九年より一年間、スイス連邦工科大学に留学する。一九八四年、東京工業大学大学院博士課程修了。社団法人農村生活総合研究センター研究員を経て、一九九二年より、千葉大学園芸学部助手、その後助教授を経て、二〇〇五年より現職。主な著書に『遊びと街のエコロジー』（丸善、一九九六）、『ワークショップ　住民主体のまちづくりへの方法論』（学芸出版社、二〇〇七）、『こどもたちが学校をつくる　ドイツ発・未来の学校』（翻訳、鹿島出版会、二〇〇八）等。

國方秀男（一九一三―九三）
富山県生まれ。建築家。東京帝国大学工学部建築学科卒業。一九四〇年、逓信省に入省し、一九四九年からは電気通信省施設局建築部設計課長。一九五八年、「関東逓信病院」で日本建築学会作品賞を受賞。現存する「電電本社ビル」（現NTTコミュニケーションズ本社ビル）（一九六一）でも、日本建築学会作品賞を受賞。

隈研吾（一九五四―）
神奈川県生まれ。建築家、東京大学教授。東京大学工学部建築学科卒業、東京大学大学工学部建築学科修了。日本設計、戸田建設、コロンビア大学建築・都市計画学科客員研究員を経て、一九九〇年に隈研吾都市設計事務所を設立、主宰。最近の作品に、「シティホールプラザアオーレ長岡」（二〇一二）、「浅草文化観光センター」（二〇一二）、「GINZA KABUKIZA」（二〇一三）等。主な著書に『新・建築入門』（ちくま新書、一九九四）、『負ける建築』（岩波書店、二〇〇四）、『場所言論　建築はいかにして場所と接続するか』（市ヶ谷出版社、二〇一二）、『小さな建築』（岩波新書、二〇一三）等。

栗生明（一九四七―）
千葉県生まれ。建築家。千葉大学工学部デザイン工学科建築系名誉教授。一九七一年、早稲田大学理工学部建築学科卒業。一九七三年に同大学大学院理工学部建築計画専攻修士課程修了後、槇総合計画事務所に入所。一九七九年に都市建築設計事務所Kアトリエを設立、主宰。一九八七年に同事務所を栗生総合計画事務所に改称し、代表取締役に就任する。一九七六年より早稲田大学理工学部建築学科講師、一九七九年からは東京大学工学部建築学科助手。一九八三年に同助手を退官後、文化庁嘱託芸術家在外研修員として一年間渡欧。一九九二年に千葉大学工学部建築学科助教授、一九九六年より教授。主な作品に「植村直己冒険館」（一九九四）、「平等院宝物館鳳翔館」（二〇〇一）、「国立長崎原爆死没者追悼平和記念館」（二〇〇三）等。

黒川紀章（一九三四―二〇〇七）
愛知県生まれ。建築家、思想家。京都大学工学部建築学科卒業。東京大学大学院工学研究科建築学専攻博士課程単位取得後退学。東大在学中に株式会社黒川紀章建築都市設計事務所を設立。その後、一九六九年には株式会社アーバンデザインコンサルタント、社会工学研究所を設立する。浅田孝らとメタボリズムを提唱し、この理論に基づく建築として「中銀カプセルタワービル」（一九七二）を設計。この他の作品に「国立民族博物館」（一九七七）、「六本木プリンスホテル」（一九八四）、「クアラルンプール新国際空港」（一九九八）、「国立新美術館」（二〇〇六）等。主な著書に『共生の思想』（徳間書店、一九八七）等。

黒沢隆（一九四一―二〇一四）
東京生まれ。建築家、建築評論家。一九六五年日本大学理工学部経営工学科建築専攻を卒業。その後、東京大学教育学部の研究生を経て、一九七一年には日本大学大学院博士課程を修了。一九七三年より、黒沢隆研究室を設立、主宰する。日本大学生産工学部住居学科で長く教鞭をとった他、同大学芸術学部、芝浦工業大学建築工学科、山脇学園短期大学、東海大学等で非常勤講師を歴任する。一九六六年には近代における新たな住居の形態として「個室群住居」の概念を発表し、その後の住宅建築に影響を与えた。個室住居の実践としての建築作品に二・四×二・四×八・一メートルを基本サイズとした「ホシカワ・キュービクル」（一九七七）等がある。主な著書に『陰りゆく近代建築　近代建築論ノート』（彰国社、一九七九）、『建築家の休日』（丸善、一九八七）、『個室住居群』（住まいの図書館出版局、一九九七）等。

剣持勇（一九一二―七一）
東京生まれ。インダストリアルデザイナー。一九三二年、東京高等工芸学校木材工芸科（現千葉大学工学部デザイン学科）を卒業後、商工省（現経済産業省）工芸指導所に入所。当時、来日中だったブルーノ・タウトに師事する。一九五二年、日本インダストリアルデザイナー協会の設立に参加。一九五五年、剣持勇デザイン研究所（現剣持デザイン研究所）を設立、主宰する。丹下健三による香川県庁舎のインテリアデザインを手がけた他、京王プラザホテルのインテリアデザイン総括顧問を務める等、ホテル、官公庁など、多くのインテリアデザインを手がける。なお、日本航空の航空機、ボーイング747のインテリアも担当している。主な作品に「スタッキングスツール」（一九五八）、「ラタンチェアー」（一九六一）等。

小池新二（一九〇一―八一）
東京生まれ。デザイン評論家。東京帝国大学卒業。在学中は美学美術史を専攻した。卒業後は、建築美学の視点から、ヨーロッパで展開されていた近代造形活動に関心をもち、建築情報の出版活動を通じて日本に紹介する。一九三六年、前川國男らと共に日本工作文化連盟を結成し、中心的な役割を果たした。戦後は、建築やデザインの評論を行う。一九五〇年より千葉大学教授に就任。一九六八年には、九州芸術工科大学の初代学長に就任する。主な著書に『汎美計画』（アルス社、一九四二）等。

小泉秀樹（一九六四―）
東京都生まれ。東京大学大学院工学系研究科都市工学専攻教授。専門は都市計画、まちづくり、コミュニティデザイン。一九八八年、東京理科大学理工学部建築学科卒業、一九九三年東京大学大学院工学系研究科都市工学専攻博士課程修了。その後、東京理科大学理工学部建築学科助手、東京大学理工学部都市工学科講師、助教授を経て現職。主な編著書に『スマートグロース』（学芸出版社、二〇〇三）、『成長主義を超えて』（日本経済評論社、二〇〇五）等。

小坂秀雄（一九一二―二〇〇〇）
東京生まれ。建築家。東京帝国大学工学部建築学科卒業。一九三七年に逓信省経理局営繕課に入省。郵政省大臣官房建築部長、皇居造営建設委員会委員を経て、一九六三年、丸ノ内建築事務所を設立。主な作品に「東京逓信病院高等看護学院」（一九五〇）の他、「外務省庁舎」「ホテルーオクラ」等の設計に参加。

小松左京（一九三一―二〇一一）
大阪府生まれ。小説家。本名小松実。一九五四年、京都大学文学部イタリア文学科卒業。同年、経済誌『アトム』創刊に参加する。同人誌の創刊、ラジオでの漫才台本執筆等を経て、一九六二年『易仙逃里記』（SFマガジン）で作家デビューする。一九七〇年、日本万国博覧会では、サブ・テーマ委員、テーマ館サブ・プロデューサーを務めた。この時、岡本太郎と共に「太陽の塔」内の展示を考案。また、地下スペースに展示した世界各国の神像や仮面が、国立民族博物館のベースとなった。一九九〇年には国際花と緑の博覧会の総合プロデューサーを務める。日本のSF界を代表する作家であると共に、宇宙開発の振興にも尽力した。

坂倉準三（一九〇一―六九）
岐阜県生まれ。一九二七年、東京帝国大学文学部美学美術史学科美術史を卒業。大学在学中に建築を志し、兵役についた後、ル・コルビュジエの師事を得るため一九二九年に渡仏。建築の専門学校で基礎を学び、一九三一年よりコルビュジエの建築設計事務所に勤務。都市計画や住宅設計に携わった。一九三六年に帰国するが、パリ万国博覧会日本館の設計監理のために再度渡仏。日本館は建築部門のグランプリを受賞し、世界的な評価を得た。一九三九年に帰国し、翌四〇年に坂倉準三建築事務所を設立する。主な作品に「神奈川県立近代美術館・鎌倉館本館」（一九五一）、「国際文化会館」（前川國男、吉村順三と共同設計。一九五五）、「新宿駅西口広場」（一九六六）等。「渋谷総合計画」を立案、「東急会館」（一九五四）をはじめとする渋谷ターミナル開発に取り組んだ。

阪田誠造（一九二八―二〇一六）
大阪府生まれ。建築家、ランドスケープ・アーキテクト。一九四八年、早稲田大学専門部建築科を卒業後、同大学理工学部建築学科に推薦入学。一九五一年卒業後、坂倉準三建築研究所に入所。一九六九年、坂倉建築研究所の設立に携わり、取締役東京事務所長に就任。一九八五年からは、同建築研究所の代表取締役に就任し、東京事務所長と兼務する。一九九九年からは同建築研究所最高顧問を務める。一九九〇年より、明治大学理工学部建築学科非常勤講師、一九九三年からは教授として教鞭をとる（～一九九九）。主な作品に『東京サレジオ学園』（全四期、一九八四―九〇）、『かずさアカデミアパーク研修会議センター』（一九九六）、『小田急サザンタワー＋新宿サザンテラス』（一九九八）等。

佐々木宏（一九三一―）
北海道生まれ。建築家、建築学者。北海道大学工学部建築工学科を卒業後、一九五七年に東京大学大学院博士課程修了。一九六四年に渡欧し、欧米の近代建築を視察。執筆や講演活動により、日本に欧米の近代建築を紹介した。また、法政大学の非常勤講師として、三十余年にわたり教鞭をとり、近代建築の潮流の研究及び教育に務める。なかでも、ル・コルビュジエに関する研究を一貫して継続してきた。一九六九年より、佐々木宏建築研究室を開設、主宰。主な著書に『二十世紀の建築家たちI・II』（相模書房、一九七三、一九七六）、『巨匠への憧憬　ル・コルビュジエに魅せられた日本の建築家たち』（相模書房、二〇〇〇）、『真相の近代建築』（二〇一二、鹿島出版会）等。

シーラカンス／小嶋一浩
建築設計事務所。一九八六年に東京大学大学院で原広司研究室に在籍していた伊藤恭行・工藤和美・小泉正生・小嶋一浩・堀場弘・日色真帆の六名により設立。一九九八年に、シーラカンスK&Hとシーラカンスアンドアソシエイツに対等分社した。シーラカンスK&Hは、工藤和美、堀場宏による建築ユニットとして、シーラカンスアンドアソシエイツは二〇〇五年に、東京（CAt）と名古屋（CAn）の二つの事務所から成るグループに再編成されている。主な作品に「千葉市立打瀬小学校」（一九九五）、「宮城県迫桜高等学校」（二〇〇一）、「宇土市立宇土小学校」等。小嶋一浩（一九五八―二〇一六）はシーラカンスの中心的な建築家のひとりとして活動を担った。京都大学、東京大学で学び、東京理科大学教授などを務め、二〇一一年から横浜国立大学大学院Y-GSA教授。著書に『小さな矢印の群れ』（TOTO出版、二〇一三）。

重村力（一九四六–）

神奈川県生まれ。建築家、都市研究家。神戸大学名誉教授。一九六九年、早稲田大学理工学部建築学科卒業。同大学大学院博士課程単位修得。一九七一年、象設計集団の設立に参加。一九七八年より、神戸大学工学部環境計画学科講師に就任、助教授を経て教授として長く教鞭をとる。退官後は名誉教授。他、神奈川大学工学部教授、九州大学客員教授も務める。一九七八年、神戸で設計事務所「Team Zoo いるか設計集団」を設立、一九八一年からは「いるか設計集団」計画指導顧問に就任する。夫人は建築家の有村桂子。主な作品に「脇町立図書館」（一九八六）、「出石町立弘道小学校」（一九九一）等。著書に『田園に学ぶ地球環境』（編著、技報堂出版、二〇〇九）、『東日本大震災からの復興まちづくり』（共著、大月書店、二〇一一）等。

下河辺淳（一九二三–二〇一六）

東京生まれ。都市計画家、建設官僚。一九四七年、東京大学第一工学部建築学科を卒業。戦災復興院に勤務する。その後、建設省に入省。一九五二年より、経済審議庁に勤務する。一九五七年に建設省に復帰。一九六二年より経済企画庁総合開発局に勤務。全国総合開発計画の策定に携わる。一九七七年、国土事務次官に就任。一九七九年に次官を退官後、総合研究開発機構の理事長に就任する。一九九二年からは株式会社東京海上研究所理事長、一九九五年の阪神淡路大震災では復興委員会委員長として政策立案に参画した。主な著書に『戦後国土計画への証言』（日本経済評論社、一九九四）等。

篠原一男（一九二五–二〇〇六）

静岡県生まれ。建築家。東京工業大学名誉教授。一九四七年に東京物理学校卒業後、東北大学に進学、数学を専攻する。その後、東京工業大学建築学科に進み、一九五三年に卒業。同年に、同大学図学助手に就任。一九六二年より、同大学助教授、一九七〇年には同大学教授に就任し、一九八六年の退官後は名誉教授となる。この他、イエール大学客員教授、ウィーン工科大学客員教授、神奈川大学特任教授等も歴任した。個人住宅を中心とした作品を多く手がけ、とくに一九七〇年以降は、その後の住宅建築デザインに大きな影響を与えた。また、その思想や哲学を著した著作から影響を受けた若手建築家も多く、彼らは「篠原スクール」等と称された。主な作品に「から傘の家」（一九六一）、「白の家」（一九六六）、「上原曲がり道の住宅」（一九七八）、「東京工業大学百年記念館」（一九八七）、「熊本北警察署」（一九九〇）等。主な著書に『住宅論』（鹿島出版会、一九七〇）等。

白井晟一（一九〇五–八三）

京都府生まれ。建築家。一九二八年、京都高等工芸学校図案科（現京都工芸繊維大学造形科学科）を卒業後、ドイツに渡り、ベルリン大学哲学科でカール・ヤスパースに師事。一九三三年に帰国後、義兄で日本画家の近藤浩一路邸の設計を手がけたことをきっかけに建築を志し、戦前には、いくつかの木造住宅を手がける。第二次世界大戦中、疎開先の秋田で「秋ノ宮村役場」（一九五一）等いくつかの作品を残し、以来、活動の幅を広げる。また建築の設計の他、自著も含む多数の装丁デザインや、書の分野でも優れた作品を残した。主な作品に「善照寺本堂」（一九五八）、「親和銀行本店」（一九七〇）、「渋谷区松濤美術館」（一九八〇）等。主な著書に『無窓』（筑摩書房、一九七九）等。

杉山英男（一九二五–二〇〇五）

建築家。東京大学名誉教授。木質構造学、耐震

化研究の権威。日本木材学会会長を務め、木質プレハブ工法、枠組壁（2×4）工法の国内普及に貢献した。

鈴木恂（一九三五―）

北海道生まれ。建築家。早稲田大学名誉教授。一九五九年、早稲田大学理工学部建築学科卒業、一九六二年、同大学大学院理工学研究科修士課程修了。吉阪隆正によるU研究室に在籍し、一九六四年に鈴木恂建築研究所を設立、主宰する。一九八〇年からは早稲田大学理工学部建築学科教授として教鞭をとり、二〇〇一年より同大学芸術学校校長を務める（〜二〇〇四）。二〇〇六年に同大学を退任し、その後名誉教授。主な作品に「STUDIO EBIS」（一九八一）、「GAギャラリー」（一九七二）、「マニン・ビル」（一九八六）、「都幾川村文化体育センター」（一九九五）、「L-F集合住宅」（二〇〇三）、「グラスハウス」（二〇一三）等。

住吉洋二（一九四六―）

建築学者、都市計画家。東京都市大学工学部建築学科教授を経て同大学名誉教授。一九七〇年、武蔵工業大学（現東京都市大学）工学部建築学科を卒業。一九七三年に東京藝術大学大学院美術研究科建築学専攻博士課程修了。株式会社都市企画工房を設立、主催、山形県金山町のまちなみ整備を手がける。主な著書に『ヨーロッパの都市再開発　伝統と創造』（共著、学芸出版社、一九八四）等。

清家清（一九一八―二〇〇五）

京都府生まれ。建築家。東京藝術大学名誉教授。東京工業大学名誉教授。日本建築学会名誉会員、東京建築士会名誉会員。一九四一年に東京美術学校（現東京藝術大学）を、一九四三年に東京工業大学を卒業。太平洋戦争に従軍後、東京工業大学の助手、講師、助教授を経て、一九六二年より同大学教授（〜一九七九）。一九七七年からは東京藝術大学教授を併任。一九九一年より札幌市立高等専門学校校長を務める（〜一九九七年）。日本建築学会会長などを歴任。一九九七年からは、株式会社デザインシステムの代表取締役を務めた。主な作品に「斎藤助教授の家」（一九五二）、「九州工業大学記念講堂」（一九六〇）、「東京オリンピック選手村メインゲート」（一九六四）、「横浜・八景島シーパラダイス」（一九九三）等。主な著書に『家相の科学』（光文社、一九六九）ほか。

関野克（一九〇九―二〇〇一）

東京生まれ。建築史家。東京大学名誉教授。東京帝国大学工学部建築学科卒業後、同校教授。東京国立文化財研究所所長、博物館明治村館長を歴任。法隆寺金堂、五重塔など、文化財の保存科学に貢献する。主な著書に『日本住宅小史』（相模書房、一九四二）等。

高山英華（一九一〇―九九）

東京生まれ。都市計画家、建築家。東京大学名誉教授。日本都市計画学会名誉会長。一九三四年、東京帝国大学工学部建築学科卒業。その後、同大学の助手として大学に残る。一九三八年、同大学工学部建築学科助教授に、一九五三年、同教授に就任、一九七一年に退官後は名誉教授となる。日本の近代都市計画学の創始者として、都市開発、地域開発、都市防災等に幅広く貢献した。一九六四年に開催された東京オリンピックの際には、開催会場全体の配置計画や道路等の全体計画を監修、また一九六五年から日本建築学会会長を務めた他、都市計画中央審議会会長、国土総合開発審議会副会長、日本地域開発センター理事長、森記念財団会長等も歴任する。一九八〇年代、首都圏に存在する国の機関が筑波研究学園都市に移転された際の跡地利用に関する計画の実現に伴い、住民参加のまちづくり事業の萌芽をつくった。

多木浩二（一九二八–二〇一一）
兵庫県生まれ。思想家、評論家。東京大学文学部美学美術史学科卒業。東京造形大学及び千葉大学教授の他、神戸芸術工科大学客員教授を歴任する。中平卓馬、森山大道と共に『PROVOKE』の同人として写真家としても活動し、写真に関する評論を多く手がけるが、その視野は美術一般、建築等にも及んだ。主な著書に『生きられた家　経験と象徴』（田畑書店、一九七六／改訂版、岩波書店、二〇〇一）、『モダニズムの神話』（青土社、一九八五）、『天皇の肖像』（岩波書店、一九八八／改訂版二〇〇二）、『シジフォスの笑い　アンセルム・キーファーの芸術』（岩波書店、一九九七）、『二〇世紀の精神　書物の伝えるもの』（平凡社、二〇〇一）、『建築家・篠原一男　幾何学的想像力』（青土社、二〇〇七）等。

武基雄（一九一〇–二〇〇五）
長崎県生まれ。建築家。早稲田大学理工学部建築学科卒業。石本喜久治建築事務所に勤務した後、一九四〇年から早稲田大学講師、一九五〇年に助教授となり、一九五五年から一九七九年まで教授。その後、早稲田大学名誉教授となる。一九五〇年に武建築設計研究所を開設、主宰。主な作品に「長崎水族館（現長崎総合科学大学シーサイドキャンパス）」（一九五九）、「長崎市公会堂」（一九六二）、「鎌倉商工会議所会館」（一九六九）等。主な著書に『市民としての建築家』（相模書房、一九八三）等。

巽和夫（一九二九–二〇一二）
京都府生まれ。建築学者。京都大学大学院工学研究科建築学専攻博士課程修了。一九七六年「住宅の生産・供給に関する一連の研究」で日本建築学会賞受賞、一九八七年「住居・居住環境の改善・向上への功績」で建設大臣表彰、一九九五年「町家型共同住宅の開発・計画と建築活動の行政的誘導」で計画行政学会計画賞などを受賞。編著書に『現代社会とハウジング』（彰国社、一九九三）、『町家型集合住宅　成熟社会の都心居住へ』（共編、学芸出版社、一九九九）等。

谷口吉郎（一九〇四–七九）
石川県生まれ。建築家。東京工業大学名誉教授。一九二八年、東京帝国大学建築学科卒業。翌一九二九年より、東京工業大学講師に就任し、その後、一九三一年に助教授、一九四三年より教授を務める。一九六五年に退官後は同大学名誉教授。一九三八年、ドイツ・ベルリンの日本大使館庭園の設計に際し渡欧。このことが日本の伝統的建築様式を再認識する契機となり、その後の作品に大きな影響を与えたといわれる。また、明治村の開設に尽力し、初代館長を務めた。主な作品に「藤村記念堂」（一九四七）、「東宮御所」（一九六一）、「帝国劇場」（一九六六）、「東京国立近代美術館」（一九六九）等。主な著書に『雪あかり日記』（中央公論美術出版、一九七四）等。

田村明（一九二六–二〇一〇）
東京生まれ。地域政策プランナー。法政大学名誉教授。一九五〇年、東京大学工学部建築学科を卒業。一九五三年に同大学法学部法律学科を卒業。一九五四年に同大学政治学科を卒業する。その後、運輸省、大蔵省を経て、日本生命、環境開発センターに勤務し、都市コンサルタントとして活動。横浜市企画調整局長に就任し、横浜市の高速道路の地下化、港北ニュータウンの開発事業、横浜スタジアムの建設などを推進した。一九八一年に法政大学法学部教授に就任し、一九九七年に定年により退任、同大学名誉教授となる。この他、早稲田大学、東京大学、東京藝術大学講師等を歴任。総合研究開発機構研究アドバイザーも務めた。主な著書に『都市を計画する』（岩波書店、一九七七）、『環境計画論』（鹿島出版会、一九八〇）、『美しい都市景観をつくるアーバンデザイン』（朝日選書、一九九七）、『まちづくりと景観』（岩波新書、二〇〇五）等。

丹下健三（一九一三―二〇〇五）
大阪府生まれ。建築家。東京帝国大学工学部建築科を卒業後、一九三八年、前川國男建築事務所に入所するも、一九四一年には東京帝国大学大学院に入学し、一九四六年に修了。その後、同大学建築学科助教授に就任、一九六三年には東京大学工学部都市工学科教授に就任し、教鞭をとりながら、戦後復興に対する国家事業の中心的建築家として活動する。一九五一年にロンドンで開催されたCIAM（国際近代建築会議）に招かれたのをきっかけに、国外での活動を展開。作品は三十カ国以上に及ぶ。プリツカー賞等受賞多数。

塚本英世（一九一七―八二）
教育家。学校法人塚本学院の初代理事長。のちに大阪芸術大学となる平野英学塾を一九四五年に創設。戦後復興のために芸術教育が必要との理念から一九五七年に大阪美術学校を設置、一九六六年大阪芸術大学に改称した。第一工房の設計による「大阪芸術大学塚本英世記念館・芸術情報センター」（一九八一）がある。

塚本由晴（一九六五―）
神奈川県生まれ。建築家。東京工業大学工学部建築学科で坂本一成研究室に所属、卒業後パリ建築大学ベルヴィル校に留学。一九九二年貝島桃代とアトリエ・ワンを結成。東京工業大学建築学科教授。主な作品に「ミニハウス」（一九九九）等。主な著書に『もっと小さな家』（二〇〇一）等。

土田旭（一九三七―）
兵庫県生まれ。都市計画家、アーバンデザイナー。一九六〇年、東京大学工学部建築学科卒業、一九六五年、同大学大学院工学系研究科建築学専攻博士課程単位取得。一九七〇年より、東京大学工学部都市工学科助手。同年に、都市環境研究所を設立、代表取締役所長に就任。二〇〇八年より、同研究所会長。都市環境デザイン会議（JUDI）創立メンバーとして活動。この他、NPO法人日本都市計画家協会会員、府中建築文化フォーラム幹事、NPO法人つのはず文化・まちづくりネット幹事、NPO法人景観デザイン支援機構代表理事、NPO法人まちづくりネクスト運動常任理事等を務め、社会的活動にも従事する。主な著書に『日本の街を美しくする』（学芸出版社、二〇〇六）等。

堤義明（一九三四―）
東京生まれ。実業家。西武鉄道グループの元オーナー。早稲田大学商学部卒業後、一九五七年に国土計画興業（後のコクド）代表取締役（一九六五年に社長、一九九五年に会長）、一九六〇年西武鉄道取締役（一九七三年に社長、一九八九年に会長）、一九六四年伊豆箱根鉄道社長、一九七六年プリンスホテル社長に就任。一九八九年には日本オリンピック委員会委員長も務めた。父は実業家の堤康次郎。異母兄に元西武百貨店会長で小説家の堤清二（辻井喬）。

鉄矢悦朗（一九六四―）
東京生まれ。建築家。東京学芸大学教授。東京藝術大学卒業、都市計画や店舗インテリア等に携わったのち、一九九四年、鉄矢悦朗建築事務所を開設。一九九六年東京藝大大学院で前野嶤らに師事、「まちなみまちづくり倶楽部」、NPO法人「調布まちづくりの会」等の活動を行う。二〇〇二年より東京学芸大学で教鞭をとる。

土井脩司（一九四二―二〇〇三）
新潟県生まれ。花と緑の農芸財団理事長。一九六二年、早稲田大学第一文学部に入学。在学中に学生交換日本代表団団長として、ヴェトナム・タイ・カンボジアを歴訪。大学卒業後、東南アジア学生親交会を結成し、戦争難民孤児救済活動を開始。一九七一年、花の革命を提唱する株式会社花の企画社を設立。一九八六年、長島茂雄氏を理事長とする財団法人花と緑の農芸財団の設立に参画し、常務理事に就任、後二〇〇一年に理事長に就任する。

戸尾任宏（一九三〇―二〇一一）
兵庫県生まれ。建築家。一九五四年、東京工業大学理工学部建築学科卒業後、坂倉準三建築研究所に入所。一九六〇年に渡仏し、ミシェル・カルトと共にフランス、スペインのロマネスク建築を調査・研究する。一九六三年に帰国、坂倉準三建築研究所に復職。神奈川県立鎌倉近代美術館新館の設計、タイ国文部省職業教育施設改善計画に参加する。一九六九年、同建築研究所取締役を経て、退職。一九七一年に、株式会社建築研究所アーキヴィジョンを設立、主宰する。主な作品に「佐野市郷土博物館」（一九八三）、「三重県立熊野古道センター」（二〇〇九）等。

中村勉（一九四六―）
東京都生まれ。建築家。一九六九年東京大学卒業後、槇総合計画事務所などを経て、一九八八年、中村勉総合計画事務所設立、主催。ものつくり大学教授等を歴任。主な作品に「大東文化大学板橋キャンパス」（二〇〇七）、「七沢希望の丘初等学校」（二〇一一）等。低炭素社会の実現研究を背景に福島復興計画を発信している。

西澤文隆（一九一五―八六）
滋賀県生まれ。建築家。一九四〇年に東京帝国大学工学部建築学科を卒業後、同年に設立した坂倉準三建築研究所に、第一番目の所員として入所する。第二次世界大戦で出征した後、一九四六年に同研究所に復帰。一九四八年には、坂倉準三建築研究所大阪支所（現大阪事務所）を開設し、所長に就任する。一九六九年、坂倉準三の逝去に伴い、坂倉建築研究所を創設し、代表取締役に就任する。一九八五年には同研究所の最高顧問に。日本建築、茶室、庭園などの研究者としても知られ、厳島神社、京都御所、高山寺等、全国各地の伝統的な建築と庭園の実測調査を行っている。主な作品に「芦屋ルナホール」（一九六九）、「ホテル・パシフィック東京」（一九七一）、主な著書に『伝統の合理主義』（丸善、一九八一）、『日本名建築の美　その心と形』（講談社、一九九〇）等。

西村幸夫（一九五二―）
福岡県生まれ。都市工学者。神戸芸術工科大学教授。専門は都市保全システム。一九七七年、東京大学工学部都市工学科卒業。一九八二年同大学大学院工学系研究科都市工学専門課程博士課程修了。同年より、明治大学工学部建築学科助手に就任。一九八九年からは東京大学工学部都市工学科助教授、一九九九年より教授に就任。二〇〇八年より東京大学先端技術研究センター教授。二〇一一年より東京大学副学長を務め、退任後の二〇一三年より東京大学先端技術研究センター所長。この間、アジア工科大学助教授、MIT客員研究員、コロンビア大学客員研究員、社会科高等研究院客員教授などを歴任する。主な著書に『歴史を生かしたまちづくり』（古今書院、一九九三）、『環境保全と景観創造』（鹿島出版会、一九九七）、『都市保全計画』（東京大学出版会、二〇〇四）、『西村幸夫風景論ノート』（鹿島出版会、二〇〇八）等。

西山夘三（一九一一―九四）
大阪府生まれ。建築家、建築学者、都市計画家。一九三三年、京都帝国大学工学部建築学科を卒業。石本喜久治建築設計事務所に入所。兵役後、一九四〇年に同潤会研究部（翌年、住宅営団に改組）に入部。一九四四年より京都大学講師、第二次世界大戦後には同大学助教授、一九六一年より同大学教授に就任する。一九四七年に出版した『これからのすまい　住様式の話』（相模書房）で「食寝分離」を提示し、日本住宅営団や吉武泰水らによる建築計画学に影響を与えた。他、主な著書に『住み方の記』（文藝春秋新社、一九六五／筑摩叢書、一九七八）、『すまいの思想』（創元新書、一九七四)、『すまい考今学　現代日本住宅史』(彰国社、一九八九)等。

蓮池槇郎(一九三八―)
東京生まれ。インテリアデザイナー、プロダクトデザイナー。一九六二年に東京藝術大学を卒業後、セイコーに勤務。一九六四年に開催された東京オリンピックのための時計・タイマーのデザインを手がけた。一九六三年にイタリアに渡り、翌一九六四年よりミラノのロドルフォ・ボネット事務所に勤務。一九六八年にミラノでMakio Hasuike Designを設立、主宰する。一九八二年にはオリジナルデザインのバッグやアクセサリーを製造・販売するMH WAYを創設した。グラフィックやプロダクトのデザインの他、店舗や展覧会のインテリアデザイン等まで幅広く活動を展開している。

長谷川逸子(一九四一―)
静岡県生まれ。建築家。関東学院大学を卒業後、菊竹清訓建築設計事務所に勤務。東京工業大学研究生となり篠原一男に学ぶ。一九七九年、長谷川逸子・建築計画工房を設立、主宰。早稲田大学、東京工業大学、九州大学等の非常勤講師、関東学院大学大学院客員教授、ハーバード大学客員教授として教鞭をとる。主な作品に「眉山ホール」(一九八四)、「湘南台文化センター」(一九八九)、「すみだ生涯学習センター」(一九九四)、「新潟市民芸術文化会館」(一九九八)等。

初田亨(一九四七―)
東京都生まれ。建築史家。工学院大学工学部建築学科卒業、同大学院修士課程工学研究科建築学専攻修了。工学博士。一九七一年より工学院大学講師、助教授を経て、一九九四年同大学工学部建築学科教授(〜二〇〇九)。二〇〇三年より東京大学大学院非常勤講師(〜二〇〇六)。著書に『都市の明治　路上からの建築史』(筑摩書房、一九八一)、『繁華街の近代　都市・東京の消費空間』(東京大学出版会、二〇〇四年)等。

馬場璋造(一九三五―)
埼玉県生まれ。編集者、建築評論家。一九五七年、早稲田大学第一理工学部建築学科卒業、一九五九年、同大学第一政経学部経済学科卒業。同年に株式会社新建築に入社し、一九七二年より新建築社取締役編集長に就任する。一九九〇年に株式会社建築情報システム研究所を設立、主宰。建築設計競技における「プロフェッショナル・アドバイザー」として、一九八五年「湘南台文化センターコンペ」、一九九一年「奈良市市民ホール国際建築設計競技」、一九九五年「横浜港客船国際施設国際建築施設設計競技」、一九九五年「さいたまアリーナ建築設計競技」等、多数に携わる。主な著書に『生残る建築家像』(建築情報システム研究所、一九九〇)、『こんな建築家になれるか』(王国社、二〇〇四)等。

早川正夫(一九二五―)
茨城県生まれ。建築家。東京大学第一工学部建築学科を卒業。坂倉準三建築研究所勤務を経て、明治大学工学部の助手として堀口捨己研究室に入る。一九六二年に明治大学助教授退職、早川正夫建築設計事務所設立。数寄屋建築の第一人者として知られ、茶室の設計などを多く手がける。主な作品に「八甲田山ホテル」、「静岡雙葉学園」、「彦根城博物館」(一九八六)等がある。

林昭男(一九三二―)
群馬県生まれ。建築家、環境建築研究者。滋賀県立大学名誉教授。武蔵工業大学建築学科助手を経て、第一工房の設立に参加。一九八六年に第一工房を退職後、林昭男建築研究室を開設、主宰。著書に『サステイナブル建築』(学芸出版社、二〇〇四)等。

林昌二(一九二八―二〇一一)
東京生まれ。建築家。一九五三年、東京工業大学工学部建築学科卒業。その後、日建設計工務株式会社（現株式会社日建設計）に入社。一九七三年には、同社取締役に就任。その後、副社長、副会長を歴任し、退職後は名誉顧問に就任する。大規模組織事務所である日建設計に生涯務めながらも、個性的な作品をつくり続けた。夫人も同じく建築家の林雅子（一九二八―二〇〇一）。主な作品に「三愛ドリームセンター」（一九六二）、「パレスサイドビルディング」（一九六六）、「ポーラ五反田ビル」（一九七一）、「新宿NSビル」（一九八二）、「文京シビックセンター」（一九九四）等。主な著書に『建築家林昌二毒本』（新建築社、二〇〇四）等。

林忠恕（一八三五―九三）
三重県生まれ。建築家。大工として横浜の居留地の洋風建築に従事。アメリカ人建築家ブリジェンスに西洋建築を学んだとされている。一八七一年より大蔵省、工部省、海軍省に勤務。中央官庁営繕を主導し、内務省、駅逓寮、大審院等、主要庁舎を手がけた。

林雄二郎（一九一六―二〇一一）
東京都生まれ。官僚。未来学者。一九四〇年東京工業大学電気化学科を卒業。一九四二年に技術院に入所。戦後は経済安定本部、経済企画庁に入庁。一九六五年、下河辺淳、宮崎勇らと共に「一九八五年の日本人のライフスタイルを検討する会議」を開催。この際にまとめた「林リポート」は、日本社会の発展を導くガイドラインとして各界に大きな影響を与えた。一九六七年からは東京工業大学社会工学科教授を兼務する。一九七四年にトヨタ自動車が設立した財団の専務理事に就任。日本の財団業務の基礎を築いた。一九八八年より東京情報大学初代総長（～一九九四）、その後、日本財団顧問。他、財団法人未来工学研究所所長（後に副理事長）、日本未来学会会長、テュービンゲン大学名誉評議員、日本NPO学会会長等を歴任した。

浜口ミホ（一九一五―八八）
中国大連生まれ。建築家。一九三七年、東京女子高等師範学校（現お茶の水女子大学）を卒業。その後、東京帝国大学工学部建築学科の聴講生として前川國男に師事、前川國男建築事務所で建築を学ぶ。戦後、日本では女性として初めて一級建築士の資格を取得し、浜口美穂建築研究所を設立する。著書に『日本住宅の封建制』（相模書房、一九四九）等。

浜野安宏（一九四一―）
京都府生まれ。ライフスタイル・プロデューサー。一九六四年、日本大学芸術学部映画学科演出コース卒業。翌一九六五年には株式会社浜野商品研究所を設立、主宰。ファッションを中心としたマーチャンダイジングとマーケティングのコンサルタントとして活動する。株式会社浜野総合研究所代表取締役社長。この他、多摩美術大学美術学部・造形表現学科客員教授等を務める。主なプロデュース作品に、「フロム・ファースト・ビル」、「東急ハンズ」の企画開発コンサルティング及びネーミングCI計画、「QFRONT」総合プロデュース等。主な著書に『建築プロデューサー』（鹿島出版会、二〇〇〇）、『想いの実現』（六耀社、二〇一二）等。

坂茂（一九五七―）
東京都生まれ。建築家。京都造形芸術大学芸術学部環境デザイン学科教授。南カルフォルニア建築大学で学んだ後、クーパー・ユニオン建築学部に在学。この間、磯崎新アトリエに勤務し実務経験を積む。一九八四年クーパー・ユニオン卒業、Bachelor of Architectureを取得する。一九八五年に坂茂建築設計を設立、主宰。一九九五年には、NGOボランタリー・アーキテクツ・ネットワーク（VAN）を設立。阪神淡路大震災後の仮設住宅や、トルコ、インドでの地震、スリランカでの津波被害、中国の大地震、ニュージーランド・クライストチャーチの地震等においても仮設住宅、仮設校舎等の建設に携わる。また、二〇一一年の東日本大震災以降は、紙パイプと布を用いた間仕切りなどを提案し、仮設住宅の建設や居住環境の向上に貢献した。二〇一四年プリツカー賞受賞他受賞多数。主な作品に「カーテンウォールの家」(一九九五)、「カトリックたかとり教会仮設集会所(紙の教会)」(一九九五)、「ポンピドゥー・センター・メス」(二〇一〇)、「大分県立美術館」(二〇一四)、「ラ・セーヌ・ミュージカル」(二〇一七)等。

日笠端(一九二〇—九七)
旧満州撫順生まれ。都市計画家。東京大学名誉教授。一九四三年に東京帝国大学工学部建築学科を卒業。一九四五年より戦災復興院技師に就任する。一九四八年より、芝浦工業大学非常勤講師。翌一九四九年には、建設省建築研究所に入所、後に都市計画研究室室長となる。一九五五年、芝浦工業大学内に、石黒哲郎と共に都市計画研究室を設立。一九六四年より、東京大学工学部都市工学科教授に就任。一九八一年に同大学退官後、東京理科大学教授に就任(〜一九九六)。この間、一九六二年からは、第一生命本社が神奈川県大井町に進出するのに伴い、都市計画に携わった。日本都市計画学会会長を務めた他、東京都国土利用地方審議会会長、東京都住宅対策懇談会座長等を歴任する。主な著書に『都市計画』(共著、共立出版、一九七七)、『新首都・多極分散論』(共著、有斐閣、一九九五)等。

樋口裕康(一九三九—)
静岡県生まれ。建築家。早稲田大学大学院理工学部修士課程修了。その後、一九六五年より吉阪隆正が主宰するU研究室に勤務し、設計活動を行う。一九七一年に、富田玲子、大竹康市と共に、象設計集団を設立する。

広瀬鎌二(一九二二—二〇一二)
神奈川県生まれ。建築家。東京都市大学名誉教授。技術と生産の面から住宅を捉えた鉄骨造の「SHシリーズ」を発表。主な作品に「上小沢邸」(一九五九)等。主な共著書に『建築のディティールの考え方』(彰国社、一九六三)、『伝統のディティール』(彰国社、一九七五)等。

藤木忠善(一九三三—)
東京生まれ。建築家。東京藝術大学名誉教授、日本建築家協会名誉会長。一九五六年、東京藝術大学美術学部建築科卒業。同年に坂倉準三建築研究所に入所し、日本西洋美術館、新宿駅西口広場等を担当する。一九六四年より東京藝術大学美術学部建築科講師、助教授を経て、一九八六年より同大学教授。この他、コロラド大学の客員教授としても教鞭をとる。主な作品に、自邸として設計した実験住宅「サニー・ボックス」(一九六三)、「マウンテンボックス」(一九九六)等。

藤島亥治郎(一八九九—二〇〇二)
岩手県生まれ。建築史家。東京大学名誉教授。一九二三年、東京帝国大学工学部建築学科卒業。同年より朝鮮総督府京城工業学校助教授、翌年より同校教授に就任する。一九二九年より東京帝国大学助教授、一九三三年に同大学教授に就任し、一九六〇年に退官後は同大学名誉教授。芝浦工業大学教授としても教鞭をとった。一九六八年に大阪天王寺伽藍の復元的創作などで日本芸術院恩賜賞を受賞。この他、平泉遺跡の発掘調査や中山道宿場の研究を手がけるなど、文化財保護にも尽力する。主な著書に『日本の建築』(至文堂、一九五八)、『古寺再現』(学生社、一九六七)、『平泉建築文化研究』(吉川弘文館、一九九五)、『中山道』(東京堂出版、一九九七)等。

藤本昌也(一九三七—)
旧満州新京生まれ。建築家、アーバンデザイナー。一九六〇年、早稲田大学理工学部建築学科卒業。一九六二年、同大学大学院修士課程修了。同年に大高建築設計事務所に勤務。一九七二年、現代計画研究所を設立、代表取締役に就任。その後会長を経て、取締役。一九九七年より山口大学工学部感性デザイン工学科教授。二〇〇二年からは関東学院大学工学部建築設備工学科教授。この他、法政大学講師、早稲田大学講師、建築大学校講師、東京大学講師、日本女子大学講師も歴任する。主な作品に「ヨックモック本社ビル」(一九七八)、「多摩ニュータウンベルコリーヌ南大沢10、11ブロック」(一九九〇)等。

藤森照信(一九四六―)
長野県生まれ。建築史家、建築家。東京大学名誉教授。一九七一年、東北大学工学部建築学科卒業後、東京大学大学院に進学。東京大学生産技術研究所で村松貞次郎に師事する。一九七九年「明治期における都市計画の歴史的研究」で博士号を取得。一九八五年に東京大学生産技術研究所助教授、一九九八年より同校教授。二〇一〇年に同校定年退職後、工学院大学教授に就任。東北芸術工科大学客員教授も務める。建築探偵団、路上観察学会、縄文建築団等の活動でも知られる。主な作品に「神長官守矢史料館」(一九九一)、「タンポポ・ハウス」(一九九五)、「熊本県立農業大学校学生寮」(二〇〇〇)、「高過庵」(二〇〇四)等。主な著書に『明治の東京計画』(岩波書店、一九八二)、『日本の近代建築』(岩波新書、一九九三)等。

古市徹雄(一九四八―)
建築家、都市計画家。一九七三年、早稲田大学理工学部建築学科卒業。卒業設計において最優秀村野藤吾賞を受賞する。一九七五年、同大学大学院理工学研究科修士課程修了。同年に丹下健三都市建築設計研究所に入所。この間、アフリカ・ナイジェリアの新首都計画において中心市街区及び国会議事堂・大統領府・最高裁判所などの設計を担当したほか、国内外のプロジェクトに多数参加する。一九八八年、古市徹雄都市建築研究所を設立、主宰。東京大学大学院、ミラノ工科大学大学院、トリノ工科大学大学院、ロンドン大学バートレット校大学院、精華大学大学院で客員教授を歴任し、現在、千葉工業大学教授。主な作品に「屋久杉自然観」(一九九〇)、「西海パールシーセンター」(一九九四)、「浄土宗麟鳳山九品寺山門・納骨堂」(二〇〇〇)、「栃木県なかがわ水遊園おもしろ魚館」(二〇〇一)、「六花亭真駒内ホール」(二〇〇二)等。

古谷誠章(一九五五―)
東京都生まれ。建築家。早稲田大学創造理工学部教授。一九七八年、早稲田大学理工学部建築学科卒業、一九八〇年、同大学大学院博士前期課程修了。一九八三年より、早稲田大学理工学部助手。一九八六年、近畿大学工学部講師、一九九〇年より同大学工学部助教授に就任。一九九四年からは早稲田大学理工学部助教授に就任、一九九七年より同大学教授。二〇一〇年からは東北大学非常勤講師も務める。一九八六年には、文化庁芸術家在外研修員としてスイスに派遣、マリオ・ボッタ事務所に勤務。一九九四年には、八木佐千子と共にスタジオナスカ(現NASCA)を設立、共同主宰。主な作品に「香北町立やなせたかし記念館・アンパンマンミュージアム」(一九九六)、「ジグハウス/ザグハウス」(二〇〇〇)、「茅野市民館」(二〇〇五)等。

穂積信夫(一九二七―)
東京生まれ。建築家。早稲田大学名誉教授。一九五〇年、早稲田大学理工学部建築学科卒業。その後渡米し、一九五六年にハーバード大学大学院を卒業後、エーロ・サーリネン建築設計事務所に勤務する(〜一九五七)。帰国後、一九六一年より早稲田大学助教授、一九六七年に同大学教授に就任。その間、一九六九年より、オハイオ・ウエスレアン大学の客員教授を務める。一九九四年に早稲田大学を退任後は同大学名誉教授。一九九六年より日本建築家協会会長（〜一九九八）。一九九九年より日本建築家協会名誉会員。二〇〇〇年には米国建築家協会名誉会員となる。主な作品に「田野畑中学校・寄宿舎」（一九七六）、「早稲田大学本庄高等学院」（一九八四）等。主な著書に「エーロ・サーリネン」（鹿島出版会、一九七三）等。

堀内正弘（一九五四—）

東京都生まれ。建築家、都市デザイナー、コミュニケーションデザイナー。多摩美術大学造形表現学部デザイン学科教授。一九七八年東京藝術大学美術学部建築学科卒業。一九八〇年東京大学大学院工学系研究科修士課程修了。その後、磯崎新アトリエに勤務した後、渡米。一九八三年イエール大学建築学大学院修士課程を修了。エドワード・ララビー・バーンズ事務所に一九八五年まで勤務し、帰国。堀内正弘建築設計事務所を設立、主宰。一九八七年からは株式会社アーキソフト計画研究所の代表取締役。一九九五年より、株式会社都市工房代表取締役に就任する。一九九八年、多摩美術大学で助教授、同大学造形表現学部デザイン学科准教授を経て、二〇〇九年からは現職。主な作品に「日比谷シャンテ広場・低層棟設計」（一九八七）、「ヨコハマポートサイド地区再開発」（一九九三）、「SDA所沢教会」（一九九七）、「シェア奥沢」（二〇一四）等がある他、まちづくり及びコミュニケーションデザインの分野で「せたがやグリーンマップ」（二〇〇一）、「東京自転車グリーンマップ」（二〇〇七）等。

堀川勉（一九二七—）

一九七六年、布野修司ら同時代建築研究会を組織、各種シンポジウムや研究会を開催した。主な著書に『アテネより伊勢へ　近代日本の建築思想』（彰国社、一九八四）。

堀口捨己（一八九五—一九八四）

岐阜県生まれ。建築家、建築史学者、思想家。明治大学教授、神奈川大学教授を歴任。東京帝国大学建築学科を卒業後、分離派建築会を興す。後に日本の伝統文化とモダニズム建築の理念の統合を図った。主な作品に「大島測候所」（一九三八）、「旧若狭邸」（一九三九）、「明治大学和泉第二校舎」（一九六〇）など。主な著書に『利休の茶室』（岩波書店、一九四九）、『桂離宮』（岩波書店、一九五二）等。

本城和彦（一九一三—二〇〇二）

都市計画家。一九三八年、東京帝国大学工学部建築学科を卒業。その後、逓信省営繕課に入省し、一九四六年に戦災復興員技師に就任。一九五二年、建設省営繕局に入省。一九五五年より日本住宅公団に勤務し、一九六〇年にはイラン建設銀行に住宅専門アドバイザーとして出向、国連住宅建設計画の日本代表となる。一九六五年より、東京大学工学部都市工学科教授に就任。この間、国際連合地域開発センター（UNCRD）の副所長に就任、大学を退官後には所長を務める。主な著書に『住宅の経済学』（日本住宅公団建築部調査研究課、一九六八）、『都市住宅地の設計』（編著、理工図書、一九七八）等。

前川國男（一九〇五—八六）

新潟県生まれ。建築家。一九二五年に東京帝国大学工学部建築学科を卒業後、パリへ渡り、ル・コルビュジエの事務所に勤める。一九三〇年に帰国、東京レーモンド建築事務所に入所。一九三五年に前川國男建築設計事務所を設立、主宰。主な作品に「京都会館」（一九六〇）、「東京文化会館」（一九六一）、「埼玉県立博物館（現埼玉県立歴史と民俗の博物館）」（一九七一）、「東京海上火災保険会社本部ビル（現東京日動ビルディング本館）」（一九七三）等。一九四二年に建てた自邸は江戸東京たてもの園に移設展示されている。

松井源吾（一九二〇–九六）
新潟県生まれ。構造家。早稲田大学名誉教授。早稲田大学理工学部建築学科卒業後、同大学院博士課程修了。一九五二年、同大学助教授、一九五六年に同大学教授に就任する。菊竹清訓を始め、内井昭蔵、黒川紀章等と共に、多くの建築を生み出してきた構造設計の第一人者。ORS事務所設立。代表作に「東光園」（設計菊竹清訓建築設計事務所、一九六五）、「佐渡グランドホテル」（設計菊竹清訓建築設計事務所、一九六七）、「寒河江市庁舎」（設計黒川紀章建築・都市設計事務所、一九六七）、「世田谷美術館」（設計内井昭蔵建築設計事務所、一九八六）、「紙の家」（設計坂茂建築設計、一九九五）等。

松原明（一九六〇–）
大阪府生まれ。市民活動家。NPO法人「シーズ・市民活動を支える制度をつくる会」代表理事。神戸大学文学部哲学科卒業。企業勤務、経営コンサルタントを経て、一九九四年「シーズ・市民活動を支える制度をつくる会」を結成し、事務局長に就任。二〇一〇年からは副代表理事、二〇一三年からは現職。改正NPO法の普及や認定NPO法人制度のスムーズな施行・運用に尽力する他、NPO政策連絡会議呼掛人共同代表として、各政党・政府への政策提言なども行っている。主な著書に『NPOがわかるQ&A』（共著、岩波ブックレット、二〇〇四）、「改正NPO法対応　ここからはじめるNPO会計・税務」（共著、ぎょうせい、二〇一二）等。

松本哲夫（一九二九–）
インダストリアルデザイナー、建築家。剣持デザイン研究所所長。一九五三年、千葉大学工学部建築学科を卒業後、通産省工業技術院産業工芸試験所に入所。一九五五年、剣持勇デザイン研究所に入所、一九五七年より同研究所チーフデザイナー、一九七一年から現職。一九七三年より東京大学工学部建築学科非常勤講師、一九八三年より建設省建設大学校講師、一九七九年より日本女子大学家政学部住居学科非常勤講師、一九八五年より、愛知県立芸術大学非常勤講師、二〇〇一年より同大学客員教授を歴任する。主な作品に「ホテルニッコーサイパンステーキハウス棟」（一九八九）、「大東町コミュニティーセンター+摺沢駅舎」（一九九九）、「伊那食品工業株式会社仙台ショップ」（二〇〇四）等。

松山巖（一九四五–）
東京都生まれ。小説家、評論家。東京芸術大学建築学科を卒業。その後、友人と共に建築設計事務所を設立し、住宅設計に携わる。その傍ら、建築論、都市論などを発表するなかで、執筆活動に専念。一九八四年に『乱歩と東京　一九二〇都市の貌』（PARCO出版、後、ちくま学芸文庫、双葉文庫）で日本推理作家協会賞を受賞する。この他、一九九三年に著した『うわさの遠近法』（青土社、後、講談社学術文庫、ちくま学芸文庫）でサントリー学芸賞を、一九九六年の『闇の中の石』（文藝春秋）で伊藤整文学賞、一九九六年の『群像　機械のなかの難民』（読売新聞社、後、中公文庫）で読売文学賞を受賞している。この他の作品に『日光』（朝日新聞社、一九九九）、『建築はほほえむ』（西田書店、二〇〇四）、『猫風船』（みすず書房、二〇〇七）等。

三上祐三（一九三一–）
東京都生まれ。建築家。一九五六年、東京藝術大学美術学部建築学科を卒業後、前川國男建築設計事務所に入所。一九五八年に、ブラッセル万国博覧会日本館の現場監理のために渡欧し、デンマークにて、ヨーン・ウッソン事務所に勤務する。一九六二年に渡英、オブ・アラップ・パートナーズ社ロンドン事務所に勤務。シドニーオペラハウスの設計に従事する。一九六八年に帰国し、前川國男建築設計事務所に復帰。一九七三年には、株式会社MIDI綜合設計研究所を設立する。主な作品に「洗足学園前田ホール」（一九八四）、「東急文化村オーチャドホール」（一九八九）等。

三井所清典（一九三九―）

佐賀県生まれ。建築家。公益財団法人日本建築士会連合会会長。一九六八年東京大学工学部建築学科卒業後、同大学院数物系研究科建築学専攻修士課程卒業、その後、同大学大学院工学系研究科建築学専攻博士過程修了。芝浦工業大学教授、東京大学非常勤講師、九州大学非常勤講師、日本女子大学非常勤講師等を歴任。一九七〇年にアルセッド建築研究所を設立、主宰。佐賀県有田町を始め、全国各地の、地域に根ざした家づくり、町並みづくりに取り組む。

蓑原敬（一九三三―）

東京生まれ。都市計画家。一九五八年、東京大学教養学部アメリカ科卒業。一九六〇年、日本大学理工学部建築学科卒業。同年、建設省（現国土交通省）に入省。一九六一年、ペンシルベニア大学大学院に留学し、都市計画を学ぶ。帰国後、茨城県都市計画課長、住宅局住宅建設課長を歴任。一九八五年、住宅局を退官。一九八九年に蓑原計画事務所を設立、主宰。幕張新都心や福岡アイランド計画のプランニングなどを手がける。主な著書に『街づくりの変革　生活都市計画へ』（学芸出版社、一九九八）、『成熟のための都市再生　人口減少時代の街づくり』（学芸出版社、二〇〇三）、『都市計画、根底から見直し新たな挑戦へ』（共著、学芸出版社、二〇一一）等。

宮脇檀（一九三六―九八）

愛知県生まれ。建築家、エッセイスト。一九五九年に東京藝術大学美術学部建築科を卒業後、東京大学大学院工学系研究科に進学、一九六一年に修士課程終了。一九六四年に宮脇檀建築研究室を設立、主宰。風土性を活かした住宅地の開発を多く手がけ、「ボンエルフ」を取り入れた、自動車と歩行者の共存をテーマとした設計で知られる。一九九一年より、日本大学生産工学部建築工学科の教授を勤めた他、法政大学、東京大学、共立女子大学の講師も歴任した。主な作品に「松川ボックス」（一九七九）、「高須ニュータウン」（一九八五）、「フォレステージ高幡鹿島台」（一九九八）、「姫路市書写の里・美術工芸館」（一九九四）等。主な著書に『日本の住宅設計作家と作品・その背景』（彰国社、一九七六）、『それでも建てたい家』（新潮文庫、一九九五）、『男と女の家』（新潮社、一九九八）等。

村上處直（一九三五―）

愛知県生まれ。都市計画家。防災都市計画研究所名誉所長。一九六〇年、横浜国立大学工学部建築学科を卒業。その後、東京大学大学院に進学し、一九六二年、同大学院数物系研究科修士課程修了。建築史研究室に在籍した後、同年に同大学工学部都市工学科の設立に伴い、高山研究室に移籍。一九六五年より高山研の特別研究員として在籍し、江東防災再開発計画づくりに参画する。一九七〇年に、防災都市計画研究所を設立。一九八八年より、横浜国立大学工学部教授（～二〇〇〇）。他、早稲田大学理工学部総合研究センター教授、日本大学生産工学部非常勤講師等を歴任する。二〇〇五年からは危機管理システム研究学会会長を務める（～二〇〇七）。主な著書に『都市防災計画論』（同文書院、一九八六）、『市民のための災害情報』（共著、早稲田大学出版部、一九九七）等。

村口昌之

建築家。日本工業大学名誉教授。一九五九年、東京工業大学建築学科を卒業。一九六〇年より、同大学清家研究室に勤務。一九六二年に渡欧。ドイツにてパウエル・シュナイダー・エスレーベン建築設計事務所に勤務。一九六四年より、スイス連邦工科大学アルフレッド・ロード建築設計事務所に勤務。帰国後、一九六五年より東京工業大学清家研究室に復帰し、デザインシステム取締役に就任。一九七〇年、スペースコンセプトを設立、主宰する。また、YMCAデザイン研究所建築学科非常勤講師、工学院大学建築学科非常勤講師を歴任し、一九八八年より日本工業大学建築学科教授に就任。退官後、同大学名誉教授。主な作品に「日本工業大学一〇〇周年記念ホール」等。

村野藤吾（一八九一－一九八四）
佐賀県生まれ。建築家。高校卒業後、八幡製鐵所に入社。その後、早稲田大学理工学部電気工学科に入学するが、一九一五年、同大学建築学科へ転学する。卒業後、渡辺節建築事務所に入所。一九二九年に村野建築事務所を設立。第二次世界大戦を経て、一九四九年に村野・森建築設計事務所を設立する。「宇部市渡辺翁記念会館」（一九三七）が二〇〇五年に国の重要文化財に指定された他、「世界平和記念堂」（一九五三）が、丹下健三による「広島平和記念資料館」（一九五五）と共に、戦後初の重要文化財に指定される。この他主な作品に「日本生命日比谷ビル（現日生劇場）」（一九六三）、「日本興業銀行本店（現みずほ銀行前本店ビル）」（一九七四）等。

村松貞次郎（一九二四－九七）
静岡県生まれ。建築史家。東京大学名誉教授。東京大学第二工学部建築学科卒業。一九五三年に東京大学大学院博士課程修了後、同大学工学部助手。一九六一年より東京大学生産技術研究所助教授を経て、一九七四年より教授。一九八四年に同大学を定年退官後、法政大学工学部教授、明治村館長等を歴任。編著書に『日本建築技術史』（地人書館、一九五九）、『大工道具の歴史』（岩波書店、一九七三）等。

茂木計一郎（一九二六－二〇〇八）
神奈川県生まれ。建築家、建築学者。東京藝術大学名誉教授。東京藝術大学美術学部建築科卒業後、東京大学大学院修士課程修了。その後、東京藝術大学建築学科教授に就任し、長年、教鞭をとった。主な研究に、イタリア、中国、奈良、京都、馬篭、妻籠などのデザイン・サーベイ等多数。主な作品に「下田市市民文化センター」（一九八九）、「江戸川区立小岩アーバンプラザ」（一九九一）等。

森戸哲（一九四〇－）
都市計画家、地域プランナー。地域総合計画研究所所長などを歴任。東京大学工学部建築学科卒業。同大学大学院にて修士・博士課程修了。主な著書に『地域社会と地場産業』（共著、日本経済評論社、一九八〇）等。

森村道美（一九三五－二〇一二）
群馬県生まれ。都市計画家、都市研究者。東京大学工学部建築学科卒業後、同大学大学院で丹下研究室に在籍。一九八七年より、東京大学工学部都市工学科教授に就任。一九九五年より同大学大学院工学系研究科教授。一九九六年より長岡技術科学大学環境・建築系教授に就任し、その後、同大工学部教授となる。主な著書に『コミュニティの計画技法』（彰国社、一九七八）、『マスタープランと地区環境整備』（学芸出版社、一九九八）等。

柳宗理（一九一五－二〇一一）
東京生まれ。インダストリアルデザイナー。東京美術学校に学び、一九四二年より坂倉準三建築研究所研究員となる。戦後、工業デザインに転身、一九五〇年柳宗理デザイン研究所を開設。主な作品に「バタフライスツール」（一九五六）、「東京オリンピック聖火コンテナ」（一九六四）、「札幌冬季オリンピック聖火台」（一九七〇）等。

山岡義典（一九四一－）
旧満州生まれ。市民活動家、都市計画家。一九六〇年に東京大学工学部建築学科に入学、卒業後、同大学大学院数物系研究科に進学する。太田博太郎に師事し、妻籠宿保存計画の策定に携わったほか、丹下健三のもとで大阪万博の会場計画にも携わった。一九六九年に都市計画設計研究所に入所。一九七七年よりトヨタ財団に勤務し、研究助成や市民活動への助成といった新しい分野を開拓。一九九二年に退職し、コンサルタントとして市民活動やNPOに関する調査研究、政策立案に携わる。一九九六年には日本NPOセンターを設立。現在は同顧問を務める。二〇〇二年に市民社会創造ファンドを創立、代表理事。またこの間、武蔵野美術大学非常勤講師、日本福祉大学客員教授を歴任。二〇〇一年からは法政大学現代福祉学部教授及び同大学大学院人間社会研究科教授に就任(〜二〇一二)。主な著書に『日本の財団』(共著、中公新書、一九八四)、『時代が動くとき 社会の変革とNPOの可能性』(ぎょうせい、一九九九)、『NPO実践講座』(編著、ぎょうせい、二〇〇八新版)等。

山口文象(一九〇二–七八)
東京生まれ。建築家。近代日本建築運動のリーダーの一人。逓信省営繕課、内務省復興局橋梁課の嘱託技師等を経て、一九三〇年に渡欧、ワルター・グロピウスのアトリエに勤務。帰国後一九三二年に山口文象建築設計事務所を設立。一九五一年、RIAグループと称して集団建築設計方法を模索した後、一九五三年に共同設計組織として「RIA建築綜合研究所」を設立する。主な作品に石本建築事務所で手がけた「日本橋白木屋」(一九二七)、「黒部第二発電所」(一九三六)、「林芙美子邸」(一九四一)、「神奈川大学」(一九五四)等。

山下寿郎(一八八八–一九八三)
山形県生まれ。建築家。東京帝国大学工学部建築学科卒業後、三菱合資会社に入社。その後、東京帝国大学工学部、秋田鉱山専門学校の講師を歴任。一九二八年に山下寿郎建築事務所(現山下設計)を設立、主宰。主な作品に「仙台市役所庁舎」(一九六七)、「霞が関ビルディング」(一九六八)、「NHK放送センター」(一九七二)等。

山本学治(一九二三–七七)
東京生まれ。建築学者、建築史家、建築構造学者、構造史家。東京帝国大学第二工学部建築学科卒業後、同大学院に進学。建築構造学、建築史を学ぶ。一九四九年、東京美術学校(現東京藝術大学)建築学科に赴任し、一九六四年より同校教授。主な著書に『素材と造形の歴史』(鹿島出版会、一九六六)、『現代建築論』(井上書院、一九六八)等。

山本拙郎(一八九〇–一九四四)
高知県生まれ。建築家。早稲田大学理工学部建築学科を卒業後、一九一七年に住宅設計・施工専門会社「あめりか屋」に就職。設計部の技師長を経て、二代目社長に就任する。同社の宣伝を兼ねて発行していた『住宅』誌に、当時中学生だった吉村順三が投稿設計を応募してきて、これに賞を与えたことがある。「あめりか屋」として「根津嘉一郎別邸(晴山ホテル、現軽井沢プリンス)」等を手がけた他、一九四〇年から四一年には、中国で日本人向けの社宅を設計した。

山本理顕(一九四五–)
中国北京生まれ。建築家。一九六八年、日本大学理工学部建築学科卒業。一九七一年、東京藝術大学大学院美術研究科建築専攻修了。その後、東京大学生産技術研究所原研究室の研究生となる。一九七三年に山本理顕設計工場を設立、主宰。二〇〇〇年より、横浜国立大学大学院教授を務め、二〇一一年からは同大学院客員教授、及び、日本大学大学院特任教授に就任する(共に二〇一三年まで)。主な作品に「熊本県営保田窪第一団地」(一九九一)、「公立はこだて未来大学」(二〇〇〇)、「北京建外SOHO」(二〇〇三)、「横須賀美術館」(二〇〇七)、「天津図書館」(二〇一二)等。

吉阪隆正（一九一七–八〇）
東京都生まれ。建築家。一九四一年、早稲田大学理工学部建築学科を卒業。教務補助として大学に残る。一九五〇年、大学を休職し、戦後第一回フランス政府給費留学生として渡仏。ル・コルビュジエのアトリエに勤務する。一九五三年に帰国、早稲田大学内に吉阪研究室（後のU研究室）を設立する。一九五九年、同大学理工学部教授、一九六九年には、同学部学部長に就任する。一九七三年、日本建築学会会長を務める。登山家、探検家としても知られ、一九六〇年には早稲田大学のアラスカ・マッキンリー遠征隊の隊長も務めた。主な作品に「ヴェネツィア・ビエンナーレ日本館」（一九五六）、「アテネ・フランセ」（一九六二）、「大学セミナー・ハウス」（一九六五）等。この他、各地の山小屋も多く設計している。

吉田五十八（一八九四–一九七四）
東京生まれ。建築家。一九一五年に東京美術学校（現東京藝術大学）図案科に入学、在学中から住宅や店舗の設計を手がける。一九二三年に卒業と同時に「吉田建築事務所」を設立。一九二五年、ヨーロッパ、アメリカに渡航し、当地で出会った古典建築への感銘から、日本における古典建築を追究、一九三〇年代より伝統建築である数寄屋建築を近代化した住宅等を発表する。一九四六年には東京美術学校教授（〜一九六一）、一九六三年より皇居新宮殿造営顧問を務める（〜一九六八）。主な作品に「歌舞伎座」（一九五一）、「日本芸術院会館」（一九五八）、「五島美術館」（一九六〇）、「中宮寺本堂」（一九六八）等。

吉武泰水（一九一六–二〇〇三）
大分県生まれ、東京育ち。建築学者、建築家。東京帝国大学工学部建築学科卒業。一九五九年に東京大学教授。その後、筑波大学、九州芸術工科大学で教鞭をとる。一九八九年、神戸芸術工科大学初代学長に就任。東京大学名誉教授、筑波大学名誉教授、九州芸術工科大学名誉教授、また日本建築学会会長等を歴任する。東京大学建築学科の吉武研究室時代には、後に「2DK」の原型となる「51C型」を提唱した。主な作品に「成蹊小学校・中学校」（一九五〇）、「東京大学工学部十一号館」（一九六八）等。

吉村順三（一九〇八–九七）
東京都生まれ。建築家。一九三一年、東京美術学校（現東京藝術大学）を卒業後、レーモンド建築設計事務所に勤務。一九四一年に同事務所を退職後、吉村順三設計事務所を開設、主宰。一九四五年東京美術学校助教授、一九四九年に東京藝術大学建築科助教授を経て、一九六二年からは同大学教授に就任する。一九七〇年より、同大学名誉教授。日本の伝統とモダニズムが融合と称される作風をもち、国内外に数多くの作品を残す。一九七五年日本芸術院賞他受賞多数。主な作品に「国際文化会館」（共同設計、一九五五）、「皇居新宮殿基本設計」（一九六八）、「奈良国立博物館新館」（一九七二）、八ヶ岳高原音楽堂（一九八八）等。

渡辺定夫（一九三二–）
東京生まれ。都市計画家、教育者。東京大学名誉教授。一九五六年、東京大学大学院数物系研究科博士課程修了。その後同大学助手、助教授を経て、一九八四年に教授に就任する。一九九三年に同大学を退官後、工学院大学教授。一九八五年「地方都市と大学立地に関する一連の研究」で日本都市計画学会論文賞を受賞。主な作品に「幕張ベイタウン調整」（蓑原敬と共同、一九九五–二〇〇〇）、「みなとみらい線」（デザイン委員会委員長、一九九三–二〇〇四）等。主な著書に『アーバンデザインの現代的展望』（編著、鹿島出版会、一九九三）、『今井の町並み』（同朋舎出版、一九九四）等。

アアルト、アルヴァ（一八九八–一九七六）
フィンランド生まれ。建築家、都市計画家、デザイナー。ヘルシンキ工科大学で建築を学んだ後、スウェーデンにわたり、アルヴィート・ビヤルケの建築事務所に勤務。一九二三年に独立。一九二八年のコンペで発表した「パイミオのサナトリウム」でモダニズム建築の作風を示し、その後、北欧でのモダニズムを牽引する。またこれが、国際的な活動の足がかりともなった。この他の代表作に「ヴィープリの図書館」（一九三五）、「フィンランディア・ホール」（一九七一）等。

アルビーニ、フランコ（一九〇五–七七）
イタリア、コモ生まれ。建築家、デザイナー。一九二八年、ミラノ工科大学建築学科を卒業。その後ジオ・ポンティのもとで実務経験を積み、一九三〇年に独立。家具デザインから建築、都市計画まで幅広い活動を展開した。一九四五年からはイタリアの建築雑誌『カッサベッラ』の編集者も務めた。主な作品に「ラ・リナシェンテ百貨店」（一九六一）等。

アレグザンダー、クリストファー（一九三六–）
オーストリア、ウィーン生まれ。都市計画家、建築家。ケンブリッジ大学で数学、ハーバード大学で建築の学位を得る。一九六三年よりカリフォルニア大学バークレー校建築学科教授（～二〇〇二）。現在、同大学名誉教授。一九六五年に発表した論文「都市はツリーではない」で、ル・コルビュジエやニュータウン運動を批判。一九七七年には建築・都市計画の理論として、より実践的な「パタン・ランゲージ」を発表。日本のポスト・モダニズムにも大きな影響を与えた。日本でも、「パタン・ランゲージ」理論に基づく「盈進学園東野高等学校」（一九八四）を設計した。

ヴェンチューリ、ロバート（一九二五–）
アメリカ生まれ。建築家。プリンストン大学を卒業後、ローマに留学。帰国後は、エーロ・サーリネン、ルイス・カーンのもとで建築とデザインの実務経験を積んだ。一九五四年より、ペンシルヴェニア大学で教鞭をとる（～一九六五）。ポストモダニズムの建築家として知られ、一九六六年に著した『建築の多様性と対立性』（伊藤公文訳、鹿島出版会、一九八二）や、一九七二年に著した『ラスベガス』（石井和紘・伊藤公文訳、鹿島出版会、一九七八）によってモダニズム建築を批判した。一九九一年には、プリツカー賞を受賞。主な作品に「母の家」（一九六三）、「ナショナルギャラリー　セインズベリー棟」（一九九一）、「シアトル美術館」（一九九一）、「大江戸温泉物語日光霧降」（二〇〇七）等。

ウッツォン、ヨーン（一九一八–二〇〇八）
コペンハーゲン生まれ。建築家。コペンハーゲン・ロイヤル・アカデミーで建築家・都市計画家であるスティーン・アイラー・ラスムッセンに師事し、建築を学ぶ。卒業後は、ヨーロッパ、アメリカ、メキシコを歴訪。フランク・ロイド・ライトのタリアセンでも一時期を過ごした。帰国後、自宅の設計から建築家としてのキャリアをスタート。一九五七年には「シドニー・オペラハウス」の建築設計競技で一等を獲得。二〇〇三年プリツカー賞を受賞。その他の主な作品に「クウェート国際会議場」（一九七二）、「バウスベア教会」（一九七六）等。

エクボ、ガレット（一九一〇–二〇〇〇）
アメリカ、ニューヨーク生まれ。造園家、環境デザイナー、ランドスケープ・アーキテクト。一九三五年にカリフォルニア大学バークレー校ランドスケープ学科を卒業後、南カルフォルニアのアームストロング農園に勤務、数多くの庭園の設計を手がける。その後、奨学金を得て、ハーバード大学大学院に進学する。一九三九年、ファーム・セキュリティ社農場保全局に勤務。多くの住宅や住宅公園、港湾施設等のランドスケープを手がける。一九四八年より、南カルフォルニア大学講師、助教授に就任。一九六五年に、カリフォルニア大学バークレー校に新設された環境デザイン学部の造園学科教授となる。一九六九年に来日し、約三カ月間、大阪府立大学の客員教授も務めている。主な作品に「ゼネラルモータースビル」（一九三九）、「カリフォルニア州アルタデナ、住宅地公園」（一九四六）等。主な著書に『環境とデザイン』（久保貞訳、鹿島出版会、一九七一）、『景観論』（久保貞訳、鹿島出版会、一九七二）等。

エシェリック、ジョセフ（一九一四−九八）

アメリカ、ペンシルベニア州生まれ。アメリカで活躍した建築家。一九三七年にペンシルベニア大学を卒業。一九五二年より、カリフォルニア大学バークレー校で教鞭をとる。一九五九年、カリフォルニア大学に「College of Environmental Design（環境設計学部）」を設立した。ベイエリアの建築家として知られている。主な作品に「シーランチ・デモンストレーションハウス」（一九六七）、「モントレーベイ水族館」（一九八四）等。

オルムステッド、フレデリック・ロー（一八二二−一九〇三）

アメリカ、コネチカット州生まれ。造園家、都市計画家、ランドスケープ・アーキテクト。エンジニア、航海士、農場経営、旅行記の執筆業などさまざまな職業を経験した後、景観設計者のアンドリュー・ジャクソン・ダウニングとの知己を得て、造園家として活動を開始する。セントラル・パークのデザインコンペに参加し、これを獲得。カルヴァート・ヴォーらと共にこの建設を指揮した。一八九三年には、ボストン郊外に世界初の景観設計専門事務所を設立。初めて公式に「ランドスケープ・アーキテクト」と名乗った人物。ナイアガラの滝周辺やワシントンDCの整備等を手がけた。

カイリー、ダン（一九一二−二〇〇四）

アメリカ、マサチューセッツ州生まれ。造園家、ランドスケープ・アーキテクト。一九三二年、ワーレン・エ・マニングオフィスに勤務、実地のなかでランドスケープ・デザインを学ぶ。一九三六年から一九三八年、ハーバード大学デザイン大学院に在籍、卒業。一九五一年、バーモント州にダンカイリー・アンド・パートナーズを開設。その後、パートナーが変わるかたちでいくつかの事務所を開設し、一九八四年よりオフィス・オブ・ダン・カイリーを開設、主宰する。幾何学的な手法を用い、古典的手法を近代建築のなかに活かした。主な作品に「オークランドミュージアム屋上庭園」（一九六九）、「ネルソン・アトキンス美術館サイトプランニング＋ヘンリー・ムーア彫刻庭園」（一九八九）等。

ガウディ、アントニ（一八五二−一九二六）

スペイン、カタルーニャ生まれ。バルセロナを中心に活動した建築家。一八七三年より、バルセロナで建築を学び始め、同時に、いくつかの建築設計事務所で働く。一八七八年に建築士の資格を取得。同年、パリ万国博覧会に出店する手袋店のためのショーケースをデザインしたことをきっかけに、カタルーニャの富豪、エウセビオ・グエルに見初められる。グエルはその後、ガウディの設計活動を支援し「グエル邸」（一八八九）、「グエル公園」（一九一四）などの設計を依頼した。一八八三年には、「サグラダ・ファミリア」の主任建築家に就任。一九二六年に逝去するまで私財もつぎ込みながら建設を続けた。生前につくられた模型や設計図などはスペイン内戦で焼失したが、バラバラになった模型や焼失を免れたわずかな資料をもとに建設を再開。現在も工事が続けられている。

カーン、ルイス・I（一九〇一―七四）

ロシア生まれ。アメリカを中心に活躍した建築家、都市計画家。ペンシルベニア大学美術学部建築学科を卒業後、ジョン・モリトールの事務所、ウィリアム・リーの事務所勤務を経て、大学時代の恩師、ポール・クレの事務所で働く。その後の世界大恐慌のあおりを経て失職するが、一九三五年に自らの建築事務所を設立。公共事業としてローコスト住宅の設計を行った他、フィラディルフィアの都市計画や交通計画にも携わった。代表作に「ソーク生物学研究所」（一九六五）、「バングラディッシュ・ダッカ首都大学・国会議事堂」（一九八三）等。

カスティリオーニ、アキッレ（一九一八―二〇〇二）

イタリア、ミラノ生まれ。建築家、デザイナー。ミラノ工科大学建築学科を卒業後、一九四四年より、兄ピエール・ジャコモと共に建築家、デザイナーとしての活動を始める。一九六二年に照明器具の会社として創業したフロス社に、デザイン部門の責任者として兄弟共に参画。新しい素材、デザイン手法を開発しながら、家具、照明などのデザインを手がける。またこれらの活動は、建築、都市計画の分野まで広がった。一九七〇年からはミラノ工科大学建築学科教授に就任。イタリア工業デザインのパイオニアとして知られる。

金壽根（一九三一―八六）

現在の朝鮮民主主義人民共和国、咸鏡北道生まれ。大韓民国の建築家、都市計画家。一九五〇年、ソウル大学建築学科に入学するが、朝鮮戦争勃発に伴い、釜山に避難。その後、日本にわたり、一九五四年に東京藝術大学建築学科に入学、吉村順三に師事する。一九五八年に同大学を卒業後、東京大学大学院に進学し、高山英華研究室に所属する。この時、韓国の国会議事堂のコンペで一等をとるが実現せず、プロジェクトに終わる。一九六〇年、東京大学大学院博士課程修了、翌一九六一年に帰国し、金壽根建築研究所（後の空間社）を設立、主宰。弘益大学、建国大学校、ソウル国民大学で教鞭をとりながらも、韓国で初めての建築・芸術総合誌『空間』を創刊した他、文化活動の場として「空間舎廊」を設立し、芸術活動を幅広く支援した。一九七六年に、韓国建築家協会会長。金重業（キム・ジュンオプ）と共に、韓国近代建築の巨匠と称される。主な作品に「韓国日報社」（一九六二）、「大阪万博韓国館」（一九七〇）、「南大門市場再開発計画」（一九七七）、京東教会（一九八〇）等。

コンドル、ジョサイア（一八五二―一九二〇）

イギリス、ロンドン生まれ。建築家。一八七七年、お雇い外国人として来日し、政府関係の建物の設計を手がける。また工部大学校（現東京大学工学部建築学科）の造家学教師及び工部省営繕局顧問に就任、辰野金吾ら、創成期の日本人建築家を育成し、日本の近代建築の基礎を築いた。花柳界の舞踊家、前波くめと結婚し、生涯を日本で過ごす。作品に「三菱一号館」（一八九四、一九六八年に取り壊し、二〇〇九年にレプリカを再建）、「岩崎弥之助高輪邸（現三菱開東閣）」（一九〇八）、「古河虎之助邸（現旧古河庭園大谷美術館）」（一九一七）等。

サーリネン、エーロ（一九一〇―六一）

フィンランド、ヘルシンキ生まれ。アメリカで活躍した建築家、プロダクト・デザイナー。一九三四年イエール大学建築学科を卒業後、一九三七年に父で建築家のエリエル・サーリネンと共同で建築事務所を設立。チャールズ・イームズとの親交が深く、イスや棚など、インテリアも多く手がけた。一九四八年、セントルイスのメモリアルパークの記念碑デザインコンペの優勝案「ゲートウェイ・アーチ」で注目を集める。巨大なアーチ型のモニュメントの設計は難航を極め、その半ば、サーリネンは脳腫瘍のために急逝。その死後、ケビン・ローチらの手により一九六五年に竣工した。主な作品に「IBMロチェスター工場」（一九五九）、「ジョン・F・ケネディ空港、TWAターミナルビル」（一九六二）等。

ササキ・ヒデオ（一九一九−二〇〇〇）

アメリカ、カリフォルニア生まれ。アメリカで活躍した造園家、ランドスケープ・アーキテクト。カリフォルニア大学ロサンゼルス校で経営学を専攻するが、途中、都市計画への興味から、同大学バークレー校に転学し、ランドスケープを学ぶ。第二次世界大戦中は日系人のため、捕虜収容所に収監されるという経験をするも、その後は、コロラド大学を経て、イリノイ大学に移籍。さらに、ハーバード大学デザイン大学院に進学し、一九四八年には修士課程を修了。その後、スキッドモア・オーウィングズ・アンド・メリルへの勤務を経て、一九五三年、ササキ・アソシエイツを設立。ランドスケープ・アーキテクトとして活躍しながら、ハーバード大学教授に就任。長らく教鞭をとり、ランドスケープ・アーキテクチュア学科の学科長も務めた。

サノフ、ヘンリー（一九三四−）

建築家。一九六三年よりカリフォルニア大学バークレー校の助教授を務め、その後、ノース・カロライナ州立大学デザイン学部教授。現在、同大学名誉教授。

ジェンクス、チャールズ（一九三九−）

アメリカ、ボルティモア生まれ。建築評論家、建築家、ランドスケープ・アーキテクト。ハーバード大学で英文学と建築学を専攻、同大学大学院で一九六五年に建築の学位を得る。一九七〇年には、ロンドン大学のレイナー・バンハムに師事し、建築史の博士号を取得した。合理性を追求したモダニズム建築を批判し、ポスト・モダニズムの建築はハイブリッドで多様な意味をもつとして、自らも、ポスト・モダニズム的な作品を手がけている。近年ではランドスケープ・アーキテクトとしても活動。主な著書に『ポスト・モダニズムの建築言語』（一九七七）等。

ジッテ、カミロ（一八四三−一九〇三）

オーストリア、ウィーン生まれ。建築家、画家、都市計画家、都市計画学者。効率的に近代化される都市空間に意義を唱え、中世都市にみられる、広場や街路、教会を中心とした有機的な都市空間の復権を唱えた。都市計画家として現在のチェコ西部から中部に位置するボヘミヤ地方の各都市や、チェコ東部のモラヴィア州での都市拡張計画等に数多く携わった。一八八九年に著した、邦題『広場の造形』（大石敏雄訳、美術出版社、一九六八）は、世界各国で翻訳され、今なお読み継がれている。

SOM

一九三六年シカゴで結成された建築設計事務所スキッドモア・オーウィングズ・アンド・メリル。大規模な商業建築が多く、主な作品に「リーバ・ハウス」（一九五二）、「ジョン・ハンコック・センター」（一九七〇）、「シアーズ・タワー」（一九七四）、「東京ミッドタウン」（二〇〇七）等。

スコット、ジェラルディン（一九〇四−八九）

アメリカ、アイダホ州生まれ。ランドスケープ・アーキテクト。アメリカで、女性としては初めてランドスケープ・アーキテクトのライセンスを取得した。一九二六年、カリフォルニア大学バークレー校ランドスケープデザイン学科卒業。一九二八年、コーネル大学大学院修了。その後、ソルボンヌ大学、アカデミア・デラ・アート（ローマ）でデザインを学ぶ。一九三三より、カリフォルニア州バークレーに、ランドスケープデザインの設計を手がけるオフィスを開設。一九四三年からはサンノゼ・アドルト・エデュケーションで教鞭をとる（〜一九四八）。

一九五二年より、カリフォルニア大学バークレー校環境デザイン学部ランドスケープ・アーキテクチュア学科非常勤講師（〜一九六八）。第二次世界大戦後には、来日し、京都の日本庭園を視察している。とくに植物に関する造詣が深く、バークレー校では、主に植物材料や植栽計画を担当した。

スターリング、ジェームス（一九二六–九二）
スコットランド生まれ。建築家。一九四五年にリバプール美術学校に入学、同大学建築学科でコリン・ロウに師事する。一九五六年、建築設計事務所を設立。一九五七年より、ロンドン建築家協会客員講師に就任。以後、リージェント・ストリートポリテクニク講師、エール大学建築学科客員教授、ケンブリッジ大学建築学科講師、ロイヤル・イスティテュート・オブ・ブリティッシュ・アーキテクツ等で教鞭をとる。主な作品に「レスター大学工学部棟」（一九六三）、「シュトゥットガルト国立美術館」（一九八四）、「クロー・ギャラリー」（一九八六）等。

承孝相（一九五二–）
韓国ソウル生まれ。ソウル大学卒業後、ウィーン工科大学を経て、空間社で金壽根に指示。一九八九年、IROJE architects & plannersを設立主宰。ソウル大学等で教鞭をとっている。

ソレリ、パオロ（一九一九–二〇一三）
イタリア、トリノ生まれ。アメリカで活動した建築家。トリノ工科大学卒業。フランク・ロイド・ライトが主宰するタリアセンで建築を学ぶ。その後、ライトの考えを継承・発展させ、生産と消費活動が自己完結する建築物「アーコロジー」（完全環境都市）を提唱。「アーコロジー」とは、アーキテクチャーとエコロジーの混成語。人口及び社会的資源を集中させて効率よく活用することで、都市スペースをコンパクトにしようというもの。アメリカ・アリゾナ州に実験都市アーコサンティが建設されている。

チャーチ、トーマス（一九〇二–七八）
アメリカ、ボストン生まれ。造園家、作庭家、ランドスケープアーキテクト。カリフォルニア大学で法律学を専攻するも、ランドスケープに興味を抱き、同大学バークレー校ランドスケープデザイン学科に専攻を変更し、卒業。その後、ハーバード大学大学院でランドスケープ・アーキテクチュア専攻修士課程を修了。シェラドンの奨学金を得て、ヨーロッパの庭園を研究した後、オハイオ州立大学で教鞭をとる。一九二九年に独立、個人庭園を中心に、デザイン活動を展開。後に、ルイス・マンフォードにより、「ベイ・エリア・スタイル」と呼ばれる、革新的なデザインの庭園を多く生み出し、その数は二〇〇〇以上に及ぶと言われている。一九五一年、AIA（アメリカ建築家境界）芸術賞を受賞。

ナカシマ、ジョージ（一九〇五–九〇）
アメリカ生まれ、日系二世。家具デザイナー、建築家。ワシントン大学、ハーバード大学、マサチューセッツ工科大学で学ぶ。帝国ホテル建設の際にフランク・ロイド・ライトとともに来日、その後レーモンド建築事務所に入所。「聖パウロカトリック教会」の設計と家具製作に参加。一九四〇年にアメリカに戻る。吉村順三の「ロックフェラー邸」（一九七三）に家具製作で参加。主な家具作品に「コノイド・チェア」、建築作品に「コノイドスタジオ」（一九五七）等。

ネルヴィ、ピエール・ルイージ（一八九一–一九七九）
イタリア、ソンドリオ生まれ。構造家、建築家。ボローニャ大学で土木工学を学び、一九一三年に卒業。その後、土木エンジニアリングの分野で活躍する。鉄筋コンクリートやプレキャストコンクリートの可能性を追求した。一九四六年より、ローマ大学建築学科教授（〜一九六一）。

主な作品に「スタディオ・アルテミオ・フランキ」（一九三二）、「ピレリ・ビル」（ジオ・ポンティと共同、一九六〇）、「パラロットマティカ」（一九五八）等。

ハディド、ザハ（一九五〇―二〇一六）
イラン生まれ。建築家。ロンドンAAスクールで建築を学び、レム・コールハースのOMAに所属、一九八〇年独立。脱構築主義を代表する建築家のひとり。主な作品に「ヴィトラ社工場・消防ステーション」（一九九三）、「国立21世紀美術館」（二〇一〇）、「銀河SOHO」（二〇一二）等。二〇二〇年東京オリンピックのための新国立競技場コンペに選出されるものの、二〇一五年七月白紙撤回されるに至る。

ハブラーケン、ニコラス・ジョン（一九二八―）
インドネシア生まれ。オランダの建築家。マサチューセッツ工科大学名誉教授。デルフト工科大学で建築を学び、アイントホーヘン工科大学建築学科教授等を歴任。著書『サポート　マスハウジングに代わるもの』（一九六二）で、スケルトン・インフィルの概念を提唱。「オープン・ビルディング」概念の普及活動を展開する。

ハルプリン、ローレンス（一九一六―二〇〇九）
アメリカ、ニューヨーク生まれ。アメリカで活躍した造園家、環境デザイナー、ランドスケープ・アーキテクト。一九三九年にコーネル大学に進学、植物学を専攻。その後、ウィスコンシン大学大学院造園学科に進学、一九四一年に修士課程を修了する。一九四二年にはハーバード大学デザイン大学院に進み、一九四四年に修士課程を終了。トーマス・チャーチの設計事務所に勤務した後、独立する。主な作品に「シーランチ・コンドミニアム」（一九六五年より、事前調査、マスタープランの作成等）、「ポートランドの広域再開発計画」（一九六一―六八）、「ウォルター・アンド・エリーゼ・ハス・プロムナード」（一九八四―八五）、「ヨセミテ滝・ヨセミテ国立公園観光開発計画・新アプローチプラン」（二〇〇五）等。

フォスター、ノーマン（一九三五―）
イギリス生まれ。建築家。バックミンスター・フラーのもとで働いた後、リチャード・ロジャースとチーム4を結成。主な作品に「香港上海銀行・香港本社ビル」（一九八五）、「コメルツ銀行本社ビル」（一九九一）等。

フラー、バックミンスター（一八九五―一九八三）
アメリカ生まれ。構造家、思想家。主な作品に「モントリオール万博アメリカ館」「ダイマクション・ハウス」『宇宙船地球号操縦マニュアル』。

ペレ、オーギュスト（一八七四―一九五四）
ベルギー、ブリュッセル生まれ。フランスの建築家。ベルギーの建設業者の家に生まれ、同じく建築家の兄弟と共に家業を継ぎ「ペレ兄弟社」を設立。一九〇三年、当時、まだ新しい技術であった鉄筋コンクリートを使い、複数階建ての集合住宅として「フランクリン街のアパート」（パリ）を建設。この成功により、鉄筋コンクリートの設計専門として事業を展開する。他「シャンゼリゼ劇場」（一九一三）、「ノートル・デュ・ランシー」（一九二三）等を手がける。後に、「コンクリートの父」と呼ばれる。

ポンティ、ジオ（一八九一―一九七九）
イタリア、ミラノ生まれ。建築家、デザイナー、画家、編集者。一九二一年、ミラノ工科大学建築学部を卒業。一九二三年にイタリアの陶磁器メーカー、リチャード・ジノッリに勤務し、アートディレクターを務める（〜一九三〇）。その素養から磁器、カトラリーのデザインを始め、家具、高層ビルの建築まで幅広い活動を展開。

一九三六年からはミラノ工科大学建築学部教授として教鞭をとった。一九二八年建築雑誌『Domus』を創刊し、初代編集長を務める。イタリア・モダンデザインの父と称される。建築家としての主な作品に「ピレリ・ビル」（一九六〇）、「デンバー美術館北館」（一九七一）等。

マルロー、アンドレ（一九〇一–七六）
フランス、パリ生まれ。作家、冒険家、政治家。一九五八年よりシャルル・ド・ゴール政権で長く文化相を務めた。歴史的町並み保存に務め、一九六二年には歴史的街区保存、不動産修復の促進のための制度（マルロー法）を施行する。一九七四年に日本を訪問。日本の文化に親しみ、広く世界に紹介した。

マンジャロッティ、アンジェロ（一九二一–二〇一二）
ミラノ生まれ。建築家、工業デザイナー。一九四八年にミラノ工科大学建築学科を卒業。一九五三年に渡米し、イリノイ工科大学の客員教授に就任。アメリカでは、フランク・ロイド・ライト、ヴァルター・グロピウス、ミース・ファン・デル・ローエらと交流をもち、影響を受けた。一九五五年にイタリアに帰国後、建築設計事務所を開設。一九八九年には、東京にマンジャロッティ&アソシエーツ事務所を開設している。ミラノの地下鉄の駅やオフィスビルなどの建築作品を始め、工業デザイン、彫刻などの分野でも多くの作品を手がけた。

ムーア、チャールズ（一九二五–九三）
アメリカ、ミシガン州生まれ。アメリカで活躍した建築家。一九四七年にミシガン州立大学で建築学科を卒業後、プリンストン大学へ進学、建築史の博士号を取得。その後、兵役に着いた後、カリフォルニア大学、イエール大学で教鞭をとる。ポスト・モダニズムを代表する建築家の一人。主な作品に、「シーランチ・コンドミニアム」（一九六五）、「カリフォルニア大学クレスギー校」（一九七四）等。

ライト、フランク・ロイド（一八六七–一九五九）
アメリカ生まれ。建築家。ウィスコンシン大学マディソン校土木科を中退した後、建築家・ジョセフ・ライマン・シルスビーの事務所、アドラー＝サリヴァン事務所での勤務を経て、一八九三年に独立。「プレイリースタイル」の住宅設計により、建築家としての評価を高める。一九一三年に来日し、「帝国ホテル新館」を設計するが、工期の遅れにより経営陣と衝突し、竣工前に帰国。日本人の弟子・遠藤新がこれを引き継ぎ、一九二三年に竣工した。この他の代表作に「カウフマン邸（落水荘）」（一九三六）、「ジョンソンワックス社」（一九三九）、「グッゲンハイム美術館」（一九五九）等。

リーブス、チェスター（一九四五–）
アメリカ、ニューヨーク生まれ。建築学者。ヴァーモント大学歴史学科名誉教授。ニューメキシコ大学非常勤講師。アメリカの歴史遺産保全、歴史的景観研究の第一人者。二度のフルブライト奨学金により日本に滞在。日米歴史遺産合同調査を行った。その後、東京藝術大学客員教授、つくば大学客員教授、東京大学客員教授としても教鞭をとる。著書に『Main Street to Miracle Mile: American Roadside Architecture』、『世界が賞賛した日本の町の秘密』等。

リチャードソン、ヘンリー・ホブソン（一八三八–八六）
アメリカ生まれ。建築家。ハーバード大学で建築学を学び、その後渡仏。一八六〇年にエコール・ド・ボザールに入学する。一八六五年にアメリカに帰国し、建築の設計に従事。ロマネスク様式を採用し、独特な作風を開花させる。一八六九年のニューヨーク州立精神病院の設計により、「リチャードソン・ロマネスク様式」が確立され、その後の建築意匠に大きな影響を与えた。主な作品に「トリニティ教会」（一八七二）、「ニューヨーク州立精神病院」（一八六九）等。

リンチ、ケヴィン（一九一八–八四）

アメリカ、シカゴ生まれ。都市計画家、建築家、都市研究者。イエール大学建築学科修了後、一九三七年から一九三九年まで、フランク・ロイド・ライトによる設計工房及び共同生活の場「タリアセン」で働く。その後、マサチューセッツ工科大学で学位を取得。一九四八年より同大学アーバンデザイン学科教授、都市デザイン研究所所長を務める。一九六〇年に刊行した『都市のイメージ』（岩波書店、新装版二〇〇七）は、日本でも丹下健三と富田玲子によって翻訳され、都市計画や建築関係者のみならず、広く読み継がれている。

ル・コルビュジエ（一八八七–一九六五）

スイス生まれ。フランスで活躍した建築家。家業の時計職人を継ぐために美術学校に在学中、才能を見出されて建築の道を志す。一九〇八年にパリへ赴き、オーギュスト・ペレの事務所等で建築を学ぶ。一九二三年に発表した著書『建築をめざして』で注目を集め、時代の中心に踊り出る。一九一四年に発表した、鉄筋コンクリートの住宅工法「ドミノシステム」に象徴される、シンプルで装飾のない、合理的なモダニズム建築の提唱者。代表作に「サヴォア邸」（一九三一）、「ロンシャンの礼拝堂」（一九五五）等。

レーモンド、アントニオ（一八八八–一九七六）

チェコ生まれ、アメリカに移住した建築家。フランク・ロイド・ライトの設計事務所に在職中の一九一九年、旧帝国ホテルの設計のために訪日。その後、日本で独立して設計事務所を開設した。戦中は帰国するも、再来日し建築設計事務所を開設。数多くの作品を残す。一九七三年アメリカに帰国。代表作に「リーダーズ・ダイジェスト日本支社」（一九五一）、「群馬音楽センター」（一九六一）、「南山大学総合計画」（一九六四）等。

ファン・デル・ローエ、ミース（一八八六–一九六九）

ドイツ生まれ。建築家。一九一二年に建築家として独立。柱と梁によるラーメン構造により、内部空間を自由に構成できるという「ユニバーサル・スペース」を提唱。「Less is More（より少ないことは、より豊かなこと）」という言葉を残したことでも知られる。バウハウスの第三代校長を務めている最中、ナチスドイツによりバウハウスが閉鎖。その後、アメリカに亡命した。代表作に「バルセロナ・パビリオン」（一九二九）、「ファンズワース邸」（一九五一）、「シーグラムビルディング」（一九五八）等。

ローズ、ジェームズ・C（一九一〇–九一）

アメリカ、ペンシルベニア州生まれ。ランドスケープ・アーキテクト、造園批評家。コーネル大学建築学科のコースを聴講した後、ハーバード大学デザイン大学院に入学。ここでガレット・エクボ、ダン・カイリーらと出会い、共にボザール様式への反駁を契機として、ランドスケープデザインの近代化運動を推進する。一九三八年から一九三九年にかけて、『ペンシルポイント』誌上に発表した七編の論説は、その後のランドスケープデザイン教育に大きな影響を与えた。オーストラリアの首都キャンベラは彼の計画に基づく。

ローチ、ケヴィン（一九二二–）

アイルランド、ダブリン生まれ。アメリカで活躍した建築家。アイルランド国立大学のユニバーシティ・カレッジ・ダブリンを卒業後、一九四八年にイリノイ工科大学に入学、中退。エーロ・サーリネンが主宰する事務所に勤務する。一九六一年にサーリネンが急逝したことにより、そのプロジェクトを引き継ぎ、完成させた。一九六六年、ジョン・ディンケルーとパートナーシップを組み、ケヴィン・ローチ・ジョン・ディンケルー・アンド・アソシエイツを設立する。主な作品に「オークランド美術館」（一九六六）、「フォード財団ビル」（一九六七）、「汐留シティセンター」（一九九七）等。

BBPR

イタリアの建築家グループ。ミラノ工科大学建築学科を卒業した四人の建築家、Gianluigi Banfi（一九一〇—一九四五）、Lodovico di Belgiojoso（一九〇九—二〇〇四）、Enrico Peressutti（一九〇八—七六）、Ernesto Rogers（一九〇九—六九）により一九三二年に設立された。主な作品に「トーレ・ヴェラスカ」（一九五八）等。

ワックスマン、コンラッド（一九〇一—八〇）

フランクフルト生まれ。技術者。一九一〇年代に家具大工の徒弟として木工職人となる。その後、ベルリン芸術大学でドイツ表現主義者のハンス・ペルツィヒに学ぶ。また、すでにノーベル賞を受賞して世界的に有名になっていた、アインシュタイン邸の建築に参加、その手腕が知られるようになる。第二次世界大戦中、ナチスの台頭によりアメリカに亡命。一九四一年頃、ヴァルター・グロピウスと共同事務所を開設し、プレファブのパネルジョイントの設計を行った。一九四九年より、イリノイ工科大学教授に就任。一九五一〜一九五三年に設計した「ハンガー」で、スペース・フレームの第一人者として注目を浴びた。

イコモス（ICOMOS）

国際記念物遺産会議（International Council on Monuments and Sites）の略称。パリに本拠地を置く、文化遺産保護に関わる国際的なNGOであり、ユネスコ（国際教育科学文化機関）の諮問機関の一つ。一九六四年に採択された「記念物と遺跡の保存と修復に関する国際憲章（ヴェニス憲章）」を受け、一九六五年に設立。一般に、世界遺産登録の審査機関として知られる。

遺留品研究所（一九六八—一九七四）

共に武蔵野美術大学で学んだ経歴をもつ大竹誠（一九四四—）、中村大助（一九四五—一九七二）、村田憲亮（一九四七—）、真壁智治（一九四三—）により結成されたグループ。建築の外観、看板、標識等を主な対象として都市空間の調査を行い、『都市住宅』、『TAU』等の雑誌に、写真とコメントを列挙するかたちで発表した。

学生重役会

建設会社の藤田組（現・フジタ）が、学生の企画・発想を求めてスタートした制度。建築のみならず、機械工学、美術、デザイン、言語学等、多分野に学ぶ学生が、さまざまな大学から参加した。他に、槌屋治紀（一九四三—／システム技術研究所所長）、幸村真佐男（一九四三—／中京大学教授、メディアアート）、長沼行太郎（一九四七—／メディア論）らが、歴代の学生重役を務めた。

二十五年賞

公益社団法人日本建築家協会（JIA）が一九九七年に設立。築二十五年以上にわたり「建築の存在価値を発揮し、美しく維持され、地域社会に貢献して来た建築」を表彰し、「その建築物を美しく育て上げることに寄与した人々（建築家、施工者、建築主または維持管理に携わったもの）」を顕彰するというもの。

グローバル社会的経済フォーラム二〇一三

二〇一三年に韓国ソウル市で開催された「Global Social Economy Forum（GSEF）」。朴元淳ソウル市長からの呼びかけに応えて、世界の八都市首脳と世界の市民団体など約五百人が参加、「ソウル宣言」を発表した。

建築家の年輪に想うこと

真壁智治

忘れえない二人の巨匠のエピソードがある。

ひとりは丹下健三。彼が七十九歳のときの作品に「国連大学本部ビル」（一九九二）がある。その日は竣工検査だったのであろうか、公開空地の建物の庭に車から降り立ったところに、わたしは偶然出くわした。夏の暑い昼下がりだった。白いサマースーツを着込んだ小柄な丹下が、ふと目の前に現れた。一瞬、目を疑った。真っ白く塗った顔面。そして真っ赤な口紅。白昼夢のようだった。顔に白いドーランを塗った舞踏家、大野一雄や土方巽、麿赤兒を見るようだった。丹下のその相貌は、まさしく老いを恐れぬ建築家のふるまいだった。わたしは感動した。モダニストはあくまでも老いを示してはならない、そんな強い信念があった。自らの身体の老いを隠蔽し、壮年期のふるまいを演じ続ける強い意志が伝わって来た。

もうひとりは村野藤吾だ。

代表作のひとつ、七十歳を超えて竣工した「日生劇場」（一九六三）のホワイエにある螺旋階段の手摺りの、仕上げチェックの折りである。並みいるゼネコンのスタッフを前にして、村野はやおら上着を脱ぎ、ワイシャツを腕まくりして、おもむろに階段を上る。上がりきると、ひじから手首の部分で覆いかぶさるようにして、階段の手摺りに全体重を預け、ユルユルと腕をこすりつけながら階段を降りてきた。そして涼しげに「ホラ、腕が切れましたネ」と言ったというのだ。

手摺りの仕上げが「腕が切れるような仕上げではダメだ」と身体を張って示す。まさに年期を重ね経験知を蓄積してきた自らの老いを逆手に取る、凄みのあるふるまいである。村野の身体は、老いを隠さない。むしろ直截にそれを受け入れながら、老剣士のように見栄を切ってみせる。丹下の身体が老いを否定しているとすれば、ここには老いを受け入れる身体がある。建築家の老いのありようは、決して一様ではないのだ。

掲げる理念の永遠性と、時間をかけて技術を経験として積み重ねてゆくこと。そんな二重性を引き受けて、建築家の晩年には固有のすがたが醸成されてくる。一人ひとりの経験は一様ではありえず、当然老いもまた多種多様である。それに体力の衰え、体調の不整、器官の変調という肉体的な変化がもたらすものもあろうだろう。老境にあって一層美しさを増す作品もあれば、自らの変化に導かれて新しい領域に踏み出してゆく建築もあるかもしれない。

そんなふうに、建築家の老いは豊かで、人間的だ。その「年輪」は唯一無二のかたちを描く。加えていうなら、戦後日本建築もまた、彼ら一人ひとりが描く軌跡によって年輪を刻んできたのである。

二〇一一年三月十一日の震災の余韻冷めやらぬなかでインタビューは行われた。復旧から復興へと話題の重心が動いてゆく日々は、社会の抱く建築家像のあまりの矮小さ、希薄さを思い知らされる日々でもあった。老いてゆく日本社会にとって、建築家の重ねてきた年輪は豊かなメッセージとなるはずだ、そんなことを考えていた。

本書に読まれるとおり、老年の訪れとともに建築家たちは別の生き方を模索し、見つけて来た。つくる側から保存する側へと活動基盤を移した者もいれば、国家プロジェクトからまちづくりへと視点を移した者もいる。またある者は以前にも増して、語ることに力を入れている。

日本社会同様、近代建築にとっても老いは未知の領域である。今日、建築界を牽引するのは一九四〇年代から五〇年代生まれのまさしく五十歳を超えた建築家たちである。しかし二〇年代、三〇年代生まれの建築家たちは役目を終えたのではない。むしろ近代建築史とともに、未踏の領域を歩みつつあるのである。こうした世代論は理念的に過ぎるかもしれない。だが世界史上でも前例のないスピードで超高齢化社会を迎えつつある日本にとって、建築家たちから学ぶことは大いにあるだろう。

多くの貴重なエピソードが披露され、これからの建築界への真摯なメッセージをいただいたのは、本書に読まれるとおりである。だが幾人かからの、想像以上に加齢に対してのデリケートな反応を引き起こした。「なにもお答えすることはない」「気が重くなり、憂鬱になる」「お答えするべき年齢に、私は達していない」そんな回答をいただいた。建築家の老い、とわたしは問題を立てたが、一方で老いとは徹底的に各個人の問題でもある。そのことも忘れてはならない。

わたしも七十歳を越えて、いかにして老いに向かうのか、その問いはだんだん切実なものになってきた。諸先輩に再びお会いすることを楽しみにしているのは、誰よりもわたし自身なのかもしれない、そんな思いも頭をよぎる。ご対応くださった建築家諸氏に改めて感謝申し上げます。

高橋靗一氏と

真壁智治（まかべ・ともはる）

プロジェクトプランナー、一九四三年生まれ。武蔵野美術大学造形学部建築学科卒業。東京藝術大学大学院美術研究科建築専攻修了。プロジェクトプランニングオフィス「M．T．VISIONS」主宰。主な著書に、シリーズ「くうねるところにすむところ」（インデックスコミュニケーションズ、平凡社）、『アーバン・フロッタージュ』（住まいの図書館出版）、『カワイイパラダイムデザイン研究』（平凡社）、『ザ・カワイイヴィジョンa、b』（鹿島出版会）、『応答　漂うモダニズム』（共著、左右社）など。

取材編集協力　斎藤夕子／写真　鈴木愛子

初出　WEBサイト「日経アーキテクチャ（旧ケンプラッツ）」
二〇一三年五月二十四日～二〇一四年十二月十八日

建築家の年輪

二〇一八年六月二十五日第一刷発行

編著者　真壁智治
発行者　小柳学
発行所　株式会社左右社
一五〇-〇〇〇二
東京都渋谷区渋谷二-七-六-五〇二
TEL 〇三-三四八六-六五八三 FAX 〇三-三四八六-六五八四
http://www.sayusha.com

装幀　中島雄太
印刷　中央精版印刷株式会社

Printed in Japan. ISBN978-4-86528-197-2

漂うモダニズム

槇文彦

本体6500円

「半世紀前に私がもっていたモダニズムと現在のそれは何が異なっているだろうか。ひと言でいうならば五十年前のモダニズムは、誰もが乗っている大きな船であったといえる。そして現在のモダニズムは最早船ではない。大海原なのだ。」

論考「漂うモダニズム」ほか、『記憶の形象』以来およそ二十五年にわたり発表された論文、エッセイ、回想を収録。書評掲載多数。

「20世紀から21世紀にかけて、その時代精神（モダニズム）と生き、創り、透徹した理智と鋭敏な感性の旅を続けた眼の人の半生の遍歴。」富永讓

応答漂うモダニズム

槇文彦・真壁智治

本体2900円

設計の自由がますます失われる建築家、そして建築に未来はあるのか。伊東豊雄、塚本由晴、藤村龍至ら幅広い世代からの応答と、槇文彦からのさらなる回答を収録。建築の希望を探る注目の一冊。